U0941018

2024

中国社会统计年鉴

China Social Statistical Yearbook

国家统计局社会科技和文化产业统计司　编

Compiled by
Department of Social, Science and Technology, and Cultural Statistics
National Bureau of Statistics of China

图书在版编目（CIP）数据

中国社会统计年鉴. 2024 = China Social Statistical Yearbook 2024 : 汉英对照 / 国家统计局社会科技和文化产业统计司编. -- 北京 : 中国统计出版社, 2024. 12. -- ISBN 978-7-5230-0597-2

Ⅰ. C832-54

中国国家版本馆 CIP 数据核字第 20244NU412 号

中国社会统计年鉴 2024

作　　者/国家统计局社会科技和文化产业统计司
责任编辑/张　怡
执行编辑/刘　晨
封面设计/李雪燕
出版发行/中国统计出版社有限公司
办公地址/北京市丰台区西三环南路甲 6 号　邮政编码/100073
发行电话/邮购（010）63376909　书店（010）68783171
网　　址/http://www.zgtjcbs.com
印　　刷/北京捷讯佳彩印刷有限公司
经　　销/新华书店
开　　本/880×1230 毫米　1/16
字　　数/788 千字
印　　张/24.75
版　　别/2024 年 12 月第 1 版
版　　次/2024 年 12 月第 1 次印刷
定　　价/360.00 元

《中国社会统计年鉴 2024》
编委会和编辑人员

《China Social Statistical Yearbook 2024》 Editorial Board and Staff

编 者 说 明

一、《中国社会统计年鉴 2024》是一部反映我国社会发展相关领域基本情况的综合性统计资料年刊。书中收录了 2023 年全国和各省、自治区、直辖市社会发展各领域的主要统计数据以及重要年份的全国主要统计数据，同时收录了国际社会统计的主要数据。

二、本年鉴正文内容分为 13 个篇章。即：1.综合；2.人口家庭；3.卫生健康；4.教育培训；5.就业；6.收入消费；7.社会保障；8.居住环境；9.文化休闲；10.资源环境；11.公共安全；12.社会参与；13.国际资料。附录为主要统计指标解释。

三、本年鉴所涉及的全国性统计数据，除行政区划、土地面积和森林资源及特殊注明外，均未包括香港、澳门特别行政区和台湾省数据。

四、本年鉴所使用的度量衡单位均采用国际统一标准计量单位。

五、本年鉴中部分数据合计数或相对数由于单位取舍不同而产生的计算误差，均未做机械调整。

六、本年鉴资料分别来自于：中央宣传部、最高人民法院、最高人民检察院、教育部、公安部、民政部、司法部、财政部、人力资源社会保障部、自然资源部、生态环境部、住房城乡建设部、交通运输部、水利部、文化和旅游部、国家卫生健康委员会、应急管理部、国家广播电视总局、国家体育总局、国家医疗保障局、国家林业和草原局、国家文物局、国家疾病预防控制局、国家消防救援局、国家药品监督管理局、中国气象局、国家档案局、中华全国总工会和中国残疾人联合会等部门、国家统计局有关司。

七、符号使用说明：年鉴各表中的“空格”表示该项统计指标数据不详或无该项数据；“#”表示其中的主要项。

八、本年鉴编辑过程中，得到各相关部门的大力支持，在此表示衷心感谢。由于本年鉴涉及内容多、范围广，在资料的整理和编撰方面难免存在不足，敬请指正。

PREFACE

I. *China Social Statistical Yearbook 2024* is the comprehensive statistics yearbook which reflects various aspects related to social development. It is collected main social statistical data on provinces and national total data in 2023, also main social indicators of other countries/regions in some years.

II. This Yearbook includes 13 sections: 1.General Survey, 2.Population and Family, 3.Health and Wellness, 4.Education and Training, 5.Employment, 6.Earning and Consumption, 7.Social Security, 8.Living Condition, 9.Culture and Leisure, 10.Resources and Environment, 11.Public Safety, 12.Social Participation, 13.International Statistical Indicators. Explanatory notes on main statistical indicators are provided in Appendix.

III. The national data in this Yearbook do not include those of the Hong Kong Special Administrative Region, the Macao Special Administrative Region and Taiwan Province, except for the divisions of administrative areas, the area of the national territory and forest resources and otherwise specified.

IV. The units of measurement used in the Yearbook are internationally standard measurement units.

V. Statistical discrepancies on totals and relative figures due to rounding are not adjusted in the Yearbook.

VI. Data in the Yearbook are sourced from the following departments:the Propaganda Department of CPC Central Committee, Supreme People's Court, Supreme People's Procuratorate, Ministry of Education, Ministry of Public Security, Ministry of Civil Affairs, Ministry of Justice, Ministry of Finance, Ministry of Human Resources and Social Security, Ministry of Natural Resources, Ministry of Ecology and Environment, Ministry of Housing and Urban-Rural Development, Ministry of Transport, Ministry of Water Resources, Ministry of Culture and Tourism, National Health Commission, Ministry of Emergency Management, National Radio and Television Administration, General Administration of Sports, National Healthcare Security Administration, State Administration of Forest and Grassland, State Administration of Culture Heritage, National Bureau of Disease Control and Prevention, National Fire and Rescue Administration, National Medical Products Administration, Meteorological Administration, State Archives Administration, All-China Federation of Trade Unions, China Disabled Persons' Federation, Some Departments of National Bureau of Statistics of China, etc.

VII. Notations used in the Yearbook: (blank space) indicates that the data are unknown, or are not available; "#" indicates a major breakdown of the total.

VIII. Our deep appreciation goes to many departments which provided supports in compiling this Yearbook. It is inevitable that there might be some mistakes in the book because of wide coverage involved in collecting and compiling social statistics. Suggestions from readers are welcome so as to improve the quality of this publication in the future.

目　　录

CONTENTS

一、综　合

General Survey

二、人口家庭

Population and Family

三、卫生健康
Health and Wellness

四、教育培训
Education and Training

五、就业
Employment

六、收入消费
Earning and Consumption

七、社会保障
Social Security

八、居住环境
Living Condition

九、文化休闲
Culture and Leisure

十、资源环境
Resources and Environment

十一、公共安全
Public Safety

十二、社会参与
Social Participation

十三、国际资料
International Statistical Indicators

附 录
Appendix

一、综　　合

General Survey

1-1　县级及以上行政区划
Division of Administrative Areas at County Level and Above

单位: 个　　(unit)

年　份 Year	省 级 Provinces, Autonomous Regions and Municipalities	地 级 区划数 Number of Divisions at Prefecture Level	#地级市 Cities at Pre-fecture Level	县 级 区划数 Number of Divisions at County Level	#市辖区 Districts under the Jurisdiction of Cities	#县级市 Cities at County Level	#县 Counties
1978	30	310	98	2653	408	92	2011
1979	30	315	104	2690	428	109	2002
1980	30	318	107	2775	511	113	1998
1981	30	316	108	2780	514	122	2001
1982	30	322	112	2797	527	130	1998
1983	30	322	144	2785	552	142	1942
1984	30	322	147	2814	595	150	1926
1985	30	327	162	2826	621	159	1893
1986	30	325	166	2830	629	184	1856
1987	30	326	170	2826	632	208	1817
1988	31	334	183	2831	647	248	1765
1989	31	336	185	2829	648	262	1741
1990	31	336	185	2833	651	279	1723
1991	31	338	187	2833	650	289	1714
1992	31	339	191	2833	662	323	1668
1993	31	335	196	2835	669	371	1617
1994	31	333	206	2845	697	413	1560
1995	31	334	210	2849	706	427	1542
1996	31	335	218	2858	717	445	1522
1997	33	332	222	2862	727	442	1520
1998	33	331	227	2863	737	437	1516
1999	34	331	236	2858	749	427	1510
2000	34	333	259	2861	787	400	1503
2001	34	332	265	2861	808	393	1489
2002	34	332	275	2860	830	381	1478
2003	34	333	282	2861	845	374	1470
2004	34	333	283	2862	852	374	1464
2005	34	333	283	2862	852	374	1464
2006	34	333	283	2860	856	369	1463
2007	34	333	283	2859	856	368	1463
2008	34	333	283	2859	856	368	1463
2009	34	333	283	2858	855	367	1464
2010	34	333	283	2856	853	370	1461
2011	34	332	284	2853	857	369	1456
2012	34	333	285	2852	860	368	1453
2013	34	333	286	2853	872	368	1442
2014	34	333	288	2854	897	361	1425
2015	34	334	291	2850	921	361	1397
2016	34	334	293	2851	954	360	1366
2017	34	334	294	2851	962	363	1355
2018	34	333	293	2851	970	375	1335
2019	34	333	293	2846	965	387	1323
2020	34	333	293	2844	973	388	1312
2021	34	333	293	2843	977	394	1301
2022	34	333	293	2843	977	394	1301
2023	34	333	293	2844	977	397	1299

1-2 乡级行政区划
Division of Administrative Areas at Townships Level

单位：个 (unit)

年 份 Year	乡级区划数 Number of Divisions at Township Level	镇 Towns	乡 Town-ships	#民族乡 Ethnic Townships	街道 Sub-districts	区公所 District Communities
1978	6195	2173				4022
1979	10424	2361			4444	3619
1980						
1981	11434	2678			4965	3791
1982						
1983	49695	2968	35514		5304	5909
1984	106439	7186	85290		5844	8119
1985	104900	9140	82450	3144	5402	7908
1986	83954	10718	61353	2936	5718	6165
1987	81025	11103	58739	3020	5680	5503
1988	65345	11481	45195	1571	5099	3570
1989	65419	11873	44624	1755	5420	3502
1990	65188	12084	44397	1980	5269	3438
1991	63391	12455	42654	1403	5186	3096
1992	54830	14539	33827	1348	5233	1231
1993	54863	15805	32445	1351	5470	1143
1994	54605	16702	31463	1322	5372	1068
1995	53360	17532	29502	1330	5596	730
1996	51336	18171	27056	1383	5565	544
1997	50967	18925	25966	1545	5678	398
1998	50999	19216	25712	1517	5732	339
1999	50750	19756	24745	1222	5904	345
2000	51024	20312	24555	1356	5902	255
2001	46369	20358	20012	1165	5972	27
2002	44822	20600	18640	1162	5516	66
2003	44067	20226	18064	1149	5751	26
2004	43275	19892	17534	1127	5829	20
2005	41636	19522	15951	1093	6152	11
2006	41040	19369	15306	1089	6355	10
2007	40813	19249	15120	1094	6434	10
2008	40828	19234	15067	1097	6524	3
2009	40858	19322	14848	1098	6686	2
2010	40906	19410	14571	1096	6923	2
2011	40466	19683	13587	1086	7194	2
2012	40466	19881	13281	1064	7282	2
2013	40497	20117	12812	1035	7566	2
2014	40381	20401	12282	1020	7696	2
2015	39789	20515	11315	991	7957	2
2016	39862	20883	10872	989	8105	2
2017	39888	21116	10529	982	8241	2
2018	39945	21297	10253	981	8393	2
2019	38755	21013	9221	966	8519	2
2020	38741	21157	8809	962	8773	2
2021	38558	21322	8309	958	8925	2
2022	38602	21389	8227	958	8984	2
2023	38658	21421	8190	956	9045	2

注：民族乡中含1个民族苏木。
a) The data of ethnic townships includes one ethnic sumu.

1-3 分地区行政区划(2023年底)
Divisions of Administrative Areas in China (End of 2023)

单位：个 (unit)

省级区划名称 Provinces, Autonomous Regions and Municipalities		地级区划数 Number of Regions at Prefecture Level	#地级市 Cities at Prefecture Level	县级区划数 Number of Regions at County Level	#市辖区 Districts under the Jurisdiction of Cities	#县级市 Cities at County Level	#县 Counties
全 国	**National Total**	**333**	**293**	**2844**	**977**	**397**	**1299**
北京市	Beijing			16	16		
天津市	Tianjin			16	16		
河北省	Hebei	11	11	167	49	21	91
山西省	Shanxi	11	11	117	26	11	80
内蒙古自治区	Inner Mongolia	12	9	103	23	11	17
辽宁省	Liaoning	14	14	100	59	16	17
吉林省	Jilin	9	8	60	21	20	16
黑龙江省	Heilongjiang	13	12	121	54	21	45
上海市	Shanghai			16	16		
江苏省	Jiangsu	13	13	95	55	21	19
浙江省	Zhejiang	11	11	90	37	20	32
安徽省	Anhui	16	16	104	45	9	50
福建省	Fujian	9	9	84	31	11	42
江西省	Jiangxi	11	11	100	27	12	61
山东省	Shandong	16	16	136	58	26	52
河南省	Henan	17	17	157	54	21	82
湖北省	Hubei	13	12	103	39	26	35
湖南省	Hunan	14	13	122	36	19	60
广东省	Guangdong	21	21	122	65	20	34
广西壮族自治区	Guangxi	14	14	111	41	10	48
海南省	Hainan	4	4	25	10	5	4
重庆市	Chongqing			38	26		8
四川省	Sichuan	21	18	183	55	19	105
贵州省	Guizhou	9	6	88	16	10	50
云南省	Yunnan	16	8	129	17	18	65
西藏自治区	Xizang	7	6	74	8	2	64
陕西省	Shaanxi	10	10	107	31	7	69
甘肃省	Gansu	14	12	86	17	5	57
青海省	Qinghai	8	2	44	7	5	25
宁夏回族自治区	Ningxia	5	5	22	9	2	11
新疆维吾尔自治区	Xinjiang	14	4	108	13	29	60
香港特别行政区	Hong Kong Special Administrative Region						
澳门特别行政区	Macao Special Administrative Region						
台湾省	Taiwan						

注：乡级区划数包含河北省、新疆维吾尔自治区的各一个区公所。
a) Number of divisions at township level includes one district public office of Hebei and Xinjiang separately.

1-3 续表 continued

单位：个 (unit)

省级区划名称	Provinces, Autonomous Regions and Municipalities	#自治县 Auto-nomous Counties	乡级区划数 Number of Regions at Town-ships Level	#镇 Towns	#乡 Towns	#民族乡 Minority Towns	#街道 Sub-districts
全　国	**National Total**	**117**	**38658**	**21421**	**8190**	**956**	**9045**
北京市	Beijing		343	143	35	5	165
天津市	Tianjin		252	125	3	1	124
河北省	Hebei	6	2254	1332	611	38	310
山西省	Shanxi		1280	631	430		219
内蒙古自治区	Inner Mongolia		1025	509	270	17	246
辽宁省	Liaoning	8	1354	640	201	54	513
吉林省	Jilin	3	970	426	181	28	363
黑龙江省	Heilongjiang	1	1315	574	334	52	407
上海市	Shanghai		215	106	2		107
江苏省	Jiangsu		1237	701	17	1	519
浙江省	Zhejiang	1	1364	618	258	14	488
安徽省	Anhui		1522	1011	224	9	287
福建省	Fujian		1108	653	252	19	203
江西省	Jiangxi		1581	832	560	8	189
山东省	Shandong		1825	1072	57		696
河南省	Henan		2459	1192	567	11	700
湖北省	Hubei	2	1260	761	161	10	338
湖南省	Hunan	7	1946	1134	388	83	424
广东省	Guangdong	3	1613	1112	11	7	490
广西壮族自治区	Guangxi	12	1256	806	312	59	138
海南省	Hainan	6	218	175	21		22
重庆市	Chongqing	4	1031	625	161	14	245
四川省	Sichuan	4	3101	2016	626	83	459
贵州省	Guizhou	11	1510	831	314	192	365
云南省	Yunnan	29	1426	666	537	140	223
西藏自治区	Xizang		711	142	534	9	35
陕西省	Shaanxi		1317	973	17		327
甘肃省	Gansu	7	1356	892	337	32	127
青海省	Qinghai	7	404	140	222	28	42
宁夏回族自治区	Ningxia		243	103	90		50
新疆维吾尔自治区	Xinjiang	6	1162	480	457	42	224
香港特别行政区	Hong Kong Special Administrative Region						
澳门特别行政区	Macao Special Administrative Region						
台湾省	Taiwan						

1-4 人口与家庭基本情况
Basic Statistics on Population and Family

项 目	Item	2000	2005	2010	2015	2020	2023
总人口(年末)(万人)	**Total Population(year-end 10 000 persons)**	**126743**	**130756**	**134091**	**138326**	**141212**	**140967**
#女	Female	61306	63381	65343	67469	68855	68935
#城镇人口	Urban	45906	56212	66978	79302	90220	93267
乡村人口	Rural	80837	74544	67113	59024	50992	47700
性别比(女性＝100)	Sex Ratio (female = 100)	106.7	106.3	105.2	105.0	105.1	104.5
出生率(‰)	Birth Rate (‰)	14.03	12.40	11.90	11.99	8.52	6.39
死亡率(‰)	Death Rate (‰)	6.45	6.51	7.11	7.07	7.07	7.87
自然增长率(‰)	Natural Growth Rate (‰)	7.58	5.89	4.79	4.93	1.45	-1.48
年龄结构(%)	**Age Composition (%)**						
0－14岁	Age 0-14	22.9	20.3	16.6	16.5	17.9	16.3
15－64岁	Age 15-64	70.1	72.0	74.5	73.0	68.6	68.3
65岁及以上	Age 65 and Over	7.0	7.7	8.9	10.5	13.5	15.4
总抚养比(%)	Gross Dependency Ratio (%)	42.6	38.8	34.2	37.0	45.9	46.5
少儿抚养比(%)	Children Dependency Ratio (%)	32.6	28.1	22.3	22.6	26.2	24.0
老年抚养比(%)	Old Dependency Ratio (%)	9.9	10.7	11.9	14.3	19.7	22.5
平均家庭户规模(人／户)	Average Family Size (person/household)	3.44	3.13	3.10	3.10	2.62	2.80
结婚登记(万对)	Total Number of Registered Marriages (10 000 couples)	848.5	823.1	1241.0	1224.7	814.3	768.2
离婚登记(万对)	Total Number of Registered Divorces (10 000 couples)	121.3	178.5	267.8	384.1	433.9	360.5
离婚率(‰)	Divorce Rate (‰)	0.96	1.37	2.00	2.79	3.09	2.56
15岁及以上人口婚姻状况构成(%)	**Marital Status of Population Aged 15 and Over (%)**						
未婚	Never Married	20.2	19.2	21.6	19.7	19.2	19.9
有配偶	Married with Spouse	73.3	74.1	71.3	73.1	72.7	71.2
离婚	Divorced	0.9	1.0	1.4	1.7	2.4	2.7
丧偶	Widowed	5.6	5.7	5.7	5.5	5.7	6.3

注：1.2000、2010、2020年数据为当年人口普查数据推算数；其余年份数据为年度人口抽样调查推算数据。
2.总人口和按性别分人口中包括现役军人，按城乡分人口中现役军人计入城镇人口。

a) For the year, 2000, 2010 and 2020 are the census year estimates; the rest of the data covered in those tables have been estimated on the basis of the annual national sample surveys of population.

b) Total population and population by sex include the military personnel of the Chinese People's Liberation Army, the military personnel are classified as urban population in the item of population by residence.

1-5 卫生与健康基本情况

Basic Statistics on Health and Wellness

项　　目	Item	2000	2005	2010	2015	2020	2023
医疗卫生机构(个)	**Number of Health Care Institutions(unit)**	**1034229**	**882206**	**936927**	**983528**	**1022922**	**1070785**
#医院	Hospitals	16318	18703	20918	27587	35394	38355
基层医疗卫生机构	Health Care Institutions at Grass-root Level	1000169	849488	901709	920770	970036	1016238
#乡镇卫生院	Township Health Centers	49229	40907	37836	36817	35762	33753
村卫生室	Village Clinics	709458	583209	648424	640536	608828	581964
专业公共卫生机构	Specialized Public Health Institutions	11386	11177	11835	31927	14492	12121
#疾病预防控制中心	Center for Disease Control and Prevention	3741	3585	3513	3478	3384	3426
卫生人员(万人)	**Number of Employed Persons in Health Institutions (10 000 persons)**	**691.0**	**644.7**	**820.8**	**1069.4**	**1347.5**	**1523.7**
#卫生技术人员	Health Technical Personnel	449.1	456.4	587.6	800.8	1067.8	1248.8
#执业(助理)医师	Licensed (Assistant) Physicians	207.6	204.2	241.3	303.9	408.6	478.2
注册护士	Registered Nurses	126.7	135.0	204.8	324.1	470.9	563.7
乡村医生和卫生员	Village Doctors and Assistants	131.9	91.7	109.2	103.2	79.6	62.2
每千人口执业(助理)医师(人)	Number of Licensed (Assistant) Physicians per 1000 Persons (person)	1.68	1.56	1.80	2.22	2.90	3.40
医疗卫生机构床位(万张)	**Number of Beds of Health Care Institutions (10 000 beds)**	**317.7**	**336.8**	**478.7**	**701.5**	**910.1**	**1017.4**
#医院	Hospitals	216.7	244.5	338.7	533.1	713.1	800.5
基层医疗卫生机构	Health Care Institutions at Grass-root Level	76.7	72.6	119.2	141.4	164.9	182.0
#乡镇卫生院	Township Health Centers	73.5	67.8	99.4	119.6	139.0	150.5
专业公共卫生机构	Specialized Public Health Institutions	11.9	13.6	16.5	23.6	29.6	32.5
每千人口医疗卫生机构床位(张)	Beds of Health Institutions per 1000 Population (bed)			3.58	5.11	6.46	7.23
医疗卫生机构诊疗人次数(亿人次)	Number of Visits in Health Institutions (100 million persontimes)		41.0	58.4	77.0	77.4	95.5
监测地区婴儿死亡率(‰)	Infant Mortality Rate in Surveillance Areas (‰)	32.2	19.0	13.1	8.1	5.4	4.5
监测地区5岁以下儿童死亡率(‰)	Mortality Rate of Children under 5 in Surveillance Areas (‰)	39.7	22.5	16.4	10.7	7.5	6.2
监测地区孕产妇死亡率(1/10万)	Maternal Mortality Rate in Surveillance Areas (1/100 000)	53.0	47.7	30.0	20.1	16.9	15.1
卫生总费用(亿元)	**Total Health Expenditure (100 million yuan)**	**4586.6**	**8659.9**	**19980.4**	**40974.6**	**72175.0**	**90575.8**
政府卫生支出	Government Health Expenditure	709.5	1552.5	5732.5	12475.3	21941.9	24147.9
社会卫生支出	Social Health Expenditure	1171.9	2586.4	7196.6	16506.7	30273.7	41676.8
个人卫生支出	Personal Health Expenditure	2705.2	4521.0	7051.3	11992.6	19959.4	24751.1
卫生总费用与GDP之比(%)	Health Expenditure as Percentage of GDP (%)	4.57	4.62	4.84	5.95	7.10	7.19

1-6 教育培训基本情况
Basic Statistics on Education and Training

项 目	Item	2000	2005	2010	2015	2020	2023
学校数(所)	**Number of Schools (unit)**						
普通、职业高等学校	Higher Education Schools	1041	1792	2358	2560	2738	2822
普通高中	Regular Senior Secondary Schools	14564	16092	14058	13240	14235	15381
中等职业教育	Secondary Vocational Schools	19727	14466	13862	11202	9896	7085
初中学校	Junior Secondary Schools	63898	62486	54890	52405	52805	52348
普通小学	Regular Primary Schools	553622	366213	257410	190525	157979	143472
特殊教育学校	Special Education Schools	1539	1593	1706	2053	2244	2345
幼儿园	Kindergarten	175836	124402	150420	223683	291715	274414
专任教师数(万人)	**Number of Full-time Teachers (10 000 persons)**						
普通、职业高等学校	Higher Education Schools	46.3	96.6	134.3	157.3	183.3	206.1
普通高中	Regular Senior Secondary Schools	75.7	130.0	151.8	169.5	193.3	221.5
中等职业教育	Secondary Vocational Schools	79.7	75.0	87.0	84.4	85.7	73.5
初中阶段	Junior Secondary Schools	328.7	349.2	352.5	347.6	386.1	408.3
小学阶段	Regular Primary Schools	586.0	559.3	561.7	568.5	643.4	665.6
特殊教育	Special Education Schools	3.2	3.2	4.0	5.0	6.6	7.7
学前教育	Pre-school Education Schools	85.6	72.2	114.4	205.1	291.3	307.4
在校生数(万人)	**Total Enrolment (10 000 persons)**						
研究生	Postgraduates	30.1	97.9	153.8	191.1	314.0	388.3
普通、职业本专科	Undergraduate in Regular and Vocational HEIs	556.1	1561.8	2231.8	2625.3	3285.3	3775.0
普通高中	Regular Senior Secondary Schools	1201.3	2409.1	2427.3	2374.4	2494.5	2803.6
中等职业教育	Secondary Vocational Schools	1284.5	1600.0	2238.5	1656.7	1663.4	1298.5
初中阶段	Junior Secondary Schools	6256.3	6214.9	5279.3	4312.0	4914.1	5243.7
小学阶段	Primary Education	13013.3	10864.1	9940.7	9692.2	10725.4	10836.0
特殊教育	Special Education	37.8	36.4	42.6	44.2	88.1	91.2
学前教育	Pre-school Education	2244.2	2179.0	2976.7	4264.8	4818.3	4093.0
每十万人口平均在校生数(人)	**Number of Enrolment of Per 100 000 Inhabitants by Level (person)**						
高等教育	Higher Education	723	1613	2189	2524	3126	3663
高中阶段	Senior Secondary	2000	3070	3504	2965	2948	2906
初中阶段	Junior Secondary	4969	4781	3955	3152	3510	3714
小学阶段	Regular Primary Schools	10335	8358	7448	7086	7661	7676
学前教育	Pre-school Education	1782	1676	2230	3118	3441	2899
教育经费合计(亿元)	**Total Edutional Fund (100 million yuan)**	**3849**	**8419**	**19562**	**36129**	**53034**	
#国家财政性教育经费	Government Appropriation for Education	2563	5161	14670	29221	42908	

注：2021年起，中等职业教育数据不含人社部管理的技工学校。

a) Since 2021, Secondary Vocational Education data do not include Technical Schools managed by the Ministry of Human Resources and Social Security.

1-7 就业基本情况
Basic Statistics on Employment

项　目	Item	2000	2005	2010	2015	2020	2023
就业人员合计(万人)	**Total Number of Employed Persons (10 000 persons)**	**72085**	**74647**	**76105**	**77451**	**75064**	**74041**
第一产业	Primary Industry	36043	33442	27931	21919	17715	16882
第二产业	Secondary Industry	16219	17766	21842	22693	21543	21520
第三产业	Tertiary Industry	19823	23439	26332	32839	35806	35639
城镇就业人员(万人)	Urban Employed (10 000 persons)	23151	28389	34687	40410	46271	47032
#国有单位	Stats-owned Units	8102	6488	6516	6208	5563	5400
乡村就业人员(万人)	Rural Employed Persons (10 000 persons)	48934	46258	41418	37041	28793	27009
城镇登记失业人数(万人)	Number of Registered Unemployed Persons in Urban Areas (10 000 persons)	595	839	908	966	1160	1074
城镇调查失业率(%)	Registered Unemployment Rate in Urban Areas (%)					5.2	5.1
城镇非私营单位就业人员工资总额(亿元)	**Total Wage Bill of Employed Persons in Urban Areas Non-Private Units (100 million yuan)**	**10955**	**20627**	**47270**	**112008**	**164127**	**197417**
城镇非私营单位就业人员工资总额指数(上年=100)	Indices of Total Wage Bill of Employed Persons in Urban Non-Private Units (preceding year =100)	107.9	117.1	117.3	108.9	106.4	103.5
城镇非私营单位就业人员平均工资(元)	Average Wage of Employed Persons in Urban Non-Private Units (yuan)	9333	18200	36539	62029	97379	120698
城镇非私营单位就业人员平均名义工资指数(上年=100)	Indices of Average Nominal Wage of Employed Persons in Urban Non-Private Units (preceding year =100)	112.2	114.3	113.3	110.1	107.6	105.8
城镇非私营单位就业人员平均实际工资指数(上年=100)	Indices of Average Real Wage of Employed Persons in Urban Non-Private Units (preceding year =100)	111.3	112.5	109.8	108.5	105.2	105.5

注：城镇调查失业率为每年12月份的数据。
a) The surveyed unemployment rate in urban areas is the data in December every year.

1-8　全国居民人均收支情况
Nationwide Per Capita Income and Consumption Expenditure

单位：元　(yuan)

指　标	Item	2017	2018	2019	2020	2021	2022	2023
全国居民人均收入	**Nationwide Per Capita Income**							
可支配收入	Disposable Income	25973.8	28228.0	30732.8	32188.8	35128.1	36883.3	39218.0
1.工资性收入	1.Income of Wages and Salaries	14620.3	15829.0	17186.2	17917.4	19629.4	20590.3	22053.0
2.经营净收入	2.Net Business Income	4501.8	4852.4	5247.3	5306.8	5892.7	6174.5	6542.0
3.财产净收入	3.Net Income from Property	2107.4	2378.5	2619.1	2791.5	3075.5	3226.5	3362.0
4.转移净收入	4.Net Income from Transfer	4744.3	5168.1	5680.3	6173.2	6530.5	6891.9	7261.0
现金可支配收入	Cash Disposable Income	24201.9	26291.4	28612.1	29918.7	32382.7	34179.7	36849.9
1.工资性收入	1.Income of Wages and Salaries	14537.8	15746.4	17096.9	17817.6	19493.2	20449.3	21883.8
2.经营净收入	2.Net Business Income	4424.1	4880.3	5269.7	5307.1	5664.5	6044.9	6816.4
3.财产净收入	3.Net Income from Property	811.5	877.8	1001.5	1067.5	1246.5	1334.2	1498.3
4.转移净收入	4.Net Income from Transfer	4428.6	4786.9	5244.0	5726.4	5978.5	6351.3	6651.4
全国居民人均支出	**Nationwide Per Capita Expenditure**							
消费支出	Consumption Expenditure	18322.1	19853.1	21558.9	21209.9	24100.1	24538.2	26795.7
1.食品烟酒	1.Food,Tobacco and Liquor	5373.6	5631.1	6084.2	6397.3	7178.1	7481.0	7983.0
2.衣着	2.Clothing and Footwear	1237.6	1288.9	1338.1	1238.4	1418.7	1364.6	1479.0
3.居住	3.Housing	4106.9	4646.6	5054.8	5215.3	5641.1	5882.0	6095.0
4.生活用品及服务	4.Household Equipments, Furnishings and Services	1120.7	1222.7	1280.9	1259.5	1423.2	1431.8	1526.0
5.交通通信	5.Transport and Communications	2498.9	2675.4	2861.6	2761.8	3155.6	3194.8	3652.0
6.教育文化娱乐	6.Education, Culture and Recreation	2086.2	2225.7	2513.1	2032.2	2598.9	2468.7	2904.0
7.医疗保健	7.Health Care and Medical Services	1451.2	1685.2	1902.3	1843.1	2115.1	2119.9	2460.0
8.其他用品及服务	8.Miscellaneous Goods and Services	447.0	477.5	524.0	462.2	569.4	595.4	697.0
现金消费支出	Consumption Expenditure in Cash	15122.3	16174.8	17526.0	16994.7	19410.7	19783.5	21943.8
1.食品烟酒	1.Food, Tobacco and Liquor	5073.0	5366.2	5798.1	6068.0	6783.4	7097.7	7610.4
2.衣着	2.Clothing and Footwear	1237.0	1288.3	1337.6	1237.9	1417.9	1364.1	1478.0
3.居住	3.Housing	1519.0	1615.1	1755.7	1774.3	1899.7	2034.1	2240.5
4.生活用品及服务	4.Household Equipments, Furnishings and Services	1110.8	1211.0	1266.9	1245.8	1410.5	1421.1	1518.8
5.交通通信	5.Transport and Communications	2495.3	2669.1	2857.4	2758.2	3150.4	3190.8	3647.1
6.教育文化娱乐	6.Education, Culture and Recreation	2085.3	2224.1	2511.7	2031.5	2597.8	2468.0	2902.1
7.医疗保健	7.Health Care and Medical Services	1160.7	1332.6	1482.4	1426.0	1597.3	1635.4	1858.4
8.其他用品及服务	8.Miscellaneous Goods and Services	441.2	468.4	516.2	452.9	553.6	572.4	688.5

1-9 社会保障基本情况
Basic Statistics on Social Insurance

项　　目	Item	2000	2005	2010	2015	2020	2023
社会保险年末参保人数（万人）	**Number of People Participated in Social Insurance at Year-end (10 000 persons)**						
城镇职工基本养老保险	Urban Employees Basic Endowment Insurance	13617.4	17487.9	25707.3	35361.2	45621.1	52120.8
职工	Staff and Workers	10447.5	13120.4	19402.3	26219.2	32858.7	37925.2
离退休(职)人员	Retirees	3169.9	4367.5	6305.0	9141.9	12762.3	14195.6
城乡居民基本养老保险	Basic Endowment Insurance for Urban and Rural Residents			10276.8	50472.2	54243.8	54522.5
基本医疗保险	Basic Medical Insurance	3786.9	13782.9	43262.9	66581.6	136131.1	133389.0
职工	Staff and Workers	3786.9	13782.9	23734.7	28893.1	34455.1	37094.6
城乡居民	Residents			19528.3	37688.5	101676.0	96294.4
失业保险	Unemployment Insurance	10408.4	10647.7	13375.6	17326.0	21689.5	24372.7
工伤保险	Work-related Injury Insurance	4350.3	8478.0	16160.7	21432.5	26763.4	30173.6
生育保险	Birth Insurance	3001.6	5408.5	12335.9	17771.0	23567.3	24903.1
社会保险基金收入(亿元)	**Revenue of Social Insurance Fund (100 million yuan)**	**2644.9**	**6975.2**	**19276.1**	**46012.1**	**75512.5**	**113214.9**
基本养老保险	Basic Endowment Insurance	2278.5	5093.3	13872.9	32195.5	49228.6	76691.2
基本医疗保险	Basic Medical Insurance	170.0	1405.3	4308.9	11192.9	24846.1	33504.9
失业保险	Unemployment Insurance	160.4	340.3	649.8	1367.8	951.5	1807.3
工伤保险	Work-related Injury Insurance	24.8	92.5	284.9	754.2	486.3	1211.6
生育保险	Birth Insurance	11.2	43.8	159.6	501.7		
社会保险基金支出(亿元)	**Expenses of Social Insurance Fund (100 million yuan)**	**2385.6**	**5400.8**	**15018.9**	**38988.1**	**78611.8**	**99301.8**
基本养老保险	Basic Endowment Insurance	2115.5	4040.3	10755.3	27929.4	54656.5	68369.4
基本医疗保险	Basic Medical Insurance	124.5	1078.7	3538.1	9312.1	21032.1	28210.5
失业保险	Unemployment Insurance	123.4	206.9	423.3	736.4	2103.0	1485.2
工伤保险	Work-related Injury Insurance	13.8	47.5	192.4	598.7	820.3	1236.7
生育保险	Birth Insurance	8.3	27.4	109.9	411.5		
社会服务	**Social Services**						
提供住宿的民政机构床位数(万张)	Beds of Civil Affairs Institutions with Accommodations(10 000 beds)	113.0	180.7	349.6	393.2	515.4	543.6
#养老床位	The Aged	104.5	158.1	316.1	358.2	488.2	517.2
儿童福利和救助床位	Child Welfare and Assistance	1.8	3.2	5.5	10.0	10.1	8.5
每千人口民政服务床位数(张)	Beds of Civil Services per 1000 Population(bed)	0.9	1.4	2.6	5.3	6.0	6.0
每千老年人口养老床位数(张)	Beds per 1000 Senior Citizens(bed)		11.0	17.8	30.3	31.1	27.7
被收养儿童(人)	Number of Children Adopted (person)	55802	49506	34529	22348	11103	8162
城市居民最低生活保障人数(万人)	Number of Urban Residents Entitled to Minimum Living Allowance (10 000 persons)	402.6	2234.2	2310.5	1701.1	805.1	663.6
农村居民最低生活保障人数(万人)	Number of Rural Residents Entitled to Minimum Living Allowance (10 000 persons)		825.0	5214.0	4903.6	3620.8	3399.7

注：1.2007年及以后基本医疗保险中包括职工基本医疗保险和城乡居民基本医疗保险。
2.2010年及以后基本养老保险中包括城镇职工基本养老保险和城乡居民基本养老保险。
3.民政机构床位数口径有所调整。2001-2017年，除收养性机构床位数外，还包括了救助类机构床位数、社区类机构床位数以及军休所、军供站等机构床位数。2011年起，养老床位含社区服务床位(含日间照料床位)。2018年起，不包含军休所、军供站等机构床位数。
4.老年人口指60岁及以上人口。
5.2019年起，基本医疗保险基金中包含生育保险基金。

a) Data of basic medical insurance include the basic medical insurance for workers and the basic medical insurance for urban and rural residents from 2007.
b) Data of basic endowment insurance for 2010 and following years include the basic endowment insurance for urban workers and basic endowment insurance for urban and rural residents.
c) The coverage of beds of civil affairs institutions has changed. From 2001 to 2017, it includes beds of salvation institutions, community institutions, and serviceman recreation habitation, serviceman supply stations, etc. Since 2011, beds of the aged include community service beds (including day care beds). Since 2018, it excludes beds of serviceman recreation habitation, serviceman supply stations, etc.
d) The aged refer to those 60 years old and above.
e) Since 2019, the data of basic medical care insurance fund includes the data of maternity insurance fund.

1-10 居住环境基本情况
Basic Statistics on Living Condition

项　目	Item	2000	2005	2010	2015	2020	2023
城市人口密度（人/平方公里）	Population Density of City Districts (person/sq.km)	442		2209	2399	2778	2895
城市人均生活用水(吨)	Per Capita Water Consumption for Residential Use in City (ton)	95.5	75.0	62.6	63.7	65.5	68.9
城市燃气普及率(%)	Coverage Rate of Population with Access to Gas in City (%)	45.4	82.1	92.0	95.3	97.9	98.3
城市人均公园绿地面积（平方米）	Per Capita Area of Parks and Green Land in City (sq.m)	3.7	7.9	11.2	13.3	14.8	15.6
城市每万人拥有公共汽电车辆(标台)	Number of Public Transportation Vehicles per 10 000 Population in City (unit)			10.7	12.2	12.9	
城市生活垃圾清运量(万吨)	Volume of Garbage Disposal (10 000 ton)	11819	15577	15805	19142	23512	25408
城市生活垃圾无害化处理率(%)	Proportion of Harmless Treated Garbage in City (%)			77.9	94.1	99.7	100.0
城市污水日处理能力（万立方米）	Daily Disposal Capacity of City Sewage (10 000 cu.m)	4741	7990	13393	16065	20405	23689
农村用电量(亿千瓦时)	Electricity Consumed in Rural Areas (100 million kWh)	2421.3	4375.7	6632.3	9026.9	6211.0	7991.9
村庄供水普及率(%)	Water Coverage Rate in Villages (%)				61.6	83.4	87.5
村庄燃气普及率(%)	Gas Coverage Rate in Villages (%)				20.6	35.1	42.1
电话普及率(含移动电话)（部/百人）	Telephone Popularization Rate (including Mobile Telephone) (set/100 persons)	19.1	57.2	86.4	109.3	125.8	134.8
#移动电话普及率(部/百人)	Popularization Rate of Mobile Telephone (set/100 persons)	6.7	30.1	64.4	92.5	112.9	122.5
互联网上网人数(万人)	Number of Internet Users (10 000 persons)	2250	11100	45730	68826	98899	109225
互联网普及率(%)	Popularization Rate of Internet (%)		8.5	34.3	50.3	70.4	77.5

1-11 文化休闲基本情况
Basic Statistics on Culture Leisure

项　　目	Item	2000	2005	2010	2015	2020	2023
公共图书馆(个)	Public Libraries (unit)	2675	2762	2884	3139	3212	3246
公共图书馆总藏量(亿册件)	Total Collections of Public Libraries (100 million copies)	4.1	4.8	6.2	8.4	11.8	14.4
文化馆(站)(个)	Cultural Centers (unit)	45321	41588	43382	44291	43687	43752
博物馆(个)	Museums (unit)	1392	1581	2435	3852	5452	4508
艺术表演团体(个)	Arts Performance Troupes (unit)	2619	2805	6864	10787	17581	17781
艺术表演场馆(个)	Arts Performance Venues (unit)	1900	1866	1461	2143	2770	3060
国家综合档案馆(个)	National Comprehensive Archives (unit)	3070	3142	3194	3322	3341	3302
广播节目综合人口覆盖率(%)	Population Coverage Rate of Radio Programs (%)	92.5	94.5	96.8	98.2	99.4	99.7
广播节目制作时间(万小时)	Length of Radio Programs Produced (10 000 hours)	404.3	613.9	681.4	771.8	821.0	759.2
电视节目综合人口覆盖率(%)	Population Coverage Rate of TV Programs (%)	93.7	95.8	97.6	98.8	99.6	99.8
电视节目制作时间(万小时)	Length of TV Programs Produced (10 000 hours)	87.1	255.4	274.3	352.0	328.2	260.0
有线广播电视实际用户数占家庭总户数比重(%)	Popularization Rate of Cable Radio and TV (%)		35.4	46.4	54.6	46.2	43.5
#农村	Rural			29.4	33.5	30.2	31.8
生产故事影片(部)	Feature Films Produced (film)	91	260	526	686	531	792
生产动画、科教、纪录、特种影片(部)	Cartoon Films, Popular Science Films, Documentary Films and Special Films Produced (reel)	60	42	95	202	119	179
图书出版种数(万种)	Number of Books Published (10 000 kind)	14.3	22.2	32.8	47.6	48.9	54.0
图书出版总印数(亿册、亿张)	Total Printed Copies of Books (100 million copies)	62.7	64.7	71.7	86.6	103.7	125.0
期刊出版种数(种)	Number of Periodicals Published (kind)	8725	9468	9884	10014	10192	10157
期刊出版总印数(亿册)	Total Printed Copies of Periodicals (100 million copies)	29.4	27.6	32.2	28.8	20.4	18.5
报纸出版种数(种)	Number of Newspapers Published (kind)	2007	1931	1939	1906	1810	1669
报纸出版总印数(亿份)	Total Printed Copies of Newspapers (100 million copies)	329.3	412.6	452.1	430.1	289.1	261.0
运动员获世界冠军个数(个)	World Championships Won by Chinese Athletes (unit)	110	106	108	127	4	165
运动员创世界纪录次数(次)	World Records Set up by Chinese Athletes by Events (times)	30	21	15	12	1	23

注：1.2007年以前艺术表演团体为文化系统内数据，2007年起含非文化部门单位。艺术表演场馆不含民营艺术表演场馆。
　　2.1996年以前文化站数据未包括其他部门所属乡镇文化站。1996-1998年包括其他部门所属文化站，1999年以后，其他部门所属文化站划归文化部门管理。
　　3.2023年起，博物馆相关指标使用国有博物馆数据。

a) Art performance troupes referred to those under the cultural departments before 2007, and expanded to cover those both under and outside the cultural departments starting from 2007. Art performance venues do not include those of non-state owned.

b) Culture stations did not include township culture stations of other departments before 1996. During 1996-1998, culture stations of other departments Since 1999, culture stations of other department were put under the management of culture departments.

c) Since 2023, museums' related indicators use data from state-owned museums.

1-12 资源环境基本情况
Basic Statistics on Resources and Environment

项 目	Item	2000	2005	2010	2015	2020	2023
森林覆盖率(%)	Forest Coverage Rate (%)	16.55	18.21	20.36	21.63		
造林总面积(万公顷)	Area of Afforestation (10 000 hectares)	511	540	591	768	693	464
种草面积(万公顷)	Grass Planting Area (10 000 hectares)					119	438
水资源总量(亿立方米)	Total Amount of Water Resources (100 million cu.m)	27701	28053	30906	27963	31605	25783
人均水资源量(立方米/人)	Per Capita Water Resources (cu.m)	2194	2152	2310	2039	2240	1828
用水总量(亿立方米)	Water Use (100 million cu.m)	5498	5633	6022	6103	5813	5907
人均用水量(立方米/人)	Per Capita Water Use (cu.m)	435	432	450	445	412	419
二氧化硫排放量(万吨)	Emission of SO_2 (10 000 tons)	1995	2549	2185	1859	318	238
自然灾害受灾人口(万人次)	Population Affected (10 000 person-times)	45652	40654	42610	18620	13830	9544
农作物受灾面积(万公顷)	Crops Areas Affected (10 000 hectares)	5469	3882	3743	2177	1996	1054
发生地质灾害数量(处)	Geological Disasters (unit)	19653	17751	30670	8355	7840	3668
森林火灾次数(起)	Total Number of Forest Fires (case)		11542	7723	2936	1153	328
森林火灾火场总面积(万公顷)	Total Area of Forest Fires (10 000 hectares)	8.8	7.4	11.6	3.3	2.5	1.0
工业污染治理完成投资(亿元)	Investment Completed in the Treatment of Industrial Pollution (100 million yuan)	235	458	397	774	454	362

注：森林覆盖率为历次全国森林资源清查资料数。
a) Forest coverage rate are the figures of the National Forestry Survey.

1-13 公共安全基本情况
Basic Statistics on Public Security

项　目	Item	2000	2005	2010	2015	2020	2023
公安机关刑事案件立案数(万起)	Criminal Cases Registered in Public Security Organs (10 000 cases)	363.7	464.8	597.0	717.4	478.1	449.6
公安机关治安案件查处数(万起)	Offence Cases Against Public Order Handled by Public Security Organs (10 000 cases)	382.3	630.1	1212.2	1097.2	772.4	788.1
检察机关审查批捕、决定逮捕人数(万人)	Arrests of Criminal Suspects and Defendants Approved by People's Procuratorate (10 000 persons)				89.3	77.1	72.6
人民法院审理一审案件收案数(万件)	First Trial Cases Accepted by Courts (10 000 cases)	535.6	516.1	699.9	1144.5	1451.8	1907.1
刑事案件	Criminal	56.0	68.5	78.0	112.7	110.8	123.0
民事案件	Civil	341.2	438.0	609.1	1009.8	1313.6	1753.1
行政案件	Administrative	8.6	9.6	12.9	22.0	26.0	29.9
行政赔偿案件	Administrative Compensation					1.4	1.2
人民法院审理刑事案件罪犯总数(万人)	Number of Criminal Offenders Heard by Courts (10 000 persons)	64.0	84.3	100.6	123.2	152.7	165.9
#不满18岁青少年罪犯	Juvenile Offenders Less Than 18 Years	4.2	8.3	6.8	4.4	3.4	3.6
律师事务所(家)	Number of Law Offices (unit)	9541	12988	17230	24425	34441	41132
专职律师(万人)	Full-time Lawyers (10 000 persons)	6.9	11.4	17.6	26.8	42.4	55.7
公证员(万人)	Notaries (10 000 persons)	1.3	1.2	1.1	1.3	1.4	1.5
交通事故发生数(万起)	Traffic Accidents (10 000 cases)	62.0	45.0	22.0	18.8	24.5	25.5
交通事故死亡人数(万人)	Deaths on Traffic Accidents (10 000 persons)	9.4	9.9	6.5	5.8	6.2	6.0
交通事故直接财产损失(亿元)	Direct Property Losses on Traffic Accidents (100 million yuan)	26.7	18.8	9.3	10.4	13.1	11.8

1-14 社会参与基本情况
Basic Statistics of Social Participation

项　目	Item	2000	2005	2010	2015	2020	2023
社会团体(万个)	Social Organization (10 000 units)	13.1	17.1	24.5	32.9	37.5	37.3
基金会(个)	Fund Organization (unit)		975	2202	4784	8432	9617
民办非企业单位(万个)	Non-enterprise Units Run by NGO (10 000 units)	2.3	14.8	19.8	32.9	51.1	49.9
工会基层组织数(万个)	Number of Grassroots Trade Unions (10 000 units)	85.9	117.4	197.6	280.6	247.6	222.8
工会专职工作人员人数(万人)	Number of Full-time Personnel of Trade Unions (10 000 persons)	48.2	47.7	86.4	111.4	90.2	81.7

1-15 国内生产总值及构成
Gross Domestic Product and Composition

年 份 Year	国内生产总 值 (亿元) GDP (100 million yuan)	第一产业 Primary Industry	第二产业 Secondary Industry	第三产业 Tertiary Industry	国内生产总值构成 (%) GDP Composition (%)	第一产业 Primary Industry	第二产业 Secondary Industry	第三产业 Tertiary Industry	人均国内生产总值 (元) Per Capita GDP (yuan)
1978	3678.7	1018.5	1755.1	905.1	100.0	27.7	47.7	24.6	385
1979	4100.5	1259.0	1925.3	916.1	100.0	30.7	47.0	22.3	423
1980	4587.6	1359.5	2204.7	1023.4	100.0	29.6	48.1	22.3	468
1981	4935.8	1545.7	2269.0	1121.1	100.0	31.3	46.0	22.7	497
1982	5373.4	1761.7	2397.6	1214.0	100.0	32.8	44.6	22.6	533
1983	6020.9	1960.9	2663.0	1397.1	100.0	32.6	44.2	23.2	588
1984	7278.5	2295.6	3124.7	1858.2	100.0	31.5	42.9	25.5	702
1985	9098.9	2541.7	3886.4	2670.8	100.0	27.9	42.7	29.4	866
1986	10376.2	2764.1	4515.1	3097.0	100.0	26.6	43.5	29.8	973
1987	12174.6	3204.5	5273.8	3696.3	100.0	26.3	43.3	30.4	1123
1988	15180.4	3831.2	6607.2	4742.0	100.0	25.2	43.5	31.2	1378
1989	17179.7	4228.2	7300.7	5650.8	100.0	24.6	42.5	32.9	1536
1990	18872.9	5017.2	7744.1	6111.6	100.0	26.6	41.0	32.4	1663
1991	22005.6	5288.8	9129.6	7587.2	100.0	24.0	41.5	34.5	1912
1992	27194.5	5800.3	11725.0	9669.2	100.0	21.3	43.1	35.6	2334
1993	35673.2	6887.6	16472.7	12313.0	100.0	19.3	46.2	34.5	3027
1994	48637.5	9471.8	22452.5	16713.1	100.0	19.5	46.2	34.4	4081
1995	61339.9	12020.5	28676.7	20642.7	100.0	19.6	46.8	33.7	5091
1996	71813.6	13878.3	33827.3	24108.0	100.0	19.3	47.1	33.6	5898
1997	79715.0	14265.2	37545.0	27904.8	100.0	17.9	47.1	35.0	6481
1998	85195.5	14618.7	39017.5	31559.3	100.0	17.2	45.8	37.0	6860
1999	90564.4	14549.0	41079.9	34935.5	100.0	16.1	45.4	38.6	7229
2000	100280.1	14717.4	45663.7	39899.1	100.0	14.7	45.5	39.8	7942
2001	110863.1	15502.5	49659.4	45701.2	100.0	14.0	44.8	41.2	8717
2002	121717.4	16190.2	54104.1	51423.1	100.0	13.3	44.5	42.2	9506
2003	137422.0	16970.2	62695.8	57756.0	100.0	12.3	45.6	42.0	10666
2004	161840.2	20904.3	74285.0	66650.9	100.0	12.9	45.9	41.2	12487
2005	187318.9	21806.7	88082.2	77430.0	100.0	11.6	47.0	41.3	14368
2006	219438.5	23317.0	104359.2	91762.2	100.0	10.6	47.6	41.8	16738
2007	270092.3	27674.1	126630.5	115787.7	100.0	10.2	46.9	42.9	20494
2008	319244.6	32464.1	149952.9	136827.5	100.0	10.2	47.0	42.9	24100
2009	348517.7	33583.8	160168.8	154765.1	100.0	9.6	46.0	44.4	26180
2010	412119.3	38430.8	191626.5	182061.9	100.0	9.3	46.5	44.2	30808
2011	487940.2	44781.5	227035.1	216123.6	100.0	9.2	46.5	44.3	36277
2012	538580.0	49084.6	244639.1	244856.2	100.0	9.1	45.4	45.5	39771
2013	592963.2	53028.1	261951.6	277983.5	100.0	8.9	44.2	46.9	43497
2014	643563.1	55626.3	277282.8	310654.0	100.0	8.6	43.1	48.3	46912
2015	688858.2	57774.6	281338.9	349744.7	100.0	8.4	40.8	50.8	49922
2016	746395.1	60139.2	295427.8	390828.1	100.0	8.1	39.6	52.4	53783
2017	832035.9	62099.5	331580.5	438355.9	100.0	7.5	39.9	52.7	59592
2018	919281.1	64745.2	364835.2	489700.8	100.0	7.0	39.7	53.3	65534
2019	986515.2	70473.6	380670.6	535371.0	100.0	7.1	38.6	54.3	70078
2020	1013567.0	78030.9	383562.4	551973.7	100.0	7.7	37.8	54.5	71828
2021	1149237.0	83216.5	451544.1	614476.4	100.0	7.2	39.3	53.5	81370
2022	1204724.0	88207.0	473789.9	642727.1	100.0	7.3	39.3	53.4	85310
2023	1260582.1	89755.2	482588.5	688238.4	100.0	7.1	38.3	54.6	89358

注：1980年以后国民总收入(原称国民生产总值)与国内生产总值的差额为来自国外的初次分配收入净额。

a) Since 1980, the difference between the Gross Domestic Product and the Gross National Income (formerly, the Gross National Product) is the net income of primary distribution from the rest of the world.

1-16 地区生产总值
Gross Regional Product

单位：亿元 (100 million yuan)

地 区	Region	2010	2015	2016	2017	2018	2019	2020	2021	2022	2023
北 京	Beijing	14113.6	23014.6	25669.1	28014.9	30320.0	35371.3	36102.6	40269.6	41610.9	43760.7
天 津	Tianjin	9224.5	16538.2	17885.4	18549.2	18809.6	14104.3	14083.7	15695.0	16311.3	16737.3
河 北	Hebei	20394.3	29806.1	32070.5	34016.3	36010.3	35104.5	36206.9	40391.3	42370.4	43944.1
山 西	Shanxi	9200.9	12766.5	13050.4	15528.4	16818.1	17026.7	17651.9	22590.2	25642.6	25698.2
内蒙古	Inner Mongolia	11672.0	17831.5	18128.1	16096.2	17289.2	17212.5	17359.8	20514.2	23158.6	24627.0
辽 宁	Liaoning	18457.3	28669.0	22246.9	23409.2	25315.4	24909.5	25115.0	27584.1	28975.1	30209.4
吉 林	Jilin	8667.6	14063.1	14776.8	14944.5	15074.6	11726.8	12311.3	13235.5	13070.2	13531.2
黑龙江	Heilongjiang	10368.6	15083.7	15386.1	15902.7	16361.6	13612.7	13698.5	14879.2	15901.0	15883.9
上 海	Shanghai	17166.0	25123.5	28178.7	30633.0	32679.9	38155.3	38700.6	43214.9	44652.8	47218.7
江 苏	Jiangsu	41425.5	70116.4	77388.3	85869.8	92595.4	99631.5	102719.0	116364.2	122875.6	128222.2
浙 江	Zhejiang	27722.3	42886.5	47251.4	51768.3	56197.2	62351.7	64613.3	73515.8	77715.4	82553.2
安 徽	Anhui	12359.3	22005.6	24407.6	27018.0	30006.8	37114.0	38680.6	42959.2	45045.0	47050.6
福 建	Fujian	14737.1	25979.8	28810.6	32182.1	35804.0	42395.0	43903.9	48810.4	53109.9	54355.1
江 西	Jiangxi	9451.3	16723.8	18499.0	20006.3	21984.8	24757.5	25691.5	29619.7	32074.7	32200.1
山 东	Shandong	39169.9	63002.3	68024.5	72634.1	76469.7	71067.5	73129.0	83095.9	87435.1	92068.7
河 南	Henan	23092.4	37002.2	40471.8	44552.8	48055.9	54259.2	54997.1	58887.4	61345.1	59132.4
湖 北	Hubei	15967.6	29550.2	32665.4	35478.1	39366.6	45828.3	43443.5	50012.9	53734.9	55803.6
湖 南	Hunan	16038.0	28902.2	31551.4	33903.0	36425.8	39752.1	41781.5	46063.1	48670.4	50012.9
广 东	Guangdong	46013.1	72812.6	80854.9	89705.2	97277.8	107671.1	110760.9	124369.7	129118.6	135673.2
广 西	Guangxi	9569.9	16803.1	18317.6	18523.3	20352.5	21237.1	22156.7	24740.9	26300.9	27202.4
海 南	Hainan	2064.5	3702.8	4053.2	4462.5	4832.1	5308.9	5532.4	6475.2	6818.2	7551.2
重 庆	Chongqing	7925.6	15717.3	17740.6	19424.7	20363.2	23605.8	25002.8	27894.0	29129.0	30145.8
四 川	Sichuan	17185.5	30053.1	32934.5	36980.2	40678.1	46615.8	48598.8	53850.8	56749.8	60132.9
贵 州	Guizhou	4602.2	10502.6	11776.7	13540.8	14806.5	16769.3	17826.6	19586.4	20164.6	20913.3
云 南	Yunnan	7224.2	13619.2	14788.4	16376.3	17881.1	23223.8	24521.9	27146.8	28954.2	30021.1
西 藏	Xizang	507.5	1026.4	1151.4	1310.9	1477.6	1697.8	1902.7	2080.2	2132.6	2392.7
陕 西	Shaanxi	10123.5	18021.9	19399.6	21898.8	24438.3	25793.2	26181.9	29801.0	32772.7	33786.1
甘 肃	Gansu	4120.8	6790.3	7200.4	7459.9	8246.1	8718.3	9016.7	10243.3	11201.6	11863.8
青 海	Qinghai	1350.4	2417.1	2572.5	2624.8	2865.2	2966.0	3005.9	3346.6	3610.1	3799.1
宁 夏	Ningxia	1689.7	2911.8	3168.6	3443.6	3705.2	3748.5	3920.6	4522.3	5069.6	5315.0
新 疆	Xinjiang	5437.5	9324.8	9649.7	10882.0	12199.1	13597.1	13797.6	15983.6	17741.3	19125.9

注：本表按当年价格计算。

a) Data in this table are calculated at current prices.

1-17 人均地区生产总值
Per Capita Gross Regional Product

单位：元 (yuan)

地 区	Region	2010	2015	2016	2017	2018	2019	2020	2021	2022	2023
北 京	Beijing	73856	106497	118198	128994	140211	164220	164889	183980	190313	200278
天 津	Tianjin	72994	107960	115053	118944	120711	90371	101614	113732	119235	122752
河 北	Hebei	28668	40255	43062	45387	47772	46348	48564	54172	56995	59332
山 西	Shanxi	26283	34919	35532	42060	45328	45724	50528	64821	73675	73984
内蒙古	Inner Mongolia	47347	71101	72064	63764	68302	67852	72062	85422	96474	102677
辽 宁	Liaoning	42355	65354	50791	53527	58008	57191	58872	65026	68775	72107
吉 林	Jilin	31599	51086	53868	54838	55611	43475	50800	55450	55347	57739
黑龙江	Heilongjiang	27076	39462	40432	41916	43274	36183	42635	47266	51096	51563
上 海	Shanghai	76074	103796	116562	126634	134982	157279	155768	173630	179907	190321
江 苏	Jiangsu	52840	87995	96887	107150	115168	123607	121231	137039	144390	150487
浙 江	Zhejiang	51711	77644	84916	92057	98643	107624	100620	113032	118496	125043
安 徽	Anhui	20888	35997	39561	43401	47712	58496	63426	70321	73603	76830
福 建	Fujian	40025	67966	74707	82677	91197	107139	105818	116939	126829	129865
江 西	Jiangxi	21253	36724	40400	43424	47434	53164	56871	65560	70923	71216
山 东	Shandong	41106	64168	68733	72807	76267	70653	72151	81727	86003	90771
河 南	Henan	24446	39123	42575	46674	50152	56388	55435	59410	62106	60073
湖 北	Hubei	27906	50654	55665	60199	66616	77387	74440	86416	92059	95538
湖 南	Hunan	24719	42754	46382	49558	52949	57540	62900	69440	73598	75938
广 东	Guangdong	44736	67503	74016	80932	86412	94172	88210	98285	101905	106985
广 西	Guangxi	20219	35190	38027	38102	41489	42964	44309	49206	52164	54005
海 南	Hainan	23831	40818	44347	48430	51955	56507	55131	63707	66602	72958
重 庆	Chongqing	27596	52321	58502	63442	65933	75828	78170	86879	90663	94147
四 川	Sichuan	21182	36775	40003	44651	48883	55774	58126	64326	67777	71835
贵 州	Guizhou	13119	29847	33246	37956	41244	46433	46267	50808	52321	54172
云 南	Yunnan	15752	28806	31093	34221	37136	47944	51975	57686	61716	64107
西 藏	Xizang	17027	31999	35184	39267	43398	48902	52345	56831	58438	65642
陕 西	Shaanxi	27133	47626	51015	57266	63477	66649	66292	75360	82864	85448
甘 肃	Gansu	16113	26165	27643	28497	31336	32995	35995	41046	44968	47867
青 海	Qinghai	24115	41252	43531	44047	47689	48981	50819	56398	60724	63903
宁 夏	Ningxia	26860	43805	47194	50765	54094	54217	54528	62549	69781	72957
新 疆	Xinjiang	25034	40036	40564	44941	49475	54280	53593	61725	68552	73774

1-18 分地区一般公共预算收入(2023年)
General Public Budget Revenue by Region (2023)

单位：亿元 (100 million yuan)

地 区	Region	地方一般公共预算收入 General Public Budget Revenue	税收收入 Tax Revenue	国内增值税 Domestic Value-added Tax	企业所得税 Corporate Income Tax	个人所得税 Individual Income Tax	资源税 Resource Tax	城市维护建设税 City Maintenance and Construction Tax	房产税 House Property Tax
地方合计	**Region Total**	**117228.73**	**85302.18**	**34746.23**	**14692.87**	**5910.02**	**2977.75**	**4969.14**	**3994.19**
北 京	Beijing	6181.10	5357.09	1877.13	1434.81	772.81	33.34	232.99	368.50
天 津	Tianjin	2027.51	1579.13	719.27	289.53	113.80	12.59	100.53	92.51
河 北	Hebei	4286.60	2578.11	1056.24	311.35	82.90	70.47	145.55	107.30
山 西	Shanxi	3479.37	2557.05	904.82	500.69	66.09	619.02	118.08	60.72
内蒙古	Inner Mongolia	3083.64	2331.22	691.18	345.57	72.88	672.03	91.13	65.96
辽 宁	Liaoning	2755.29	1871.05	776.58	275.05	77.36	48.89	131.11	110.71
吉 林	Jilin	1074.84	699.57	305.79	103.78	35.81	14.39	58.54	40.62
黑龙江	Heilongjiang	1396.15	859.65	345.31	97.79	34.80	80.40	55.73	46.24
上 海	Shanghai	8312.50	7109.14	2669.80	1716.42	952.93		347.24	333.07
江 苏	Jiangsu	9930.18	7976.99	3665.17	1408.71	505.39	9.30	486.24	405.80
浙 江	Zhejiang	8600.51	7124.55	3011.53	1311.79	582.55	13.42	405.02	348.54
安 徽	Anhui	3939.16	2593.10	1233.05	379.54	107.37	45.68	171.89	103.51
福 建	Fujian	3592.04	2341.94	1017.41	429.65	137.58	9.59	131.80	113.98
江 西	Jiangxi	3059.59	2021.80	1029.71	255.71	96.59	29.07	126.75	69.39
山 东	Shandong	7464.78	5229.66	2027.15	724.94	260.17	160.60	319.84	229.61
河 南	Henan	4518.10	2855.48	1220.21	344.36	99.68	104.78	166.04	103.70
湖 北	Hubei	3692.79	2673.15	1105.98	374.44	124.71	26.30	177.17	129.02
湖 南	Hunan	3360.51	2208.51	824.18	225.90	91.30	14.33	149.67	140.79
广 东	Guangdong	13850.78	10244.77	4291.82	1784.12	946.13	13.96	598.22	470.67
广 西	Guangxi	1783.80	1081.99	483.71	129.71	47.51	20.74	76.99	59.12
海 南	Hainan	900.71	667.37	221.78	115.38	49.74	3.59	29.27	23.79
重 庆	Chongqing	2440.77	1476.09	598.21	216.02	80.53	15.37	94.09	104.50
四 川	Sichuan	5529.09	3700.90	1404.46	629.78	185.56	92.32	213.23	165.40
贵 州	Guizhou	2078.37	1221.87	489.05	255.95	44.28	47.82	97.66	43.49
云 南	Yunnan	2149.44	1387.76	562.35	213.07	55.46	40.84	133.58	35.58
西 藏	Xizang	236.62	156.51	91.94	14.57	13.47	8.31	10.99	
陕 西	Shaanxi	3437.60	2693.85	999.31	412.46	143.80	509.87	139.17	100.46
甘 肃	Gansu	1003.58	698.65	322.47	82.40	24.84	41.45	50.93	34.03
青 海	Qinghai	381.34	282.97	113.33	49.73	11.25	35.17	15.50	11.56
宁 夏	Ningxia	502.31	353.20	142.99	48.31	15.58	31.07	20.62	16.52
新 疆	Xinjiang	2179.69	1369.08	544.32	211.34	77.17	153.04	73.56	59.09

注：由于体制调整，2022年起新疆数据包含新疆生产建设兵团。
a) Due to institutional adjustments, Xinjiang data includes the data of Xinjiang Production and Construction Corps since 2022.

1-18　续表 1　continued

单位：亿元　(100 million yuan)

地　区	Region	印花税 Stamp Tax	城镇土地使用税 Urban Land Use Tax	土地增值税 Land Appreciation Tax	车船税 Tax on Vehicles and Boat Operation	耕地占用税 Farm Land Occupation Tax	契　税 Deed Tax	烟叶税 Tobacco Leaf Tax	环　境保护税 Environment Protection Tax
地方合计	**Region Total**	**1983.59**	**2212.71**	**5294.00**	**1114.03**	**1126.52**	**5910.43**	**151.37**	**205.05**
北　京	Beijing	120.60	19.45	223.15	33.41	5.81	225.17		9.85
天　津	Tianjin	53.40	14.44	77.31	15.34	2.26	84.64		2.67
河　北	Hebei	78.42	155.04	173.22	64.76	76.96	241.17	0.19	14.30
山　西	Shanxi	46.94	37.37	44.10	31.06	27.61	89.64	0.38	10.08
内蒙古	Inner Mongolia	30.63	98.71	35.28	29.21	110.63	64.77	0.16	21.31
辽　宁	Liaoning	40.76	147.12	66.10	50.72	11.03	127.22	0.53	7.49
吉　林	Jilin	15.42	25.43	19.92	24.35	8.30	45.08	0.42	1.36
黑龙江	Heilongjiang	16.89	72.29	15.22	28.51	11.83	50.30	1.33	2.36
上　海	Shanghai	144.82	20.62	566.43	21.42	4.30	330.06		1.97
江　苏	Jiangsu	196.54	158.73	303.15	68.82	61.41	668.44		39.08
浙　江	Zhejiang	191.90	130.44	404.42	68.92	41.60	609.13	0.02	4.02
安　徽	Anhui	54.75	104.25	99.24	32.23	39.07	217.88	1.36	2.63
福　建	Fujian	72.11	36.28	142.85	30.56	10.94	196.00	10.22	2.64
江　西	Jiangxi	44.66	53.12	99.10	25.75	26.91	159.95	2.00	2.94
山　东	Shandong	138.98	315.09	431.42	101.57	75.59	424.57	3.26	16.25
河　南	Henan	62.29	141.54	157.25	65.90	119.17	251.01	7.41	11.84
湖　北	Hubei	61.18	68.31	252.38	41.42	77.64	221.92	5.59	6.18
湖　南	Hunan	47.66	85.96	265.98	36.63	52.66	254.47	14.27	4.53
广　东	Guangdong	223.82	85.38	1033.79	97.58	67.01	621.88	1.86	7.33
广　西	Guangxi	32.92	22.81	56.57	29.15	27.32	89.60	1.37	4.36
海　南	Hainan	18.95	18.16	116.14	6.40	4.09	58.72	0.11	0.87
重　庆	Chongqing	39.62	91.79	77.93	19.51	28.16	103.18	3.20	2.87
四　川	Sichuan	81.21	99.48	343.93	46.99	97.09	322.92	11.62	5.58
贵　州	Guizhou	22.96	29.46	45.19	20.17	11.54	91.72	17.47	5.17
云　南	Yunnan	32.90	22.90	82.95	29.92	23.53	82.97	66.18	5.39
西　藏	Xizang	3.40	0.38	4.32	2.31	3.91	2.72		0.20
陕　西	Shaanxi	51.53	56.06	77.06	33.02	26.58	139.55	2.26	2.62
甘　肃	Gansu	15.87	28.75	22.36	19.90	8.79	44.06	0.15	2.50
青　海	Qinghai	5.27	4.83	4.61	5.16	15.14	10.51		0.80
宁　夏	Ningxia	8.57	12.29	11.28	6.92	13.09	24.56	0.02	1.37
新　疆	Xinjiang	28.63	56.25	41.35	26.42	36.55	56.62		4.46

1-18 续表 2 continued

单位：亿元 (100 million yuan)

地 区	Region	其他税收收入 Other Tax Revenue	非税收入 Non-Tax Revenue	专项收入 Special Program Receipts	行政事业性收费收入 Charge of Administrative and Institutional Units	罚没收入 Penalty Receipts	国有资本经营收入 Operating Income from Government Capital	国有资源(资产)有偿使用收入 Income from Use of State-owned Resources (Assets)	其他收入 Other Revenue
地方合计	**Region Total**	**14.28**	**31926.55**	**7851.80**	**3448.73**	**3629.88**	**994.45**	**13379.77**	**2621.92**
北 京	Beijing	0.08	824.01	366.89	65.91	73.96	0.83	202.86	113.56
天 津	Tianjin	0.85	448.38	123.41	34.30	47.77	0.78	184.73	57.39
河 北	Hebei	0.23	1708.50	366.72	114.41	137.37	52.29	916.82	120.89
山 西	Shanxi	0.48	922.32	204.48	99.45	118.37	114.00	328.40	57.61
内蒙古	Inner Mongolia	1.75	752.42	143.01	126.94	89.85	6.48	352.95	33.19
辽 宁	Liaoning	0.40	884.24	167.70	97.77	194.38	4.83	371.31	48.24
吉 林	Jilin	0.36	375.27	74.08	51.30	47.04	5.24	170.55	27.06
黑龙江	Heilongjiang	0.64	536.50	66.05	58.07	81.87	6.32	285.23	38.97
上 海	Shanghai	0.04	1203.37	617.26	75.72	53.48	2.60	408.63	45.67
江 苏	Jiangsu	0.21	1953.20	487.88	275.42	241.02	84.09	700.52	164.26
浙 江	Zhejiang	1.25	1475.96	546.22	177.19	166.75	-35.86	557.51	64.16
安 徽	Anhui	0.67	1346.05	332.44	111.54	108.03	35.54	665.74	92.76
福 建	Fujian	0.33	1250.11	343.97	89.86	114.91	35.76	608.64	56.97
江 西	Jiangxi	0.15	1037.79	157.55	116.14	197.96	8.20	494.50	63.44
山 东	Shandong	0.62	2235.11	438.29	295.72	312.77	43.79	1027.08	117.47
河 南	Henan	0.30	1662.62	398.64	218.37	201.97	119.72	560.06	163.85
湖 北	Hubei	0.91	1019.65	258.83	138.51	116.41	3.41	423.25	79.24
湖 南	Hunan	0.18	1151.99	260.41	118.91	183.18	11.00	417.90	160.58
广 东	Guangdong	1.19	3606.00	1086.09	297.21	338.45	132.44	1277.18	474.64
广 西	Guangxi	0.11	701.81	107.17	91.61	138.01	12.57	307.89	44.57
海 南	Hainan	0.37	233.34	98.61	30.23	30.38	-0.16	61.00	13.28
重 庆	Chongqing	1.11	964.68	146.36	74.42	57.53		618.15	68.23
四 川	Sichuan	1.33	1828.19	259.62	184.25	183.30	66.57	947.32	187.12
贵 州	Guizhou	-0.03	856.49	117.60	76.29	83.36	258.52	271.16	49.57
云 南	Yunnan	0.14	761.68	196.46	111.05	97.52	-0.62	279.02	78.26
西 藏	Xizang	0.00	80.11	20.67	17.99	13.97	0.86	18.20	8.42
陕 西	Shaanxi	0.08	743.75	215.13	111.19	78.14	4.48	288.27	46.54
甘 肃	Gansu	0.16	304.94	78.87	48.65	38.87	6.40	100.51	31.63
青 海	Qinghai	0.12	98.37	18.52	14.00	11.62		42.51	11.72
宁 夏	Ningxia	-0.01	149.11	43.99	20.79	12.60	1.38	54.17	16.18
新 疆	Xinjiang	0.28	810.60	108.90	105.54	59.06	12.97	437.70	86.45

1-19　分地区一般公共预算支出(2023年)
General Public Expenditure by Region (2023)

单位：亿元　　(100 million yuan)

地　区	Region	地方一般公共预算支出 General Public Budget Expenditure	一般公共服务支出 Expenditure for General Public Services	外交支出 Expenditure for Foreign Affairs	国防支出 Expenditure for National Defense	公　共安全支出 Expenditure for Public Security	教育支出 Expenditure for Education	科　学技术支出 Expenditure for Science and Technology
地方合计	**Region Total**	**236403.46**	**19725.51**	**1.77**	**268.30**	**12624.54**	**39677.48**	**7514.65**
北　京	Beijing	7971.25	545.81		7.71	501.66	1227.90	521.91
天　津	Tianjin	3280.42	244.25		3.84	215.46	491.79	77.03
河　北	Hebei	9606.21	871.59		9.10	455.70	1807.51	131.04
山　西	Shanxi	6345.61	547.77		5.19	285.91	910.55	84.14
内蒙古	Inner Mongolia	6836.24	543.65		8.62	294.75	774.62	74.97
辽　宁	Liaoning	6574.78	494.67		5.81	398.88	737.49	78.93
吉　林	Jilin	4406.85	363.33		5.03	228.57	535.13	38.54
黑龙江	Heilongjiang	5776.44	399.89		6.35	290.83	608.69	49.41
上　海	Shanghai	9638.51	426.95		12.26	473.55	1206.14	528.05
江　苏	Jiangsu	15242.28	1315.40		17.24	903.66	2709.98	761.46
浙　江	Zhejiang	12353.09	1169.86		13.52	763.08	2365.17	787.48
安　徽	Anhui	8643.57	594.53		7.38	360.08	1516.66	535.34
福　建	Fujian	5859.39	477.19		5.76	350.34	1257.68	146.92
江　西	Jiangxi	7492.88	639.82		11.94	346.52	1376.21	244.15
山　东	Shandong	12581.74	1193.50		12.91	647.18	2713.74	322.70
河　南	Henan	11052.54	1162.92		8.10	492.03	1993.35	470.10
湖　北	Hubei	9299.07	822.09		7.94	438.59	1357.80	397.84
湖　南	Hunan	9581.12	812.14		12.20	440.92	1579.39	314.12
广　东	Guangdong	18527.03	1718.76	0.01	19.53	1374.67	4004.45	980.46
广　西	Guangxi	6101.37	502.76		10.75	312.66	1187.14	107.31
海　南	Hainan	2248.96	183.47	1.15	6.33	110.42	361.96	69.54
重　庆	Chongqing	5304.56	352.23	0.19	5.99	269.74	855.97	102.54
四　川	Sichuan	12732.79	1118.66		22.87	600.22	1949.20	244.12
贵　州	Guizhou	6203.70	483.23		4.33	280.72	1202.79	80.06
云　南	Yunnan	6730.08	500.82		10.50	383.23	1173.93	61.33
西　藏	Xizang	2809.02	344.25	0.11	3.54	154.22	335.32	8.71
陕　西	Shaanxi	7175.08	625.13		5.88	329.09	1089.44	133.68
甘　肃	Gansu	4521.82	385.02		2.44	210.79	715.57	58.60
青　海	Qinghai	2188.72	149.84		1.59	98.62	234.05	11.86
宁　夏	Ningxia	1751.38	100.10		0.98	68.67	223.69	28.06
新　疆	Xinjiang	7566.98	635.92	0.32	12.68	543.79	1174.15	64.27

注：由于体制调整，2022年起新疆数据包含新疆生产建设兵团。
a) Due to institutional adjustments, Xinjiang data includes the data of Xinjiang Production and Construction Corps since 2022.

1-19 续表 1 continued

单位：亿元 (100 million yuan)

地区	Region	文化旅游体育与传媒支出 Expenditure for Culture, Tourism, Sport and Media	社会保障和就业支出 Expenditure for Social Security and Employment	卫生健康支出 Expenditure for Health Care	节能环保支出 Expenditure for Energy Conservation and Environment Protection	城乡社区支出 Expenditure for Urban and Rural Community Affairs	农林水支出 Expenditure for Agriculture, Forestry and Water Conservancy
地方合计	**Region Total**	**3792.67**	**38828.24**	**22099.29**	**5441.25**	**20532.40**	**23732.87**
北京	Beijing	215.87	1145.82	704.86	220.67	929.61	515.53
天津	Tianjin	30.63	667.29	211.48	33.79	432.42	126.95
河北	Hebei	130.39	1691.14	929.84	320.60	969.64	928.51
山西	Shanxi	117.16	1103.45	516.56	241.65	675.96	660.99
内蒙古	Inner Mongolia	130.20	1131.90	473.25	178.06	710.64	982.68
辽宁	Liaoning	88.12	1970.58	425.97	87.06	571.17	490.96
吉林	Jilin	55.09	982.22	361.89	152.38	327.58	618.30
黑龙江	Heilongjiang	67.67	1504.70	442.26	153.82	300.56	1087.15
上海	Shanghai	152.70	1187.63	881.74	254.97	1346.56	399.14
江苏	Jiangsu	229.93	2048.33	1384.06	247.22	1749.13	1187.82
浙江	Zhejiang	291.44	1497.70	1148.02	187.98	1094.06	910.65
安徽	Anhui	82.66	1503.62	813.92	193.59	755.74	1049.29
福建	Fujian	106.83	767.10	620.40	120.49	441.47	415.14
江西	Jiangxi	121.16	1104.93	718.51	249.37	637.07	802.43
山东	Shandong	157.42	2181.75	1253.98	209.31	1200.13	1051.73
河南	Henan	125.99	1932.18	1140.93	178.61	978.56	1059.78
湖北	Hubei	133.80	1734.13	827.24	188.34	862.25	953.45
湖南	Hunan	142.49	1556.24	869.10	170.41	1216.86	1068.21
广东	Guangdong	360.52	2265.67	2021.59	444.65	1367.66	1076.77
广西	Guangxi	82.77	1076.52	714.99	70.43	290.16	729.94
海南	Hainan	42.75	352.23	247.92	44.52	168.88	271.84
重庆	Chongqing	66.19	1093.78	493.44	184.85	499.01	415.66
四川	Sichuan	213.25	2440.04	1231.90	253.90	775.06	1455.20
贵州	Guizhou	95.52	824.50	632.26	128.85	244.20	775.88
云南	Yunnan	97.50	1174.25	772.45	154.00	244.84	903.93
西藏	Xizang	52.93	234.18	188.68	62.21	149.00	414.87
陕西	Shaanxi	136.51	1185.94	679.03	245.01	578.91	754.49
甘肃	Gansu	83.98	724.52	443.28	146.34	193.84	762.61
青海	Qinghai	43.59	344.35	197.72	109.13	185.06	271.36
宁夏	Ningxia	25.76	292.48	146.46	76.33	141.73	274.52
新疆	Xinjiang	111.83	1109.06	605.57	132.72	494.66	1317.08

1-19　续表 2　continued

单位：亿元　　(100 million yuan)

地　区	Region	交　通运输支出 Expenditure for Transportation	资源勘探信息等支出 Expenditure for Resource Exploration and Information	商业服务业等支出 Expenditure for Commerce and Services	金融支出 Expenditure for Financial Affairs	援助其他地区支出 Expenditure for Assistance to Other Regions	自然资源海洋气象等支出 Expenditure for Nature Resources, Ocean and Weather
地方合计	**Region Total**	**11449.07**	**7842.38**	**1941.53**	**1446.12**	**437.17**	**2359.91**
北　京	Beijing	373.10	272.53	26.60	23.63	58.46	34.53
天　津	Tianjin	104.49	315.72	57.53	4.39	27.09	35.50
河　北	Hebei	355.43	168.20	35.67	19.04	9.06	149.11
山　西	Shanxi	337.65	207.08	33.36	83.90	3.19	98.50
内蒙古	Inner Mongolia	408.28	300.33	27.37	70.94	0.00	106.43
辽　宁	Liaoning	233.06	202.85	39.59	101.39	13.11	65.76
吉　林	Jilin	238.83	65.41	18.12	6.47	3.19	28.77
黑龙江	Heilongjiang	291.62	91.69	42.04	32.34	3.68	36.30
上　海	Shanghai	538.84	1303.08	215.63	96.41	84.22	28.45
江　苏	Jiangsu	600.00	453.93	111.18	23.62	65.58	131.88
浙　江	Zhejiang	547.19	395.55	300.78	27.27	34.15	161.94
安　徽	Anhui	320.86	140.97	85.84	97.19	5.65	61.79
福　建	Fujian	261.09	251.00	124.40	20.12	5.94	89.89
江　西	Jiangxi	265.58	332.62	41.82	63.05	3.23	64.40
山　东	Shandong	302.92	281.07	82.49	78.46	32.07	131.99
河　南	Henan	347.81	135.58	42.48	107.02	5.83	104.43
湖　北	Hubei	520.09	280.87	56.63	42.09	8.79	84.78
湖　南	Hunan	410.71	127.07	47.56	10.06	5.93	113.28
广　东	Guangdong	614.73	600.85	158.87	147.65	59.56	144.97
广　西	Guangxi	313.42	155.98	33.36	51.88		70.78
海　南	Hainan	79.24	48.92	9.37	24.72		34.01
重　庆	Chongqing	296.71	187.49	32.42	7.96	1.36	48.21
四　川	Sichuan	708.83	449.81	114.27	38.59	6.70	116.60
贵　州	Guizhou	467.16	329.53	22.12	19.93		73.41
云　南	Yunnan	461.39	127.20	34.64	5.35		75.26
西　藏	Xizang	568.99	77.12	8.00	18.85		30.90
陕　西	Shaanxi	328.07	206.88	61.92	199.48	0.07	82.38
甘　肃	Gansu	227.59	63.25	11.70	17.28		58.73
青　海	Qinghai	241.63	63.08	7.50	1.27	0.32	30.66
宁　夏	Ningxia	153.75	45.49	8.40	2.64		21.65
新　疆	Xinjiang	529.99	161.22	49.88	3.12		44.61

1-19 续表 3 continued

单位：亿元 (100 million yuan)

地区	Region	住房保障支出 Expenditure for Housing Security	粮油物资储备支出 Expenditure for Reserve of of Grain, Oil and Other Materials	灾害防治及应急管理支出 Expenditure for Prevention of Disasters and Emergency Management	债务付息支出 Expenditure for Interest Payments on Debts	债务发行费用支出 Expenditure for Issuing Debts	其他支出 Other Expendi-ture
地方合计	**Region Total**	**7592.09**	**716.39**	**2014.46**	**4886.88**	**29.80**	**1448.69**
北京	Beijing	186.01	10.45	207.00	77.86	0.33	163.41
天津	Tianjin	86.93	8.42	25.68	65.46	0.99	13.28
河北	Hebei	249.56	19.52	88.67	227.00	1.17	38.73
山西	Shanxi	199.09	18.81	69.11	99.64	0.49	45.45
内蒙古	Inner Mongolia	203.83	21.38	42.64	217.32	1.56	132.82
辽宁	Liaoning	221.11	19.07	40.87	226.57	1.66	60.11
吉林	Jilin	143.28	34.96	33.83	131.41	1.01	33.52
黑龙江	Heilongjiang	186.08	18.10	42.85	114.55	0.80	5.05
上海	Shanghai	314.24	13.87	43.18	112.31	0.50	18.07
江苏	Jiangsu	850.72	34.95	89.80	255.87	1.21	69.29
浙江	Zhejiang	281.54	33.68	74.05	257.16	1.04	9.78
安徽	Anhui	280.63	31.39	41.92	151.08	0.88	12.55
福建	Fujian	150.43	27.03	46.50	123.49	0.60	49.57
江西	Jiangxi	221.45	20.72	65.18	143.00	0.58	19.16
山东	Shandong	325.62	28.90	89.75	253.80	1.35	28.96
河南	Henan	325.65	37.92	93.40	193.86	0.83	115.20
湖北	Hubei	239.67	40.23	65.32	182.14	0.96	54.04
湖南	Hunan	263.99	32.96	75.36	252.74	1.42	57.97
广东	Guangdong	660.69	73.47	158.80	237.41	1.15	34.14
广西	Guangxi	156.57	16.17	41.76	165.52	1.53	8.97
海南	Hainan	61.22	5.76	15.69	58.02	0.28	50.71
重庆	Chongqing	218.59	16.95	42.04	104.87	0.87	7.52
四川	Sichuan	431.49	41.88	153.63	257.90	1.20	107.45
贵州	Guizhou	207.17	23.62	51.52	229.22	2.10	25.59
云南	Yunnan	244.98	17.22	59.72	193.64	2.19	31.70
西藏	Xizang	74.78	6.96	21.53	12.64	0.07	41.17
陕西	Shaanxi	243.20	19.91	81.75	160.38	0.89	27.06
甘肃	Gansu	181.30	13.36	81.37	85.45	0.65	54.17
青海	Qinghai	79.20	3.58	27.50	79.88	0.49	6.43
宁夏	Ningxia	64.60	4.74	11.81	53.04	0.30	6.19
新疆	Xinjiang	238.45	20.40	32.22	163.68	0.71	120.65

1-20　全社会固定资产投资
Total Investment in Fixed Assets in the Whole Country

年　份 Year	全社会固定资产投资 Total Investment in Fixed Assets		房地产开发投资 Real Estate Development	
	绝对数(亿元) Value (100 million yuan)	比上年增长(%) Growth Rate over Preceding Year (%)	绝对数(亿元) Value (100 million yuan)	比上年增长(%) Growth Rate over Preceding Year (%)
1981	961	5.5		
1982	1230	28.0		
1983	1430	16.2		
1984	1833	28.2		
1985	2543	38.8		
1986	3121	22.7	101	
1987	3792	21.5	150	48.5
1988	4754	25.4	257	71.6
1989	4410	-7.2	273	6.0
1990	4517	2.4	253	-7.1
1991	5595	23.9	336	32.7
1992	8080	44.4	731	117.5
1993	13072	61.8	1938	165.0
1994	17042	30.4	2554	31.8
1995	20019	17.5	3149	23.3
1996	22974	14.8	3216	2.1
1997	24941	8.8	3178	-1.2
1998	28406	13.9	3614	13.7
1999	29855	5.1	4103	13.5
2000	32918	10.3	4984	21.5
2001	37214	13.0	6344	27.3
2002	43500	16.9	7791	22.8
2003	53841	23.8	10154	30.3
2004	66235	23.0	13158	29.6
2005	80994	22.3	15909	20.9
2006	97583	20.5	19423	22.1
2007	118323	21.3	25289	30.2
2008	144587	22.2	31203	23.4
2009	181760	25.7	36242	16.1
2010	218834	20.4	47562	31.2
2011	205036	20.1	60146	26.5
2012	241746	17.9	69211	15.1
2013	282486	16.9	82198	18.8
2014	320331	13.4	90247	9.8
2015	347827	8.6	90911	0.7
2016	372021	7.0	96900	6.6
2017	394926	6.2	103427	6.7
2018	418215	5.9	112740	9.0
2019	439541	5.1	123610	9.6
2020	451155	2.6	132014	6.8
2021	473003	4.8	137633	4.3
2022	495966	4.9	123848	-10.0
2023	509708	2.8	112142	-9.5
平均每年增长(%) Annual Growth Rate(%)				
1982-2023	17.8			
1991-2023	17.5		24.0	
2001-2023	15.0		18.5	

1-21 各行业按构成分固定资产投资比上年增长情况(2023年)
Growth Rate of Total Investment in Fixed Assets over Preceding Year by Sector and Composition of Investment (2023)

单位：% (%)

指　标	Item	全部投资 Total Investment	建筑安装工程投资 Construction and Installation	设备工器具购置 Purchase of Equipment and Instruments	其他费用 Other Expenses
全　国	**National Total**	**3.0**	**2.1**	**6.6**	**3.1**
农、林、牧、渔业	**Agriculture, Forestry, Animal Husbandry and Fishery**	**1.2**	**-0.9**	**-6.3**	**18.6**
农业	Farming	9.3	4.9	-4.1	30.9
林业	Forestry	1.5	0.3	19.1	6.1
畜牧业	Animal Husbandry	-18.2	-17.6	-19.9	-24.0
渔业	Fishery	8.7	6.3	18.4	32.2
农、林、牧、渔专业及辅助性活动	Professional and Support Activities for Agriculture, Forestry, Animal Husbandry and Fishery	7.4	8.1	7.4	-6.9
采矿业	**Mining**	**2.1**	**9.8**	**5.9**	**-8.4**
煤炭开采和洗选业	Mining and Washing of Coal	12.1	14.4	13.1	2.8
石油和天然气开采业	Extraction of Petroleum and Natural Gas	15.2	14.7	13.5	28.0
黑色金属矿采选业	Mining and Processing of Ferrous Metal Ores	-6.8	-14.8	-21.0	46.5
有色金属矿采选业	Mining and Processing of Non-Ferrous Metal Ores	42.7	24.3	7.9	183.7
非金属矿采选业	Mining and Processing of Non-metal Ores	16.2	-10.0	-29.9	85.6
开采专业及辅助性活动	Professional and Support Activities for Mining	-3.1	-15.7	35.4	-50.6
其他采矿业	Mining of Other Ores	-25.1	5.3	-57.6	-57.9
制造业	**Manufacturing**	**6.5**	**11.5**	**3.0**	**11.5**
农副食品加工业	Processing of Food from Agricultural Products	7.7	10.6	-5.0	0.9
食品制造业	Manufacture of Foods	12.5	15.1	5.9	4.5
酒、饮料和精制茶制造业	Manufacture of Liquor, Beverages and Refined Tea	7.6	11.8	-10.2	10.3
烟草制品业	Manufacture of Tobacco	46.6	31.4	50.7	165.6
纺织业	Manufacture of Textile	-0.4	4.4	-8.8	-8.6
纺织服装、服饰业	Manufacture of Textile, Wearing Apparel and Accessories	-2.2	-0.2	-10.1	-7.8
皮革、毛皮、羽毛及其制品和制鞋业	Manufacture of Leather, Fur, Feather and Related Products and Footwear	-3.0	0.1	-17.8	19.2
木材加工和木、竹、藤、棕、草制品业	Processing of Timber, Manufacture of Wood, Bamboo, Rattan, Palm and Straw Products	2.8	4.7	-2.4	-8.7
家具制造业	Manufacture of Furniture	-7.7	-2.6	-25.2	-31.0
造纸及纸制品业	Manufacture of Paper and Paper Products	10.1	12.0	13.5	-21.9
印刷和记录媒介复制业	Printing and Reproduction of Recording Media	-0.9	7.1	-13.4	-13.3
文教、工美、体育和娱乐用品制造业	Manufacture of Articles for Culture, Education, Arts and Crafts, Sport and Entertainment Activities	0.1	4.3	-23.0	17.5
石油、煤炭及其他燃料加工业	Processing of Petroleum, Coal and Other Fuels	-18.9	-25.4	-7.5	-12.7
化学原料及化学制品制造业	Manufacture of Raw Chemical Materials and Chemical Products	13.4	18.3	5.8	5.8
医药制造业	Manufacture of Medicines	1.8	9.2	-17.4	-2.2
化学纤维制造业	Manufacture of Chemical Fibres	-9.8	0.3	-23.6	11.2
橡胶和塑料制品业	Manufacture of Rubber and Plastics Products	4.6	7.6	-0.6	0.9
非金属矿物制品业	Manufacture of Non-metallic Mineral Products	0.6	1.8	-5.4	11.7
黑色金属冶炼和压延加工业	Smelting and Pressing of Ferrous Metals	0.2	-3.0	1.2	24.6
有色金属冶炼和压延加工业	Smelting and Pressing of Non-ferrous Metals	12.5	12.1	10.7	22.6
金属制品业	Manufacture of Metal Products	3.5	7.6	-10.0	14.9
通用设备制造业	Manufacture of General Purpose Machinery	4.8	8.0	-3.8	4.9
专用设备制造业	Manufacture of Special Purpose Machinery	10.4	16.0	-7.0	8.8

1-21 续表 1 continued

单位：% (%)

指 标	Item	全部投资 Total Investment	建筑安装工程投资 Construction and Installation	设备工器具购置 Purchase of Equipment and Instruments	其他费用 Other Expenses
汽车制造业	Manufacture of Automobiles	19.4	19.9	16.2	35.7
铁路、船舶、航空航天和其他运输设备制造业	Manufacture of Railway, Ship, Aerospace and Other Transport Equipments	3.1	4.5	-2.8	8.0
电气机械和器材制造业	Manufacture of Electrical Machinery and Apparatus	32.2	36.8	23.7	38.8
计算机、通信和其他电子设备制造业	Manufacture of Computers, Communication and Other Electronic Equipment	9.3	12.3	6.3	7.0
仪器仪表制造业	Manufacture of Measuring Instruments and Machinery	14.4	21.4	-12.4	29.4
其他制造业	Other Manufacture	-22.0	7.0	-10.3	-25.1
废弃资源综合利用业	Utilization of Waste Resources	6.8	5.8	4.9	26.9
金属制品、机械和设备修理业	Repair Service of Metal Products, Machinery and Equipment	71.4	81.9	72.3	14.5
电力、热力、燃气及水生产和供应业	**Production and Supply of Electricity, Heat, Gas and Water**	**23.0**	**19.2**	**33.2**	**15.3**
电力、热力生产和供应业	Production and Supply of Electric Power and Heat Power	27.3	23.9	35.5	15.8
燃气生产和供应业	Production and Supply of Gas	16.7	17.6	12.9	15.3
水的生产和供应业	Production and Supply of Water	7.6	8.3	-6.8	11.7
建筑业	**Construction**	**22.5**	**39.5**	**-12.6**	**16.5**
房屋建筑业	Construction of Buildings	-6.1	9.4	-57.2	-55.9
土木工程建筑业	Civil Engineering	30.2	45.5	-3.6	56.6
建筑安装业	Building Installation	29.8	20.3	197.4	225.6
建筑装饰、装修和其他建筑业	Building Decoration and Other Constructions	37.4	172.1	-40.2	99.6
批发和零售业	**Wholesale and Retail Trades**	**-0.4**	**-0.4**	**-3.5**	**0.6**
批发业	Wholesale Trade	3.6	1.6	-0.3	23.4
零售业	Retail Trade	-3.3	-1.9	-7.1	-8.4
交通运输、仓储和邮政业	**Transport, Storage and Post**	**10.5**	**5.1**	**-18.1**	**23.4**
铁路运输业	Railway Transport	25.2	27.0	-78.2	59.0
道路运输业	Road Transport	-0.7	-0.3	2.7	-3.4
水上运输业	Water Transport	22.0	17.3	9.4	67.5
航空运输业	Air Transport	4.1	27.1	-8.4	-23.6
管道运输业	Transport Via Pipelines	2.0	-3.7	1.7	43.1
多式联运和运输代理业	Intermodality and Forwarding Agency	-5.6	1.5	-71.4	50.9
装卸搬运和仓储业	Loading, Unloading and Storage	27.5	9.0	3.7	32.6
邮政业	Post	-17.2	-3.8	-33.1	-55.9
住宿和餐饮业	**Hotels and Catering Services**	**8.2**	**9.5**	**39.2**	**-10.6**
住宿业	Hotels	8.5	10.9	20.4	-11.0
餐饮业	Catering Services	5.7	-0.1	75.8	-4.6
信息传输、软件和信息技术服务业	**Information Transmission, Software and Information Technology**	**13.8**	**12.5**	**19.2**	**-16.4**
电信、广播电视和卫星传输服务	Telecommunication, Radio and Television and Satellite Transmission Service	2.8	4.7	7.1	-33.3
互联网和相关服务	Internet and Related Service	13.1	17.9	7.9	9.3
软件和信息技术服务业	Software and Information Technology	14.6	14.6	74.9	-20.6
金融业	**Financial Intermediation**	**-11.9**	**3.7**	**32.4**	**-58.1**
货币金融服务	Monetary and Financial Service	-21.5	-6.5	23.1	-70.5
资本市场服务	Capital Market Service	14.0	10.4	161.1	-32.9
保险业	Insurance	-2.5	12.6	103.4	-58.1
其他金融业	Other Financial Activities	8.0	22.4		-23.0

1-21 续表 2 continued

单位：% (%)

指 标	Item	全部投资 Total Investment	建筑安装工程投资 Construction and Installation	设备工器具购置 Purchase of Equipment and Instruments	其他费用 Other Expenses
房地产业	**Real Estate**	**-8.1**	**-9.9**	**-6.7**	**-5.0**
租赁和商务服务业	**Leasing and Business Services**	**9.9**	**13.2**	**15.3**	**-5.3**
租赁业	Leasing	25.0	-31.1	36.8	-1.9
商务服务业	Business Services	9.3	13.5	-22.8	-5.3
科学研究和技术服务业	**Scientific Research and Technical Services**	**18.1**	**19.7**	**10.0**	**16.9**
研究和试验发展	Research and Experimental Development	8.6	15.4	-9.4	-3.8
专业技术服务业	Professional Technical Services	8.5	7.5	30.7	-13.1
科技推广和应用服务业	Science and Technology Popularization and Application Services	31.8	28.3	32.1	51.9
水利、环境和公共设施管理业	**Management of Water Conservancy, Environment and Public Facilities**	**0.1**	**-0.9**	**-17.8**	**8.6**
水利管理业	Management of Water Conservancy	5.2	2.0	-14.8	29.7
生态保护和环境治理业	Ecological Protection and Environmental Treatment	-2.9	1.8	-20.1	-27.0
公共设施管理业	Management of Public Facilities	-0.8	-2.1	-17.7	8.0
土地管理业	Management of Land	47.9	43.3	43.3	125.0
居民服务、修理和其他服务业	**Service to Households, Repair and Other Services**	**15.8**	**14.3**	**-2.1**	**40.5**
居民服务业	Service to Households	17.8	16.4	-12.5	43.6
机动车、电子产品和日用产品修理业	Repair of Motor Vehicles, Electronics and Household Products	-12.3	-14.5	25.9	-11.6
其他服务业	Other Services	34.4	33.6	7.0	97.6
教育	**Education**	**2.8**	**2.3**	**21.8**	**-0.2**
卫生和社会工作	**Health and Social Service**	**-3.8**	**-7.4**	**15.3**	**7.1**
卫生	Health	-4.4	-8.7	16.2	9.0
社会工作	Social Service	0.6	1.5	-22.9	-1.3
文化、体育和娱乐业	**Culture, Sports and Entertainment**	**2.6**	**2.6**	**-23.6**	**13.8**
新闻和出版业	Journalism and Publishing Activities	16.4	14.1	196.1	9.1
广播、电视、电影和影视录音制作业	Radio, Television, Motion Picture and Audio-risual Programme Production Services	-6.1	6.7	-40.4	-37.7
文化艺术业	Cultural and Art Activities	6.1	3.5	0.8	22.8
体育	Sports Activities	-6.6	-10.1	-26.1	21.3
娱乐业	Entertainment	3.7	5.5	-27.1	1.3
公共管理、社会保障和社会组织	**Public Management, Social Security and Social Organization**	**-37.0**	**-39.7**	**-4.6**	**-15.2**
中国共产党机关	Organs of Communist Party of China	4.8	-4.4	-15.9	250.0
国家机构	Government Agencies	-38.7	-41.8	-4.6	-14.9
人民政协、民主党派	People's Political Consultative Conference and Democratic Parties	63.4	60.8		169.6
社会保障	Social Security	6.5	15.8	-21.4	-70.7
群众团体、社会团体和其他成员组织	Mass Organizations, Social Organizations and Other Membership Organizations	2.7	6.1	62.5	-35.4
基层群众自治组织	Grass Roots Self-Governing Organizations	-39.3	-39.0	-12.4	-55.7
国际组织	**International Organizations**				

1-22 各行业按建设性质分固定资产投资比上年增长情况(2023年)
Growth Rate of Total Investment in Fixed Assets over Preceding Year by Sector and Type of Construction (2023)

单位：% (%)

指 标	Item	全部投资 Total Investment	#新建 New Construction	#扩建 Expansion	#改建和技术改造 Reconstruction and Technical Transformation
全 国	**National Total**	**3.0**	**7.3**	**9.3**	**2.6**
农、林、牧、渔业	**Agriculture, Forestry, Animal Husbandry and Fishery**	**1.2**	**-1.3**	**-15.9**	**14.8**
农业	Farming	9.3	4.5	-20.1	41.4
林业	Forestry	1.5	2.3	-10.2	-11.3
畜牧业	Animal Husbandry	-18.2	-19.1	-8.7	-5.6
渔业	Fishery	8.7	9.1	-9.7	2.1
农、林、牧、渔专业及辅助性活动	Professional and Support Activities for Agriculture, Forestry, Animal Husbandry and Fishery	7.4	8.6	-29.5	6.8
采矿业	**Mining**	**2.1**	**21.4**	**4.0**	**1.2**
煤炭开采和洗选业	Mining and Washing of Coal	12.1	24.1	13.8	-1.4
石油和天然气开采业	Extraction of Petroleum and Natural Gas	15.2	16.0	18.5	10.5
黑色金属矿采选业	Mining and Processing of Ferrous Metal Ores	-6.8	8.5	-18.7	-14.3
有色金属矿采选业	Mining and Processing of Non-Ferrous Metal Ores	42.7	69.9	13.5	28.6
非金属矿采选业	Mining and Processing of Non-metal Ores	16.2	28.1	-21.3	3.3
开采专业及辅助性活动	Professional and Support Activities for Mining	-3.1	14.1	-29.4	-50.9
其他采矿业	Mining of Other Ores	-25.1	-40.2	104.8	-29.2
制造业	**Manufacturing**	**6.5**	**13.5**	**4.6**	**3.0**
农副食品加工业	Processing of Food from Agricultural Products	7.7	11.6	3.5	-0.4
食品制造业	Manufacture of Foods	12.5	14.1	14.9	9.8
酒、饮料和精制茶制造业	Manufacture of Liquor, Beverages and Refined Tea	7.6	15.3	22.3	-12.2
烟草制品业	Manufacture of Tobacco	46.6	29.2	-16.3	52.6
纺织业	Manufacture of Textile	-0.4	0.8	6.7	-0.5
纺织服装、服饰业	Manufacture of Textile, Wearing Apparel and Accessories	-2.2	-0.3	15.2	-12.0
皮革、毛皮、羽毛及其制品和制鞋业	Manufacture of Leather, Fur, Feather and Related Products and Footwear	-3.0	-8.9	0.8	3.4
木材加工和木、竹、藤、棕、草制品业	Processing of Timber, Manufacture of Wood, Bamboo, Rattan,Palm and Straw Products	2.8	5.7	2.9	-1.8
家具制造业	Manufacture of Furniture	-7.7	-5.3	-7.7	-13.5
造纸及纸制品业	Manufacture of Paper and Paper Products	10.1	15.5	17.2	-7.8
印刷和记录媒介复制业	Printing and Reproduction of Recording Media	-0.9	15.3	-4.2	-14.2
文教、工美、体育和娱乐用品制造业	Manufacture of Articles for Culture, Education, Arts and Crafts, Sport and Entertainment Activities	0.1	5.2	-9.2	-3.2
石油、煤炭及其他燃料加工业	Processing of Petroleum, Coal and Other Fuels	-18.9	-26.9	-18.0	-1.8
化学原料及化学制品制造业	Manufacture of Raw Chemical Materials and Chemical Products	13.4	17.6	8.9	7.4
医药制造业	Manufacture of Medicines	1.8	5.2	5.3	-6.2
化学纤维制造业	Manufacture of Chemical Fibres	-9.8	-7.4	-22.0	-3.0
橡胶和塑料制品业	Manufacture of Rubber and Plastics Products	4.6	12.0	-1.1	-4.7
非金属矿物制品业	Manufacture of Non-metallic Mineral Products	0.6	3.6	-4.4	-2.7
黑色金属冶炼和压延加工业	Smelting and Pressing of Ferrous Metals	0.2	6.5	-5.7	2.3
有色金属冶炼和压延加工业	Smelting and Pressing of Non-ferrous Metals	12.5	28.1	-8.6	0.7
金属制品业	Manufacture of Metal Products	3.5	6.5	0.2	-0.9
通用设备制造业	Manufacture of General Purpose Machinery	4.8	11.6	-4.3	-1.0
专用设备制造业	Manufacture of Special Purpose Machinery	10.4	12.5	12.6	6.8

1-22 续表 1 continued

单位：% (%)

指　标	Item	全部投资 Total Investment	#新建 New Construction	#扩建 Expansion	#改建和技术改造 Reconstruction and Technical Transformation
汽车制造业	Manufacture of Automobiles	19.4	26.1	8.8	18.1
铁路、船舶、航空航天和其他运输设备制造业	Manufacture of Railway, Ship, Aerospace and Other Transport Equipments	3.1	2.7	-1.6	4.4
电气机械和器材制造业	Manufacture of Electrical Machinery and Apparatus	32.2	43.1	15.9	19.3
计算机、通信和其他电子设备制造业	Manufacture of Computers, Communication and Other Electronic Equipment	9.3	12.5	6.0	0.3
仪器仪表制造业	Manufacture of Measuring Instruments and Machinery	14.4	13.3	24.3	14.8
其他制造业	Other Manufacture	-22.0	21.9	-30.9	-6.0
废弃资源综合利用业	Utilization of Waste Resources	6.8	10.2	-21.1	9.8
金属制品、机械和设备修理业	Repair Service of Metal Products, Machinery and Equipment	71.4	72.8	114.5	-1.1
电力、热力、燃气及水生产和供应业	**Production and Supply of Electricity, Heat, Gas and Water**	**23.0**	**24.4**	**28.2**	**10.6**
电力、热力生产和供应业	Production and Supply of Electric Power and Heat Power	27.3	28.2	40.3	14.2
燃气生产和供应业	Production and Supply of Gas	16.7	16.6	9.0	21.4
水的生产和供应业	Production and Supply of Water	7.6	9.2	8.2	-3.1
建筑业	**Construction**	**22.5**	**17.9**		**-24.7**
房屋建筑业	Construction of Buildings	-6.1	-0.9	6.4	-46.0
土木工程建筑业	Civil Engineering	30.2	15.6		36.1
建筑安装业	Building Installation	29.8	29.1	61.2	-36.0
建筑装饰、装修和其他建筑业	Building Decoration and Other Constructions	37.4	129.6	-95.4	-79.5
批发和零售业	**Wholesale and Retail Trades**	**-0.4**	**1.8**	**-21.3**	**-18.2**
批发业	Wholesale Trade	3.6	7.5	-20.3	-26.5
零售业	Retail Trade	-3.3	-2.0	-22.5	-11.2
交通运输、仓储和邮政业	**Transport, Storage and Post**	**10.5**	**4.6**	**17.3**	**-12.2**
铁路运输业	Railway Transport	25.2	36.8	9.2	-21.9
道路运输业	Road Transport	-0.7	-1.4	24.1	-12.2
水上运输业	Water Transport	22.0	28.6	30.5	-15.4
航空运输业	Air Transport	4.1	-20.9	32.9	105.6
管道运输业	Transport Via Pipelines	2.0	4.8	215.7	-47.2
多式联运和运输代理业	Intermodality and Forwarding Agency	-5.6	-4.6	21.5	-41.8
装卸搬运和仓储业	Loading, Unloading and Storage	27.5	12.2	-14.3	2.2
邮政业	Post	-17.2	-15.9	-19.9	-43.3
住宿和餐饮业	**Hotels and Catering Services**	**8.2**	**6.2**	**8.6**	**22.6**
住宿业	Hotels	8.5	6.9	12.5	30.2
餐饮业	Catering Services	5.7	0.2	-7.6	-4.3
信息传输、软件和信息技术服务业	**Information Transmission, Software and Information Technology**	**13.8**	**8.5**	**25.7**	**-5.8**
电信、广播电视和卫星传输服务	Telecommunication, Radio and Television and Satellite Transmission Service	2.8	-1.1	38.4	-5.4
互联网和相关服务	Internet and Related Service	13.1	17.2	-6.5	35.3
软件和信息技术服务业	Software and Information Technology	14.6	11.3	24.8	-35.6
金融业	**Financial Intermediation**	**-11.9**	**-18.2**		**-46.2**
货币金融服务	Monetary and Financial Service	-21.5	-33.6		-47.4
资本市场服务	Capital Market Service	14.0	8.3		-65.8
保险业	Insurance	-2.5	-3.1	-45.8	38.8
其他金融业	Other Financial Activities	8.0	6.2	245.5	66.7

1-22 续表 2 continued

单位：% (%)

指 标	Item	全部投资 Total Investment	#新建 New Construction	#扩建 Expansion	#改建和技术改造 Reconstruction and Technical Transformation
房地产业	**Real Estate**	**-8.1**	**2.9**	**-17.1**	**15.5**
租赁和商务服务业	**Leasing and Business Services**	**9.9**	**9.7**	**11.7**	**-2.1**
租赁业	Leasing	25.0	-25.8		203.4
商务服务业	Business Services	9.3	10.0	2.7	-4.1
科学研究和技术服务业	**Scientific Research and Technical Services**	**18.1**	**19.2**	**12.9**	**18.3**
研究和试验发展	Research and Experimental Development	8.6	11.7	2.5	0.0
专业技术服务业	Professional Technical Services	8.5	3.8	-9.6	43.6
科技推广和应用服务业	Science and Technology Popularization and Application Services	31.8	32.7	38.9	15.4
水利、环境和公共设施管理业	**Management of Water Conservancy, Environment and Public Facilities**	**0.1**	**0.5**	**-12.3**	**4.1**
水利管理业	Management of Water Conservancy	5.2	4.1	16.9	9.7
生态保护和环境治理业	Ecological Protection and Environmental Treatment	-2.9	-5.3	-13.6	19.7
公共设施管理业	Management of Public Facilities	-0.8	0.1	-17.2	2.1
土地管理业	Management of Land	47.9	53.5	-61.2	15.3
居民服务、修理和其他服务业	**Service to Households, Repair and Other Services**	**15.8**	**18.0**	**-4.6**	**10.0**
居民服务业	Service to Households	17.8	21.4	-13.9	15.2
机动车、电子产品和日用产品修理业	Repair of Motor Vehicles, Electronics and Household Products	-12.3	-16.4	58.8	28.5
其他服务业	Other Services	34.4	37.0	138.6	-40.1
教育	**Education**	**2.8**	**1.8**	**3.3**	**-2.2**
卫生和社会工作	**Health and Social Service**	**-3.8**	**-5.5**	**-2.0**	**-9.2**
卫生	Health	-4.4	-6.5	-0.4	-12.5
社会工作	Social Service	0.6	1.1	-22.3	22.3
文化、体育和娱乐业	**Culture, Sports and Entertainment**	**2.6**	**2.6**	**-11.6**	**-8.6**
新闻和出版业	Journalism and Publishing Activities	16.4	17.3	11.3	22.0
广播、电视、电影和影视录音制作业	Radio, Television, Motion Picture and Audio-risual Programme Production Services	-6.1	-1.3	81.5	-41.0
文化艺术业	Cultural and Art Activities	6.1	1.9	9.1	-2.9
体育	Sports Activities	-6.6	-6.6	-4.8	-0.7
娱乐业	Entertainment	3.7	5.7	-23.3	-15.2
公共管理、社会保障和社会组织	**Public Management, Social Security and Social Organization**	**-37.0**	**-40.3**	**-8.6**	**4.9**
中国共产党机关	Organs of Communist Party of China	4.8	15.4	-87.2	-29.6
国家机构	Government Agencies	-38.7	-42.6	1.6	9.8
人民政协、民主党派	People's Political Consultative Conference and Democratic Parties	63.4	77.6	-31.0	
社会保障	Social Security	6.5	20.2	-52.3	-38.8
群众团体、社会团体和其他成员组织	Mass Organizations, Social Organizations and Other Membership Organizations	2.7	2.8	18.3	-4.1
基层群众自治组织	Grass Roots Self-Governing Organizations	-39.3	-38.4	-53.5	-40.3
国际组织	**International Organizations**				

1-23 分地区各行业固定资产投资比上年增长情况(2023年)
Growth Rate of Total Investment in Fixed Assets over Preceding Year by Region and Sector (2023)

单位：% (%)

地 区	Region	合 计 Total	农、林、牧、渔业 Agriculture, Forestry, Animal Husbandry and Fishery	采矿业 Mining	制造业 Manufacturing	电力、热力、燃气及水生产和供应业 Production and Supply of Electricity, Heat, Gas and Water	建筑业 Construction	批发和零售业 Wholesale and Retail Trades
全 国	**National Average**	**3.0**	**1.2**	**2.1**	**6.5**	**23.0**	**22.5**	**-0.4**
北 京	Beijing	4.9	-43.5	-30.8	-1.6	1.3		1.5
天 津	Tianjin	-16.4	-6.0	16.5	-5.6	14.3	29.7	141.4
河 北	Hebei	6.3	-17.9	-16.9	12.6	-2.4	-85.2	76.7
山 西	Shanxi	-6.6	-5.8	21.3	-11.7	-7.6	-93.3	-8.0
内蒙古	Inner Mongolia	19.8	5.1	-2.4	46.4	27.6		8.2
辽 宁	Liaoning	4.0	7.6	20.3	14.0	25.4	131.2	-7.1
吉 林	Jilin	0.3	41.5	-26.0	3.9	7.9	6.7	-55.2
黑龙江	Heilongjiang	-14.8	-24.2	3.2	-34.1	-8.5		-10.5
上 海	Shanghai	13.8	11.1		6.7	-8.6	65.7	95.0
江 苏	Jiangsu	5.2	8.9	-18.3	9.1	10.7	47.6	4.9
浙 江	Zhejiang	6.1	34.2	-8.9	14.1	16.4	184.7	-3.4
安 徽	Anhui	4.0	13.5	57.0	20.0	32.0	-44.0	30.8
福 建	Fujian	2.5	20.6	30.0	11.6	16.0	-34.2	-4.7
江 西	Jiangxi	-5.9	-4.5	-13.3	-21.1	7.7		-42.0
山 东	Shandong	5.2	1.5	19.6	11.5	36.2	162.4	
河 南	Henan	2.1	-21.1	6.1	7.4	18.0		-7.1
湖 北	Hubei	5.0	7.0	6.4	6.7	34.4	-25.2	0.8
湖 南	Hunan	-3.1	-17.9	14.4	4.4	33.3	95.1	0.5
广 东	Guangdong	2.5	0.2	64.5	20.7	21.8	24.0	-7.0
广 西	Guangxi	-15.5	-22.3	-25.6	-9.6	21.4	-49.3	-29.4
海 南	Hainan	1.1	-26.0	44.7	-15.6	21.8		-43.1
重 庆	Chongqing	4.3	17.4	3.9	13.5	16.7	-91.5	-7.5
四 川	Sichuan	2.4	12.2	5.5	21.6	29.7	-3.0	48.5
贵 州	Guizhou	-5.7	-25.4	-6.2	1.9	51.6	430.1	-1.4
云 南	Yunnan	-10.6	-7.5	9.1	11.8	33.1	-31.3	0.6
西 藏	Xizang	35.1	4.2	55.5	38.2	48.0	-45.5	-28.9
陕 西	Shaanxi	0.2	6.6	-1.8	9.4	1.9	58.3	-13.5
甘 肃	Gansu	5.9	-1.9	125.8	11.0	31.3	-34.9	84.7
青 海	Qinghai	-7.5	-7.0	-8.6	26.4	7.4	106.4	-58.5
宁 夏	Ningxia	5.5	-3.4	3.1	5.7	35.1		-4.2
新 疆	Xinjiang	12.4	9.0	24.9	1.5	72.4	-60.4	-8.1

1-23 续表 1 continued

单位：% (%)

地 区	Region	交通运输、仓储和邮政业 Transport, Storage and Post	住宿和餐饮业 Hotels and Catering Services	信息传输、软件和信息技术服务业 Information Transmission, Software and Information Technology	金融业 Financial Intermediation	房地产业 Real Estate	租赁和商务服务业 Leasing and Business Services	科学研究和技术服务业 Scientific Research and Technical Services
全 国	**National Average**	**10.5**	**8.2**	**13.8**	**-11.9**	**-8.1**	**9.9**	**18.1**
北 京	Beijing	10.1	2.9	47.1	-48.9	3.5	-2.3	0.8
天 津	Tianjin	-17.2	170.9	15.9	94.4	-38.8	8.3	26.3
河 北	Hebei	30.7	-0.6	25.0	-19.8	-0.5	-23.0	7.4
山 西	Shanxi	-17.6	46.4	0.7	-51.5	-1.4	-48.1	14.5
内蒙古	Inner Mongolia	4.5	111.6	146.8	89.5	-1.2	-0.6	156.7
辽 宁	Liaoning	7.0	46.8	14.1	8.7	-21.4	30.1	133.6
吉 林	Jilin	4.4	14.4	-12.0		-18.8	6.6	-2.3
黑龙江	Heilongjiang	6.2	-17.2	-10.8	-10.5	-25.4	-19.4	6.3
上 海	Shanghai	3.8	145.8	21.6	155.1	19.1	2.8	20.6
江 苏	Jiangsu	24.0	13.8	-6.0	-9.3	-3.0	33.3	7.3
浙 江	Zhejiang	3.9	-3.8	-2.3	8.0	2.4	9.7	42.5
安 徽	Anhui	27.1	38.0	9.7	-29.1	-15.0	8.2	68.8
福 建	Fujian	7.5	35.1	9.8	124.6	-11.5	21.2	7.0
江 西	Jiangxi	40.9	3.3	-33.2	-62.2	-8.8	-0.9	-0.4
山 东	Shandong	10.4	29.7	17.4	-16.7	-9.6	5.0	25.5
河 南	Henan	26.4	-1.5	0.4	21.1	-9.3	63.5	22.1
湖 北	Hubei	14.7	3.3	34.0	-10.7	-3.7	30.4	39.2
湖 南	Hunan	-24.0	17.2	0.5	-50.6	-13.9	9.3	1.7
广 东	Guangdong	-2.1	-19.8	-2.4	-21.1	-9.6	19.9	-3.4
广 西	Guangxi	-13.5	-18.8	-19.5	2.2	-30.7	-20.9	-7.3
海 南	Hainan	-15.4	-29.3	25.8	104.3	2.7	-9.4	40.9
重 庆	Chongqing	2.0	24.9	7.6		-11.0	22.0	49.3
四 川	Sichuan	1.2	-19.8	9.4	-68.3	-18.2	3.0	27.9
贵 州	Guizhou	3.3	-28.5	58.1	-75.8	-21.8	-14.9	-37.8
云 南	Yunnan	-18.9	13.6	16.6	-4.0	-31.8	3.0	36.5
西 藏	Xizang	37.3	20.6	-45.2		21.4	40.1	74.5
陕 西	Shaanxi	19.0	43.0	-8.9	-40.4	-9.7	9.9	17.3
甘 肃	Gansu		56.4	36.8	42.5	-12.7	-23.8	29.4
青 海	Qinghai	-36.3	-36.6	17.8		-26.5	-26.0	9.7
宁 夏	Ningxia	-15.4	17.9	27.6		3.4	34.0	34.5
新 疆	Xinjiang	12.2	27.8	14.4	-43.4	-1.0	-16.1	-9.4

1-23 续表 2 continued

单位：% (%)

地 区	Region	水利、环境和公共设施管理业 Management of Water Conservancy, Environment and Public Facilities	居民服务、修理和其他服务业 Service to Households, Repair and Other Services	教育 Education	卫生和社会工作 Health and Social Service	文化、体育和娱乐业 Culture, Sports and Entertainment	公共管理、社会保障和社会组织 Public Management, Social Security and Social Organization	国际组织 International Organizations
全 国	**National Average**	**0.1**	**15.8**	**2.8**	**-3.8**	**2.6**	**-37.0**	
北 京	Beijing	9.6	245.4	-11.8	-10.6	11.4	-50.5	
天 津	Tianjin	-17.9	7.2	33.5	6.5	-33.2	-40.6	
河 北	Hebei	17.5	103.5	5.5	12.7	4.4	43.3	
山 西	Shanxi	-18.2	0.8	5.9	-8.6	-15.4	39.1	
内蒙古	Inner Mongolia	-16.0	166.9	14.3	83.0	-22.6	57.4	
辽 宁	Liaoning	12.1	-13.3	16.7	9.6	102.4	14.6	
吉 林	Jilin	7.8	-46.5	52.0	8.1	16.5	17.0	
黑龙江	Heilongjiang	-22.4	-43.9	-12.3	-14.4	-39.6	5.5	
上 海	Shanghai	5.6	40.2	12.3	22.5	-8.9	-25.4	
江 苏	Jiangsu	-4.5	56.7	7.0	13.4	-7.4	-0.7	
浙 江	Zhejiang	-0.8	1.5	15.9	3.7	13.3	0.6	
安 徽	Anhui	-7.5	-0.4	1.7	-18.9	4.9	-24.7	
福 建	Fujian	3.2	41.1	-6.3	2.8	-1.6	27.5	
江 西	Jiangxi	14.3	-5.3	32.1	34.5	-11.1	8.9	
山 东	Shandong	24.7	-19.3	-4.6	-12.4	-19.2	-19.2	
河 南	Henan	-10.0	24.2	23.1	14.6	-17.0	-10.3	
湖 北	Hubei	0.1	0.6	9.6	-13.0	-2.1	3.9	
湖 南	Hunan	-7.9	-4.2	-4.4	-13.7	19.8	-7.0	
广 东	Guangdong	0.1	1.5	-0.3	-6.2	16.3	5.8	
广 西	Guangxi	-24.4	-22.6	-20.5	-21.6	-29.3	-21.7	
海 南	Hainan	7.9	283.7	-0.7	-23.4	6.5	35.1	
重 庆	Chongqing	9.3	80.4	18.5	19.1	13.5	-8.0	
四 川	Sichuan	19.9	46.9	-0.2	-5.5	34.2	-18.2	
贵 州	Guizhou	-20.9	-9.2	-11.8	3.3	-28.6	-48.5	
云 南	Yunnan	-24.8	14.8	-12.5	-19.1	28.9	-72.0	
西 藏	Xizang	37.6	51.6	91.6	-14.7	39.4	73.1	
陕 西	Shaanxi	3.4	82.6	-16.3	-6.8	-8.0	14.4	
甘 肃	Gansu	-0.2	-33.0	-4.6	24.8	-6.4	73.4	
青 海	Qinghai	1.5	-44.3	-5.9	13.2	0.2	-28.1	
宁 夏	Ningxia	-12.8	-11.3	5.0	-43.7	-6.5	-19.2	
新 疆	Xinjiang	-13.9	44.4	-2.2	-36.0	-3.0	-10.8	

二、人口家庭
Population and Family

2-1 人口数及构成
Population and Composition

年 份 Year	总人口(年末)(万人) Total Population (year-end) (10 000 persons)	按性别分 By Sex				按城乡分 By Residence			
		男 Male		女 Female		城 镇 Urban		乡 村 Rural	
		人口数(万人) Population (10 000 persons)	比重(%) Proportion (%)	人口数(万人) Population (10 000 persons)	比重(%) Proportion (%)	人口数(万人) Population (10 000 persons)	比重(%) Proportion (%)	人口数(万人) Population (10 000 persons)	比重(%) Proportion (%)
1949	54167	28145	51.96	26022	48.04	5765	10.64	48402	89.36
1950	55196	28669	51.94	26527	48.06	6169	11.18	49027	88.82
1951	56300	29231	51.92	27069	48.08	6632	11.78	49668	88.22
1955	61465	31809	51.75	29656	48.25	8285	13.48	53180	86.52
1960	66207	34283	51.78	31924	48.22	13073	19.75	53134	80.25
1965	72538	37128	51.18	35410	48.82	13045	17.98	59493	82.02
1970	82992	42686	51.43	40306	48.57	14424	17.38	68568	82.62
1971	85229	43819	51.41	41410	48.59	14711	17.26	70518	82.74
1972	87177	44813	51.40	42364	48.60	14935	17.13	72242	82.87
1973	89211	45876	51.42	43335	48.58	15345	17.20	73866	82.80
1974	90859	46727	51.43	44132	48.57	15595	17.16	75264	82.84
1975	92420	47564	51.47	44856	48.53	16030	17.34	76390	82.66
1976	93717	48257	51.49	45460	48.51	16341	17.44	77376	82.56
1977	94974	48908	51.50	46066	48.50	16669	17.55	78305	82.45
1978	96259	49567	51.49	46692	48.51	17245	17.92	79014	82.08
1979	97542	50192	51.46	47350	48.54	18495	18.96	79047	81.04
1980	98705	50785	51.45	47920	48.55	19140	19.39	79565	80.61
1981	100072	51519	51.48	48553	48.52	20171	20.16	79901	79.84
1982	101654	52352	51.50	49302	48.50	21480	21.13	80174	78.87
1983	103008	53152	51.60	49856	48.40	22274	21.62	80734	78.38
1984	104357	53848	51.60	50509	48.40	24017	23.01	80340	76.99
1985	105851	54725	51.70	51126	48.30	25094	23.71	80757	76.29
1986	107507	55581	51.70	51926	48.30	26366	24.52	81141	75.48
1987	109300	56290	51.50	53010	48.50	27674	25.32	81626	74.68
1988	111026	57201	51.52	53825	48.48	28661	25.81	82365	74.19
1989	112704	58099	51.55	54605	48.45	29540	26.21	83164	73.79
1990	114333	58904	51.52	55429	48.48	30195	26.41	84138	73.59
1991	115823	59466	51.34	56357	48.66	31203	26.94	84620	73.06
1992	117171	59811	51.05	57360	48.95	32175	27.46	84996	72.54
1993	118517	60472	51.02	58045	48.98	33173	27.99	85344	72.01
1994	119850	61246	51.10	58604	48.90	34169	28.51	85681	71.49
1995	121121	61808	51.03	59313	48.97	35174	29.04	85947	70.96
1996	122389	62200	50.82	60189	49.18	37304	30.48	85085	69.52
1997	123626	63131	51.07	60495	48.93	39449	31.91	84177	68.09
1998	124761	63940	51.25	60821	48.75	41608	33.35	83153	66.65
1999	125786	64692	51.43	61094	48.57	43748	34.78	82038	65.22
2000	126743	65437	51.63	61306	48.37	45906	36.22	80837	63.78
2001	127627	65672	51.46	61955	48.54	48064	37.66	79563	62.34
2002	128453	66115	51.47	62338	48.53	50212	39.09	78241	60.91
2003	129227	66556	51.50	62671	48.50	52376	40.53	76851	59.47
2004	129988	66976	51.52	63012	48.48	54283	41.76	75705	58.24
2005	130756	67375	51.53	63381	48.47	56212	42.99	74544	57.01
2006	131448	67728	51.52	63720	48.48	58288	44.34	73160	55.66
2007	132129	68048	51.50	64081	48.50	60633	45.89	71496	54.11
2008	132802	68357	51.47	64445	48.53	62403	46.99	70399	53.01
2009	133450	68647	51.44	64803	48.56	64512	48.34	68938	51.66
2010	134091	68748	51.27	65343	48.73	66978	49.95	67113	50.05
2011	134916	69161	51.26	65755	48.74	69927	51.83	64989	48.17
2012	135922	69660	51.25	66262	48.75	72175	53.10	63747	46.90
2013	136726	70063	51.24	66663	48.76	74502	54.49	62224	45.51
2014	137646	70522	51.23	67124	48.77	76738	55.75	60908	44.25
2015	138326	70857	51.22	67469	48.78	79302	57.33	59024	42.67
2016	139232	71307	51.21	67925	48.79	81924	58.84	57308	41.16
2017	140011	71650	51.17	68361	48.83	84343	60.24	55668	39.76
2018	140541	71864	51.13	68677	48.87	86433	61.50	54108	38.50
2019	141008	72039	51.09	68969	48.91	88426	62.71	52582	37.29
2020	141212	72357	51.24	68855	48.76	90220	63.89	50992	36.11
2021	141260	72311	51.19	68949	48.81	91425	64.72	49835	35.28
2022	141175	72206	51.15	68969	48.85	92071	65.22	49104	34.78
2023	140967	72032	51.10	68935	48.90	93267	66.16	47700	33.84

注：1.1981年及以前数据为户籍统计数；1982、1990、2000、2010、2020年数据为当年人口普查数据推算数；其余年份数据为年度人口抽样调查推算数据(以下相关表同)。

2.总人口和按性别分人口中包括现役军人，按城乡分人口中现役军人计入城镇人口(以下相关表同)。

a) Figures before and of 1981 are from household registrations; for the years of 1982, 1990, 2000, 2010 and 2020 are the census year estimates; and figures for the rest of years are estimated on the basis of the annual national sample survey of population. The same applies to the relevant following tables.

b) Total population and population by sex include the servicemen of the Chinese People's Liberation Army, which are classified as urban population in population by residence. The same applies to the relevant following tables.

2-2 人口出生率、死亡率和自然增长率
Birth Rate, Death Rate and Natural Growth Rate of Population

单位：‰ (‰)

年 份 Year	出生率 Birth Rate	死亡率 Death Rate	自然增长率 Natural Growth Rate
1978	18.25	6.25	12.00
1979	17.82	6.21	11.61
1980	18.21	6.34	11.87
1981	20.91	6.36	14.55
1982	22.28	6.60	15.68
1983	20.19	6.90	13.29
1984	19.90	6.82	13.08
1985	21.04	6.78	14.26
1986	22.43	6.86	15.57
1987	23.33	6.72	16.61
1988	22.37	6.64	15.73
1989	21.58	6.54	15.04
1990	21.06	6.67	14.39
1991	19.68	6.70	12.98
1992	18.24	6.64	11.60
1993	18.09	6.64	11.45
1994	17.70	6.49	11.21
1995	17.12	6.57	10.55
1996	16.98	6.56	10.42
1997	16.57	6.51	10.06
1998	15.64	6.50	9.14
1999	14.64	6.46	8.18
2000	14.03	6.45	7.58
2001	13.38	6.43	6.95
2002	12.86	6.41	6.45
2003	12.41	6.40	6.01
2004	12.29	6.42	5.87
2005	12.40	6.51	5.89
2006	12.09	6.81	5.28
2007	12.10	6.93	5.17
2008	12.14	7.06	5.08
2009	11.95	7.08	4.87
2010	11.90	7.11	4.79
2011	13.27	7.14	6.13
2012	14.57	7.13	7.43
2013	13.03	7.13	5.90
2014	13.83	7.12	6.71
2015	11.99	7.07	4.93
2016	13.57	7.04	6.53
2017	12.64	7.06	5.58
2018	10.86	7.08	3.78
2019	10.41	7.09	3.32
2020	8.52	7.07	1.45
2021	7.52	7.18	0.34
2022	6.77	7.37	-0.60
2023	6.39	7.87	-1.48

2-3 人口年龄结构和抚养比
Age Composition and Dependency Ratio of Population

年　份 Year	总人口（年末）（万人） Total Population (year-end) (10 000 persons)	0-14岁 Aged 0-14		15-64岁 Aged 15-64		65岁及以上 Aged 65 and Over		总抚养比（%） Gross Dependency Ratio (%)	少　儿 抚养比 Children Dependency Ratio	老　年 抚养比 Old-age Dependency Ratio
		人口数 Population	比重（%） Proportion (%)	人口数 Population	比重（%） Proportion (%)	人口数 Population	比重（%） Proportion (%)			
1953	58796	21331	36.3	34872	59.3	2593	4.4	68.6	61.2	7.4
1964	70499	28686	40.7	39303	55.8	2510	3.6	79.4	73.0	6.4
1982	101654	34146	33.6	62517	61.5	4991	4.9	62.6	54.6	8.0
1987	109300	31347	28.7	71985	65.9	5968	5.4	51.8	43.5	8.3
1990	114333	31659	27.7	76306	66.7	6368	5.6	49.8	41.5	8.3
1991	115823	32095	27.7	76791	66.3	6938	6.0	50.8	41.8	9.0
1992	117171	32339	27.6	77614	66.2	7218	6.2	51.0	41.7	9.3
1993	118517	32177	27.2	79051	66.7	7289	6.2	49.9	40.7	9.2
1994	119850	32360	27.0	79868	66.6	7622	6.4	50.1	40.5	9.5
1995	121121	32218	26.6	81393	67.2	7510	6.2	48.8	39.6	9.2
1996	122389	32311	26.4	82245	67.2	7833	6.4	48.8	39.3	9.5
1997	123626	32093	26.0	83448	67.5	8085	6.5	48.1	38.5	9.7
1998	124761	32064	25.7	84338	67.6	8359	6.7	47.9	38.0	9.9
1999	125786	31950	25.4	85157	67.7	8679	6.9	47.7	37.5	10.2
2000	126743	29012	22.9	88910	70.1	8821	7.0	42.6	32.6	9.9
2001	127627	28716	22.5	89849	70.4	9062	7.1	42.0	32.0	10.1
2002	128453	28774	22.4	90302	70.3	9377	7.3	42.2	31.9	10.4
2003	129227	28559	22.1	90976	70.4	9692	7.5	42.0	31.4	10.7
2004	129988	27947	21.5	92184	70.9	9857	7.6	41.0	30.3	10.7
2005	130756	26504	20.3	94197	72.0	10055	7.7	38.8	28.1	10.7
2006	131448	25961	19.8	95068	72.3	10419	7.9	38.3	27.3	11.0
2007	132129	25660	19.4	95833	72.5	10636	8.1	37.9	26.8	11.1
2008	132802	25166	19.0	96680	72.7	10956	8.3	37.4	26.0	11.3
2009	133450	24659	18.5	97484	73.0	11307	8.5	36.9	25.3	11.6
2010	134091	22259	16.6	99938	74.5	11894	8.9	34.2	22.3	11.9
2011	134916	22261	16.5	100378	74.4	12277	9.1	34.4	22.1	12.3
2012	135922	22427	16.5	100718	74.1	12777	9.4	34.9	22.2	12.7
2013	136726	22423	16.4	101041	73.9	13262	9.7	35.3	22.2	13.1
2014	137646	22712	16.5	101032	73.4	13902	10.1	36.2	22.5	13.7
2015	138326	22824	16.5	100978	73.0	14524	10.5	37.0	22.6	14.3
2016	139232	23252	16.7	100943	72.5	15037	10.8	37.9	22.9	15.0
2017	140011	23522	16.8	100528	71.8	15961	11.4	39.3	23.4	15.9
2018	140541	23751	16.9	100065	71.2	16724	11.9	40.4	23.7	16.8
2019	141008	23689	16.8	99552	70.6	17767	12.6	41.5	23.8	17.8
2020	141212	25277	17.9	96871	68.6	19064	13.5	45.9	26.2	19.7
2021	141260	24678	17.5	96526	68.3	20056	14.2	46.3	25.6	20.8
2022	141175	23908	16.9	96289	68.2	20978	14.9	46.6	24.8	21.8
2023	140967	23063	16.3	96228	68.3	21676	15.4	46.5	24.0	22.5

2-4 人口密度
Population Density

年 份 Year	总人口（万人） Population (10 000 persons)	人口密度（人/平方公里） Population Density (person/sq.km)	年 份 Year	总人口（万人） Population (10 000 persons)	人口密度（人/平方公里） Population Density (person/sq.km)
1949	54167	56	1986	107507	112
1950	55196	57	1987	109300	114
1951	56300	59	1988	111026	116
1952	57482	60	1989	112704	117
1953	58796	61	1990	114333	119
1954	60266	63	1991	115823	121
1955	61465	64	1992	117171	122
1956	62828	65	1993	118517	123
1957	64653	67	1994	119850	125
1958	65994	69	1995	121121	126
1959	67207	70	1996	122389	127
1960	66207	69	1997	123626	129
1961	65859	69	1998	124761	130
1962	67295	70	1999	125786	131
1963	69172	72	2000	126743	132
1964	70499	73	2001	127627	133
1965	72538	76	2002	128453	134
1966	74542	78	2003	129227	135
1967	76368	80	2004	129988	135
1968	78534	82	2005	130756	136
1969	80671	84	2006	131448	137
1970	82992	86	2007	132129	138
1971	85229	89	2008	132802	138
1972	87177	91	2009	133450	139
1973	89211	93	2010	134091	140
1974	90859	95	2011	134916	141
1975	92420	96	2012	135922	142
1976	93717	98	2013	136726	142
1977	94974	99	2014	137646	143
1978	96259	100	2015	138326	144
1979	97542	102	2016	139232	145
1980	98705	103	2017	140011	146
			2018	140541	146
1981	100072	104	2019	141008	147
1982	101654	106	2020	141212	148
1983	103008	107			
1984	104357	109	2021	141260	150
1985	105851	110	2022	141175	147
			2023	140967	147

2-5 七次全国人口普查基本情况
Basic Statistics on National Population Census in 1953, 1964, 1982, 1990, 2000, 2010 and 2020

指　　标	Item	1953	1964	1982	1990	2000	2010	2020
总人口（万人）	**Total Population (10 000 persons)**	**58260**	**69458**	**100818**	**113368**	**126583**	**133972**	**141178**
男	Male	30190	35652	51944	58495	65355	68685	72334
女	Female	28070	33806	48874	54873	61228	65287	68844
性别比（以女性为100）	Sex Ratio (female=100)	107.56	105.46	106.30	106.60	106.74	105.20	105.07
家庭户规模（人/户）	**Average Family Household Size (person/household)**	**4.33**	**4.43**	**4.41**	**3.96**	**3.44**	**3.10**	**2.62**
各年龄组人口比重（%）	**Percentage of Population by Age Group (%)**							
0-14岁	Aged 0-14	36.28	40.69	33.59	27.69	22.89	16.60	17.95
15-64岁	Aged 15-64	59.31	55.75	61.50	66.74	70.15	74.53	68.55
65岁及以上	Aged 65 and Over	4.41	3.56	4.91	5.57	6.96	8.87	13.50
民族人口	**Population by Ethnicity**							
汉族（万人）	Han (10 000 persons)	54728	65456	94088	104248	115940	122593	128631
占总人口比重（%）	Percentage to Total Population (%)	93.94	94.24	93.32	91.96	91.59	91.51	91.11
少数民族（万人）	Ethnic Minorities (10 000 persons)	3532	4002	6730	9120	10643	11379	12547
占总人口比重（%）	Percentage to Total Population (%)	6.06	5.76	6.68	8.04	8.41	8.49	8.89
每十万人拥有的各种受教育程度人口（人）	**Population with Various Education Attainments Per 100 000 Persons (person)**							
大专及以上	Junior College and Above		416	615	1422	3611	8930	15467
高中和中专	Senior Secondary School and Technical Secondary School		1319	6779	8039	11146	14032	15088
初中	Junior Secondary School		4680	17892	23344	33961	38788	34507
小学	Primary School		28330	35237	37057	35701	26779	24767
文盲人口及文盲率	**Illiterate Population and Illiterate Rate**							
文盲人口（万人）	Illiterate Population (10 000 persons)		23327	22996	18003	8507	5466	3775
文盲率（%）	Illiterate Rate (%)		33.58	22.81	15.88	6.72	4.08	2.67
城乡人口	**Population by Residence**							
城镇化率（%）	Urbanization Rate (%)	13.26	18.30	20.91	26.44	36.22	49.68	63.89
城镇人口（万人）	Urban Population (10 000 persons)	7726	12710	21082	29971	45844	66557	90199
乡村人口（万人）	Rural Population (10 000 persons)	50534	56748	79736	83397	80739	67415	50979

注：1.1953年、1964年、1982年及1990年全国人口普查标准时点为当年7月1日零时，2000、2010和2020年全国人口普查标准时点为当年11月1日零时。
2.历次普查总人口数据包括中国人民解放军现役军人。在城乡人口中，中国人民解放军现役军人列为城镇人口统计。
3.1964年文盲人口为13岁及以上不识字人口，1982、1990、2000、2010和2020年文盲人口为15岁及以上不识字或识字很少的人口。

a) Standard reference time of national population census in 1953,1964,1982 and 1990 was zero hour of July 1st, and in 2000,2010 and 2020 was zero hour of November 1st.
b) Total population from the five national population censuses includes the military personnel. Military personnel is listed as urban population in population by residence. population and the urban/rural population.
c) Illiterate population of 1964 National Population Census referred to the population aged 13 and over who are unable to read. Illiterate population of 1982, 1990, 2000 , 2010 and 2020 National Population Censuses referred to the population aged 15 and over who are unable or have difficulty to read.

2-6 分地区年末人口数
Number of Population at Year-end by Region

单位：万人 (10 000 persons)

地 区	Region	2013	2014	2015	2016	2017	2018	2019	2020	2021	2022	2023
全 国	**National Total**	**136726**	**137646**	**138326**	**139232**	**140011**	**140541**	**141008**	**141212**	**141260**	**141175**	**140967**
北 京	Beijing	2125	2171	2188	2195	2194	2192	2190	2189	2189	2184	2186
天 津	Tianjin	1410	1429	1439	1443	1410	1383	1385	1387	1373	1363	1364
河 北	Hebei	7288	7323	7345	7375	7409	7426	7447	7464	7448	7420	7393
山 西	Shanxi	3535	3528	3519	3514	3510	3502	3497	3490	3480	3481	3466
内蒙古	Inner Mongolia	2455	2449	2440	2436	2433	2422	2415	2403	2400	2401	2396
辽 宁	Liaoning	4365	4358	4338	4327	4312	4291	4277	4255	4229	4197	4182
吉 林	Jilin	2668	2642	2613	2567	2526	2484	2448	2399	2375	2348	2339
黑龙江	Heilongjiang	3666	3608	3529	3463	3399	3327	3255	3171	3125	3099	3062
上 海	Shanghai	2448	2467	2458	2467	2466	2475	2481	2488	2489	2475	2487
江 苏	Jiangsu	8192	8281	8315	8381	8423	8446	8469	8477	8505	8515	8526
浙 江	Zhejiang	5784	5890	5985	6072	6170	6273	6375	6468	6540	6577	6627
安 徽	Anhui	5988	5997	6011	6033	6057	6076	6092	6105	6113	6127	6121
福 建	Fujian	3885	3945	3984	4016	4065	4104	4137	4161	4187	4188	4183
江 西	Jiangxi	4476	4480	4485	4496	4511	4513	4516	4519	4517	4528	4515
山 东	Shandong	9746	9808	9866	9973	10033	10077	10106	10165	10170	10163	10123
河 南	Henan	9573	9645	9701	9778	9829	9864	9901	9941	9883	9872	9815
湖 北	Hubei	5798	5816	5850	5885	5904	5917	5927	5745	5830	5844	5838
湖 南	Hunan	6600	6611	6615	6625	6633	6635	6640	6645	6622	6604	6568
广 东	Guangdong	11270	11489	11678	11908	12141	12348	12489	12624	12684	12657	12706
广 西	Guangxi	4731	4770	4811	4857	4907	4947	4982	5019	5037	5047	5027
海 南	Hainan	920	936	945	957	972	982	995	1012	1020	1027	1043
重 庆	Chongqing	3011	3043	3070	3110	3144	3163	3188	3209	3212	3213	3191
四 川	Sichuan	8109	8139	8196	8251	8289	8321	8351	8371	8372	8374	8368
贵 州	Guizhou	3632	3677	3708	3758	3803	3822	3848	3858	3852	3856	3865
云 南	Yunnan	4641	4653	4663	4677	4693	4703	4714	4722	4690	4693	4673
西 藏	Xizang	317	325	330	340	349	354	361	366	366	364	365
陕 西	Shaanxi	3804	3827	3846	3874	3904	3931	3944	3955	3954	3956	3952
甘 肃	Gansu	2537	2531	2523	2520	2522	2515	2509	2501	2490	2492	2465
青 海	Qinghai	571	576	577	582	586	587	590	593	594	595	594
宁 夏	Ningxia	666	678	684	695	705	710	717	721	725	728	729
新 疆	Xinjiang	2285	2325	2385	2428	2480	2520	2559	2590	2589	2587	2598

2-7 分地区年末城镇人口比重
Proportion of Urban Population at Year-end by Region

单位：% (%)

地 区	Region	2013	2014	2015	2016	2017	2018	2019	2020	2021	2022	2023
全 国	**National Total**	**54.49**	**55.75**	**57.33**	**58.84**	**60.24**	**61.50**	**62.71**	**63.89**	**64.72**	**65.22**	**66.16**
北 京	Beijing	86.39	86.50	86.71	86.76	86.93	87.09	87.35	87.55	87.50	87.57	87.83
天 津	Tianjin	82.29	82.55	82.88	83.27	83.57	83.95	84.31	84.70	84.88	85.11	85.49
河 北	Hebei	48.02	49.36	51.67	53.87	55.74	57.33	58.77	60.07	61.14	61.65	62.77
山 西	Shanxi	52.88	54.30	55.87	57.27	58.59	59.85	61.29	62.53	63.42	63.96	64.97
内蒙古	Inner Mongolia	59.82	60.97	62.09	63.40	64.60	65.51	66.46	67.48	68.21	68.60	69.58
辽 宁	Liaoning	66.45	67.05	68.05	68.87	69.49	70.26	71.21	72.14	72.81	73.00	73.51
吉 林	Jilin	55.74	56.81	57.64	58.75	59.71	60.85	61.63	62.64	63.36	63.72	64.73
黑龙江	Heilongjiang	58.04	59.22	60.47	61.09	61.90	63.46	64.62	65.61	65.69	66.21	67.11
上 海	Shanghai	89.60	89.30	88.53	89.00	89.10	89.13	89.22	89.30	89.30	89.33	89.46
江 苏	Jiangsu	64.39	65.70	67.49	68.93	70.18	71.19	72.47	73.44	73.94	74.42	75.04
浙 江	Zhejiang	63.94	64.96	66.32	67.72	68.91	70.02	71.58	72.17	72.66	73.38	74.23
安 徽	Anhui	47.87	49.31	50.97	52.62	54.29	55.65	57.02	58.33	59.39	60.15	61.51
福 建	Fujian	60.80	61.99	63.22	64.39	65.78	66.98	67.87	68.75	69.70	70.11	71.04
江 西	Jiangxi	49.04	50.55	52.30	53.99	55.70	57.34	59.07	60.44	61.46	62.07	63.13
山 东	Shandong	53.46	54.77	56.97	59.13	60.79	61.46	61.86	63.05	63.94	64.54	65.53
河 南	Henan	43.60	45.05	47.02	48.78	50.56	52.24	54.01	55.43	56.45	57.07	58.08
湖 北	Hubei	54.51	55.73	57.18	58.57	59.88	61.00	61.83	62.89	64.09	64.67	65.47
湖 南	Hunan	47.63	48.98	50.79	52.70	54.62	56.09	57.45	58.76	59.71	60.31	61.16
广 东	Guangdong	68.09	68.62	69.51	70.15	70.74	71.81	72.65	74.15	74.63	74.79	75.42
广 西	Guangxi	45.11	46.54	47.99	49.24	50.59	51.82	52.98	54.20	55.08	55.65	56.78
海 南	Hainan	52.28	53.30	54.91	56.70	58.04	59.13	59.37	60.27	60.97	61.49	62.46
重 庆	Chongqing	58.29	59.74	61.47	63.33	65.00	66.61	68.24	69.46	70.32	70.96	71.67
四 川	Sichuan	44.96	46.51	48.27	50.00	51.78	53.50	55.36	56.73	57.82	58.35	59.49
贵 州	Guizhou	37.89	40.24	42.96	45.56	47.76	49.54	51.48	53.15	54.33	54.81	55.94
云 南	Yunnan	39.99	41.21	42.93	44.64	46.29	47.44	48.67	50.05	51.05	51.72	52.92
西 藏	Xizang	23.93	26.23	28.87	31.57	33.38	33.80	34.51	35.73	36.61	37.39	38.88
陕 西	Shaanxi	51.57	53.01	54.74	56.39	58.07	59.65	61.28	62.66	63.63	64.02	65.16
甘 肃	Gansu	40.50	42.28	44.24	46.07	48.12	49.69	50.70	52.23	53.33	54.19	55.49
青 海	Qinghai	49.29	50.84	51.67	53.55	55.45	57.27	58.78	60.08	61.02	61.43	62.80
宁 夏	Ningxia	52.84	54.82	56.98	58.74	60.95	62.15	63.63	64.96	66.04	66.34	67.31
新 疆	Xinjiang	44.94	46.79	48.78	50.42	51.90	54.01	55.51	56.53	57.26	57.89	59.24

2-8 分地区人口城乡构成(2023年)

Total Population and Composition of Urban and Rural Residence by Region (2023)

地 区	Region	总人口(年末)(万人) Total Population (year-end) (10 000 persons)	城镇人口 Urban Population		乡村人口 Rural Population	
			人口数 Population	比重 (%) Proportion	人口数 Population	比重 (%) Proportion
全 国	**National Total**	**140967**	**93267**	**66.16**	**47700**	**33.84**
北 京	Beijing	2186	1920	87.83	266	12.17
天 津	Tianjin	1364	1166	85.49	198	14.51
河 北	Hebei	7393	4641	62.77	2752	37.23
山 西	Shanxi	3466	2252	64.97	1214	35.03
内蒙古	Inner Mongolia	2396	1667	69.58	729	30.42
辽 宁	Liaoning	4182	3074	73.51	1108	26.49
吉 林	Jilin	2339	1514	64.73	825	35.27
黑龙江	Heilongjiang	3062	2055	67.11	1007	32.89
上 海	Shanghai	2487	2225	89.46	262	10.54
江 苏	Jiangsu	8526	6398	75.04	2128	24.96
浙 江	Zhejiang	6627	4919	74.23	1708	25.77
安 徽	Anhui	6121	3765	61.51	2356	38.49
福 建	Fujian	4183	2972	71.04	1211	28.96
江 西	Jiangxi	4515	2850	63.13	1665	36.87
山 东	Shandong	10123	6634	65.53	3489	34.47
河 南	Henan	9815	5701	58.08	4114	41.92
湖 北	Hubei	5838	3822	65.47	2016	34.53
湖 南	Hunan	6568	4017	61.16	2551	38.84
广 东	Guangdong	12706	9583	75.42	3123	24.58
广 西	Guangxi	5027	2854	56.78	2173	43.22
海 南	Hainan	1043	651	62.46	392	37.54
重 庆	Chongqing	3191	2287	71.67	904	28.33
四 川	Sichuan	8368	4978	59.49	3390	40.51
贵 州	Guizhou	3865	2162	55.94	1703	44.06
云 南	Yunnan	4673	2473	52.92	2200	47.08
西 藏	Xizang	365	142	38.88	223	61.12
陕 西	Shaanxi	3952	2575	65.16	1377	34.84
甘 肃	Gansu	2465	1368	55.49	1097	44.51
青 海	Qinghai	594	373	62.80	221	37.20
宁 夏	Ningxia	729	491	67.31	238	32.69
新 疆	Xinjiang	2598	1539	59.24	1059	40.76

注：1.本表数据根据2023年全国人口变动情况抽样调查数据推算。
2.全国总人口包括现役军人数，分地区数据中未包括。

a) Data in the table are estimates from the 2023 National Sample Survey on Population Changes.
b) The military personnel were included in the national total population, but were not included in the population by region.

2-9 按年龄和性别分人口数(2023年)
Population by Age and Sex (2023)

年 龄	Age	人口数 (人) Population (person)	男 Male	女 Female	占总人口比重 (%) Percentage to Total Population (%)	男 Male	女 Female	性别比 (女=100) Sex Ratio (Female=100)
总 计	**Total**	**1482230**	**756458**	**725772**	**100.00**	**51.04**	**48.96**	**104.23**
0-4岁	0-4 years old	57537	30045	27492	3.88	2.03	1.85	109.28
5-9岁	5-9 years old	90498	47754	42744	6.11	3.22	2.88	111.72
10-14岁	10-14 years old	94775	50567	44208	6.39	3.41	2.98	114.39
15-19岁	15-19 years old	85813	45956	39858	5.79	3.10	2.69	115.30
20-24岁	20-24 years old	73696	39213	34483	4.97	2.65	2.33	113.72
25-29岁	25-29 years old	84358	44602	39756	5.69	3.01	2.68	112.19
30-34岁	30-34 years old	113258	58895	54362	7.64	3.97	3.67	108.34
35-39岁	35-39 years old	118381	60757	57624	7.99	4.10	3.89	105.44
40-44岁	40-44 years old	101291	51953	49338	6.83	3.51	3.33	105.30
45-49岁	45-49 years old	102401	52120	50281	6.91	3.52	3.39	103.66
50-54岁	50-54 years old	126579	63944	62634	8.54	4.31	4.23	102.09
55-59岁	55-59 years old	120926	60470	60456	8.16	4.08	4.08	100.02
60-64岁	60-64 years old	84465	41879	42585	5.70	2.83	2.87	98.34
65-69岁	65-69 years old	81497	40202	41295	5.50	2.71	2.79	97.35
70-74岁	70-74 years old	64545	31014	33532	4.35	2.09	2.26	92.49
75-79岁	75-79 years old	39405	18568	20837	2.66	1.25	1.41	89.11
80-84岁	80-84 years old	23524	10616	12907	1.59	0.72	0.87	82.25
85-89岁	85-89 years old	13443	5662	7781	0.91	0.38	0.52	72.77
90-94岁	90-94 years old	4885	1904	2981	0.33	0.13	0.20	63.86
95岁及以上	95 years old and over	953	334	619	0.06	0.02	0.04	53.92

注：1.本表是2023年全国人口变动情况抽样调查样本数据，抽样比为1.051‰(以下相关表同)。
2.由于各地区数据采用加权汇总的方法，全国(部分省区)人口变动情况抽样调查样本数据合计与各分项或分组相加略有误差(以下相关表同)。

a) Data in this table are obtained from the 2023 National Sample Survey on Population Changes. The sampling fraction is 1.051‰. The same applies to the following tables.

b) Data by region are calculated by the method of weighted sum, total data of the National (some Provinces and Autonomous Regions) Sample Survey on Population Changes is not equal to the sum of each item or group. The same applies to the following tables.

2-10 分地区户数、人口数、性别比和户规模(2023年)
Household, Population, Sex Ratio and Household Size by Region (2023)

地 区	Region	户数(户) Number of Households (household)	家庭户 Family Household	集体户 Collective Household	人口数(人) Population (person)	男 Male	女 Female	性别比(女=100) Sex Ratio (Female=100)
全 国	**National Total**	**522152**	**507031**	**15121**	**1482230**	**756458**	**725772**	**104.23**
北 京	Beijing	9158	8759	399	23018	11718	11299	103.71
天 津	Tianjin	5668	5381	288	14362	7343	7019	104.62
河 北	Hebei	26612	26078	534	77846	38660	39186	98.66
山 西	Shanxi	13257	12941	316	36496	18634	17862	104.33
内蒙古	Inner Mongolia	9985	9801	184	25229	12921	12308	104.97
辽 宁	Liaoning	18189	17857	332	44035	21693	22342	97.09
吉 林	Jilin	9964	9685	279	24629	12287	12342	99.55
黑龙江	Heilongjiang	13956	13781	176	32242	16111	16131	99.87
上 海	Shanghai	10373	9895	479	26187	13555	12632	107.31
江 苏	Jiangsu	31513	30466	1047	89776	45505	44271	102.79
浙 江	Zhejiang	26431	25309	1121	69780	36423	33358	109.19
安 徽	Anhui	22919	22175	743	64452	32922	31530	104.41
福 建	Fujian	15006	14500	505	44046	22785	21261	107.17
江 西	Jiangxi	15115	14744	371	47541	24563	22978	106.90
山 东	Shandong	39287	38718	570	106592	53864	52727	102.16
河 南	Henan	34058	33314	745	103349	51822	51527	100.57
湖 北	Hubei	21204	20686	518	61472	31477	29996	104.94
湖 南	Hunan	23935	23318	618	69159	35420	33739	104.98
广 东	Guangdong	45338	43317	2021	133790	70433	63357	111.17
广 西	Guangxi	16686	16094	592	52933	27367	25566	107.05
海 南	Hainan	3180	3099	80	10982	5831	5152	113.18
重 庆	Chongqing	12534	12288	246	33600	16928	16673	101.53
四 川	Sichuan	31420	30629	790	88112	44450	43662	101.81
贵 州	Guizhou	12615	12115	501	40697	20820	19877	104.75
云 南	Yunnan	15412	14887	525	49205	25289	23916	105.74
西 藏	Xizang	1100	1053	47	3843	2023	1820	111.14
陕 西	Shaanxi	15304	14844	460	41613	21234	20379	104.19
甘 肃	Gansu	8431	8187	244	25956	13175	12780	103.09
青 海	Qinghai	2051	1984	68	6255	3145	3110	101.13
宁 夏	Ningxia	2557	2461	97	7676	3903	3773	103.43
新 疆	Xinjiang	8893	8668	225	27356	14157	13199	107.26

2-10 续表 continued

地 区	Region	家庭户人口数(人) Family Household Population (person)	男 Male	女 Female	集体户人口数(人) Collective Household Population (person)	男 Male	女 Female	平均家庭户规模(人/户) Average Family Size (person/household)
全 国	**National Total**	**1421022**	**722294**	**698728**	**61208**	**34163**	**27044**	**2.80**
北 京	Beijing	21540	10826	10714	1478	893	585	2.46
天 津	Tianjin	13501	6871	6630	862	472	389	2.51
河 北	Hebei	75508	37407	38102	2337	1253	1084	2.90
山 西	Shanxi	35186	17935	17251	1310	700	610	2.72
内蒙古	Inner Mongolia	24349	12476	11873	881	445	435	2.48
辽 宁	Liaoning	42746	21014	21732	1289	679	611	2.39
吉 林	Jilin	23760	11878	11882	869	408	460	2.45
黑龙江	Heilongjiang	31447	15587	15859	795	523	272	2.28
上 海	Shanghai	24264	12324	11939	1923	1231	693	2.45
江 苏	Jiangsu	85280	42646	42634	4496	2860	1637	2.80
浙 江	Zhejiang	66113	34100	32013	3667	2323	1344	2.61
安 徽	Anhui	61692	31333	30359	2760	1589	1171	2.78
福 建	Fujian	41857	21567	20291	2188	1218	970	2.89
江 西	Jiangxi	45775	23782	21993	1767	782	985	3.10
山 东	Shandong	104181	52821	51360	2410	1043	1367	2.69
河 南	Henan	99975	49877	50098	3373	1944	1429	3.00
湖 北	Hubei	59071	30121	28950	2401	1356	1045	2.86
湖 南	Hunan	66390	34058	32332	2769	1362	1407	2.85
广 东	Guangdong	126395	65907	60488	7395	4526	2869	2.92
广 西	Guangxi	50214	25978	24236	2719	1389	1330	3.12
海 南	Hainan	10704	5699	5005	279	132	147	3.45
重 庆	Chongqing	32302	16100	16202	1299	828	470	2.63
四 川	Sichuan	84818	42804	42014	3294	1646	1648	2.77
贵 州	Guizhou	38880	19820	19059	1817	1000	817	3.21
云 南	Yunnan	46936	24190	22746	2270	1099	1170	3.15
西 藏	Xizang	3671	1932	1739	172	91	81	3.49
陕 西	Shaanxi	39917	20368	19549	1696	866	830	2.69
甘 肃	Gansu	24841	12556	12284	1115	619	496	3.03
青 海	Qinghai	6003	3008	2995	252	137	115	3.03
宁 夏	Ningxia	7308	3702	3606	368	201	168	2.97
新 疆	Xinjiang	26401	13608	12792	955	549	406	3.05

2-11 分地区人口年龄构成和抚养比(2023年)
Age Composition and Dependency Ratio of Population by Region (2023)

地区	Region	人口数(人) Population (person)	0-14岁 Aged 0-14		15-64岁 Aged 15-64		65岁及以上 Aged 65 and Over		总抚养比(%) Gross Dependency Ratio (%)	少年儿童抚养比 Children Dependency Ratio	老年人口抚养比 Elderly Dependency Ratio
			人口数 Population	比重(%) Proportion	人口数 Population	比重(%) Proportion	人口数 Population	比重(%) Proportion			
全国	**National Total**	**1482230**	**242810**	**16.38**	**1011168**	**68.22**	**228252**	**15.40**	**46.59**	**24.01**	**22.57**
北京	Beijing	23018	2764	12.01	16603	72.13	3650	15.86	38.63	16.65	21.98
天津	Tianjin	14362	1800	12.53	9990	69.56	2572	17.91	43.76	18.02	25.75
河北	Hebei	77846	13865	17.81	51341	65.95	12640	16.24	51.63	27.01	24.62
山西	Shanxi	36496	5449	14.93	25498	69.87	5549	15.20	43.13	21.37	21.76
内蒙古	Inner Mongolia	25229	3249	12.88	18081	71.67	3899	15.45	39.53	17.97	21.56
辽宁	Liaoning	44035	4456	10.12	30307	68.82	9273	21.06	45.30	14.70	30.60
吉林	Jilin	24629	2538	10.30	17497	71.04	4594	18.65	40.76	14.51	26.26
黑龙江	Heilongjiang	32242	2843	8.82	23333	72.37	6065	18.81	38.18	12.19	25.99
上海	Shanghai	26187	2509	9.58	18555	70.86	5123	19.56	41.13	13.52	27.61
江苏	Jiangsu	89776	12186	13.57	61022	67.97	16569	18.46	47.12	19.97	27.15
浙江	Zhejiang	69780	8794	12.60	50231	71.98	10756	15.41	38.92	17.51	21.41
安徽	Anhui	64452	11183	17.35	43041	66.78	10228	15.87	49.75	25.98	23.76
福建	Fujian	44046	7849	17.82	30636	69.55	5561	12.63	43.77	25.62	18.15
江西	Jiangxi	47541	8959	18.84	32171	67.67	6411	13.49	47.78	27.85	19.93
山东	Shandong	106592	18426	17.29	69589	65.29	18577	17.43	53.17	26.48	26.70
河南	Henan	103349	21014	20.33	66946	64.78	15389	14.89	54.38	31.39	22.99
湖北	Hubei	61472	9135	14.86	41920	68.19	10418	16.95	46.64	21.79	24.85
湖南	Hunan	69159	12040	17.41	45733	66.13	11386	16.46	51.22	26.33	24.90
广东	Guangdong	133790	24052	17.98	96407	72.06	13330	9.96	38.78	24.95	13.83
广西	Guangxi	52933	11349	21.44	34274	64.75	7310	13.81	54.44	33.11	21.33
海南	Hainan	10982	2007	18.28	7691	70.03	1284	11.69	42.79	26.09	16.70
重庆	Chongqing	33600	4697	13.98	22550	67.11	6353	18.91	49.00	20.83	28.17
四川	Sichuan	88112	12775	14.50	59069	67.04	16268	18.46	49.17	21.63	27.54
贵州	Guizhou	40697	9155	22.50	26326	64.69	5216	12.82	54.59	34.77	19.81
云南	Yunnan	49205	9011	18.31	34314	69.74	5880	11.95	43.40	26.26	17.14
西藏	Xizang	3843	937	24.38	2672	69.53	234	6.09	43.85	35.08	8.77
陕西	Shaanxi	41613	6826	16.40	28450	68.37	6338	15.23	46.27	23.99	22.28
甘肃	Gansu	25956	4779	18.41	17634	67.94	3542	13.65	47.19	27.10	20.09
青海	Qinghai	6255	1239	19.81	4362	69.74	654	10.46	43.40	28.41	14.99
宁夏	Ningxia	7676	1474	19.20	5395	70.28	806	10.50	42.27	27.33	14.94
新疆	Xinjiang	27356	5451	19.93	19529	71.39	2376	8.69	40.08	27.91	12.17

2-12 分地区按性别和婚姻状况分的人口(2023年)
Population by Sex, Marital Status and Region (2023)

单位：人 (person)

地 区	Region	15岁及以上人口 Population Aged 15 and Over	男 Male	女 Female	未 婚 Never Married	男 Male	女 Female	有配偶 Married	男 Male	女 Female
全 国	**National Total**	**1239420**	**628091**	**611328**	**246566**	**147640**	**98926**	**881848**	**441212**	**440635**
北 京	Beijing	20253	10284	9970	4125	2233	1892	14581	7582	6999
天 津	Tianjin	12563	6403	6160	2386	1345	1041	9002	4658	4344
河 北	Hebei	63981	31375	32606	10995	6253	4742	47665	23143	24522
山 西	Shanxi	31047	15832	15215	5705	3300	2404	22850	11680	11170
内蒙古	Inner Mongolia	21980	11236	10744	3470	2088	1382	16368	8390	7978
辽 宁	Liaoning	39579	19393	20187	6235	3632	2604	28589	14087	14502
吉 林	Jilin	22091	10974	11116	3528	2018	1509	15840	7966	7875
黑龙江	Heilongjiang	29399	14645	14753	4771	2789	1982	21104	10559	10545
上 海	Shanghai	23678	12246	11432	4404	2520	1884	17422	9176	8245
江 苏	Jiangsu	77590	39063	38528	12819	7563	5256	58345	29294	29051
浙 江	Zhejiang	60987	31775	29211	10989	6815	4174	45381	23459	21922
安 徽	Anhui	53269	26936	26333	9708	5975	3733	38854	19135	19718
福 建	Fujian	36196	18529	17667	7310	4437	2874	25999	13173	12826
江 西	Jiangxi	38582	19695	18887	9029	5449	3580	26423	13172	13250
山 东	Shandong	88166	43978	44189	14978	8702	6276	66149	32934	33215
河 南	Henan	82335	40737	41598	18708	10845	7863	57029	27454	29576
湖 北	Hubei	52338	26564	25773	9628	6007	3621	37768	18696	19073
湖 南	Hunan	57119	29007	28112	12109	7323	4786	39219	19625	19594
广 东	Guangdong	109738	57563	52174	28659	17719	10940	73801	37480	36321
广 西	Guangxi	41584	21318	20265	10603	6561	4042	26938	13427	13511
海 南	Hainan	8976	4736	4240	2343	1492	851	6005	3049	2956
重 庆	Chongqing	28903	14487	14416	5961	3548	2413	19771	9793	9978
四 川	Sichuan	75337	37832	37505	14501	8721	5780	52536	26087	26449
贵 州	Guizhou	31542	15949	15593	6232	3791	2441	21870	10746	11124
云 南	Yunnan	40194	20614	19580	8661	5311	3350	27617	13832	13784
西 藏	Xizang	2906	1545	1361	920	527	393	1754	946	807
陕 西	Shaanxi	34788	17676	17112	6716	4097	2619	24920	12387	12532
甘 肃	Gansu	21177	10693	10484	4040	2430	1610	15139	7516	7623
青 海	Qinghai	5016	2510	2506	1171	666	505	3319	1658	1661
宁 夏	Ningxia	6202	3141	3061	1180	693	487	4553	2285	2267
新 疆	Xinjiang	21906	11355	10550	4680	2789	1891	15037	7822	7215

2-12 续表 continued

单位：人 (person)

地区	Region	离婚 Divorced	男 Male	女 Female	丧偶 Widowed	男 Male	女 Female
全 国	**National Total**	**33101**	**18667**	**14434**	**77905**	**20571**	**57333**
北 京	Beijing	586	247	339	961	222	740
天 津	Tianjin	454	208	246	721	192	528
河 北	Hebei	1236	763	473	4084	1215	2869
山 西	Shanxi	605	370	235	1887	482	1406
内蒙古	Inner Mongolia	712	395	317	1431	363	1068
辽 宁	Liaoning	1770	921	849	2984	753	2232
吉 林	Jilin	985	529	456	1738	461	1277
黑龙江	Heilongjiang	1400	727	673	2124	570	1554
上 海	Shanghai	737	314	423	1116	237	879
江 苏	Jiangsu	1638	920	719	4787	1286	3502
浙 江	Zhejiang	1608	835	773	3008	666	2342
安 徽	Anhui	1304	807	497	3403	1019	2385
福 建	Fujian	919	521	398	1968	398	1570
江 西	Jiangxi	840	529	312	2290	545	1745
山 东	Shandong	1449	813	636	5590	1528	4062
河 南	Henan	1401	852	548	5197	1586	3611
湖 北	Hubei	1413	855	558	3528	1007	2522
湖 南	Hunan	1586	950	636	4205	1110	3095
广 东	Guangdong	2377	1269	1108	4901	1095	3806
广 西	Guangxi	1017	608	409	3025	721	2304
海 南	Hainan	173	101	71	455	93	361
重 庆	Chongqing	1103	600	503	2068	546	1522
四 川	Sichuan	2593	1464	1129	5707	1560	4147
贵 州	Guizhou	1173	776	397	2268	637	1631
云 南	Yunnan	1308	771	537	2608	699	1909
西 藏	Xizang	73	28	46	159	44	115
陕 西	Shaanxi	830	516	314	2322	676	1647
甘 肃	Gansu	504	309	195	1494	438	1056
青 海	Qinghai	219	106	113	306	80	226
宁 夏	Ningxia	178	89	89	291	74	217
新 疆	Xinjiang	911	475	436	1277	270	1008

2-13 分地区按家庭户规模分的户数(2023年)
Family Households by Size and Region (2023)

单位：户 (household)

地 区	Region	家庭户户数 Number of Family Households	一人户 One Person	二人户 Two Persons	三人户 Three Persons	四人户 Four Persons	五人户 Five Persons	六人户 Six Persons	七人户 Seven Persons	八人户 Eight Persons	九人户 Nine Persons	十人及以上户 Ten Persons and Over
全 国	**National Total**	**507031**	**90456**	**118852**	**106790**	**93323**	**48937**	**30083**	**11045**	**4042**	**1732**	**1771**
北 京	Beijing	8759	2210	2541	2049	1046	549	247	60	33	17	7
天 津	Tianjin	5381	1132	1709	1414	706	280	99	28	8	3	1
河 北	Hebei	26078	3955	6730	5296	5543	2313	1451	501	183	52	54
山 西	Shanxi	12941	2068	3391	3058	2717	991	509	132	46	17	12
内蒙古	Inner Mongolia	9801	1658	3154	2752	1480	459	215	53	19	9	2
辽 宁	Liaoning	17857	3509	5359	4953	2355	1050	481	119	26	3	2
吉 林	Jilin	9685	1752	2912	2590	1350	635	297	106	30	8	5
黑龙江	Heilongjiang	13781	2947	5114	3515	1363	575	192	54	14	3	3
上 海	Shanghai	9895	2209	2882	2521	1218	719	247	58	25	7	8
江 苏	Jiangsu	30466	5130	7496	6757	5168	3209	1741	621	199	81	65
浙 江	Zhejiang	25309	5702	6494	5363	3888	2105	1263	319	103	41	30
安 徽	Anhui	22175	3394	4973	4519	4490	2278	1635	547	200	79	59
福 建	Fujian	14500	2708	2813	2727	2799	1571	1084	426	169	92	112
江 西	Jiangxi	14744	2186	2719	2547	3199	1785	1390	571	185	97	64
山 东	Shandong	38718	6459	10680	8831	8106	2713	1379	376	106	39	29
河 南	Henan	33314	5016	7160	6082	7231	3572	2708	1093	296	103	53
湖 北	Hubei	20686	2999	4655	5046	3988	2121	1255	395	134	54	40
湖 南	Hunan	23318	3680	4796	4787	4887	2599	1697	561	188	69	53
广 东	Guangdong	43317	11007	8061	6639	7122	4524	2858	1474	726	357	549
广 西	Guangxi	16094	2524	2376	2894	3397	2180	1400	693	299	134	196
海 南	Hainan	3099	492	463	517	711	382	250	128	62	37	57
重 庆	Chongqing	12288	2244	2962	2708	2116	1258	690	197	56	34	23
四 川	Sichuan	30629	5276	7070	6556	5253	3480	2015	623	223	87	47
贵 州	Guizhou	12115	1459	1885	2101	2602	1748	1253	580	253	117	116
云 南	Yunnan	14887	2295	2391	2712	3337	1952	1352	533	185	72	56
西 藏	Xizang	1053	303	162	147	139	100	66	45	32	19	39
陕 西	Shaanxi	14844	2719	3493	3311	2828	1420	819	187	42	9	14
甘 肃	Gansu	8187	1282	1510	1581	1609	947	788	287	104	41	38
青 海	Qinghai	1984	398	419	377	345	198	144	58	21	13	10
宁 夏	Ningxia	2461	377	591	539	509	243	119	52	17	8	5
新 疆	Xinjiang	8668	1368	1891	1900	1820	981	436	164	58	28	21

2-14 结婚登记情况
Statistics on Registration of Marriages

年 份 Year	结婚登记总数 (万对) Total Number of Registered Marriages (10 000 couples)	内地居民 Mainland Residents	涉外、华侨及港澳台居民 Involving Foreigners, Overseas Chinese or Residents of Hong Kong, Macao, Taiwan	结婚率 (‰) Marriage Rate (‰)
1978	597.8	597.8		6.2
1979	637.1	636.3	0.8	6.7
1980	720.9	719.8	1.1	7.3
1981	1041.7	1040.3	1.4	10.4
1982	836.9	835.5	1.4	8.3
1983	765.4	764.2	1.3	7.5
1984	784.8	783.4	1.4	7.5
1985	831.3	829.1	2.2	7.9
1986	884.0	882.3	1.7	8.2
1987	926.7	924.7	2.0	8.6
1988	899.2	897.2	2.0	8.3
1989	937.2	935.2	2.0	8.4
1990	951.1	948.7	2.4	8.2
1991	953.6	951.0	2.6	8.3
1992	957.5	954.5	3.0	8.3
1993	915.4	912.2	3.3	7.8
1994	932.4	929.0	3.4	7.8
1995	934.1	929.7	4.4	7.7
1996	938.7	934.0	4.7	7.7
1997	914.1	909.1	5.1	7.4
1998	891.7	886.7	5.0	7.2
1999	885.3	879.9	5.4	7.1
2000	848.5	842.0	6.5	6.7
2001	805.0	797.1	7.9	6.3
2002	786.0	778.8	7.3	6.1
2003	811.4	803.5	7.8	6.3
2004	867.2	860.8	6.4	6.7
2005	823.1	816.6	6.4	6.3
2006	945.0	938.2	6.8	7.2
2007	991.4	986.3	5.1	7.5
2008	1098.3	1093.2	5.1	8.3
2009	1212.4	1207.5	4.9	9.1
2010	1241.0	1236.1	4.9	9.3
2011	1302.4	1297.5	4.9	9.7
2012	1323.6	1318.3	5.3	9.8
2013	1346.9	1341.4	5.5	9.9
2014	1306.7	1302.0	4.7	9.6
2015	1224.7	1220.6	4.1	9.0
2016	1142.8	1138.6	4.2	8.3
2017	1063.1	1059.0	4.1	7.7
2018	1013.9	1009.1	4.8	7.3
2019	927.3	922.4	4.9	6.6
2020	814.3	812.6	1.7	5.8
2021	764.3	762.7	1.6	5.4
2022	683.5	681.9	1.6	4.8
2023	768.2	763.2	5.0	5.4

2-15 离婚办理情况
Statistics on Registration of Divorces

年 份 Year	离婚总数 (万对) Total Number of Divorces (10 000 couples)	民政部门登记离婚数 (万对) Number of Divorces Registered in Civil Affairs Departments (10 000 couples)	内地居民 (万对) Mainland Residents (10 000 couples)	涉外、华侨及港澳台居民 (对) Involving Foreigners, Overseas Chinese or Residents of Hong Kong, Macao, Taiwan (couple)	法院部门办理离婚数 (万对) Number of Divorces Registered in Courts (10 000 couples)	离婚率 (‰) Divorce Rate (‰)
1978	28.5	17.0	17.0		11.5	0.18
1979	31.9	19.3	19.3	82	12.6	0.33
1980	34.1	18.0	18.0	330	16.1	0.35
1981	38.9	18.7	18.7	46	20.2	0.39
1982	42.8	21.1	21.1	116	21.7	0.42
1983	41.8	19.7	19.7	126	22.1	0.42
1984	45.4	19.9	19.9	110	25.5	0.40
1985	45.8	19.6	19.6	108	26.2	0.44
1986	50.6	21.4	21.4	205	29.2	0.47
1987	58.1	23.6	23.6	220	34.5	0.55
1988	65.5	26.4	26.4	310	39.1	0.60
1989	75.3	28.8	28.7	518	46.5	0.68
1990	80.0	30.1	30.0	602	49.9	0.69
1991	83.1	30.1	30.0	588	53.0	0.72
1992	85.0	31.6	31.5	833	53.4	0.74
1993	91.0	33.6	33.5	968	57.4	0.77
1994	98.2	35.5	35.4	737	62.7	0.82
1995	105.6	36.8	36.7	813	68.8	0.88
1996	113.4	39.4	39.3	1175	74.0	0.93
1997	119.9	44.0	43.9	1385	75.9	0.97
1998	119.2	46.6	46.5	948	72.6	0.96
1999	120.2	47.8	47.7	975	72.4	0.96
2000	121.3	48.9	48.8	1075	72.4	0.96
2001	125.0	52.8	52.5	2856	72.2	0.98
2002	117.7	57.3	56.8	5221	60.4	0.90
2003	133.0	69.0	68.7	3333	64.0	1.05
2004	166.5	104.6	104.0	5830	61.9	1.28
2005	178.5	118.4	117.5	8267	60.1	1.37
2006	191.3	129.1	128.3	8414	62.2	1.46
2007	209.8	145.7	144.8	8852	64.1	1.59
2008	226.9	161.0	160.0	9470	65.9	1.71
2009	246.8	180.2	179.6	5747	66.6	1.85
2010	267.8	201.0	200.4	5783	66.8	2.00
2011	287.4	220.7	220.2	5761	66.7	2.13
2012	310.4	242.3	241.7	6161	68.1	2.29
2013	350.0	281.5	280.9	6538	68.5	2.58
2014	363.7	295.7	295.1	6714	67.9	2.67
2015	384.1	314.9	314.3	6237	69.3	2.79
2016	415.8	348.6	348.0	6315	67.2	3.02
2017	437.4	370.4	369.8	6307	66.9	3.15
2018	446.1	381.2	380.5	7567	64.9	3.20
2019	470.1	404.7	404.0	7104	65.3	3.36
2020	433.9	373.6	373.2	4125	60.3	3.09
2021	283.9	214.1	213.9	2231	69.8	2.01
2022	287.9	210.0	209.7	2857	77.9	2.04
2023	360.5	259.4	258.8	5835	101.2	2.56

2-16 分地区婚姻登记情况(2023年)

Statistics on Marriage Registration by Region(2023)

地 区	Region	结婚登记(万对) Total Number of Marriage Registration (10 000 couples)	#内地居民 Mainland Residents	初婚(万人) First Marriages (10 000 persons)	再婚(万人) Re-marriages (10 000 persons)	离婚(万对) Divorces (10 000 couples)	结婚率(‰) Marriage Rate (‰)	离婚率(‰) Divorce Rate (‰)
全 国	**National Total**	**768.21**	**763.25**	**1193.98**	**342.45**	**360.53**	**5.45**	**2.56**
北 京	Beijing	13.73	13.67	19.52	7.95	5.49	6.29	2.51
天 津	Tianjin	8.38	8.35	13.69	3.06	4.94	6.14	3.62
河 北	Hebei	37.11	36.98	56.82	17.40	17.77	5.01	2.40
山 西	Shanxi	20.59	20.56	34.02	7.17	7.38	5.93	2.12
内蒙古	Inner Mongolia	14.24	14.21	19.78	8.69	7.06	5.94	2.94
辽 宁	Liaoning	22.84	22.76	36.14	9.54	12.03	5.45	2.87
吉 林	Jilin	13.79	13.74	20.61	6.97	8.02	5.88	3.42
黑龙江	Heilongjiang	17.94	17.87	21.26	14.62	11.32	5.82	3.68
上 海	Shanghai	10.42	10.29	15.26	5.59	4.30	4.20	1.73
江 苏	Jiangsu	45.28	45.13	75.89	14.68	21.36	5.31	2.51
浙 江	Zhejiang	30.06	29.82	48.16	11.95	12.34	4.55	1.87
安 徽	Anhui	35.54	35.27	53.07	18.01	18.18	5.80	2.97
福 建	Fujian	18.08	17.52	27.86	8.30	9.02	4.32	2.16
江 西	Jiangxi	22.16	21.98	35.50	8.83	10.59	4.90	2.34
山 东	Shandong	48.16	48.02	71.92	24.40	21.97	4.75	2.17
河 南	Henan	57.40	57.20	96.77	18.03	27.07	5.83	2.75
湖 北	Hubei	29.33	29.17	46.72	11.94	15.30	5.02	2.62
湖 南	Hunan	30.27	30.00	45.49	15.06	16.57	4.60	2.52
广 东	Guangdong	63.22	62.23	107.11	19.33	22.61	4.99	1.78
广 西	Guangxi	25.17	24.90	39.87	10.48	11.60	5.00	2.30
海 南	Hainan	5.69	5.65	9.37	2.01	2.10	5.50	2.03
重 庆	Chongqing	18.37	18.29	25.32	11.41	10.72	5.74	3.35
四 川	Sichuan	48.02	47.83	70.29	25.75	25.16	5.74	3.01
贵 州	Guizhou	29.46	29.39	45.47	13.45	14.13	7.63	3.66
云 南	Yunnan	28.81	28.40	44.51	13.11	12.66	6.15	2.70
西 藏	Xizang	2.95	2.95	5.41	0.49	0.70	8.10	1.93
陕 西	Shaanxi	23.50	23.43	36.25	10.75	9.59	5.94	2.43
甘 肃	Gansu	16.42	16.40	27.78	5.07	5.79	6.63	2.34
青 海	Qinghai	4.71	4.71	7.54	1.87	1.79	7.92	3.01
宁 夏	Ningxia	5.07	5.06	7.99	2.14	2.10	6.96	2.89
新 疆	Xinjiang	21.51	21.50	28.61	14.42	10.88	8.30	4.20

三、卫生健康
Health and Wellness

3-1 医疗卫生机构情况
Statistics on Health Care Institutions

单位：个 (unit)

年 份 Year	合 计 Total	#医院 Hospitals	#综合医院 General Hospitals	#中医医院 Traditional Chinese Medicine Hospitals	#专科医院 Specialized Hospitals	#基层医疗卫生机构 Health Care Institutions at Grass-root Level	#社区卫生服务中心(站) Community Health Service Centers (Stations)	#乡 镇卫生院 Township Health Centers
1950	8915	2803	2692	4	85			
1955	67725	3648	3351	67	188			
1960	261195	6020	5173	330	401			24849
1965	224266	5330	4747	131	339			36965
1970	149823	5964	5353	117	385			56568
1975	151733	7654	6817	160	543			54026
1978	169732	9293	7539	447	643			55018
1980	180553	9902	7859	678	694			55413
1985	978540	11955	9197	1485	938			47387
1986	999102	12442	9363	1646	1030			46967
1987	1012804	12962	9657	1790	1097			47177
1988	1012485	13544	9916	1932	1190			47529
1989	1027522	14090	10242	2046	1265			47523
1990	1012690	14377	10424	2115	1362			47749
1991	1003769	14628	10562	2195	1345			48140
1992	1001310	14889	10774	2269	1376			46117
1993	1000531	15436	11426	2298	1438			45024
1994	1005271	15595	11549	2336	1440			51929
1995	994409	15663	11586	2361	1445			51797
1996	1078131	15833	11696	2405	1473			51277
1997	1048657	15944	11771	2413	1488			50981
1998	1042885	16001	11779	2443	1495			50071
1999	1017673	16678	11868	2441	1533			49694
2000	1034229	16318	11872	2453	1543	1000169		49229
2001	1029314	16197	11834	2478	1576	995670		48090
2002	1005004	17844	12716	2492	2237	973098	8211	44992
2003	806243	17767	12599	2518	2271	774693	10101	44279
2004	849140	18393	12900	2611	2492	817018	14153	41626
2005	882206	18703	12982	2620	2682	849488	17128	40907
2006	918097	19246	13120	2665	3022	884818	22656	39975
2007	912263	19852	13372	2720	3282	878686	27069	39876
2008	891480	19712	13119	2688	3437	858015	24260	39080
2009	916571	20291	13364	2728	3716	882153	27308	38475
2010	936927	20918	13681	2778	3956	901709	32739	37836
2011	954389	21979	14328	2831	4283	918003	32860	37295
2012	950297	23170	15021	2889	4665	912620	33562	37097
2013	974398	24709	15887	3015	5127	915368	33965	37015
2014	981432	25860	16524	3115	5478	917335	34238	36902
2015	983528	27587	17430	3267	6023	920770	34321	36817
2016	983394	29140	18020	3462	6642	926518	34327	36795
2017	986649	31056	18921	3695	7220	933024	34652	36551
2018	997433	33009	19693	3977	7900	943639	34997	36461
2019	1007579	34354	19963	4221	8531	954390	35013	36112
2020	1022922	35394	20133	4426	9021	970036	35365	35762
2021	1030935	36570	20307	4630	9699	977790	36160	34943
2022	1032918	36976	20190	4779	10000	979768	36448	33917
2023	1070785	38355	20497	5053	10581	1016238	37177	33753

注：1.村卫生室数计入医疗卫生机构数中。
2.2002年起，医疗卫生机构数不再包括高中等医学院校本部、药检机构、国境卫生检疫所和非卫生部门举办的计划生育指导站。
3.2013年起，医疗卫生机构数包括原计生部门主管的计划生育技术服务机构。
4.1996年以前，门诊部(所)不包括私人诊所。

a) Number of village clinics was included in health care institutions.
b) Since 2002, health care institutions no longer includes headquarters of higher and secondary medical schools, drug test institutions, frontier health and quarantine institutions and family planning service stations run by non-health departments.
c) Since 2013, health care institutions include family planning technical services institutions managed by original family planning department.
d) Before 1996, outpatient departments did not include private clinics.

3-1 续表 continued

单位：个 (unit)

年 份 Year	#村卫生室 Village Clinics	#门诊部(所) Outpatient Departments	#专业公共卫生机构 Specialized Public Health Institutions	#疾病预防控制中心 Centers for Disease Control and Prevention	#专科疾病防治院(所/站) Specialized Disease Prevention & Treatment Institutions	#妇幼保健院(所/站) Maternal and Children Care Centers	#卫生监督所(中心) Health Inspection Institutions (Centers)
1950		3356		61	30	426	
1955		51600		315	287	3944	
1960		213823		1866	683	4213	
1965		170430		2499	822	2910	
1970		79600		1714	607	1124	
1975		80739		2912	683	2128	
1978		94395		2989	887	2571	
1980		102474		3105	1138	2745	
1985	777674	126604		3410	1566	2996	
1986	795963	127575		3475	1635	3059	
1987	807844	128459		3512	1697	3082	
1988	806497	128422		3532	1727	3103	
1989	820798	128112		3591	1747	3112	
1990	803956	129332		3618	1781	3148	
1991	794733	128665		3652	1818	3187	
1992	796523	125873		3673	1845	3187	
1993	806945	115161		3729	1872	3115	
1994	813529	105984		3711	1905	3190	
1995	804352	104406		3729	1895	3179	
1996	755565	237153		3737	1887	3172	
1997	733642	229474		3747	1893	3180	
1998	728788	229349		3746	1889	3191	
1999	716677	226588		3763	1877	3180	
2000	709458	240934	11386	3741	1839	3163	
2001	698966	248061	11471	3813	1783	3132	
2002	698966	219907	10787	3580	1839	3067	571
2003	514920	204468	10792	3584	1749	3033	838
2004	551600	208794	10878	3588	1583	2998	1284
2005	583209	207457	11177	3585	1502	3021	1702
2006	609128	212243	11269	3548	1402	3003	2097
2007	613855	197083	11528	3585	1365	3051	2553
2008	613143	180752	11485	3534	1310	3011	2675
2009	632770	182448	11665	3536	1291	3020	2809
2010	648424	181781	11835	3513	1274	3025	2992
2011	662894	184287	11926	3484	1294	3036	3022
2012	653419	187932	12083	3490	1289	3044	3088
2013	648619	195176	31155	3516	1271	3144	2967
2014	645470	200130	35029	3490	1242	3098	2975
2015	640536	208572	31927	3478	1234	3078	2986
2016	638763	216187	24866	3481	1213	3063	2986
2017	632057	229221	19896	3456	1200	3077	2992
2018	622001	249654	18033	3443	1161	3080	2949
2019	616094	266659	15958	3403	1128	3071	2869
2020	608828	289542	14492	3384	1048	3052	2934
2021	599292	306883	13276	3376	932	3032	3010
2022	587749	321123	12436	3386	856	3031	2944
2023	581964	362847	12121	3426	823	3063	2791

3-2 分地区医疗卫生机构情况(2023年)
Statistics on Health Care Institutions by Region(2023)

单位：个 (unit)

地区	Region	合计 Total	#医院 Hospitals	#综合医院 General Hospitals	#中医医院 Traditional Chinese Medicine Hospitals	#专科医院 Specialized Hospitals	#基层医疗卫生机构 Health Care Institutions at Grass-root Level	#专业公共卫生机构 Specialized Public Health Institutions
全　国	**National Total**	**1070785**	**38355**	**20497**	**5053**	**10581**	**1016238**	**12121**
北　京	Beijing	11487	682	205	192	216	10505	93
天　津	Tianjin	6799	458	286	62	105	6184	72
河　北	Hebei	92825	2487	1616	301	504	89576	633
山　西	Shanxi	37849	1383	628	219	488	35984	428
内蒙古	Inner Mongolia	25685	851	393	166	185	24328	438
辽　宁	Liaoning	34137	1536	785	226	487	32005	440
吉　林	Jilin	26161	870	403	167	288	24905	282
黑龙江	Heilongjiang	21417	1249	793	195	244	19623	474
上　海	Shanghai	6514	467	182	26	150	5796	104
江　苏	Jiangsu	39536	2173	981	166	562	36378	508
浙　江	Zhejiang	37679	1606	631	192	614	35405	414
安　徽	Anhui	31361	1354	733	152	368	29340	485
福　建	Fujian	30023	731	388	92	229	28845	324
江　西	Jiangxi	40129	1139	664	140	287	38292	529
山　东	Shandong	88186	2847	1463	397	830	84426	601
河　南	Henan	85044	2527	1400	478	562	81645	724
湖　北	Hubei	38586	1245	602	161	443	36735	469
湖　南	Hunan	57503	1781	841	225	666	55110	511
广　东	Guangdong	62819	1875	974	199	629	59874	690
广　西	Guangxi	34888	892	452	119	285	33497	427
海　南	Hainan	6538	240	128	25	77	6143	128
重　庆	Chongqing	23389	862	434	142	213	22279	156
四　川	Sichuan	74975	2479	1423	277	676	71581	677
贵　州	Guizhou	30695	1543	1021	140	351	28750	333
云　南	Yunnan	28765	1409	860	170	352	26745	539
西　藏	Xizang	7058	190	116		16	6745	121
陕　西	Shaanxi	35133	1292	747	180	340	33334	391
甘　肃	Gansu	25375	737	357	120	205	24200	413
青　海	Qinghai	6950	243	131	17	38	6536	168
宁　夏	Ningxia	4863	220	133	31	50	4514	104
新　疆	Xinjiang	18416	987	727	76	121	16958	445

3-3 分地区分等级医院情况(2023年)
Statistics on Hospitals by Level and Region (2023)

单位：个 (unit)

地 区	Region	医 院 Hospitals	#三级医院 Third-level Hospitals	#甲等 Grade A	#乙等 Grade B	#丙等 Grade C	#二级医院 Second-level Hospitals	#一级医院 First-level Hospitals
全 国	**National Total**	**38355**	**3855**	**1795**	**500**	**31**	**11946**	**13252**
北 京	Beijing	682	121	58	1	20	164	356
天 津	Tianjin	458	51	32	6		97	200
河 北	Hebei	2487	116	53	2		669	1356
山 西	Shanxi	1383	69	44	7		436	234
内蒙古	Inner Mongolia	851	95	57	15	1	371	305
辽 宁	Liaoning	1536	180	63	17	1	540	469
吉 林	Jilin	870	76	32	11	7	314	188
黑龙江	Heilongjiang	1249	125	73	13		385	390
上 海	Shanghai	467	54	32	16		92	10
江 苏	Jiangsu	2173	210	99	52		510	780
浙 江	Zhejiang	1606	185	113	71		210	44
安 徽	Anhui	1354	161	59	2		467	519
福 建	Fujian	731	103	40	10		288	229
江 西	Jiangxi	1139	138	54	17		307	375
山 东	Shandong	2847	204	105	17		948	1118
河 南	Henan	2527	221	75	3		689	1405
湖 北	Hubei	1245	208	79	13		423	320
湖 南	Hunan	1781	153	61	1	1	675	521
广 东	Guangdong	1875	293	146	2		677	497
广 西	Guangxi	892	110	63	1		391	278
海 南	Hainan	240	40	17			67	69
重 庆	Chongqing	862	97	37	1		255	356
四 川	Sichuan	2479	344	138	132		768	876
贵 州	Guizhou	1543	92	36	9		516	762
云 南	Yunnan	1409	122	54	13	1	493	496
西 藏	Xizang	190	18	12	3		67	51
陕 西	Shaanxi	1292	80	51	9		476	373
甘 肃	Gansu	737	73	38	33		219	72
青 海	Qinghai	243	27	14	13		106	11
宁 夏	Ningxia	220	20	8	8		89	75
新 疆	Xinjiang	987	69	52	2		237	517

3-4 分地区分床位医院情况(2023年)
Statistics on Hospitals by Number of Beds and Region (2023)

单位：个 (unit)

地区	Region	合计 Total	0-99张 0-99 Beds	100-299张 100-299 Beds	300-499张 300-499 Beds	500张及以上 500 Beds and above
全国	**National Total**	**38355**	**22586**	**8419**	**2761**	**4589**
北京	Beijing	682	455	101	45	81
天津	Tianjin	458	345	55	15	43
河北	Hebei	2487	1713	376	159	239
山西	Shanxi	1383	945	281	80	77
内蒙古	Inner Mongolia	851	527	193	59	72
辽宁	Liaoning	1536	925	360	86	165
吉林	Jilin	870	474	261	54	81
黑龙江	Heilongjiang	1249	754	297	82	116
上海	Shanghai	467	159	136	77	95
江苏	Jiangsu	2173	1238	552	143	240
浙江	Zhejiang	1606	814	451	154	187
安徽	Anhui	1354	726	323	99	206
福建	Fujian	731	335	206	70	120
江西	Jiangxi	1139	627	268	94	150
山东	Shandong	2847	1830	547	140	330
河南	Henan	2527	1574	455	135	363
湖北	Hubei	1245	656	287	96	206
湖南	Hunan	1781	1001	426	118	236
广东	Guangdong	1875	927	463	185	300
广西	Guangxi	892	375	252	125	140
海南	Hainan	240	146	48	19	27
重庆	Chongqing	862	514	179	53	116
四川	Sichuan	2479	1400	565	197	317
贵州	Guizhou	1543	1016	268	115	144
云南	Yunnan	1409	815	334	120	140
西藏	Xizang	190	137	40	7	6
陕西	Shaanxi	1292	751	311	86	144
甘肃	Gansu	737	420	155	51	111
青海	Qinghai	243	151	57	18	17
宁夏	Ningxia	220	135	48	21	16
新疆	Xinjiang	987	701	124	58	104

3-5 分地区基层医疗卫生机构情况(2023年)
Statistics on Health Care Institutions at Grass-root Level by Region(2023)

单位：个 (unit)

地 区	Region	基层医疗卫生机构 Health Care Institutions at Grass-root Level	#社区卫生服务中心(站) Community Health Service Centers (Stations)	#乡镇卫生院 Township Health Centers	#村卫生室 Village Clinics	#门诊部(所) Outpatient Departments
全　国	**National Total**	**1016238**	**37177**	**33753**	**581964**	**362847**
北　京	Beijing	10505	2034		2774	5697
天　津	Tianjin	6184	701	126	2196	3156
河　北	Hebei	89576	1631	1965	59321	26659
山　西	Shanxi	35984	1087	1285	22566	10824
内蒙古	Inner Mongolia	24328	1267	1240	12812	9009
辽　宁	Liaoning	32005	1419	1001	16401	13168
吉　林	Jilin	24905	338	762	8799	15006
黑龙江	Heilongjiang	19623	648	973	10325	7676
上　海	Shanghai	5796	1192		1118	3486
江　苏	Jiangsu	36378	2690	905	14671	18105
浙　江	Zhejiang	35405	3955	1045	11581	18816
安　徽	Anhui	29340	1825	1311	15546	10652
福　建	Fujian	28845	739	877	16487	10742
江　西	Jiangxi	38292	706	1603	27059	8917
山　东	Shandong	84426	2499	1449	51541	28881
河　南	Henan	81645	1993	1987	59447	18207
湖　北	Hubei	36735	1136	1107	22459	12006
湖　南	Hunan	55110	1053	2071	36126	15858
广　东	Guangdong	59874	2794	1164	25127	30783
广　西	Guangxi	33497	362	1266	18589	13280
海　南	Hainan	6143	217	303	2663	2957
重　庆	Chongqing	22279	637	804	9496	11339
四　川	Sichuan	71581	1104	2762	42301	25398
贵　州	Guizhou	28750	1093	1313	19643	6660
云　南	Yunnan	26745	668	1361	13588	11101
西　藏	Xizang	6745	16	674	5236	819
陕　西	Shaanxi	33334	752	1509	21611	9433
甘　肃	Gansu	24200	744	1348	16272	5833
青　海	Qinghai	6536	282	407	4469	1378
宁　夏	Ningxia	4514	244	205	2142	1923
新　疆	Xinjiang	16958	1351	930	9598	5078

3-6 分地区专业公共卫生机构情况(2023年)
Statistics on Specialized Public Health Institutions by Region(2023)

单位: 个 (unit)

地 区	Region	专业公共卫生机构 Specialized Public Health Institutions	#疾病预防控制中心 Centers for Disease Control and Prevention	#专科疾病防治院(所/站) Specialized Disease Prevention & Treatment Institutions	#妇幼保健院(所/站) Maternal and Children Care Centers	#卫生监督所(中心) Health Inspection Institutions (Centers)
全 国	**National Total**	**12121**	**3426**	**823**	**3063**	**2791**
北 京	Beijing	93	27	16	17	18
天 津	Tianjin	72	20	3	17	17
河 北	Hebei	633	187	13	184	178
山 西	Shanxi	428	132	6	129	120
内蒙古	Inner Mongolia	438	121	9	118	117
辽 宁	Liaoning	440	123	39	96	91
吉 林	Jilin	282	67	54	70	49
黑龙江	Heilongjiang	474	145	22	117	117
上 海	Shanghai	104	19	15	19	17
江 苏	Jiangsu	508	115	25	119	108
浙 江	Zhejiang	414	103	14	96	99
安 徽	Anhui	485	128	42	130	108
福 建	Fujian	324	102	19	94	86
江 西	Jiangxi	529	152	78	115	111
山 东	Shandong	601	194	75	158	115
河 南	Henan	724	185	21	164	176
湖 北	Hubei	469	119	61	104	107
湖 南	Hunan	511	146	67	140	122
广 东	Guangdong	690	147	123	133	106
广 西	Guangxi	427	123	26	106	111
海 南	Hainan	128	29	16	28	13
重 庆	Chongqing	156	41	11	41	39
四 川	Sichuan	677	211	20	201	156
贵 州	Guizhou	333	101	4	99	75
云 南	Yunnan	539	149	25	147	135
西 藏	Xizang	121	82		28	3
陕 西	Shaanxi	391	121	4	118	116
甘 肃	Gansu	413	105	9	99	94
青 海	Qinghai	168	54	2	52	46
宁 夏	Ningxia	104	26		25	24
新 疆	Xinjiang	445	152	4	99	117

3-7 村卫生室情况
Statistics on Village Clinics

单位：个 (unit)

年 份 Year	村卫生室 Village Clinics	村办 Village-run	乡卫生院设点 Outlets of Township Health Centers	联合办 Joint-run	私人办 Private-run	其他 Others
1985	777674	305537	29769	88803	323904	29661
1990	803956	266137	29963	87149	381844	38863
1995	804352	297462	36388	90681	354981	22876
2000	709458	300864	47101	89828	255179	16486
2005	583209	313633	32396	38561	180403	18216
2006	609128	333790	34803	36805	186524	17206
2007	613855	340082	33633	33649	186841	19650
2008	613143	342692	40248	31698	180157	18348
2009	632770	350515	45434	31035	183699	22087
2010	648424	365153	49678	32650	177080	23863
2011	662894	372661	56128	33639	175747	24719
2012	653419	370099	58317	32278	167025	25700
2013	648619	371579	59896	32690	158811	25643
2014	645470	349428	59396	29180	160549	46917
2015	640536	353196	60231	29208	153353	44548
2016	638763	351016	60419	29336	152164	45828
2017	632057	349025	63598	28687	147046	43701
2018	622001	342062	65495	28353	141623	44468
2019	616094	339525	69091	27626	134575	45277
2020	608828	337868	71858	26817	125503	46782
2021	599292	338065	67551	26751	118322	48603
2022	587749	335704	64325	25367	109640	52713
2023	581964	340502	62695	24630	102409	51728

3-8 分地区村卫生室情况(2023年)
Statistics on Village Clinics by Region(2023)

单位：个 (unit)

地 区	Region	村卫生室 Village Clinics	村办 Village-run	乡卫生院设点 Outlets of Township Health Centers	联合办 Joint-run	私人办 Private-run	其他 Others
全 国	**National Total**	**581964**	**340502**	**62695**	**24630**	**102409**	**51728**
北 京	Beijing	2774	2586	12	1	161	14
天 津	Tianjin	2196	561	808	111	98	618
河 北	Hebei	59321	33386	3124	1217	17147	4447
山 西	Shanxi	22566	15684	993	517	2210	3162
内蒙古	Inner Mongolia	12812	4721	2861	255	3646	1329
辽 宁	Liaoning	16401	7949	416	164	6814	1058
吉 林	Jilin	8799	3980	1657	1069	1667	426
黑龙江	Heilongjiang	10325	7468	1283	139	761	674
上 海	Shanghai	1118	939				179
江 苏	Jiangsu	14671	7742	3748	1765	38	1378
浙 江	Zhejiang	11581	6001	2711	129	1553	1187
安 徽	Anhui	15546	9252		2513	702	3079
福 建	Fujian	16487	10642	1026	208	2957	1654
江 西	Jiangxi	27059	12590	964	1465	10825	1215
山 东	Shandong	51541	28019	11626	3976	4865	3055
河 南	Henan	59447	36197	1274	2787	14381	4808
湖 北	Hubei	22459	15053	2982	2469	802	1153
湖 南	Hunan	36126	24545	1574	690	5918	3399
广 东	Guangdong	25127	12696	2684	198	5444	4105
广 西	Guangxi	18589	13127	1086	38	4178	160
海 南	Hainan	2663	952	365	22	1075	249
重 庆	Chongqing	9496	6758	845	205	726	962
四 川	Sichuan	42301	23709	3196	1290	8981	5125
贵 州	Guizhou	19643	12069	244	264	3729	3337
云 南	Yunnan	13588	10115	1713	576	162	1022
西 藏	Xizang	5236	2158	2221	21		836
陕 西	Shaanxi	21611	20473	124	131	803	80
甘 肃	Gansu	16272	5868	6013	773	1965	1653
青 海	Qinghai	4469	1806	813	584	646	620
宁 夏	Ningxia	2142	1711	177	249		5
新 疆	Xinjiang	9598	1745	6155	804	155	739

3-9 卫生人员情况
Statistics on Health Personnel

单位：人 (person)

年份 Year	卫生人员 Health Personnel	#卫生技术人员 Health Technical Personnel	#执业(助理)医师 Licensed Physicians & Physician Assistants	#执业医师 Licensed Physicians	#注册护士 Registered Nurses	#药师(士) Pharmacists	#乡村医生和卫生员 Village Doctors and Assistants
1950	611240	555040	380800	327400	37800	8080	
1955	1052787	874063	500398	402409	107344	60974	
1960	1769205	1504894	596109	427498	170143	119293	
1965	1872300	1531600	762804	510091	234546	117314	
1970	6571795	1453247	702304	446251	295147		4779280
1975	7435212	2057068	877716	521617	379545	219904	4841695
1978	7883041	2463931	978152	609608	405223	266570	4777469
1980	7355483	2798241	1153234	709473	465798	308438	3820776
1985	5606105	3410910	1413281	724238	636974	365145	1293094
1986	5725854	3506517	1444150	745592	680583	372760	1279935
1987	5842621	3608618	1481754	777333	717596	382121	1278499
1988	5924557	3723756	1618174	1095926	829261	394287	1247045
1989	6028234	3809097	1718018	1257668	921687	401098	1241275
1990	6137711	3897921	1763086	1302997	974541	405978	1231510
1991	6278458	3984974	1779545	1310933	1011943	409325	1253324
1992	6409307	4073986	1808194	1327875	1039674	413598	1269061
1993	6540522	4117067	1831665	1372471	1056096	413025	1325106
1994	6630710	4199217	1882180	1425375	1093544	417166	1323701
1995	6704395	4256923	1917772	1454926	1125661	418520	1331017
1996	6735097	4311845	1941235	1475232	1162609	424952	1316095
1997	6833962	4397805	1984867	1505342	1198228	428295	1317786
1998	6863315	4423721	1999521	1513975	1218836	423644	1327633
1999	6894985	4458669	2044672	1561584	1244844	418574	1324937
2000	6910383	4490803	2075843	1603266	1266838	414408	1319357
2001	6874527	4507700	2099658	1637337	1286938	404087	1290595
2002	6528674	4269779	1843995	1463573	1246545	357659	1290595
2003	6216971	4380878	1942364	1534046	1265959	357378	867778
2004	6332739	4485983	1999457	1582442	1308433	355451	883075
2005	6447246	4564050	2042135	1622684	1349589	349533	916532
2006	6681184	4728350	2099064	1678031	1426339	353565	957459
2007	6964389	4913186	2122925	1715460	1558822	325212	931761
2008	7251803	5174478	2201904	1791881	1678091	330525	938313
2009	7781448	5535124	2329206	1905436	1854818	341910	1050991
2010	8207502	5876158	2413259	1972840	2048071	353916	1091863
2011	8616040	6202858	2466094	2020154	2244020	363993	1126443
2012	9115705	6675549	2616064	2138836	2496599	377398	1094419
2013	9790483	7210578	2794754	2285794	2783121	395578	1081063
2014	10234213	7589790	2892518	2374917	3004144	409595	1058182
2015	10693881	8007537	3039135	2508408	3241469	423294	1031525
2016	11172945	8454403	3191005	2651398	3507166	439246	1000324
2017	11748972	8988230	3390034	2828999	3804021	452968	968611
2018	12300325	9529179	3607156	3010376	4098630	467685	907098
2019	12928335	10154010	3866916	3210515	4445047	483420	842302
2020	13474992	10678019	4085689	3401672	4708717	496793	795510
2021	13985363	11244217	4287604	3590846	5019422	520865	696749
2022	14410844	11657878	4434728	3721811	5224244	531221	664543
2023	15237463	12488283	4782086	4009658	5637142	569481	622079

注：1.卫生人员和卫生技术人员中包括获得“卫生监督员”证书的公务员1万人。
2.2013年起，卫生人员数包括原卫生计生部门主管的计划生育技术服务机构人员数。
3.执业(助理)医师数包括村卫生室执业(助理)医师数。
4.1985年以前乡村医生和卫生员系赤脚医生数。
5.2021年起，管理人员指仅从事管理的人员数，不含同时担负临床或监督工作的管理人员。

a) Health personnel and health technical personnel include 10 000 civil servants who obtain the Certificate of Health Supervisor.
b) Since 2013, health personnel include personnel of family planning technical service institutions managed by family planning departments.
c) Licensed Physicians & physician assistants include those in village clinics.
d) Before 1985, village doctors and assistants referred to barefoot doctors.
e) Since 2021, administrative staffs refer to the number of personnel who are only engaged in management, excluding those who are also responsible for clinical or supervision work.

3-10 分地区卫生人员情况(2023年)
Statistics on Health Personnel by Region(2023)

单位：人 (person)

地区	Region	卫生人员 Health Personnel	#卫生技术人员 Health Technical Personnel	#执业(助理)医师 Licensed Physicians & Physician Assistants	#执业医师 Licensed Physicians	#注册护士 Registered Nurses	#药师(士) Pharmacists	#乡村医生和卫生员 Village Doctors and Assistants
全国	**Natoional Total**	**15237463**	**12488283**	**4782086**	**4009658**	**5637142**	**569481**	**622079**
北京	Beijing	389020	312758	121550	114956	134646	16982	2273
天津	Tianjin	165384	133656	56468	53123	52051	8136	2641
河北	Hebei	790666	644925	289780	224708	269708	23715	53117
山西	Shanxi	374803	298173	118428	100253	132685	12601	24099
内蒙古	Inner Mongolia	284106	234507	92704	78884	101220	12243	12114
辽宁	Liaoning	442605	357550	137914	124244	167895	14161	14490
吉林	Jilin	294224	232250	92276	79946	106986	9071	11697
黑龙江	Heilongjiang	335659	267541	103732	88488	118794	11494	11855
上海	Shanghai	297704	245752	89072	85454	110968	11568	46
江苏	Jiangsu	910971	743324	290096	247688	333420	37770	19476
浙江	Zhejiang	785789	662556	265975	238284	292265	34911	6319
安徽	Anhui	590238	509859	200567	164082	241447	19620	22681
福建	Fujian	397110	325816	123317	106471	144733	18103	14760
江西	Jiangxi	439075	361613	134825	111420	169354	18172	27506
山东	Shandong	1135939	934661	371920	306629	417633	43091	63961
河南	Henan	1069794	866110	346557	262578	383863	33907	62598
湖北	Hubei	602208	497181	190424	160105	230596	19972	27374
湖南	Hunan	682963	569682	219647	174338	270469	24861	26473
广东	Guangdong	1169128	976091	357885	307084	450163	52372	18289
广西	Guangxi	536134	433491	145146	120565	200913	24506	26760
海南	Hainan	106097	86544	31456	27302	41211	3962	2385
重庆	Chongqing	334725	272035	102267	86095	128142	11066	12586
四川	Sichuan	926093	740444	279437	234510	335453	33895	39924
贵州	Guizhou	430549	354783	125958	101520	163692	12933	23268
云南	Yunnan	512722	425232	146724	120660	203577	15746	28713
西藏	Xizang	46320	29531	12289	9804	9820	1412	9990
陕西	Shaanxi	471012	391726	133291	109331	169607	16799	16872
甘肃	Gansu	268421	221119	78030	65313	100397	9365	16061
青海	Qinghai	72697	57975	21604	18339	23710	3117	5683
宁夏	Ningxia	78053	65731	24266	21362	30046	3552	2477
新疆	Xinjiang	297254	235667	78481	66122	101678	10378	15591

3-11　全科医生情况
Statistics on General Doctors

单位：人　　　　(person)

年份 Year 地区 Region	全科医生数 General Doctors	注册为全科医学专业的人数 Persons Registered as General Medicine Specialty	每万人口全科医生数 General Doctors per 10 000 persons
2013	145511	47402	1.07
2014	172597	64156	1.27
2015	188649	68364	1.37
2016	209083	77631	1.51
2017	252717	96235	1.82
2018	308740	156800	2.22
2019	365082	210622	2.61
2020	408820	255867	2.90
2021	434868	314279	3.08
2022	463048	367486	3.28
2023	561808	449986	3.99
北　京 Beijing	9206	9001	4.21
天　津 Tianjin	5312	4851	3.89
河　北 Hebei	34479	23837	4.66
山　西 Shanxi	9592	5736	2.77
内蒙古 Inner Mongolia	9809	6488	4.09
辽　宁 Liaoning	16836	14425	4.03
吉　林 Jilin	8970	7336	3.83
黑龙江 Heilongjiang	12548	10585	4.10
上　海 Shanghai	11736	11691	4.72
江　苏 Jiangsu	45194	38647	5.30
浙　江 Zhejiang	28701	27960	4.33
安　徽 Anhui	24837	20335	4.06
福　建 Fujian	17762	15090	4.25
江　西 Jiangxi	13997	11140	3.10
山　东 Shandong	40369	21544	3.99
河　南 Henan	44350	28310	4.52
湖　北 Hubei	19488	16735	3.34
湖　南 Hunan	28949	22732	4.41
广　东 Guangdong	57376	54602	4.52
广　西 Guangxi	18324	15827	3.65
海　南 Hainan	3298	2872	3.16
重　庆 Chongqing	11417	9392	3.58
四　川 Sichuan	31059	27456	3.71
贵　州 Guizhou	12879	9615	3.33
云　南 Yunnan	15855	11991	3.39
西　藏 Xizang	597	508	1.64
陕　西 Shaanxi	15675	10331	3.97
甘　肃 Gansu	4906	3771	1.99
青　海 Qinghai	1450	1125	2.44
宁　夏 Ningxia	2358	1919	3.23
新　疆 Xinjiang	4479	4134	1.72

3-12 每千人口卫生技术人员情况
Statistics on Health Technical Personnel per 1000 Persons

单位：人 (person)

年 份 Year	卫生技术人员 Health Technical Personnel			执业(助理)医师 Licensed Physicians & Physician Assistants			注册护士 Registered Nurses		
	合计 Total	城市 Urban	农村 Rural	合计 Total	城市 Urban	农村 Rural	合计 Total	城市 Urban	农村 Rural
1949	0.93	1.87	0.73	0.67	0.70	0.66	0.06	0.25	0.02
1955	1.42	3.49	1.01	0.81	1.24	0.74	0.14	0.64	0.04
1960	2.37	5.67	1.85	1.04	1.97	0.90	0.23	1.04	0.07
1965	2.11	5.37	1.46	1.05	2.22	0.82	0.32	1.45	0.10
1970	1.76	4.88	1.22	0.85	1.97	0.66	0.29	1.10	0.14
1975	2.24	6.92	1.41	0.95	2.66	0.65	0.41	1.74	0.18
1980	2.85	8.03	1.81	1.17	3.22	0.76	0.47	1.83	0.20
1985	3.28	7.92	2.09	1.36	3.35	0.85	0.61	1.85	0.30
1990	3.45	6.59	2.15	1.56	2.95	0.98	0.86	1.91	0.43
1995	3.59	5.36	2.32	1.62	2.39	1.07	0.95	1.59	0.49
1998	3.64	5.30	2.35	1.65	2.34	1.11	1.00	1.64	0.51
1999	3.64	5.24	2.38	1.67	2.33	1.14	1.02	1.64	0.52
2000	3.63	5.17	2.41	1.68	2.31	1.17	1.02	1.64	0.54
2001	3.62	5.15	2.38	1.69	2.32	1.17	1.03	1.65	0.54
2002	3.41			1.47			1.00		
2003	3.48	4.88	2.26	1.54	2.13	1.04	1.00	1.59	0.50
2004	3.53	4.99	2.24	1.57	2.18	1.04	1.03	1.63	0.50
2005	3.50	5.82	2.69	1.56	2.46	1.26	1.03	2.10	0.65
2006	3.60	6.09	2.70	1.60	2.56	1.26	1.09	2.22	0.66
2007	3.72	6.44	2.69	1.61	2.61	1.23	1.18	2.42	0.70
2008	3.90	6.68	2.80	1.66	2.68	1.26	1.27	2.54	0.76
2009	4.15	7.15	2.94	1.75	2.83	1.31	1.39	2.82	0.81
2010	4.39	7.62	3.04	1.80	2.97	1.32	1.53	3.09	0.89
2011	4.58	7.90	3.19	1.82	3.00	1.33	1.66	3.29	0.98
2012	4.94	8.54	3.41	1.94	3.19	1.40	1.85	3.65	1.09
2013	5.27	9.18	3.64	2.04	3.39	1.48	2.04	4.00	1.22
2014	5.56	9.70	3.77	2.12	3.54	1.51	2.20	4.30	1.31
2015	5.84	10.21	3.90	2.22	3.72	1.55	2.37	4.58	1.39
2016	6.12	10.42	4.08	2.31	3.79	1.61	2.54	4.75	1.50
2017	6.47	10.87	4.28	2.44	3.97	1.68	2.74	5.01	1.62
2018	6.83	10.91	4.63	2.59	4.01	1.82	2.94	5.08	1.80
2019	7.26	11.10	4.96	2.77	4.10	1.96	3.18	5.22	1.99
2020	7.57	11.46	5.18	2.90	4.25	2.06	3.34	5.40	2.10
2021	7.97	9.87	6.27	3.04	3.73	2.42	3.56	4.58	2.64
2022	8.27	10.20	6.55	3.15	3.84	2.53	3.71	4.74	2.79
2023	8.87	10.89	7.07	3.40	4.13	2.74	4.00	5.08	3.05

注：1.2002年以前，执业(助理)医师系医生，执业医师系医师，注册护士系护师(士)。
2.城市包括直辖市区和地级市辖区，农村包括县及县级市。
3.合计项分母系常住人口数，分城乡项分母2020年及以前系推算户籍人口数，2021年起系推算常住人口数。

a) Before 2002, licensed physician assistants referred to doctors, licensed physicians referred to physicians, registered nurses referred to nurses.
b) Urban area includes districts of municipalities and prefecture-level cities, rural area includes counties and cities at county level.
c) The denominator of the total item is the number of permanent population. In 2020 and before, the denominator of urban and rural items is the estimated number of registered population, and from 2021, it is the estimated number of permanent population.

3-13 分地区每千人口卫生技术人员情况(2023年)
Statistics on Health Technical Personnel per 1000 Persons by Region(2023)

单位：人 (person)

地区	Region	卫生技术人员 Health Technical Personnel			执业(助理)医师 Licensed Physicians & Physician Assistants			注册护士 Registered Nurses		
		合计 Total	城市 Urban	农村 Rural	合计 Total	城市 Urban	农村 Rural	合计 Total	城市 Urban	农村 Rural
全　国	**National Total**	**8.87**	**10.89**	**7.07**	**3.40**	**4.13**	**2.74**	**4.00**	**5.08**	**3.05**
北　京	Beijing	14.31	14.31		5.56	5.56		6.16	6.16	
天　津	Tianjin	9.80	9.80		4.14	4.14		3.82	3.82	
河　北	Hebei	8.72	11.75	7.08	3.92	5.06	3.30	3.65	5.20	2.80
山　西	Shanxi	8.60	12.14	6.11	3.42	4.62	2.57	3.83	5.80	2.44
内蒙古	Inner Mongolia	9.79	12.81	7.73	3.87	4.88	3.18	4.22	5.95	3.05
辽　宁	Liaoning	8.55	10.47	5.73	3.30	3.98	2.30	4.01	5.08	2.45
吉　林	Jilin	9.93	10.65	9.32	3.95	4.11	3.81	4.57	5.15	4.08
黑龙江	Heilongjiang	8.74	11.06	6.53	3.39	4.17	2.64	3.88	5.26	2.57
上　海	Shanghai	9.88	9.88		3.58	3.58		4.46	4.46	
江　苏	Jiangsu	8.72	10.04	7.07	3.40	3.81	2.90	3.91	4.62	3.03
浙　江	Zhejiang	10.00	11.95	8.22	4.01	4.68	3.40	4.41	5.38	3.52
安　徽	Anhui	8.33	10.86	6.67	3.28	4.12	2.73	3.94	5.31	3.05
福　建	Fujian	7.79	10.22	5.80	2.95	3.92	2.16	3.46	4.65	2.49
江　西	Jiangxi	8.01	10.94	6.40	2.99	4.01	2.43	3.75	5.31	2.90
山　东	Shandong	9.23	11.76	7.12	3.67	4.64	2.87	4.13	5.41	3.06
河　南	Henan	8.82	13.48	6.81	3.53	5.15	2.83	3.91	6.43	2.82
湖　北	Hubei	8.52	10.88	6.79	3.26	4.02	2.71	3.95	5.27	2.99
湖　南	Hunan	8.67	12.60	7.07	3.34	4.68	2.80	4.12	6.21	3.26
广　东	Guangdong	7.68	8.33	6.03	2.82	3.10	2.09	3.54	3.86	2.73
广　西	Guangxi	8.62	11.32	6.65	2.89	3.99	2.08	4.00	5.40	2.97
海　南	Hainan	8.30	9.75	6.95	3.02	3.54	2.53	3.95	4.77	3.19
重　庆	Chongqing	8.53	8.52	8.54	3.20	3.21	3.19	4.02	4.06	3.85
四　川	Sichuan	8.85	11.01	7.08	3.34	4.07	2.74	4.01	5.23	3.01
贵　州	Guizhou	9.18	11.81	8.00	3.26	4.37	2.76	4.24	5.61	3.62
云　南	Yunnan	9.10	13.14	7.83	3.14	4.74	2.64	4.36	6.53	3.67
西　藏	Xizang	8.09	17.43	4.98	3.37	7.14	2.11	2.69	7.07	1.23
陕　西	Shaanxi	9.91	10.99	8.71	3.37	3.89	2.80	4.29	5.07	3.42
甘　肃	Gansu	8.97	12.34	6.95	3.17	4.31	2.48	4.07	5.96	2.94
青　海	Qinghai	9.76	13.72	7.22	3.64	5.01	2.75	3.99	6.27	2.53
宁　夏	Ningxia	9.02	11.09	6.56	3.33	4.15	2.35	4.12	5.19	2.85
新　疆	Xinjiang	9.07	12.98	8.18	3.02	4.84	2.61	3.91	5.92	3.46

3-14 医疗卫生机构床位情况
Statistics on Beds in Health Care Institutions

单位：万张 (10 000 beds)

年份 Year	合计 Total	#医院 Hospitals	#综合医院 General Hospitals	#中医医院 Traditional Chinese Medicine Hospitals	#专科医院 Specialized Hospitals	#基层医疗卫生机构 Health Care Institutions at Grass-root Level	#社区卫生服务中心(站) Community Health Service Centers (Stations)	#乡镇卫生院 Township Health Centers	#专业公共卫生机构 Specialized Public Health Institutions	#妇幼保健院(所/站) Maternal and Children Care Centers	#专科疾病防治院(所/站) Specialized Disease Prevention & Treatment Institutions
1950	11.91	9.71	8.46	0.01	0.74					0.27	
1955	36.28	21.53	17.08	0.14	2.80					0.57	
1960	97.68	59.14	44.74	1.42	7.95			4.63		0.88	1.74
1965	103.33	61.20	48.04	1.04	7.49			13.25		0.92	
1970	126.15	70.50	57.21	1.01	7.79			36.80		0.70	
1975	176.43	94.02	76.33	1.37	11.11			62.03		0.97	2.88
1980	218.44	119.58	94.11	5.00	12.87			77.54		1.64	2.73
1985	248.71	150.86	112.77	11.23	16.56			72.06		3.46	2.95
1986	256.25	155.98	117.52	12.52	17.71			71.12		3.67	3.06
1987	268.50	165.34	123.71	14.21	19.03			72.30		4.00	3.07
1988	279.49	174.70	129.06	15.55	20.23			72.61		4.35	3.00
1989	286.70	181.46	133.60	16.60	20.93			72.30		4.50	3.10
1990	292.54	186.89	136.90	17.57	21.95			72.29		4.66	3.10
1991	299.19	192.61	140.55	18.82	22.26			72.92		4.80	3.17
1992	304.94	197.66	144.10	20.04	22.71			73.28		5.00	3.22
1993	309.90	203.64	156.63	21.35	24.37			73.08		4.50	3.03
1994	313.40	207.04	158.70	22.18	24.85			73.24		4.80	2.98
1995	314.06	206.33	158.72	22.72	24.51			73.31		5.13	3.07
1996	309.96	209.65	159.73	23.75	24.86			73.47		5.60	2.83
1997	313.45	211.92	161.21	24.46	24.97			74.24		6.02	3.06
1998	314.30	213.41	162.00	24.95	25.01			73.77		6.30	2.90
1999	315.90	215.07	163.25	25.33	25.03			73.40		6.63	2.93
2000	317.70	216.67	164.09	25.93	25.08	76.65		73.48	11.86	7.12	2.84
2001	320.12	215.56	150.50	24.60	25.65	77.14		74.00	12.02	7.40	2.70
2002	313.61	222.18	168.38	24.67	26.21	71.05	1.20	67.13	12.37	7.98	3.18
2003	316.40	226.95	171.34	26.02	26.72	71.05	1.21	67.27	12.61	8.09	3.38
2004	326.84	236.35	177.68	27.55	28.26	71.44	1.81	66.89	12.73	8.70	3.12
2005	336.75	244.50	183.47	28.77	29.21	72.58	2.50	67.82	13.58	9.41	3.34
2006	351.18	256.04	190.29	30.32	32.05	76.19	4.12	69.62	13.50	9.93	2.80
2007	370.11	267.51	197.16	32.16	34.37	85.03	7.66	74.72	13.29	10.62	2.59
2008	403.87	288.29	211.28	35.03	37.77	97.10	9.80	84.69	14.66	11.73	2.64
2009	441.66	312.08	227.11	38.56	41.67	109.98	13.13	93.34	15.40	12.61	2.71
2010	478.68	338.74	244.95	42.42	45.95	119.22	16.88	99.43	16.45	13.44	2.93
2011	515.99	370.51	267.07	47.71	49.65	123.37	18.71	102.63	17.81	14.59	3.14
2012	572.48	416.15	297.99	54.80	55.74	132.43	20.32	109.93	19.82	16.16	3.57
2013	618.19	457.86	325.52	60.88	62.11	134.99	19.42	113.65	21.49	17.55	3.85
2014	660.12	496.12	349.99	66.50	68.58	138.12	19.59	116.72	22.30	18.48	3.76
2015	701.52	533.06	372.10	71.54	76.25	141.38	20.10	119.61	23.63	19.54	4.03
2016	741.05	568.89	392.79	76.18	84.46	144.19	20.27	122.39	24.72	20.65	4.00
2017	794.03	612.05	417.24	81.82	94.56	152.85	21.84	129.21	26.26	22.11	4.08
2018	840.41	651.97	437.89	87.21	105.41	158.36	23.13	133.39	27.44	23.28	4.08
2019	880.70	686.65	453.27	93.26	115.81	163.11	23.74	136.99	28.50	24.32	4.11
2020	910.07	713.12	462.25	98.11	125.83	164.94	23.83	139.03	29.61	25.29	4.23
2021	945.01	741.42	469.97	102.28	139.84	169.98	25.17	141.74	30.16	26.01	4.06
2022	974.99	766.29	479.15	107.88	148.54	175.11	26.31	145.59	31.36	27.35	3.91
2023	1017.37	800.45	489.17	115.41	161.78	182.02	28.52	150.45	32.51	28.54	3.87

3-15 分地区医疗卫生机构床位情况(2023年)
Statistics on Beds in Health Care Institutions by Region(2023)

单位：张 (bed)

地区	Region	合计 Total	#医院 Hospitals	#基层医疗卫生机构 Health Care Institutions at Grass-root Level	#社区卫生服务中心(站) Community Health Service Centers (Stations)	#乡镇卫生院 Township Health Centers	#专业公共卫生机构 Specialized Public Health Institutions	#妇幼保健院(所、站) Maternal and Children Care Centers	#专科疾病防治院(所、站) Specialized Disease Prevention & Treatment Institutions
全国	**National Total**	**10173727**	**8004519**	**1820217**	**285176**	**1504504**	**325078**	**285440**	**38707**
北京	Beijing	138823	130831	5487	5487		2505	1921	584
天津	Tianjin	72505	66704	5313	1940	3263	338		338
河北	Hebei	534036	414853	101128	9481	89784	17254	17088	101
山西	Shanxi	232339	190415	37321	4878	29753	4603	4251	350
内蒙古	Inner Mongolia	173136	139410	28217	5560	21858	5328	4881	447
辽宁	Liaoning	334223	294466	35191	7088	27837	2782	1961	684
吉林	Jilin	183671	162017	17835	3253	14546	2579	1663	916
黑龙江	Heilongjiang	273327	233417	33644	7416	24646	6146	3920	2206
上海	Shanghai	174966	156979	15786	15786		1336	1142	194
江苏	Jiangsu	578826	456531	108164	24402	81960	11315	9821	1410
浙江	Zhejiang	406088	361706	30886	10719	19850	12149	11667	427
安徽	Anhui	453525	348444	92631	11464	79872	11615	9528	2061
福建	Fujian	242062	192786	40407	5281	35126	8499	6827	1617
江西	Jiangxi	340712	247937	71693	4354	65617	18443	14794	3627
山东	Shandong	738564	571345	136298	24529	105721	27636	22271	5365
河南	Henan	777415	578810	169035	24442	143059	29301	27491	1738
湖北	Hubei	476130	340376	113721	18771	93683	21703	19057	2633
湖南	Hunan	533935	389753	125351	18789	104966	18367	14353	4013
广东	Guangdong	628584	515620	77791	9836	67532	34715	28560	6145
广西	Guangxi	362013	251728	92369	4121	88208	16966	16590	376
海南	Hainan	60929	46769	11359	1307	9110	2601	2552	38
重庆	Chongqing	255591	189881	60014	13687	45943	5278	5156	122
四川	Sichuan	708592	533181	158811	23332	134522	15020	14345	619
贵州	Guizhou	315372	255478	48245	8271	38688	11444	11166	275
云南	Yunnan	359916	275778	71777	6695	63441	11542	10704	580
西藏	Xizang	21551	16997	4258	111	3902	296	296	
陕西	Shaanxi	306176	252617	42805	4576	37579	10055	9172	883
甘肃	Gansu	203974	156135	37651	5123	32157	9506	8682	806
青海	Qinghai	45712	39007	5928	635	5072	777	760	17
宁夏	Ningxia	43499	37414	4375	551	3639	1618	1616	
新疆	Xinjiang	197535	157134	36726	3291	33170	3361	3205	135

3-16 分城乡医疗卫生机构床位情况

Statistics on Beds in Health Care Institutions by Urban and Rural Areas

单位：张 (bed)

年 份 Year / 地 区 Region	医疗卫生机构床位数 Beds in Health Care Institutions			每千人口医疗卫生机构床位 Beds in Health Care Institutions per 1000 Population		
	合计 Total	城市 Urban	农村 Rural	合计 Total	城市 Urban	农村 Rural
2010	4786831	2302297	2484534	3.58	5.94	2.60
2011	5159889	2475222	2684667	3.84	6.24	2.80
2012	5724775	2733403	2991372	4.24	6.88	3.11
2013	6181891	2948465	3233426	4.55	7.36	3.35
2014	6601214	3169880	3431334	4.85	7.84	3.54
2015	7015214	3418194	3597020	5.11	8.27	3.71
2016	7410453	3654956	3755497	5.37	8.41	3.91
2017	7940252	3922024	4018228	5.72	8.75	4.19
2018	8404088	4141427	4262661	6.03	8.70	4.56
2019	8806956	4351540	4455416	6.30	8.78	4.81
2020	9100700	4502529	4598171	6.46	8.81	4.95
2021	9450110	4970374	4479736	6.70	7.47	6.01
2022	9749933	5090352	4659581	6.92	7.66	6.25
2023	10173727	5322366	4851361	7.23	8.02	6.52
北 京 Beijing	138823	138823		6.35	6.35	
天 津 Tianjin	72505	72505		5.32	5.32	
河 北 Hebei	534036	223564	310472	7.22	8.58	6.48
山 西 Shanxi	232339	123924	108415	6.70	8.65	5.33
内蒙古 Inner Mongolia	173136	88748	84388	7.23	9.15	5.92
辽 宁 Liaoning	334223	221739	112484	7.99	8.91	6.64
吉 林 Jilin	183671	91670	92001	7.85	8.55	7.26
黑龙江 Heilongjiang	273327	167593	105734	8.93	11.23	6.74
上 海 Shanghai	174966	174966		7.04	7.04	
江 苏 Jiangsu	578826	355449	223377	6.79	7.53	5.87
浙 江 Zhejiang	406088	236353	169735	6.13	7.48	4.90
安 徽 Anhui	453525	217856	235669	7.41	9.01	6.36
福 建 Fujian	242062	124295	117767	5.79	6.62	5.11
江 西 Jiangxi	340712	150878	189834	7.55	9.45	6.51
山 东 Shandong	738564	390643	347921	7.30	8.48	6.31
河 南 Henan	777415	320418	456997	7.92	10.80	6.67
湖 北 Hubei	476130	226347	249783	8.16	9.19	7.40
湖 南 Hunan	533935	205546	328389	8.13	10.79	7.04
广 东 Guangdong	628584	448403	180181	4.95	4.91	5.04
广 西 Guangxi	362013	175329	186684	7.20	8.26	6.43
海 南 Hainan	60929	30316	30613	5.84	6.03	5.67
重 庆 Chongqing	255591	190561	65030	8.01	7.54	9.79
四 川 Sichuan	708592	348851	359741	8.47	9.26	7.82
贵 州 Guizhou	315372	118217	197155	8.16	9.87	7.39
云 南 Yunnan	359916	104220	255696	7.70	9.34	7.19
西 藏 Xizang	21551	11926	9625	5.90	13.09	3.51
陕 西 Shaanxi	306176	169290	136886	7.75	8.11	7.34
甘 肃 Gansu	203974	99028	104946	8.27	10.74	6.80
青 海 Qinghai	45712	22470	23242	7.70	9.69	6.42
宁 夏 Ningxia	43499	28596	14903	5.97	7.23	4.47
新 疆 Xinjiang	197535	43842	153693	7.60	9.11	7.26

注：每千人口床位数合计项分母系常住人口数，分城乡项分母2020年及以前系推算户籍人口数，2021年起系推算常住人口数。

a) For the number of beds per 1000 population, the denominator of the total item is the number of permanent population. In 2020 and before, the denominator of urban and rural items is the estimated number of registered population, and from 2021, it is the estimated number of permanent population.

3-17 各类医疗卫生机构医疗服务及床位利用情况(2023年)

Statistics on Health Services and Occupancy of Beds in Health Care Institutions (2023)

机构名称	Institutions	诊疗人次数(万人次) Visits (10 000 person-times)	入院人次数(万人次) Inpatients (10 000 person-times)	医师日均担负诊疗人次(人次) Daily Visits Per Physican (person-time)	病床周转次数(次) Turnover of Beds (time)	病床工作日(日) Working Days of Beds (day)	病床使用率(%) Occupancy Rate of Beds (%)	平均住院日(日) Average Length of Stay in Hospital (day)
总　计	**Total**	**955088**	**30187**	**7.5**	**31.3**	**270.9**	**74.2**	**8.4**
医　院	Hospitals	426118	24500	6.6	32.0	289.9	79.4	8.8
综合医院	General Hospitals	298560	17776	6.8	37.7	293.9	80.5	7.7
中医医院	Traditional Chinese Medicine Hospitals	67867	3509	6.7	31.8	289.7	79.4	8.9
中西医结合医院	Hospital of Integrated Traditional Chinese and Western Medicine	9183	420	6.5	29.3	283.2	77.6	9.4
民族医院	Nationalities Hospitals	1583	103	4.2	25.6	246.7	67.6	9.3
专科医院	Specialized Hospitals	48601	2645	5.6	17.2	283.4	77.7	15.7
护理院	Nursing Hospital	324	48	1.3	3.7	238.9	65.5	49.4
基层医疗卫生机构	Basic Medical Institutions	494486	4545	9.0	27.2	192.6	52.8	6.6
社区卫生服务中心(站)	Community Health Service Centers	103543	487	15.1	19.5	181.7	49.8	8.6
卫生院	Health Centers	132705	4032	9.2	28.4	194.5	53.3	6.4
街道卫生院	Urban Health Centers	1809	40	10.4	25.8	203.3	55.7	7.4
乡镇卫生院	Township Health Centers	130896	3992	9.2	28.4	194.4	53.3	6.4
村卫生室	Village Clinics	140050						
门诊部	Outpatient Departments	25438	26	4.5				
诊所(医务室、护理站)	Clinics (Infirmaries, Nursing Stations)	92750		7.3	1.5	117.1	32.1	29.1
专业公共卫生机构	Specialized Public Health Institutions	34319	1112	7.3	36.7	228.4	62.6	6.0
#专科疾病防治院(所、站)	Specialized Disease Prevention & Treatment Institutions	1707	40	5.4	10.8	244.2	66.9	20.3
妇幼保健院(所、站)	Maternal and Children Care Centers	31385	1072	7.4	40.2	226.2	62.0	5.5
其他医疗卫生机构	Other Institutions	164	30	2.3	15.7	176.2	48.3	9.9

3-18 分地区医疗卫生机构门诊服务情况(2023年)

Statistics on Outpatient Services of Health Care Institutions by Region (2023)

地 区	Region	诊 疗 人次数 (万人次) Visits (10 000 person-times)	#门急诊 Outpatient and Emergency Visits	观察室留观病例数 (万例) Cases in Observation Rooms (10 000 cases)	健康检查人次数 (万人次) Number of Health Examinations (10 000 person-times)	急 诊 病死率 (%) Fatality Rate among Emergency Admissions (%)	观察室 病死率 (%) Fatality Rate in Observation Rooms (%)	居民年平均 就诊次数 (次) Average Number of Visits of Residents (time)
全 国	**National Total**	**955088**	**908783**	**3995.71**	**52479.78**	**0.07**	**0.11**	**6.78**
北 京	Beijing	27538	27411	170.94	1160.89	0.12	0.33	12.60
天 津	Tianjin	11861	11288	153.18	544.00	0.08	0.11	8.70
河 北	Hebei	50445	47517	125.11	2065.18	0.16	0.17	6.82
山 西	Shanxi	14640	13610	51.99	1088.33	0.13	0.32	4.22
内蒙古	Inner Mongolia	11827	10927	45.59	748.40	0.13	0.26	4.94
辽 宁	Liaoning	19398	18163	210.97	1102.44	0.14	0.12	4.64
吉 林	Jilin	11274	9693	58.75	624.43	0.11	0.16	4.82
黑龙江	Heilongjiang	12001	10820	27.44	682.26	0.14	0.79	3.92
上 海	Shanghai	26007	25517	18.98	1387.68	0.14	1.48	10.46
江 苏	Jiangsu	64242	62243	161.14	3807.54	0.05	0.06	7.53
浙 江	Zhejiang	75308	72493	124.92	3777.55	0.03	0.25	11.36
安 徽	Anhui	38869	36271	81.56	2216.21	0.06	0.05	6.35
福 建	Fujian	29085	27420	58.69	1424.77	0.03	0.06	6.95
江 西	Jiangxi	25615	24369	108.64	1522.43	0.03	0.03	5.67
山 东	Shandong	78189	73525	269.66	3392.54	0.14	0.25	7.72
河 南	Henan	68435	65044	158.80	3230.64	0.08	0.06	6.97
湖 北	Hubei	36778	34660	198.81	1992.10	0.07	0.05	6.30
湖 南	Hunan	40398	36870	352.21	2139.40	0.03	0.03	6.15
广 东	Guangdong	90560	88001	342.75	6245.66	0.03	0.06	7.13
广 西	Guangxi	26247	25618	73.63	1747.78	0.04	0.06	5.22
海 南	Hainan	5504	5109	24.31	272.63	0.03		5.28
重 庆	Chongqing	21511	20784	179.30	1067.33	0.06	0.01	6.74
四 川	Sichuan	59025	55432	258.06	3299.25	0.07	0.08	7.05
贵 州	Guizhou	20922	20467	159.78	1162.17	0.04	0.03	5.41
云 南	Yunnan	31762	30923	350.46	1448.77	0.03	0.05	6.80
西 藏	Xizang	1571	1392	8.76	191.09	0.04	0.17	4.30
陕 西	Shaanxi	21726	21264	20.17	1244.70	0.08	0.19	5.50
甘 肃	Gansu	12106	11394	70.43	840.44	0.08	0.02	4.91
青 海	Qinghai	2878	2684	29.89	220.78	0.12	0.21	4.85
宁 夏	Ningxia	5075	4882	44.74	331.45	0.11	0.01	6.96
新 疆	Xinjiang	14292	12992	56.03	1500.95	0.20	0.36	5.50

3-19 分地区医疗卫生机构住院服务情况(2023年)
Statistics on Hospitalization Services in Health Care Institutions by Region (2023)

地 区	Region	入院人次数 (万人次) Inpatients (10 000 person-times)	出院人次数 (万人次) Patients Discharged (10 000 person-times)	住院病人手术人次 (万人次) Surgical Operations of Impatients (10 000 person-times)	病死率 (%) Fatality Rate (%)	每床出院人次数 (人次) Patients Discharged per Bed (person-time)	每百门急诊入院人次数 (人次) Inpatients per 100 Outpatient and Emergency Visits (person-time)	居民年住院率 (%) Annual Hospitalization Rate of Residents (%)
全 国	**National Total**	**30187.3**	**30126.2**	**9638.7**	**0.4**	**29.7**	**4.5**	**21.4**
北 京	Beijing	445.1	444.3	190.7	1.2	32.1	1.7	20.4
天 津	Tianjin	213.3	214.2	109.8	0.7	29.6	2.2	15.6
河 北	Hebei	1294.1	1290.6	293.9	0.4	24.2	4.7	17.5
山 西	Shanxi	544.1	523.7	155.1	0.3	22.6	5.0	15.7
内蒙古	Inner Mongolia	408.2	406.4	98.7	0.8	23.5	4.5	17.0
辽 宁	Liaoning	779.7	779.3	220.6	1.2	23.4	5.0	18.6
吉 林	Jilin	420.8	418.1	105.4	1.2	22.9	5.4	18.0
黑龙江	Heilongjiang	672.9	671.9	195.5	1.1	24.6	7.2	22.0
上 海	Shanghai	533.1	530.8	642.1	1.5	30.3	2.2	21.4
江 苏	Jiangsu	1711.9	1708.9	613.2	0.2	29.7	3.4	20.1
浙 江	Zhejiang	1324.1	1324.2	470.3	0.4	32.7	2.3	20.0
安 徽	Anhui	1160.5	1164.7	316.1	0.4	25.8	4.5	19.0
福 建	Fujian	675.7	672.3	254.2	0.2	28.0	3.5	16.2
江 西	Jiangxi	940.4	945.1	238.4	0.2	27.8	5.8	20.8
山 东	Shandong	2349.3	2335.9	652.9	0.5	31.7	5.2	23.2
河 南	Henan	2294.1	2290.5	559.0	0.3	29.5	5.0	23.4
湖 北	Hubei	1487.5	1494.0	418.7	0.4	31.4	6.0	25.5
湖 南	Hunan	1606.5	1604.6	362.3	0.2	30.1	7.0	24.5
广 东	Guangdong	2019.5	2020.0	1159.8	0.6	32.2	3.0	15.9
广 西	Guangxi	1304.8	1303.7	278.6	0.3	36.0	6.5	26.0
海 南	Hainan	146.3	145.8	59.2	0.3	24.1	3.4	14.0
重 庆	Chongqing	836.1	837.4	212.5	0.4	32.8	6.3	26.2
四 川	Sichuan	2254.6	2260.0	823.2	0.4	32.0	5.9	26.9
贵 州	Guizhou	1045.5	1037.3	250.2	0.2	32.9	6.6	27.1
云 南	Yunnan	1162.4	1158.1	287.7	0.3	32.2	5.2	24.9
西 藏	Xizang	35.4	35.4	8.8	0.3	16.4	3.3	9.7
陕 西	Shaanxi	944.9	940.7	336.1	0.3	30.7	6.0	23.9
甘 肃	Gansu	591.9	587.2	107.0	0.2	28.8	6.7	24.0
青 海	Qinghai	120.2	119.1	27.5	0.4	26.1	5.9	20.2
宁 夏	Ningxia	141.6	141.0	38.2	0.2	32.5	3.6	19.4
新 疆	Xinjiang	722.7	720.9	152.9	0.4	36.6	6.5	27.8

3-20 各类医院病床使用率
Occupancy Rate of Beds of Hospitals by Type

单位：% (%)

分　类	Item	2005	2010	2015	2020	2021	2022	2023
总　计	**Total**	**70.3**	**86.7**	**85.4**	**72.3**	**74.6**	**71.0**	**79.4**
按登记注册类型分	By Registration Type							
公立医院	State Hospitals	71.5	90.0	90.4	77.4	80.3	75.6	86.0
民营医院	Private Hospitals	49.8	59.0	62.8	58.3	59.9	59.7	63.5
按主办单位分	By Organizer							
政府办	Organized by Government	74.9	92.8	91.9	78.2	81.1	76.1	86.6
社会办	Organized by Society	55.6	69.1	72.6	63.6	65.4	64.1	69.5
个人办	Organized by Private	47.4	55.2	59.9	55.8	57.4	57.4	61.0
按营利类别分	Profit Type							
非营利性	Non-profit	71.4	88.9	88.3	75.2	77.8	73.6	83.2
营利性	Profit	48.3	52.9	56.9	55.7	57.8	58.2	62.4
按医院等级分	By Level							
三级医院	Third-level Hospitals	90.5	102.9	98.8	81.3	85.3	79.8	91.1
二级医院	Second-level Hospitals	68.1	87.3	84.1	70.7	71.1	67.7	74.3
一级医院	First-level Hospitals	49.6	56.6	58.8	52.1	52.1	51.6	54.1
按机构类别分	By Organization Type							
综合医院	General Hospitals	76.6	87.5	86.1	72.5	74.9	70.9	80.5
中医医院	Traditional Chinese Medicine Hospitals	65.7	84.1	84.7	72.3	73.9	70.1	79.4
中西医结合医院	Hospital of Integrated Traditional Chinese and Western Medicine	68.0	82.8	81.5	67.9	71.2	68.1	77.6
民族医院	Nationalities Hospitals	57.4	70.6	71.4	58.9	59.2	55.0	67.6
专科医院	Specialized Hospitals	75.7	85.7	83.2	72.9	75.1	73.1	77.7
护理院(中心)	Nursing Hospitals	89.6	85.3	76.5	68.9	69.7	67.2	65.5

3-21 分地区医院住院服务情况(2023年)
Statistics on Hospitalization Services in Hospital by Region (2023)

单位：万人次 (10 000 person times)

地区	Region	入院人次数 Number of Inpatients			出院人次数 Number of Patients Discharged			住院病人手术人次数 Surgical Operations of Inpatients		
		合计 Total	公立 State	民营 Private	合计 Total	公立 State	民营 Private	合计 Total	公立 State	民营 Private
全　国	**National Total**	**24500.1**	**20006.7**	**4493.4**	**24456.2**	**20009.8**	**4446.4**	**9045.6**	**7850.8**	**1194.7**
北　京	Beijing	434.2	374.2	60.1	433.4	374.4	59.0	186.5	167.4	19.2
天　津	Tianjin	210.8	193.6	17.2	211.7	194.5	17.3	109.3	100.4	8.9
河　北	Hebei	1120.7	893.3	227.4	1118.5	892.5	226.0	279.1	238.8	40.2
山　西	Shanxi	501.7	394.8	106.8	481.6	393.6	87.9	146.1	123.0	23.2
内蒙古	Inner Mongolia	360.6	325.7	34.8	359.0	324.8	34.2	93.4	83.8	9.6
辽　宁	Liaoning	742.2	580.5	161.8	741.7	580.7	161.0	218.3	178.0	40.3
吉　林	Jilin	406.0	330.7	75.3	403.4	329.0	74.4	104.2	89.0	15.2
黑龙江	Heilongjiang	626.3	503.7	122.6	625.6	503.5	122.1	192.9	164.7	28.1
上　海	Shanghai	511.6	471.8	39.8	509.6	470.4	39.2	633.1	584.1	49.1
江　苏	Jiangsu	1406.0	1047.9	358.1	1404.1	1047.6	356.5	561.4	455.2	106.2
浙　江	Zhejiang	1206.7	1042.4	164.3	1207.1	1042.8	164.3	437.9	391.4	46.5
安　徽	Anhui	988.2	778.7	209.5	992.5	784.4	208.1	300.1	238.3	61.7
福　建	Fujian	578.1	485.3	92.8	575.2	482.9	92.3	241.0	204.6	36.4
江　西	Jiangxi	714.4	570.2	144.3	719.7	575.3	144.4	215.3	185.1	30.1
山　东	Shandong	1864.0	1546.0	318.0	1853.9	1543.5	310.5	600.9	518.2	82.8
河　南	Henan	1847.3	1475.1	372.2	1847.3	1476.3	371.0	519.7	438.1	81.5
湖　北	Hubei	1093.0	950.1	142.9	1098.3	956.5	141.9	392.1	350.9	41.1
湖　南	Hunan	1133.4	924.3	209.1	1133.7	926.3	207.4	327.5	274.1	53.4
广　东	Guangdong	1670.8	1454.4	216.4	1671.2	1453.8	217.4	1049.7	953.2	96.6
广　西	Guangxi	839.2	729.9	109.3	839.3	731.0	108.3	256.0	223.7	32.2
海　南	Hainan	128.5	113.1	15.4	128.1	112.9	15.2	55.0	48.9	6.1
重　庆	Chongqing	585.1	433.2	151.9	586.6	435.0	151.6	194.6	155.6	39.0
四　川	Sichuan	1636.4	1259.5	376.9	1642.0	1264.4	377.6	781.3	693.9	87.4
贵　州	Guizhou	787.3	547.4	239.9	780.6	544.0	236.5	228.5	183.8	44.7
云　南	Yunnan	922.2	738.2	184.0	918.0	735.1	183.0	271.4	233.3	38.1
西　藏	Xizang	34.1	22.5	11.6	34.1	22.4	11.7	8.7	4.9	3.9
陕　西	Shaanxi	831.6	648.1	183.5	828.6	646.3	182.3	328.7	281.2	47.6
甘　肃	Gansu	476.6	419.0	57.6	472.1	415.6	56.5	99.2	89.6	9.6
青　海	Qinghai	109.1	94.7	14.4	108.1	93.9	14.2	27.3	23.7	3.6
宁　夏	Ningxia	128.7	109.5	19.2	128.1	109.0	19.1	36.0	31.4	4.6
新　疆	Xinjiang	605.4	549.0	56.4	603.1	547.5	55.6	150.3	142.6	7.7

3-22 分地区医院床位利用情况(2023年)
Statistics on Occupancy of Hospital Bed by Region (2023)

地 区	Region	病床工作日(日) Work Day of Beds (day)			病床使用率(%) Occupancy Rate of Beds (%)			出院者平均住院日(日) Average Length of Stay in Hospital (day)		
		合计 Total	公立 State	民营 Private	合计 Total	公立 State	民营 Private	合计 Total	公立 State	民营 Private
全 国	**National Total**	**289.9**	**314.0**	**231.9**	**79.4**	**86.0**	**63.5**	**8.8**	**8.4**	**10.7**
北 京	Beijing	293.1	314.2	226.6	80.3	86.1	62.1	8.6	8.2	10.8
天 津	Tianjin	272.3	296.1	175.9	74.6	81.1	48.2	7.7	7.5	9.7
河 北	Hebei	261.2	284.2	207.3	71.6	77.9	56.8	8.7	8.4	9.7
山 西	Shanxi	260.0	284.0	195.8	71.2	77.8	53.7	9.6	9.4	10.4
内蒙古	Inner Mongolia	246.4	269.6	134.8	67.5	73.8	36.9	8.7	8.7	8.0
辽 宁	Liaoning	258.7	284.4	203.7	70.9	77.9	55.8	9.4	9.1	10.2
吉 林	Jilin	259.8	284.6	203.2	71.2	78.0	55.7	9.3	8.9	11.1
黑龙江	Heilongjiang	263.4	276.1	226.3	72.2	75.6	62.0	9.0	8.7	10.4
上 海	Shanghai	332.0	353.9	287.8	91.0	97.0	78.8	11.5	9.8	31.1
江 苏	Jiangsu	296.0	331.7	242.8	81.1	90.9	66.5	8.7	8.1	10.7
浙 江	Zhejiang	308.6	336.9	253.5	84.5	92.3	69.4	8.5	7.2	16.5
安 徽	Anhui	277.5	307.6	211.9	76.0	84.3	58.1	8.6	8.2	9.8
福 建	Fujian	290.6	312.4	231.3	79.6	85.6	63.4	8.7	8.2	11.4
江 西	Jiangxi	282.9	300.2	244.7	77.5	82.2	67.0	8.9	8.3	11.1
山 东	Shandong	289.2	314.2	222.9	79.2	86.1	61.1	8.2	7.9	9.9
河 南	Henan	303.3	330.0	235.8	83.1	90.4	64.6	8.9	8.7	9.7
湖 北	Hubei	309.4	333.1	225.0	84.8	91.3	61.6	8.9	8.7	10.2
湖 南	Hunan	290.6	314.0	234.0	79.6	86.0	64.1	9.2	8.8	10.8
广 东	Guangdong	287.7	306.7	233.3	78.8	84.0	63.9	8.3	7.8	12.2
广 西	Guangxi	306.6	324.4	257.3	84.0	88.9	70.5	8.6	7.9	13.0
海 南	Hainan	259.5	282.8	192.3	71.1	77.5	52.7	8.5	8.1	11.6
重 庆	Chongqing	299.0	335.9	225.7	81.9	92.0	61.8	9.3	9.5	8.6
四 川	Sichuan	313.9	345.1	254.6	86.0	94.5	69.7	9.7	9.2	11.2
贵 州	Guizhou	292.5	319.0	258.0	80.1	87.4	70.7	8.4	8.0	9.3
云 南	Yunnan	291.2	322.2	220.2	79.8	88.3	60.3	8.2	8.0	8.9
西 藏	Xizang	198.4	191.5	217.5	54.4	52.5	59.6	8.2	8.9	6.9
陕 西	Shaanxi	295.7	316.1	246.8	81.0	86.6	67.6	8.7	8.4	9.7
甘 肃	Gansu	274.4	287.2	213.0	75.2	78.7	58.4	8.4	8.4	8.3
青 海	Qinghai	265.9	280.0	195.6	72.9	76.7	53.6	9.7	8.8	16.2
宁 夏	Ningxia	291.0	320.5	200.0	79.7	87.8	54.8	8.1	8.0	8.7
新 疆	Xinjiang	323.3	339.0	222.3	88.6	92.9	60.9	7.9	8.0	7.2

3-23 医院门诊病人次均医药费用情况
Statistics on Per-time Medical Expenses of Outpatient in Hospital

级 别 年 份	Type Year	门诊病人次均医药费(元) Per-time Medical Expenses of Outpatient (yuan)	#药费 Medicine Expenses	#检查费 Inspection Expenses	比重(%) Proportion (%) 药费 Medicine Expenses	检查费 Inspection Expenses
医院合计	Hospital Total					
	2010	166.8	85.6	30.0	51.3	18.0
	2015	233.9	110.5	42.7	47.3	18.3
	2016	245.5	111.7	45.2	45.5	18.4
	2017	257.0	109.7	47.6	42.7	18.5
	2018	274.1	112.0	51.0	40.9	18.6
	2019	290.8	118.1	54.1	40.6	18.6
	2020	324.4	126.9	61.6	39.1	19.0
	2021	329.1	123.2	62.7	37.5	19.0
	2022	342.7	130.3	63.1	38.0	18.4
	2023	361.6	133.5	69.8	36.9	19.3
#公立医院	State Hospital					
	2010	167.3	87.4	30.8	52.3	18.4
	2015	235.2	113.7	44.3	48.4	18.8
	2016	246.5	115.1	46.9	46.7	19.0
	2017	257.1	113.1	49.6	44.0	19.3
	2018	272.2	114.8	53.0	42.2	19.5
	2019	287.6	120.9	56.1	42.0	19.5
	2020	320.2	129.8	64.4	40.5	20.1
	2021	320.8	124.6	65.3	38.8	20.4
	2022	333.6	131.6	66.2	39.5	19.8
	2023	349.0	133.2	73.4	38.2	21.0
#三级医院	Third-level Hospital					
	2010	220.2	117.6	37.9	53.4	17.2
	2015	283.7	139.8	51.1	49.3	18.0
	2016	294.9	139.8	53.9	47.4	18.3
	2017	306.1	135.7	57.0	44.3	18.6
	2018	322.1	135.8	61.5	42.2	19.1
	2019	337.6	141.3	65.3	41.8	19.4
	2020	373.6	150.8	74.9	40.4	20.1
	2021	370.0	142.9	75.4	38.6	20.4
	2022	381.6	150.1	76.5	39.3	20.1
	2023	391.2	148.1	82.6	37.9	21.1
二级医院	Second-level Hospital					
	2010	139.3	70.5	28.9	50.6	20.8
	2015	184.1	85.0	39.2	46.2	21.3
	2016	190.6	85.5	40.6	44.9	21.3
	2017	197.1	84.3	42.1	42.8	21.4
	2018	204.3	85.2	43.0	41.7	21.0
	2019	214.5	90.4	44.1	42.1	20.5
	2020	238.4	96.8	49.7	40.6	20.9
	2021	232.1	90.9	48.3	39.1	20.8
	2022	241.2	95.5	47.5	39.6	19.7
	2023	253.4	98.3	53.9	38.8	21.3
一级医院	First-level Hospital					
	2010	93.1	51.6	11.5	55.4	12.4
	2015	132.9	70.6	17.6	53.1	13.3
	2016	144.5	73.8	19.4	51.0	13.4
	2017	150.1	76.2	19.9	50.8	13.3
	2018	156.8	80.5	20.5	51.3	13.1
	2019	162.2	82.6	19.8	50.9	12.2
	2020	175.5	90.2	21.8	51.4	12.4
	2021	174.6	85.4	22.4	48.9	12.8
	2022	182.5	90.1	21.3	49.3	11.6
	2023	186.2	93.5	21.6	50.2	11.6

注：按当年价格计算。
a) Data are calculated at current prices.

3-24 公立医院部分病种次均住院医药费用情况(2023年)

Statistics on Per-time Hospitalization Medical Expenses of Some Diseases in State Hospitals(2023)

疾病名称(ICD-10)	Diseases	平均住院日(日) Average Duration of Hospita-lization (day)	次均医药费(元) Per-time Medical Expenses (yuan)	#药费 Medicine Expenses	#检查费 Inspection Expenses	#治疗费 Treatment Expenses	#手术费 Operation Expenses	#卫生材料费 Healthcare Material Expenses
病毒性肝炎	Viral Hepatitis	8.1	6676	2359	825	428	430	293
浸润性肺结核	Infiltrative Pulmonary Tuberculosis	11.3	9178	2356	1019	1068	862	582
急性心肌梗塞	Acute Myocardial Infarction	7.4	25115	3896	2187	2682	5516	8210
充血性心力衰竭	Chronic Heart Failure	8.0	8726	2797	1242	1191	1072	585
细菌性肺炎	Bacterial Pneumonia	7.8	7520	2155	900	1203	637	328
慢性肺源性心脏病	Chronic Pulmonary Heart Disease	9.1	7653	2336	1071	1400	431	263
急性上消化道出血	Acute Upper Gastrointestinal Bleeding	7.0	8510	2567	1073	982	622	569
原发性肾病综合征	Primary Nephrotic Syndrome	6.4	6957	2147	846	389	231	245
甲状腺功能亢进	Hyperthyroidism	5.3	5199	902	1053	437	2840	428
脑出血	Cerebral Hemorrhage	14.5	30278	8212	3519	5908	3943	4472
脑梗塞	Cerebral Infarction	8.7	10876	3267	2045	1297	2312	1630
再生障碍性贫血	Aplastic Anemia	6.8	11634	4753	749	759	192	303
急性白血病	Acute Leukemia	16.9	47521	20831	1972	3554	318	1848
结节性甲状腺肿	Nodular Goiter	5.0	13031	1280	1042	826	3448	4124
急性阑尾炎	Acute Appendicitis	5.6	9085	1780	637	651	2820	1785
急性胆囊炎	Acute Cholecystitis	6.6	7356	2100	1172	645	2024	753
腹股沟疝	Inguinal Hernia	4.8	10096	1022	666	470	2908	3609
胃恶性肿瘤	Malignant Gastric Tumor	13.0	36613	7703	2965	2525	6105	11682
肺恶性肿瘤	Malignant Lung Tumor	9.9	37512	4752	3302	2146	6518	13947
食管恶性肿瘤	Malignant Esophageal Tumor	13.2	30955	7063	3031	3219	5680	8559
膀胱恶性肿瘤	Malignant Bladder Tumor	9.9	21945	4286	2062	1413	5211	4339
前列腺增生	Benign Prostatic Hyperplasia	8.7	12382	2193	1388	867	4000	1886
颅内损伤	Intracranial Injury	12.0	19881	5771	2610	3129	3225	3079
腰椎间盘突出症	Lumbar Disc Herniation	8.3	10791	1245	1271	1664	4799	3741
儿童支气管肺炎	Children Bronchopneumonia	6.0	2930	712	202	481	193	112
子宫平滑肌瘤	Leiomyoma of Uterus	6.9	14674	1809	948	1009	4902	2783
剖宫产	Caesarean Section	5.6	8735	1375	497	896	2300	1124
老年性白内障	Senile Cataract	2.4	6448	231	519	220	2622	2140

3-25 各级医院部分病种次均住院医药费用情况(2023年)

Statistics on Per-time Hospitalization Medical Expenses of Some Diseases of Different Level Hospitals (2023)

单位：元 (yuan)

疾病名称(ICD-10)	Diseases	中央属 Central	省属 Provincial	地级市属 Prefecture-level City	县级市属 County-level City	县属 County
病毒性肝炎	Viral Hepatitis	14086	8921	7176	5822	4617
浸润性肺结核	Infiltrative Pulmonary Tuberculosis	21168	12973	10966	9470	6170
急性心肌梗塞	Acute Myocardial Infarction	36912	33984	27021	21895	17691
充血性心力衰竭	Chronic Heart Failure	24472	13513	11177	8029	6343
细菌性肺炎	Bacterial Pneumonia	21562	13065	9388	6153	4511
慢性肺源性心脏病	Chronic Pulmonary Heart Disease	21988	14258	10161	7634	6353
急性上消化道出血	Acute Upper Gastrointestinal Bleeding	19751	14713	11050	7337	6176
原发性肾病综合征	Primary Nephrotic Syndrome	10278	8406	6562	5355	4155
甲状腺功能亢进	Hyperthyroidism	8154	6627	5159	4499	3689
脑出血	Cerebral Hemorrhage	50337	49207	38470	25989	20012
脑梗塞	Cerebral Infarction	21699	16694	14075	9067	6979
再生障碍性贫血	Aplastic Anemia	23339	18582	11148	7800	5854
急性白血病	Acute Leukemia	58645	67299	35048	21452	11145
结节性甲状腺肿	Nodular Goiter	16775	14927	13796	11470	9406
急性阑尾炎	Acute Appendicitis	16630	13221	10877	8675	6882
急性胆囊炎	Acute Cholecystitis	19405	14731	10065	6301	4757
腹股沟疝	Inguinal Hernia	15606	14010	11434	9357	7269
胃恶性肿瘤	Malignant Gastric Tumor	58385	47843	36583	23508	14726
肺恶性肿瘤	Malignant Lung Tumor	50188	42298	34166	27865	19610
食管恶性肿瘤	Malignant Esophageal Tumor	56277	42472	33371	20473	13885
膀胱恶性肿瘤	Malignant Bladder Tumor	29080	27158	21402	16062	12648
前列腺增生	Benign Prostatic Hyperplasia	17817	16106	13915	10823	8819
颅内损伤	Intracranial Injury	61258	41941	27569	16006	11741
腰椎间盘突出症	Lumbar Disc Herniation	31223	22178	13122	6767	4833
儿童支气管肺炎	Bronchopneumonia	5647	4340	3470	2872	2409
子宫平滑肌瘤	Leiomyoma of Uterus	20517	18299	15024	12562	10175
剖宫产	Caesarean Section	13432	12144	9829	7854	6277
老年性白内障	Senile Cataract	7903	7924	7065	6036	5022

注：本表系卫生健康部门综合医院数据。
a) Data are obtained from General Hospitals in health department.

3-26 分地区医院门诊和住院病人次均医药费用(2023年)
Per-time Medical Expenses of Outpatient and Discharged Patient by Region (2023)

单位：元 (yuan)

地区	Region	门诊病人次均医药费 Per-time Medical Expenses of Outpatient	#药费 Medicine Expenses	#检查费 Inspection Expenses	住院病人次均医药费 Per-time Medical Expenses of Discharged Patient	#药费 Medicine Expenses	#检查费 Inspection Expenses	#手术费 Operation Expenses
全国	**National Total**	**361.6**	**133.5**	**69.8**	**10315.8**	**2358.6**	**1112.8**	**901.3**
北京	Beijing	727.8	306.9	92.6	24849.9	5024.1	1794.6	2326.6
天津	Tianjin	488.2	235.8	74.1	17960.9	4232.4	1663.0	1577.0
河北	Hebei	319.1	122.6	68.9	9984.7	2743.4	1250.4	578.5
山西	Shanxi	320.0	122.5	68.4	8901.2	2023.4	892.2	667.7
内蒙古	Inner Mongolia	340.0	113.3	78.9	8410.3	1990.3	995.1	719.8
辽宁	Liaoning	401.7	144.2	94.0	10499.3	2481.1	1215.4	1070.7
吉林	Jilin	356.8	114.8	83.2	11390.5	3015.1	1169.9	885.6
黑龙江	Heilongjiang	360.5	103.7	94.3	9570.2	2804.7	878.4	570.9
上海	Shanghai	551.6	220.5	77.9	24761.4	5757.2	1933.3	2030.2
江苏	Jiangsu	382.1	148.8	68.5	12170.7	3215.5	1129.7	921.6
浙江	Zhejiang	334.9	116.0	46.3	11774.2	2501.8	842.1	1241.6
安徽	Anhui	310.9	124.3	68.6	8094.2	1941.7	892.8	670.7
福建	Fujian	346.2	119.7	67.3	10287.2	2208.0	1236.8	1225.0
江西	Jiangxi	339.6	140.4	67.0	8922.8	2226.7	864.1	697.0
山东	Shandong	333.3	125.3	75.1	10208.0	2102.1	1190.4	988.3
河南	Henan	258.2	107.0	58.9	9009.6	2314.2	1128.9	682.3
湖北	Hubei	332.8	125.0	64.6	10105.6	2160.6	1088.1	1077.2
湖南	Hunan	358.6	117.0	72.6	8589.0	2112.7	852.2	662.0
广东	Guangdong	394.3	132.6	79.5	13078.7	2432.8	1423.4	1482.1
广西	Guangxi	279.8	95.9	55.3	9007.1	1885.2	1217.4	660.1
海南	Hainan	364.8	126.8	68.1	11717.1	2282.7	1141.0	834.4
重庆	Chongqing	414.6	150.1	69.2	9429.9	2322.2	1115.3	679.9
四川	Sichuan	328.8	105.3	71.4	8602.7	1799.4	1011.7	793.7
贵州	Guizhou	296.4	90.8	65.7	6436.2	1416.9	766.4	615.8
云南	Yunnan	279.7	101.9	54.4	6908.7	1411.3	936.1	523.6
西藏	Xizang	386.2	111.0	95.5	8422.6	1748.8	789.3	691.7
陕西	Shaanxi	312.3	112.6	69.3	9154.3	2410.7	1146.2	773.7
甘肃	Gansu	267.6	112.3	58.6	7348.4	1774.2	931.3	556.7
青海	Qinghai	347.6	106.3	82.3	9709.2	2399.3	1255.6	534.9
宁夏	Ningxia	274.2	108.4	61.4	7990.3	1734.5	966.0	848.7
新疆	Xinjiang	274.0	93.8	64.3	7986.8	1320.8	1195.4	569.9

3-27 社区卫生服务中心(站)医疗服务情况
Statistics on Health Services of Community Health Service Centers (Stations)

年份 Year 地区 Region	社区卫生服务中心 Community Health Service Centers					社区卫生服务站 Community Health Service Stations	
	诊疗人次数 (万人次) Number of Visits (10 000 person-times)	入院人次数 (万人次) Number of Inpatients (10000 persons)	病床使用率 (%) Occupancy Rate of Beds (%)	平均住院日 (日) Average Length of Stay in Hospital (day)	医师日均担负诊疗人次(人次) Daily Visits Per Physician (person-time)	诊疗人次数 (万人次) Number of Visits (10 000 person-times)	医师日均担负诊疗人次(人次) Daily Visits Per Physician (person-time)
2005	5938.5	26.6	60.7	17.2	13.7	6281.5	11.0
2006	8285.5	43.6	57.9	15.5	13.0	9378.9	13.1
2007	12712.4	74.3	59.6	13.1	13.1	9875.0	14.6
2008	17247.3	103.3	58.7	13.4	12.9	8425.1	12.5
2009	26080.2	164.2	59.8	10.6	14.0	11617.3	13.7
2010	34740.4	218.1	56.1	10.4	13.6	13711.1	13.6
2011	40950.0	247.3	54.4	10.2	14.0	13703.8	13.7
2012	45475.1	268.7	55.5	10.1	14.8	14393.6	14.0
2013	50788.6	292.1	57.0	9.8	15.7	14921.2	14.3
2014	53618.8	298.1	55.6	9.9	16.1	14912.0	14.4
2015	55902.6	305.5	54.7	9.8	16.3	14742.5	14.1
2016	56327.0	313.7	54.6	9.7	15.9	15561.9	14.5
2017	60743.2	344.2	54.8	9.5	16.2	15982.4	14.1
2018	63897.9	339.5	52.0	9.9	16.1	16011.5	13.7
2019	69110.7	339.5	49.7	9.7	16.5	16805.7	14.0
2020	62068.4	292.7	42.8	10.3	13.9	13403.7	10.8
2021	69596.6	319.3	43.2	9.8	14.6	14005.9	11.0
2022	69330.3	333.8	41.1	9.9	13.9	13919.9	11.0
2023	82909.0	480.4	50.2	8.7	15.5	20634.0	13.7
北京 Beijing	7244.6	2.4	28.6	18.8	20.1	1239.9	25.3
天津 Tianjin	1709.6	0.3	15.6	14.8	16.3	171.8	21.4
河北 Hebei	1158.7	6.5	31.5	9.2	9.7	1099.5	8.3
山西 Shanxi	545.5	3.3	29.9	11.0	8.0	504.0	6.8
内蒙古 Inner Mongolia	867.9	3.3	20.3	6.7	9.9	365.6	6.5
辽宁 Liaoning	1367.7	3.7	20.9	9.5	11.3	634.5	9.6
吉林 Jilin	660.2	1.7	20.5	10.8	7.9	42.9	8.0
黑龙江 Heilongjiang	877.6	4.5	18.9	8.0	7.5	34.5	4.4
上海 Shanghai	7271.9	5.5	74.3	76.6	19.4		
江苏 Jiangsu	7736.0	46.1	50.1	8.6	14.6	1297.1	18.3
浙江 Zhejiang	11907.8	16.4	56.4	11.1	21.7	438.9	25.0
安徽 Anhui	2344.0	11.6	34.5	7.4	14.9	1365.6	12.4
福建 Fujian	3246.1	7.1	34.5	8.1	23.9	405.4	11.8
江西 Jiangxi	606.9	4.6	33.3	6.2	10.6	376.5	11.7
山东 Shandong	4781.3	50.5	55.3	8.2	13.7	2653.8	16.8
河南 Henan	3402.8	34.7	45.3	8.5	12.1	1054.2	11.0
湖北 Hubei	2146.5	37.4	57.9	8.4	10.3	621.6	15.2
湖南 Hunan	2923.2	40.6	49.9	6.9	13.4	575.6	12.1
广东 Guangdong	10651.6	13.4	43.5	9.2	20.5	4089.8	23.9
广西 Guangxi	1034.2	10.8	59.3	7.1	12.3	213.9	11.3
海南 Hainan	178.3	0.6	14.6	6.0	9.7	259.3	15.0
重庆 Chongqing	1678.4	45.5	70.7	7.4	11.3	244.9	12.2
四川 Sichuan	3884.9	69.3	70.5	7.6	14.5	527.4	14.3
贵州 Guizhou	1292.2	30.2	66.1	5.7	10.4	475.4	10.1
云南 Yunnan	971.6	14.1	51.0	7.7	12.7	357.4	10.1
西藏 Xizang	31.0		11.8		10.0	5.0	5.5
陕西 Shaanxi	821.4	7.1	36.3	7.4	12.1	405.4	10.4
甘肃 Gansu	503.4	5.5	51.1	7.3	9.5	310.6	9.3
青海 Qinghai	107.6	1.0	42.4	8.1	8.3	155.7	13.3
宁夏 Ningxia	234.8	0.2	13.8	13.2	19.1	377.5	28.9
新疆 Xinjiang	721.2	2.3	28.9	7.8	15.7	330.1	6.3

3-28 分地区乡镇卫生院医疗服务情况(2023年)
Statistics on Health Services of Township Health Centers by Region(2023)

地 区	Region	诊疗人次数(亿人次) Number of Visits (100 million person-times)	入院人次数(万人次) Number of Inpatients (10 000 persons)	病床使用率(%) Occupancy Rate of Beds (%)	平均住院日(日) Average Length of Stay in Hospital (day)
全 国	**National Total**	**13.09**	**3992.1**	**53.3**	**6.4**
北 京	Beijing				
天 津	Tianjin	0.08	1.5	11.7	6.8
河 北	Hebei	0.55	117.1	31.2	7.0
山 西	Shanxi	0.17	24.5	21.6	7.8
内蒙古	Inner Mongolia	0.11	32.0	26.4	4.5
辽 宁	Liaoning	0.12	28.8	27.4	7.4
吉 林	Jilin	0.08	9.5	23.6	7.5
黑龙江	Heilongjiang	0.07	31.5	27.9	5.8
上 海	Shanghai				
江 苏	Jiangsu	1.02	208.5	60.0	7.6
浙 江	Zhejiang	1.10	37.8	51.1	8.3
安 徽	Anhui	0.77	130.7	39.9	6.6
福 建	Fujian	0.42	67.9	37.2	6.4
江 西	Jiangxi	0.47	152.5	43.8	5.5
山 东	Shandong	0.95	329.3	64.1	7.1
河 南	Henan	1.52	316.0	51.8	7.1
湖 北	Hubei	0.55	291.1	66.3	6.6
湖 南	Hunan	0.66	359.1	60.9	5.9
广 东	Guangdong	0.85	185.2	48.8	5.8
广 西	Guangxi	0.52	367.1	62.4	5.2
海 南	Hainan	0.11	6.3	25.1	10.3
重 庆	Chongqing	0.24	177.8	71.5	6.6
四 川	Sichuan	0.88	479.2	73.3	6.9
贵 州	Guizhou	0.41	183.3	72.1	5.1
云 南	Yunnan	0.66	179.6	49.3	5.7
西 藏	Xizang	0.03	0.4	9.3	4.1
陕 西	Shaanxi	0.22	75.9	40.7	7.0
甘 肃	Gansu	0.14	80.1	53.5	5.4
青 海	Qinghai	0.03	7.8	37.2	6.7
宁 夏	Ningxia	0.07	5.6	35.4	7.2
新 疆	Xinjiang	0.29	105.8	62.0	5.6

3-29 甲乙类法定报告传染病发病人数及死亡人数(2023年)
Number of Reported Cases and Deaths of Class A and B Notifiable Infectious Diseases (2023)

单位：人 (person)

序号 No.	发病 Diseases			死亡 Death		
	疾病名称	Diseases	发病人数 Number of Cases	疾病名称	Diseases	死亡人数 Number of Deaths
1	病毒性肝炎	Viral Hepatitis	1278473	艾滋病	AIDS	22137
2	肺结核	Pulmonary Tuberculosis	613091	病毒性肝炎	Viral Hepatitis	2397
3	梅毒	Syphilis	530116	肺结核	Pulmonary Tuberculosis	2167
4	淋病	Gonorrhea	103613	狂犬病	Hydrophobia	111
5	布鲁氏菌病	Brucellosis	70439	梅毒	Syphilis	16
6	艾滋病	AIDS	58903	流行性出血热	Hemorrhage Fever	12
7	百日咳	Pertussis	41124	疟疾	Malaria	12
8	细菌性和阿米巴性痢疾	Dysentery	37114	流行性乙型脑炎	Encephalitis B	7
9	猩红热	Scarlet Fever	25819	百日咳	Pertussis	5
10	登革热	Dengue Fever	19541	细菌性和阿米巴性痢疾	Dysentery	2
11	伤寒和副伤寒	Typhoid and Paratyphoid Fever	5542	炭疽	Anthrax	2
12	流行性出血热	Hemorrhage Fever	5360	登革热	Dengue Fever	1
13	疟疾	Malaria	2313	伤寒和副伤寒	Typhoid and Paratyphoid Fever	1
14	麻疹	Measles	621	流行性脑脊髓膜炎	Epidemic Encephalitis	1
15	炭疽	Anthrax	434	鼠疫	The Plague	1
16	猴痘	Mpox	407	淋病	Gonorrhea	
17	钩端螺旋体病	Leptospirosis	302	布鲁氏菌病	Brucellosis	
18	流行性乙型脑炎	Encephalitis B	205	猩红热	Scarlet Fever	
19	狂犬病	Hydrophobia	122	麻疹	Measles	
20	流行性脑脊髓膜炎	Epidemic Encephalitis	90	猴痘	Mpox	
21	霍乱	Cholera	29	钩端螺旋体病	Leptospirosis	
22	新生儿破伤风	Newborn Tetanus	21	霍乱	Cholera	
23	血吸虫病	Schistosomiasis	13	新生儿破伤风	Newborn Tetanus	
24	鼠疫	The Plague	5	血吸虫病	Schistosomiasis	
25	人感染高致病性禽流感	HpAI	1	人感染高致病性禽流感	HpAI	
26	传染性非典型肺炎	SARS		传染性非典型肺炎	SARS	
27	脊髓灰质炎	Poliomyelitis		脊髓灰质炎	Poliomyelitis	
28	白喉	Diphtheria		白喉	Diphtheria	
29	人感染H7N9禽流感	Avian Influenza H7N9		人感染H7N9禽流感	Avian Influenza H7N9	

注：1.空格系无报告发病或死亡病例(以下相关表同)。
2.疟疾数据系按照终审日期以及按照报告地区统计的中国籍病例(以下相关表同)。
3.猴痘于2023年9月20日纳入乙类传染病管理(以下相关表同)。
4.新型冠状病毒感染相关数据由中国疾病预防控制中心定期发布(以下相关表同)。

a) Blank cell means no infections or death cases reported. The same applies to the relevant following table.
b) Data on malaria are the Chinese cases counted on the date of final review and the reporting area. The same applies to the relevant following table.
c) Mpox was included in Class B infectious diseases on September 20, 2023. The same applies to the relevant following table.
d) Data related to novel coronavirus infection are regularly released by the Chinese Center for Disease Control and Prevention. The same applies to the relevant following table.

3-30 甲乙类法定报告传染病发病率及死亡率(2023年)
Reported Morbidity and Mortality Rates of Class A and B Notifiable Infectious Diseases (2023)

单位：1/10万 (1/100 000)

序号 No.	发病 Diseases			死亡 Deaths		
	疾病名称	Diseases	发病率 Morbidity Rate	疾病名称	Diseases	死亡率 Mortality Rate
1	病毒性肝炎	Viral Hepatitis	90.6879	艾滋病	AIDS	1.5703
2	肺结核	Pulmonary Tuberculosis	43.4893	病毒性肝炎	Viral Hepatitis	0.1700
3	梅毒	Syphilis	37.6036	肺结核	Pulmonary Tuberculosis	0.1537
4	淋病	Gonorrhea	7.3497	狂犬病	Hydrophobia	0.0079
5	布鲁氏菌病	Brucellosis	4.9966	梅毒	Syphilis	0.0011
6	艾滋病	AIDS	4.1783	流行性出血热	Hemorrhage Fever	0.0009
7	百日咳	Pertussis	2.9171	疟疾	Malaria	0.0009
8	细菌性和阿米巴性痢疾	Dysentery	2.6327	流行性乙型脑炎	Encephalitis B	0.0005
9	猩红热	Scarlet Fever	1.8315	百日咳	Pertussis	0.0004
10	登革热	Dengue Fever	1.3861	细菌性和阿米巴性痢疾	Dysentery	0.0001
11	伤寒和副伤寒	Typhoid and Paratyphoid Fever	0.3931	炭疽	Anthrax	0.0001
12	流行性出血热	Hemorrhage Fever	0.3802	登革热	Dengue Fever	0.0001
13	疟疾	Malaria	0.1641	伤寒和副伤寒	Typhoid and Paratyphoid Fever	0.0001
14	麻疹	Measles	0.0441	流行性脑脊髓膜炎	Epidemic Encephalitis	0.0001
15	炭疽	Anthrax	0.0308	鼠疫	The Plague	0.0001
16	猴痘	Mpox	0.0289	淋病	Gonorrhea	
17	钩端螺旋体病	Leptospirosis	0.0214	布鲁氏菌病	Brucellosis	
18	流行性乙型脑炎	Encephalitis B	0.0145	猩红热	Scarlet Fever	
19	狂犬病	Hydrophobia	0.0087	麻疹	Measles	
20	流行性脑脊髓膜炎	Epidemic Encephalitis	0.0064	猴痘	Mpox	
21	霍乱	Cholera	0.0021	钩端螺旋体病	Leptospirosis	
22	新生儿破伤风	Newborn Tetanus	0.0015	霍乱	Cholera	
23	血吸虫病	Schistosomiasis	0.0009	新生儿破伤风	Newborn Tetanus	
24	鼠疫	The Plague	0.0004	血吸虫病	Schistosomiasis	
25	人感染高致病性禽流感	HpAI	0.0001	人感染高致病性禽流感	HpAI	
26	传染性非典型肺炎	SARS		传染性非典型肺炎	SARS	
27	脊髓灰质炎	Poliomyelitis		脊髓灰质炎	Poliomyelitis	
28	白喉	Diphtheria		白喉	Diphtheria	
29	人感染H7N9禽流感	Avian Influenza H7N9		人感染H7N9禽流感	Avian Influenza H7N9	

3-31 监测地区儿童和孕产妇死亡率
Mortality Rate of Children and Maternity in Surveillance Areas

年 份 Year	新生儿死亡率(‰) Neonatal Mortality Rate (‰)			婴儿死亡率(‰) Infant Mortality Rate (‰)			5岁以下儿童死亡率(‰) Mortality Rate of Children under 5(‰)			孕产妇死亡率(1/10万) Maternal Mortality Rate (1/100 000)		
	合计 Total	城市 Urban	农村 Rural	合计 Total	城市 Urban	农村 Rural	合计 Total	城市 Urban	农村 Rural	合计 Total	城市 Urban	农村 Rural
1991	33.1	12.5	37.9	50.2	17.3	58.0	61.0	20.9	71.1	80.0	46.3	100.0
1992	32.5	13.9	36.8	46.7	18.4	53.2	57.4	20.7	65.6	76.5	42.7	97.9
1993	31.2	12.9	35.4	43.6	15.9	50.0	53.1	18.3	61.6	67.3	38.5	85.1
1994	28.5	12.2	32.3	39.9	15.5	45.6	49.6	18.0	56.9	64.8	44.1	77.5
1995	27.3	10.6	31.1	36.4	14.2	41.6	44.5	16.4	51.1	61.9	39.2	76.0
1996	24.0	12.2	26.7	36.0	14.8	40.9	45.0	16.9	51.4	63.9	29.2	86.4
1997	24.2	10.3	27.5	33.1	13.1	37.7	42.3	15.5	48.5	63.6	38.3	80.4
1998	22.3	10.0	25.1	33.2	13.5	37.7	42.0	16.2	47.9	56.2	28.6	74.1
1999	22.2	9.5	25.1	33.3	11.9	38.2	41.4	14.3	47.7	58.7	26.2	79.7
2000	22.8	9.5	25.8	32.2	11.8	37.0	39.7	13.8	45.7	53.0	29.3	69.6
2001	21.4	10.6	23.9	30.0	13.6	33.8	35.9	16.3	40.4	50.2	33.1	61.9
2002	20.7	9.7	23.2	29.2	12.2	33.1	34.9	14.6	39.6	43.2	22.3	58.2
2003	18.0	8.9	20.1	25.5	11.3	28.7	29.9	14.8	33.4	51.3	27.6	65.4
2004	15.4	8.4	17.3	21.5	10.1	24.5	25.0	12.0	28.5	48.3	26.1	63.0
2005	13.2	7.5	14.7	19.0	9.1	21.6	22.5	10.7	25.7	47.7	25.0	53.8
2006	12.0	6.8	13.4	17.2	8.0	19.7	20.6	9.6	23.6	41.1	24.8	45.5
2007	10.7	5.5	12.8	15.3	7.7	18.6	18.1	9.0	21.8	36.6	25.2	41.3
2008	10.2	5.0	12.3	14.9	6.5	18.4	18.5	7.9	22.7	34.2	29.2	36.1
2009	9.0	4.5	10.8	13.8	6.2	17.0	17.2	7.6	21.1	31.9	26.6	34.0
2010	8.3	4.1	10.0	13.1	5.8	16.1	16.4	7.3	20.1	30.0	29.7	30.1
2011	7.8	4.0	9.4	12.1	5.8	14.7	15.6	7.1	19.1	26.1	25.2	26.5
2012	6.9	3.9	8.1	10.3	5.2	12.4	13.2	5.9	16.2	24.5	22.2	25.6
2013	6.3	3.7	7.3	9.5	5.2	11.3	12.0	6.0	14.5	23.2	22.4	23.6
2014	5.9	3.5	6.9	8.9	4.8	10.7	11.7	5.9	14.2	21.7	20.5	22.2
2015	5.4	3.3	6.4	8.1	4.7	9.6	10.7	5.8	12.9	20.1	19.8	20.2
2016	4.9	2.9	5.7	7.5	4.2	9.0	10.2	5.2	12.4	19.9	19.5	20.0
2017	4.5	2.6	5.3	6.8	4.1	7.9	9.1	4.8	10.9	19.6	16.6	21.1
2018	3.9	2.2	4.7	6.1	3.6	7.3	8.4	4.4	10.2	18.3	15.5	19.9
2019	3.5	2.0	4.1	5.6	3.4	6.6	7.8	4.1	9.4	17.8	16.5	18.6
2020	3.4	2.1	3.9	5.4	3.6	6.2	7.5	4.4	8.9	16.9	14.1	18.5
2021	3.1	1.9	3.6	5.0	3.2	5.8	7.1	4.1	8.5	16.1	15.4	16.5
2022	3.1	1.8	3.6	4.9	3.1	5.7	6.8	4.2	8.0	15.7	14.3	16.6
2023	2.8	1.7	3.2	4.5	2.9	5.2	6.2	3.9	7.2	15.1	12.5	17.0

3-32 孕产妇保健情况
Statistics on Maternal Health Care

年 份 Year	活产数 (人) Number of Live Birth Maternal (person)	建卡率 (%) Percentage of Setting Record for Maternal Care (%)	系 统 管理率 (%) Percentage of Systematic Management (%)	产 前 检查率 (%) Percentage of Antenatal Care (%)	产 后 访视率 (%) Percentage of Postnatal Visit for Mother (%)	住院分娩率(%) Hospital Delivery Rate (%)		
						合计 Total	市 Urban	县 Rural
1980								
1985						43.7	73.6	36.4
1990	14517207					50.6	74.2	45.1
1991	15293237					50.6	72.8	45.5
1992	11746275	76.6		69.7	69.7	52.7	71.7	41.2
1993	10170690	75.7		72.2	71.0	56.5	68.3	51.0
1994	11044607	79.1		76.3	74.5	65.6	76.4	50.4
1995	11539613	81.4		78.7	78.8	58.0	70.7	50.2
1996	11412028	82.4	65.5	83.7	80.1	60.7	76.5	51.7
1997	11286021	84.5	68.3	85.9	82.3	61.7	76.4	53.0
1998	10961516	86.2	72.3	87.1	83.9	66.2	79.0	58.1
1999	10698467	87.9	75.4	89.3	85.9	70.0	83.3	61.5
2000	10987691	88.6	77.2	89.4	86.2	72.9	84.9	65.2
2001	10690630	89.4	78.6	90.3	87.2	76.0	87.0	69.0
2002	10591949	89.2	78.2	90.1	86.7	78.7	89.4	71.6
2003	10188005	87.6	75.5	88.9	85.4	79.4	89.9	72.6
2004	10892614	88.3	76.4	89.7	85.9	82.8	91.4	77.1
2005	11415809	88.5	76.7	89.8	86.0	85.9	93.2	81.0
2006	11770056	88.2	76.5	89.7	85.7	88.4	94.1	84.6
2007	12506498	89.3	77.3	90.9	86.7	91.7	95.8	88.8
2008	13307045	89.3	78.1	91.0	87.0	94.5	97.5	92.3
2009	13825431	90.9	80.9	92.2	88.7	96.3	98.5	94.7
2010	14218657	92.9	84.1	94.1	90.8	97.8	99.2	96.7
2011	14507141	93.8	85.2	93.7	91.0	98.7	99.6	98.1
2012	15442995	94.8	87.6	95.0	92.6	99.2	99.7	98.8
2013	15108153	95.7	89.5	95.6	93.5	99.5	99.9	99.2
2014	15178881	95.8	90.0	96.2	93.9	99.6	99.9	99.4
2015	14544524	96.4	91.5	96.5	94.5	99.7	99.9	99.5
2016	18466561	96.6	91.6	96.6	94.6	99.8	100.0	99.6
2017	17578815	96.6	89.6	96.5	94.0	99.9	100.0	99.8
2018	15207729	92.5	89.9	96.6	93.8	99.9	99.9	99.8
2019	14551298	92.4	90.3	96.8	94.1	99.9	100.0	99.8
2020	12034516	94.1	92.7	97.4	95.5	99.9	100.0	99.9
2021	9532531	94.2	92.9	97.6	96.0	99.9	100.0	99.9
2022	9587512	94.7	93.6	97.9	96.5	99.9	100.0	99.9
2023	8748524	95.6	94.5	98.2	97.0	99.9	100.0	99.9

注：2016年起活产数源自全国住院分娩月报，包括户籍和非户籍活产数；2015年及以前年份活产数源自全国妇幼卫生年报，仅包括户籍活产数。

a) Since 2016, number of live birth is from national monthly statistics report, includes live birth of registered and non-registered household. Before and including 2015, number of live birth is from national annual lapel on martial and child health, includes live birth of registere household.

3-33 分地区儿童保健情况(2023年)
Statistics on Child Health Care by Region (2023)

地 区	Region	围产儿死亡率(‰) Mortality Rate of Perinatal Infant (‰)	新生儿访视率(%) Rate of Postnatal Visit for Children (%)	3岁以下儿童系统管理率(%) Rate of Systematic Management of Children under 3 (%)	5岁以下儿童低体重率(%) Percentage of Low weight among Children under 5 (%)	7岁以下儿童健康管理率(%) Rate of Health Care Management of Children under 7 (%)
全 国	**National Total**	**3.9**	**97.4**	**94.3**	**1.2**	**95.9**
北 京	Beijing	2.7	98.0	97.0	0.2	99.4
天 津	Tianjin	4.4	98.1	96.9	0.6	95.0
河 北	Hebei	3.2	96.0	93.6	1.4	95.3
山 西	Shanxi	3.7	96.5	92.8	0.7	94.4
内蒙古	Inner Mongolia	3.7	98.0	96.1	0.6	95.7
辽 宁	Liaoning	4.6	96.7	94.1	0.7	94.6
吉 林	Jilin	5.2	99.8	97.1	0.3	98.3
黑龙江	Heilongjiang	4.5	98.0	95.8	0.7	96.2
上 海	Shanghai	1.7	98.5	97.8	0.3	99.6
江 苏	Jiangsu	3.0	98.6	98.4	0.5	99.2
浙 江	Zhejiang	3.1	99.4	97.3	0.6	98.6
安 徽	Anhui	3.0	96.4	92.5	0.5	94.1
福 建	Fujian	3.4	97.0	94.7	0.9	95.8
江 西	Jiangxi	2.3	98.1	95.2	2.0	95.7
山 东	Shandong	3.2	98.4	97.1	0.7	97.7
河 南	Henan	3.9	95.0	91.7	1.1	93.7
湖 北	Hubei	3.5	97.4	94.4	1.1	96.0
湖 南	Hunan	4.7	98.6	95.4	1.0	96.1
广 东	Guangdong	4.0	97.1	92.6	2.2	96.0
广 西	Guangxi	5.1	97.8	89.0	2.9	95.8
海 南	Hainan	5.0	98.0	92.2	2.7	95.8
重 庆	Chongqing	4.2	96.4	93.9	0.8	95.5
四 川	Sichuan	4.0	97.5	95.3	1.1	95.8
贵 州	Guizhou	3.5	96.6	94.0	1.0	95.1
云 南	Yunnan	3.8	98.1	94.0	1.3	95.2
西 藏	Xizang	9.5	94.6	91.1	1.6	93.1
陕 西	Shaanxi	2.7	98.2	96.3	0.7	97.0
甘 肃	Gansu	5.9	97.2	93.5	1.0	95.2
青 海	Qinghai	5.2	95.8	94.7	0.8	92.7
宁 夏	Ningxia	4.2	99.4	96.9	0.5	97.0
新 疆	Xinjiang	8.5	99.1	97.5	1.0	95.9

3-34 分地区孕产妇保健情况(2023年)

Statistics on Maternal Health Care by Region (2023)

地 区	Region	活产数(人) Number of Live Birth Maternal (person)	建卡率(%) Percentage of Setting Record for Maternal Care (%)	系统管理率(%) Percentage of Systematic Management (%)	产前检查率(%) Percentage of Antenatal Care (%)	产后访视率(%) Percentage of Postnatal Visit for Mother (%)	住院分娩率(%) Hospital Delivery Rate (%)
全 国	**National Total**	**8748524**	**95.6**	**94.5**	**98.2**	**97.0**	**99.9**
北 京	Beijing	128529	94.6	97.9	98.4	98.2	100.0
天 津	Tianjin	61387	98.7	95.3	98.9	98.0	100.0
河 北	Hebei	400743	95.1	93.7	97.9	95.5	100.0
山 西	Shanxi	209123	90.7	92.4	98.3	96.0	100.0
内蒙古	Inner Mongolia	113811	97.3	96.1	98.4	97.4	100.0
辽 宁	Liaoning	161885	91.8	93.0	98.5	96.2	100.0
吉 林	Jilin	80456	97.7	96.4	98.4	98.6	100.0
黑龙江	Heilongjiang	84781	96.6	95.4	98.6	97.2	100.0
上 海	Shanghai	103605	98.6	97.0	98.4	98.5	100.0
江 苏	Jiangsu	390762	95.8	96.1	98.8	98.1	100.0
浙 江	Zhejiang	381576	98.7	97.1	98.4	98.4	100.0
安 徽	Anhui	339576	93.8	92.7	97.4	96.2	99.9
福 建	Fujian	263502	94.8	93.6	98.3	96.5	100.0
江 西	Jiangxi	285016	98.3	96.8	98.4	97.7	100.0
山 东	Shandong	582388	98.5	96.7	98.4	97.6	100.0
河 南	Henan	675093	92.4	90.4	97.0	95.2	100.0
湖 北	Hubei	292036	96.8	95.8	98.1	97.1	100.0
湖 南	Hunan	367481	97.2	96.6	98.4	97.7	100.0
广 东	Guangdong	1107386	95.9	94.8	98.3	97.1	99.9
广 西	Guangxi	406763	97.7	94.9	98.1	98.3	99.9
海 南	Hainan	86651	93.2	92.0	99.0	97.8	99.9
重 庆	Chongqing	171877	97.1	94.0	98.5	95.7	99.9
四 川	Sichuan	489789	95.8	95.5	98.1	96.9	99.8
贵 州	Guizhou	399204	95.5	93.6	97.8	96.2	99.9
云 南	Yunnan	384912	93.4	92.1	98.8	97.7	99.9
西 藏	Xizang	45543	83.7	81.9	92.1	94.5	99.2
陕 西	Shaanxi	255367	98.2	96.7	98.8	97.6	100.0
甘 肃	Gansu	177793	92.6	93.4	98.4	96.8	99.9
青 海	Qinghai	50617	91.8	92.8	97.0	95.5	99.9
宁 夏	Ningxia	62955	99.0	97.9	99.0	98.8	100.0
新 疆	Xinjiang	187917	97.6	95.4	99.0	98.2	99.8

3-35 分地区孕产妇死因构成(2023年)
Composition of Maternal Mortality Causes by Region (2023)

单位：% (%)

地区	Region	合计 Total	产科出血 Obstetric Haemorrhage	妊娠高血压疾病 Pregnancy-related Hypertension	内科合并症 Medical Complication	羊水栓塞 Amniotic Fluid Embolism	其他 Others
全国	**National Total**	**100.0**	**14.4**	**6.0**	**27.0**	**14.1**	**38.4**
北京	Beijing	100.0					100.0
天津	Tianjin	100.0	33.3		33.3		33.3
河北	Hebei	100.0	5.9	17.6	23.5	11.8	41.2
山西	Shanxi	100.0	9.1	9.1	36.4	9.1	36.4
内蒙古	Inner Mongolia	100.0	7.7	7.7	38.5	7.7	38.5
辽宁	Liaoning	100.0	10.0	5.0	25.0	15.0	45.0
吉林	Jilin	100.0			14.3	57.1	28.6
黑龙江	Heilongjiang	100.0	9.1	9.1	59.1	13.6	9.1
上海	Shanghai				100.0		
江苏	Jiangsu	100.0	20.0		6.7	26.7	46.7
浙江	Zhejiang	100.0	16.7			16.7	66.7
安徽	Anhui	100.0	30.0	5.0	15.0	10.0	40.0
福建	Fujian	100.0	7.7		46.2	7.7	38.5
江西	Jiangxi	100.0		7.1	35.7	35.7	21.4
山东	Shandong	100.0	4.5		31.8	22.7	40.9
河南	Henan	100.0	23.3	4.7	18.6	14.0	39.5
湖北	Hubei	100.0	5.9	5.9	47.1	11.8	29.4
湖南	Hunan	100.0	10.0		20.0	30.0	40.0
广东	Guangdong	100.0	22.7	9.1	20.5	9.1	38.6
广西	Guangxi	100.0	20.6	8.8	26.5	29.4	14.7
海南	Hainan	100.0	12.5		25.0		62.5
重庆	Chongqing	100.0	18.2		27.3	9.1	45.5
四川	Sichuan	100.0			42.1	13.2	44.7
贵州	Guizhou	100.0	30.0	3.3	36.7	3.3	26.7
云南	Yunnan	100.0	19.4	8.3	27.8	5.6	38.9
西藏	Xizang	100.0	22.2	22.2	27.8	16.7	11.1
陕西	Shaanxi	100.0	27.3		18.2	9.1	45.5
甘肃	Gansu	100.0	5.6	11.1	22.2	5.6	55.6
青海	Qinghai	100.0	11.1	22.2	11.1	11.1	44.4
宁夏	Ningxia	100.0	28.6		42.9		28.6
新疆	Xinjiang	100.0	3.0	6.1	3.0	12.1	75.8

注：本表为全国妇幼健康监测点结果。
a) Data in this table are results from the national maternal and child health monitoring sites.

3-36 卫生总费用情况
Statistics on Total Health Expenditure

年 份 Year	卫生总费用(亿元) Total Health Expenditure (100 million yuan)				卫生总费用构成(%) Composition of Health Expenditure (%)			人均卫生总费用(元) Per Capita Health Expenditure (yuan)	卫生总费用与GDP之比(%) Ratio of Health Expenditure to GDP(%)
	合计 Total	政府卫生支出 Government Health Expenditure	社会卫生支出 Social Health Expenditure	个人卫生支出 Personal Health Expenditure	政府卫生支出 Government Health Expenditure	社会卫生支出 Social Health Expenditure	个人卫生支出 Personal Health Expenditure		
1978	110.21	35.44	52.25	22.52	32.16	47.41	20.43	11.45	3.00
1979	126.19	40.64	59.88	25.67	32.21	47.45	20.34	12.94	3.08
1980	143.23	51.91	60.97	30.35	36.24	42.57	21.19	14.51	3.12
1981	160.12	59.67	62.43	38.02	37.27	38.99	23.74	16.00	3.24
1982	177.53	68.99	70.11	38.43	38.86	39.49	21.65	17.46	3.30
1983	207.42	77.63	64.55	65.24	37.43	31.12	31.45	20.14	3.44
1984	242.07	89.46	73.61	79.00	36.96	30.41	32.64	23.20	3.33
1985	279.00	107.65	91.96	79.39	38.58	32.96	28.46	26.36	3.07
1986	315.90	122.23	110.35	83.32	38.69	34.93	26.37	29.38	3.04
1987	379.58	127.28	137.25	115.05	33.53	36.16	30.31	34.73	3.12
1988	488.04	145.39	189.99	152.66	29.79	38.93	31.28	43.96	3.21
1989	615.50	167.83	237.84	209.83	27.27	38.64	34.09	54.61	3.58
1990	747.39	187.28	293.10	267.01	25.06	39.22	35.73	65.37	3.96
1991	893.49	204.05	354.41	335.02	22.84	39.67	37.50	77.14	4.06
1992	1096.86	228.61	431.55	436.70	20.84	39.34	39.81	93.61	4.03
1993	1377.78	272.06	524.75	580.97	19.75	38.09	42.17	116.25	3.86
1994	1761.24	342.28	644.91	774.06	19.43	36.62	43.95	146.95	3.62
1995	2155.13	387.34	767.81	999.98	17.97	35.63	46.40	177.93	3.51
1996	2709.42	461.61	875.66	1372.15	17.04	32.32	50.64	221.38	3.77
1997	3196.71	523.56	984.06	1689.09	16.38	30.78	52.84	258.58	4.01
1998	3678.72	590.06	1071.03	2017.63	16.04	29.11	54.85	294.86	4.32
1999	4047.50	640.96	1145.99	2260.56	15.84	28.31	55.85	321.78	4.47
2000	4586.63	709.52	1171.94	2705.17	15.47	25.55	58.98	361.88	4.57
2001	5025.93	800.61	1211.43	3013.88	15.93	24.10	59.97	393.80	4.53
2002	5790.03	908.51	1539.38	3342.14	15.69	26.59	57.72	450.75	4.76
2003	6584.10	1116.94	1788.50	3678.67	16.96	27.16	55.87	509.50	4.79
2004	7590.29	1293.58	2225.35	4071.35	17.04	29.32	53.64	583.92	4.69
2005	8659.91	1552.53	2586.41	4520.98	17.93	29.87	52.21	662.30	4.62
2006	9843.34	1778.86	3210.92	4853.56	18.07	32.62	49.31	748.84	4.49
2007	11573.97	2581.58	3893.72	5098.66	22.31	33.64	44.05	875.96	4.29
2008	14535.40	3593.94	5065.60	5875.86	24.73	34.85	40.42	1094.52	4.55
2009	17541.92	4816.26	6154.49	6571.16	27.46	35.08	37.46	1314.49	5.03
2010	19980.39	5732.49	7196.61	7051.29	28.69	36.02	35.29	1490.06	4.85
2011	24345.91	7464.18	8416.45	8465.28	30.66	34.57	34.77	1804.52	4.99
2012	28119.00	8431.98	10030.70	9656.32	29.99	35.67	34.34	2068.76	5.22
2013	31668.95	9545.81	11393.79	10729.34	30.14	35.98	33.88	2316.23	5.34
2014	35312.40	10579.23	13437.75	11295.41	29.96	38.05	31.99	2565.45	5.49
2015	40974.64	12475.28	16506.71	11992.65	30.45	40.29	29.27	2962.18	5.95
2016	46344.88	13910.31	19096.68	13337.90	30.01	41.21	28.78	3328.61	6.21
2017	52598.28	15205.87	22258.81	15133.60	28.91	42.32	28.77	3756.72	6.32
2018	59121.91	16399.13	25810.78	16911.99	27.74	43.66	28.61	4206.74	6.43
2019	65841.39	18016.95	29150.57	18673.87	27.36	44.27	28.36	4669.34	6.67
2020	72175.00	21941.90	30273.67	19959.43	30.40	41.94	27.65	5112.34	7.10
2021	76844.99	20676.06	34963.26	21205.67	26.91	45.50	27.60	5439.97	6.69
2022	85327.49	24040.89	38345.67	22940.94	28.17	44.94	26.89	6044.09	7.05
2023	90575.81	24147.89	41676.80	24751.13	26.66	46.01	27.33	6425.32	7.19

注：1.本表系按当年价格核算数，2023年为初步测算数。

2.2001年起卫生总费用不含高等医学教育经费，2006年起包括城乡医疗救助经费。

a) Data in this table are at current prices. Data of 2023 are preliminary data.

b) Since 2001, total health expenditure does not include expenditure on higher medical education. Since 2006, it includes expenditure on medical aid in urban and rural areas.

3-37 分地区卫生总费用情况(2023年)
Statistics on Total Health Expenditure by Region (2023)

地 区	Region	卫生总费用构成(%) Composition of Health Expenditure (%)			人均卫生总费用(元) Per Capita Health Expenditure (yuan)	卫生总费用与GDP之比(%) Ratio of Health Expenditure to GDP (%)
		政府卫生支出 Government Health Expenditure	社会卫生支出 Social Health Expenditure	个人卫生支出 Personal Health Expenditure		
全 国	**National Total**	**26.7**	**46.0**	**27.3**	**6425.32**	**7.19**
北 京	Beijing	22.7	63.7	13.6	17801.27	8.89
天 津	Tianjin	19.1	54.8	26.1	8904.53	7.26
河 北	Hebei	25.9	46.4	27.7	5099.11	8.58
山 西	Shanxi	28.9	42.5	28.7	5391.77	7.27
内蒙古	Inner Mongolia	31.4	39.7	28.9	6711.81	6.53
辽 宁	Liaoning	20.4	51.0	28.7	5179.59	7.17
吉 林	Jilin	30.2	41.4	28.4	5557.15	9.61
黑龙江	Heilongjiang	26.4	44.7	28.9	6033.01	11.63
上 海	Shanghai	22.6	60.2	17.3	17193.70	9.06
江 苏	Jiangsu	22.0	53.8	24.2	7932.26	5.27
浙 江	Zhejiang	24.6	52.8	22.7	7877.30	6.32
安 徽	Anhui	28.6	42.7	28.7	4887.47	6.36
福 建	Fujian	25.9	48.7	25.5	6002.77	4.62
江 西	Jiangxi	33.4	38.1	28.5	4987.96	6.99
山 东	Shandong	21.7	51.0	27.3	6028.26	6.63
河 南	Henan	25.2	45.5	29.2	4724.39	7.84
湖 北	Hubei	25.1	47.0	27.9	6150.29	6.43
湖 南	Hunan	25.1	47.5	27.4	5405.76	7.10
广 东	Guangdong	23.1	51.7	25.1	7235.77	6.78
广 西	Guangxi	34.5	38.2	27.3	4309.40	7.96
海 南	Hainan	42.8	36.1	21.1	5944.06	8.21
重 庆	Chongqing	25.7	47.6	26.7	6348.53	6.72
四 川	Sichuan	26.7	46.5	26.8	5898.74	8.21
贵 州	Guizhou	36.3	38.4	25.3	4764.69	8.81
云 南	Yunnan	35.3	37.9	26.9	4918.00	7.66
西 藏	Xizang	67.1	24.5	8.4	7949.27	12.13
陕 西	Shaanxi	27.4	44.6	28.0	6601.78	7.72
甘 肃	Gansu	36.7	35.5	27.8	5185.32	10.78
青 海	Qinghai	49.8	30.9	19.3	7166.19	11.20
宁 夏	Ningxia	33.0	41.4	25.6	6514.59	8.94
新 疆	Xinjiang	36.4	42.3	21.4	6763.13	9.19

3-38 政府卫生支出情况
Statistics on Government Health Expenditure

单位：亿元 (100 million yuan)

年份 Year	政府卫生支出 Government Health Expenditure	医疗卫生服务支出 Medical and Health Service Expenditure	医疗保障支出 Medical Security Expenditure	行政管理事务支出 Administrative Affairs Expenditure	人口与计划生育事务支出 Population and Family Planing Expenditure
1990	187.28	122.86	44.34	4.55	15.53
1991	204.05	132.38	50.41	5.15	16.11
1992	228.61	144.77	58.10	6.37	19.37
1993	272.06	164.81	76.33	8.04	22.89
1994	342.28	212.85	92.02	10.94	26.47
1995	387.34	230.05	112.29	13.09	31.91
1996	461.61	272.18	135.99	15.61	37.83
1997	523.56	302.51	159.77	17.06	44.23
1998	590.06	343.03	176.75	19.90	50.38
1999	640.96	368.44	191.27	22.89	58.36
2000	709.52	407.21	211.00	26.81	64.50
2001	800.61	450.11	235.75	32.96	81.79
2002	908.51	497.41	251.66	44.69	114.75
2003	1116.94	603.02	320.54	51.57	141.82
2004	1293.58	679.72	371.60	60.90	181.36
2005	1552.53	805.52	453.31	72.53	221.18
2006	1778.86	834.82	602.53	84.59	256.92
2007	2581.58	1153.30	957.02	123.95	347.32
2008	3593.94	1397.23	1577.10	194.32	425.29
2009	4816.26	2081.09	2001.51	217.88	515.78
2010	5732.49	2565.60	2331.12	247.83	587.94
2011	7464.18	3125.16	3360.78	283.86	694.38
2012	8431.98	3506.70	3789.14	323.29	812.85
2013	9545.81	3838.93	4428.82	373.15	904.92
2014	10579.23	4288.70	4958.53	436.95	895.05
2015	12475.28	5191.25	5822.99	625.94	835.10
2016	13910.31	5867.38	6497.20	804.31	741.42
2017	15205.87	6550.45	7007.51	933.82	714.10
2018	16399.13	6908.05	7795.57	1005.79	689.72
2019	18016.95	7986.42	8459.16	883.77	687.61
2020	21941.90	11415.83	8844.93	1021.15	660.00
2021	20676.06	9564.18	9416.78	1048.13	646.97
2022	24040.89	12754.14	9538.57	1137.77	610.42
2023	24147.89	11967.50	10311.27	1143.59	725.53

3-39 分地区城乡居民医疗保健支出情况(2023年)
Statistics on Urban and Rural Residents Health Care Expenditure by Region (2023)

地 区	Region	全国居民 National Residents			城镇居民 Urban Residents			农村居民 Rural Residents		
		人均消费支出(元) Per Capita Consumer Expenditure (yuan)	#医疗保健 Health Care	医疗保健支出占消费支出比重(%) Proportion of Health Care Expenditure in Consumer Expenditure (%)	人均消费支出(元) Per Capita Consumer Expenditure (yuan)	#医疗保健 Health Care	医疗保健支出占消费支出比重(%) Proportion of Health Care Expenditure in Consumer Expenditure (%)	人均消费支出(元) Per Capita Consumer Expenditure (yuan)	#医疗保健 Health Care	医疗保健支出占消费支出比重(%) Proportion of Health Care Expenditure in Consumer Expenditure (%)
全 国	**National Total**	**26796**	**2460**	**9.2**	**32994**	**2850**	**8.6**	**18175**	**1916**	**10.5**
北 京	Beijing	47586	4276	9.0	50897	4609	9.1	26277	2132	8.1
天 津	Tianjin	34914	3937	11.3	37586	4205	11.2	21553	2596	12.0
河 北	Hebei	22920	2174	9.5	27906	2538	9.1	17244	1760	10.2
山 西	Shanxi	19756	2138	10.8	24524	2633	10.7	13684	1509	11.0
内蒙古	Inner Mongolia	27025	2935	10.9	32249	3069	9.5	18650	2720	14.6
辽 宁	Liaoning	24865	2899	11.7	29091	3192	11.0	16040	2288	14.3
吉 林	Jilin	21411	2816	13.2	26677	3076	11.5	14354	2467	17.2
黑龙江	Heilongjiang	22052	2903	13.2	25882	3104	12.0	16453	2609	15.9
上 海	Shanghai	52508	4650	8.9	54919	4733	8.6	30782	3904	12.7
江 苏	Jiangsu	35491	2916	8.2	40461	3185	7.9	25029	2348	9.4
浙 江	Zhejiang	42194	2939	7.0	47762	3248	6.8	30468	2289	7.5
安 徽	Anhui	23607	1962	8.3	27900	2131	7.6	18905	1777	9.4
福 建	Fujian	31869	2125	6.7	37674	2283	6.1	21746	1849	8.5
江 西	Jiangxi	23379	2231	9.5	27733	2400	8.7	18421	2038	11.1
山 东	Shandong	24293	2247	9.3	30251	2592	8.6	16075	1772	11.0
河 南	Henan	21011	2116	10.1	25570	2506	9.8	16638	1742	10.5
湖 北	Hubei	27106	2984	11.0	31500	3453	11.0	20922	2324	11.1
湖 南	Hunan	25462	2486	9.8	31035	2739	8.8	19210	2202	11.5
广 东	Guangdong	34331	2120	6.2	39333	2350	6.0	22209	1561	7.0
广 西	Guangxi	19749	2021	10.2	24427	2382	9.8	15435	1687	10.9
海 南	Hainan	23752	1566	6.6	28930	1857	6.4	16924	1182	7.0
重 庆	Chongqing	26515	2646	10.0	31531	3003	9.5	17964	2037	11.3
四 川	Sichuan	23550	2435	10.3	29280	2683	9.2	17901	2190	12.2
贵 州	Guizhou	20161	1895	9.4	27693	2537	9.2	14260	1393	9.8
云 南	Yunnan	20995	2110	10.1	28338	2966	10.5	15147	1429	9.4
西 藏	Xizang	17220	838	4.9	28858	1551	5.4	12619	557	4.4
陕 西	Shaanxi	22012	2704	12.3	27303	3148	11.5	15647	2169	13.9
甘 肃	Gansu	19013	1893	10.0	27044	2407	8.9	12575	1481	11.8
青 海	Qinghai	20327	2174	10.7	25373	2547	10.0	14790	1765	11.9
宁 夏	Ningxia	21629	2455	11.4	27076	2960	10.9	14649	1808	12.3
新 疆	Xinjiang	19715	2173	11.0	26134	2986	11.4	13645	1404	10.3

四、教育培训
Education and Training

4-1 各级各类学校校数情况
Statistics on Schools by Type and Level

单位：所 (unit)

年 份 Year	普通、职业高等学校 Regular and Vocational HEIs	#高职(专科)学校 Higher Vocational (Specialist) Schools	普通高中 Regular Senior Secondary Schools	中等职业教育 Secondary Vocational Education	初中学校 Junior Secondary Schools	普通小学 Regular Primary Schools	特殊教育学校 Special Education Schools	幼儿园 Kindergarten
1978	598		49215	2760	113130	949323	292	163952
1980	675		31300	3459	87077	917316	292	170419
1985	1016		17318	14190	77529	832309	375	172262
1990	1075		15678	20763	73462	766072	746	172322
1995	1054		13991	22072	68564	668685	1379	180438
2000	1041	442	14564	19727	63898	553622	1539	175836
2001	1225	628	14907	17580	66590	491273	1531	111706
2002	1396	767	15406	15919	65645	456903	1540	111752
2003	1552	908	15779	14682	64730	425846	1551	116390
2004	1731	1047	15998	14454	63757	394183	1560	117899
2005	1792	1091	16092	14466	62486	366213	1593	124402
2006	1867	1147	16153	14693	60885	341639	1605	130495
2007	1908	1168	15681	14832	59384	320061	1618	129086
2008	2263	1184	15206	14847	57914	300854	1640	133722
2009	2305	1215	14607	14388	56320	280184	1672	138209
2010	2358	1246	14058	13862	54890	257410	1706	150420
2011	2409	1280	13688	13083	54117	241249	1767	166750
2012	2442	1297	13509	12654	53216	228585	1853	181251
2013	2491	1321	13352	12262	52804	213529	1933	198553
2014	2529	1327	13253	11878	52623	201377	2000	209881
2015	2560	1341	13240	11202	52405	190525	2053	223683
2016	2596	1359	13383	10893	52118	177633	2080	239812
2017	2631	1388	13555	10671	51894	167009	2107	254950
2018	2663	1418	13737	10229	51982	161811	2152	266677
2019	2688	1423	13964	10078	52415	160148	2192	281174
2020	2738	1468	14235	9896	52805	157979	2244	291715
2021	2756	1486	14585	7294	52871	154279	2288	294832
2022	2760	1489	15026	7201	52480	149117	2314	289222
2023	2822	1547	15381	7085	52348	143472	2345	274414

注：2021年起，中等职业教育包含普通中等专业学校、职业高中、成人中等专业学校和其他学校附设中职班，不包括人力资源和社会保障部门管理的技工学校(以下相关表同)。

a) Since 2021, data of Secondary Vocational Education include Regular Specialized Secondary Schools, Vocational High Schools, Adults Specialized Secondary Schools and Subsidiary Secondary Vocational Class, do not include Technical Schools managed by the Ministry of Human Resources and Social Security. The same applies to the relevant following tables.

4-2 各级各类教育专任教师情况
Statistics on Full-time Teachers of Education by Type and Level

单位：万人 (10 000 persons)

年份 Year	普通、职业高等学校 Regular and Vocational HEIs	#高职(专科)学校 Higher Vocational (Specialist) Schools	普通高中 Regular Senior Secondary Schools	中等职业教育 Secondary Vocational Education	初中阶段 Junior Secondary Schools	小学阶段 Primary Education	特殊教育 Special Education	学前教育 Pre-school Education
1978	20.6		74.1	9.9	244.1	522.6	0.4	27.7
1980	24.7		57.1	13.3	244.9	549.9	0.5	41.1
1985	34.4		49.2	35.5	216.0	537.7	0.7	55.0
1990	39.5		56.2	66.3	249.9	558.2	1.4	75.0
1995	40.1		55.1	74.0	282.1	566.4	2.5	87.5
2000	46.3	8.7	75.7	79.7	328.7	586.0	3.2	85.6
2001	53.2	12.4	84.0	73.8	338.6	579.8	2.9	54.6
2002	61.8	15.6	94.6	69.1	346.8	577.9	3.0	57.1
2003	72.5	19.7	107.1	71.3	349.8	570.3	3.0	61.3
2004	85.8	23.8	119.1	73.6	350.0	562.9	3.1	65.6
2005	96.6	26.8	129.9	75.0	349.2	559.2	3.2	72.2
2006	107.6	31.6	138.7	79.9	347.5	558.8	3.3	77.6
2007	116.8	35.5	144.3	85.9	347.3	561.3	3.5	82.7
2008	123.7	37.7	147.6	89.5	347.6	562.2	3.6	89.9
2009	129.5	39.5	149.3	86.7	351.8	563.3	3.8	98.6
2010	134.3	40.4	151.8	87.1	352.5	561.7	4.0	114.4
2011	139.3	41.3	155.7	88.1	352.5	560.5	4.1	131.6
2012	144.0	41.3	159.5	88.0	350.4	558.5	4.4	147.9
2013	149.7	43.7	162.9	86.8	348.1	558.5	4.6	166.3
2014	153.5	43.8	166.3	85.8	348.8	563.4	4.8	184.4
2015	157.3	45.5	169.5	84.4	347.6	568.5	5.0	205.1
2016	160.2	46.7	173.3	84.0	348.8	578.9	5.3	223.2
2017	163.3	48.2	177.4	83.9	354.9	594.5	5.6	243.2
2018	167.3	49.8	181.3	83.4	363.9	609.2	5.9	258.1
2019	174.0	51.4	185.9	84.3	374.7	626.9	6.2	276.3
2020	183.3	55.6	193.3	85.7	386.1	643.4	6.6	291.3
2021	186.6	57.0	202.8	69.5	397.1	660.1	6.9	319.1
2022	196.3	62.0	213.3	71.8	402.5	662.9	7.3	324.4
2023	206.1	68.5	221.5	73.5	408.3	665.6	7.7	307.4

4-3 各级各类教育招生情况
Statistics on Entrants of Formal Education by Type and Level

单位: 万人 (10 000 persons)

年 份 Year	研究生 Post-Graduates	普通、职业本专科 Undergraduate in Regular and Vocational HEIs	#专科 Short-cycle Courses	普通高中 Regular Senior Secondary Schools	中等职业教育 Secondary Vocational Education	初中阶段 Junior Secondary Education	小学阶段 Primary Education	特殊教育 Special Education	学前教育 Pre-school Education
1978	1.1	40.2	12.4	692.9	44.7	2006.0	3315.4	0.6	
1980	0.4	28.1	7.7	383.4	58.3	1557.6	2942.3	0.6	
1985	4.7	61.9	30.2	257.5	234.2	1367.0	2298.2	0.9	
1990	3.0	60.9	29.2	249.8	286.1	1389.3	2064.0	1.6	
1995	5.1	92.6	47.8	273.6	498.6	1781.1	2531.8	5.6	1972.4
2000	12.8	220.6	48.7	472.7	408.3	2295.6	1946.5	5.3	1531.1
2001	16.5	268.3	66.6	558.0	399.9	2287.9	1944.2	5.6	1398.2
2002	20.3	320.5	89.1	676.7	473.6	2281.8	1952.8	5.3	1373.6
2003	26.9	382.2	199.6	752.1	515.8	2220.1	1829.4	4.9	1316.8
2004	32.6	447.3	237.4	821.5	566.2	2094.6	1747.0	5.1	1350.3
2005	36.5	504.5	268.1	877.7	655.7	1987.6	1671.7	4.9	1356.2
2006	39.8	546.1	293.0	871.2	747.8	1929.5	1729.4	5.0	1391.3
2007	41.9	565.9	283.8	840.2	810.0	1868.5	1736.1	6.3	1433.6
2008	44.6	607.7	310.6	837.0	812.1	1859.6	1695.7	6.2	1482.7
2009	51.1	639.5	313.4	830.3	868.2	1788.5	1637.8	6.4	1546.9
2010	53.8	661.8	310.5	836.2	870.4	1716.6	1691.7	6.5	1700.4
2011	56.0	681.5	324.9	850.8	813.9	1634.7	1736.8	6.4	1827.3
2012	59.0	688.8	314.8	844.6	754.1	1570.8	1714.7	6.6	1911.9
2013	61.1	699.8	318.4	822.7	674.8	1496.1	1695.4	6.6	1970.0
2014	62.1	721.4	338.0	796.6	619.8	1447.8	1658.4	7.1	1987.8
2015	64.5	737.8	348.4	796.6	601.2	1411.0	1729.0	8.3	2008.8
2016	66.7	748.6	343.2	802.9	593.3	1487.2	1752.5	9.2	1922.1
2017	80.6	761.5	350.7	800.1	582.4	1547.2	1766.6	11.1	1938.0
2018	85.8	791.0	368.8	792.7	557.0	1602.6	1867.3	12.4	1863.9
2019	91.7	914.9	483.6	839.5	600.4	1638.8	1869.0	14.4	1688.2
2020	110.7	967.5	524.3	876.4	644.7	1632.1	1808.1	14.9	1791.4
2021	117.7	1001.3	552.6	905.0	489.0	1705.4	1782.6	14.9	1526.2
2022	124.2	1014.5	539.0	947.5	484.8	1731.4	1701.4	14.6	1360.4
2023	130.2	1042.2	555.1	967.8	454.0	1754.6	1877.9	15.5	1181.2

4-4 各级各类教育在校生情况
Statistics on Enrolments of Formal Education by Type and Level

单位: 万人 (10 000 persons)

年 份 Year	研究生 Post-Graduates	普通、职业本专科 Undergraduate in Regular and Vocational HEIs	#专科 Short-cycle Courses	普通高中 Regular Senior Secondary Schools	中等职业教育 Secondary Vocational Education	初中阶段 Junior Secondary Education	小学阶段 Primary Education	特殊教育 Special Education	学前教育 Pre-school Education
1978	1.1	85.6	38.0	1553.1	212.8	4995.2	14624.0	3.1	787.7
1980	2.2	114.4	28.2	969.8	586.3	4551.8	14627.0	3.3	1150.8
1985	8.7	170.3	58.0	741.1	476.1	4010.1	13370.2	4.2	1479.7
1990	9.3	206.3	74.3	717.3	763.5	3916.6	12241.4	7.2	1972.2
1995	14.5	290.6	126.8	713.2	1230.2	4727.5	13195.2	29.6	2711.2
2000	30.1	556.1	100.9	1201.3	1284.5	6256.3	13013.3	37.8	2244.2
2001	39.3	719.1	146.8	1405.0	1164.9	6514.4	12543.5	38.6	2021.8
2002	50.1	903.4	193.4	1683.8	1190.8	6687.4	12156.7	37.5	2036.0
2003	65.1	1108.6	479.4	1964.8	1256.7	6690.8	11689.7	36.5	2003.9
2004	82.0	1333.5	595.7	2220.4	1409.2	6527.5	11246.2	37.2	2089.4
2005	97.9	1561.8	713.0	2409.1	1600.0	6214.9	10864.1	36.4	2179.0
2006	110.5	1738.8	795.5	2514.5	1809.9	5957.9	10711.5	36.3	2263.9
2007	119.5	1884.9	860.6	2522.4	1987.0	5736.2	10564.0	41.9	2348.8
2008	128.3	2021.0	916.8	2476.3	2087.1	5585.0	10331.5	41.7	2475.0
2009	140.5	2144.7	964.8	2434.3	2195.2	5440.9	10071.5	42.8	2657.8
2010	153.8	2231.8	966.2	2427.3	2238.5	5279.3	9940.7	42.6	2976.7
2011	164.6	2308.5	958.9	2454.8	2205.3	5066.8	9926.4	39.9	3424.5
2012	172.0	2391.3	964.2	2467.2	2113.7	4763.1	9695.9	37.9	3685.8
2013	179.4	2468.1	973.6	2435.9	1923.0	4440.1	9360.5	36.8	3894.7
2014	184.8	2547.7	1006.6	2400.5	1755.3	4384.6	9451.1	39.5	4050.7
2015	191.1	2625.3	1048.6	2374.4	1656.7	4312.0	9692.2	44.2	4264.8
2016	198.1	2695.8	1082.9	2366.6	1599.0	4329.4	9913.0	49.2	4413.9
2017	264.0	2753.6	1105.0	2374.5	1592.5	4442.1	10093.7	57.9	4600.1
2018	273.1	2831.0	1133.7	2375.4	1555.3	4652.6	10339.3	66.6	4656.4
2019	286.4	3031.5	1280.7	2414.3	1576.5	4827.1	10561.2	79.5	4713.9
2020	314.0	3285.3	1459.5	2494.5	1663.4	4914.1	10725.4	88.1	4818.3
2021	333.2	3496.1	1590.1	2605.0	1311.8	5018.4	10779.9	92.0	4805.2
2022	365.4	3659.4	1670.9	2713.9	1339.3	5120.6	10732.1	91.9	4627.5
2023	388.3	3775.0	1707.9	2803.6	1298.5	5243.7	10836.0	91.2	4093.0

4-5 各级各类教育毕业生情况
Statistics on Graduates of Formal Education by Type and Level

单位：万人 (10 000 persons)

年 份 Year	研究生 Post-Graduates	普通、职业本专科 Undergraduate in Regular and Vocational HEIs	#专科 Short-cycle Courses	普通高中 Regular Senior Secondary Schools	中等职业教育 Secondary Vocational Education	初中阶段 Junior Secondary Education	小学阶段 Primary Education	特殊教育 Special Education	学前教育 Pre-school Education
1978	0.0	16.5	0.8	682.7	40.3	1692.6	2287.9	0.3	
1980	0.0	14.7		616.2	73.3	964.8	2053.3	0.4	
1985	1.7	31.6	14.4	196.6	92.5	1007.2	1999.9	0.4	
1990	3.5	61.4	30.6	233.0	240.6	1123.0	1863.1	0.5	
1995	3.2	80.5	48.0	201.6	348.4	1244.4	1961.5	1.9	
2000	5.9	95.0	17.9	301.5	476.7	1633.5	2419.2	4.3	
2001	6.8	103.6	19.3	340.5	430.6	1731.5	2396.9	4.6	1160.2
2002	8.1	133.7	27.7	383.8	380.1	1903.7	2351.9	4.4	1152.7
2003	11.1	187.7	94.8	458.1	346.4	2018.5	2267.9	4.5	1072.0
2004	15.1	239.1	119.5	546.9	359.2	2087.3	2135.2	4.7	1059.7
2005	19.0	306.8	160.2	661.6	418.2	2123.4	2019.5	4.3	1025.4
2006	25.6	377.5	204.8	727.1	479.1	2071.6	1928.5	4.5	1045.1
2007	31.2	447.8	248.2	788.3	530.9	1963.7	1870.2	5.0	1049.1
2008	34.5	511.9	286.3	836.1	580.7	1868.0	1865.0	5.2	1040.5
2009	37.1	531.1	285.6	823.7	624.9	1797.7	1805.2	5.7	1040.6
2010	38.4	575.4	316.4	794.4	665.0	1750.4	1739.6	5.9	1057.6
2011	43.0	608.2	328.5	787.7	660.0	1736.7	1662.8	4.4	1184.7
2012	48.6	624.7	320.9	791.5	674.6	1660.8	1641.6	4.9	1433.6
2013	51.4	638.7	318.7	799.0	674.4	1561.5	1581.1	5.1	1491.7
2014	53.6	659.4	318.0	799.6	622.9	1413.5	1476.6	4.9	1527.2
2015	55.2	680.9	322.3	797.7	567.9	1417.6	1437.3	5.3	1590.3
2016	56.4	704.2	329.8	792.4	533.6	1423.9	1507.4	5.9	1623.2
2017	57.8	735.8	351.6	775.7	496.9	1397.5	1565.9	6.9	1652.7
2018	60.4	753.3	366.5	779.2	487.3	1367.8	1616.5	8.1	1790.6
2019	64.0	758.5	363.8	789.2	493.5	1454.1	1647.9	9.8	1765.2
2020	72.9	797.2	376.7	786.5	484.9	1535.3	1640.3	12.1	1779.4
2021	77.3	826.5	398.4	780.2	375.4	1587.1	1718.0	14.6	1714.8
2022	86.2	967.3	494.8	824.1	399.3	1623.9	1740.6	15.9	1678.3
2023	101.5	1047.0	553.3	860.4	415.5	1623.6	1763.5	17.3	1804.4

4-6 各级各类学校和教职工情况（2023年）
Statistics on of Schools and Educational Personnel by Type and Level (2023)

项　目	Item	学校数(所) Schools (unit)	教职工数(人) Educational Personnel (person)
高等教育学校	**Higher Education Schools**	**3074**	**2946431**
普通本科学校	HEIs Offering Degree Programs	1242	1996956
#独立学院	Independent Institutions	164	83136
本科层次职业学校	Undergraduate Level Vocational Schools	33	38470
高职(专科)学校	Higher Vocational (Specialist) Schools	1547	884563
成人高等学校	Adult HEIs	252	26442
高中阶段学校	**Senior Secondary Schools**	**22466**	**4184538**
普通高中	Regular Senior Secondary Schools	15381	3319638
完全中学	Combined Secondary Schools	5277	1199867
高级中学	Regular High Schools	8308	1634154
十二年一贯制学校	12-Year Schools	1796	485617
中等职业教育	Secondary Vocational Education	7085	864900
中等职业学校	Secondary Vocational Schools	7085	854455
其他中职机构	Other Secondary Vocational Institutions	(234)	10445
义务教育阶段学校	**Compulsory Education Schools**	**195820**	**11079310**
初中学校	Junior Secondary Schools	52348	4819200
初级中学	Regular Junior Secondary Schools	34014	2968264
九年一贯制学校	9-Year Schools	18330	1850868
职业初中	Vocational Junior Secondary Schools	4	68
普通小学	Regular Primary Schools	143472	6260110
小学	Primary Schools	143472	5958062
小学教学点	External Teaching Sites	(66009)	302048
特殊教育学校	**Schools for Special Education**	**2345**	**90370**
幼儿园	**Kindergarten**	**274414**	**5514369**
专门学校	**Specialized Schools**	**150**	**4532**

注：1.完全中学的学校数和教职工数计入高中阶段教育，九年一贯制学校的校数和教职工数计入初中阶段教育，十二年一贯制学校的校数和教职工数计入高中阶段教育(以下相关表同)。
2.“()”内数据为不计校数(以下相关表同)。

a) Number of combined secondary schools and their educational personnel are classified into the number of senior secondary education, the number of 9-year schools and their educational personnel are classified into the number of junior secondary education, the number of 12-year schools and their educational personnel are classified into the number of senior secondary education. The same applies to the relevant following tables.

b) Data within “( )” do not include the number of schools. The same applies to the relevant following tables.

4-7 每十万人口各级教育平均在校生数
Number of Average Education Enrolment per 100 000 Population by Level

单位：人　　(person)

年 份 Year	学前教育 Pre-school Education	小学阶段 Primary Education	初中阶段 Junior Secondary Education	高中阶段 Senior Secondary Education	高等教育 Higher Education
1990	1725	10707	3426	1337	326
1991	1907	10502	3465	1355	304
1992	2072	10413	3518	1365	313
1993	2190	10656	3599	1448	376
1994	2219	10819	3681	1293	433
1995	2262	11010	3945	1610	457
1996	2208	11273	4180	1780	470
1997	2058	11435	4289	1905	482
1998	1944	11287	4408	1978	519
1999	1864	10855	4656	2032	594
2000	1782	10335	4969	2000	723
2001	1602	9937	5161	2021	931
2002	1595	9525	5240	2283	1146
2003	1560	9100	5209	2523	1298
2004	1617	8725	5058	2824	1420
2005	1676	8358	4781	3070	1613
2006	1731	8192	4557	3321	1816
2007	1787	8037	4364	3409	1924
2008	1873	7819	4227	3463	2042
2009	2001	7584	4097	3495	2128
2010	2230	7448	3955	3504	2189
2011	2554	7403	3779	3495	2253
2012	2736	7196	3535	3411	2335
2013	2876	6913	3279	3227	2418
2014	2977	6946	3222	3100	2488
2015	3118	7086	3152	2965	2524
2016	3211	7211	3150	2887	2530
2017	3327	7300	3213	2861	2576
2018	3350	7438	3347	2828	2658
2019	3378	7569	3459	2850	2857
2020	3441	7661	3510	2948	3126
2021	3403	7634	3554	2774	3301
2022	3276	7597	3625	2895	3510
2023	2899	7676	3714	2906	3663

注：1.高等教育在校生数包括研究生、普通本科、职业本专科、成人本专科，不含网络本专科生。
2.2021年起，高中阶段在校生数不含人社部管理的技工学校。

a) The number of students in higher education includes postgraduates, regular undergraduates, vocational undergraduates and adult undergraduates, excluding web-based undergraduates.

b) Since 2021, the number of students in Senior Secondary Education data do not include Technical Schools managed by the Ministry of Human Resources and Social Security.

4-8 分地区每十万人口各级教育平均在校生数(2023年)
Number of Average Education Enrolment per 100 000 Population by Level and Region(2023)

单位：人 (person)

地 区	Region	学前教育 Pre-school Education	小学阶段 Primary Education	初中阶段 Junior Secondary Education	高中阶段 Senior Secondary Education	高等教育 Higher Education
全 国	**National Total**	**2899**	**7676**	**3714**	**2906**	**3663**
北 京	Beijing	2359	5320	1698	1261	5584
天 津	Tianjin	2128	6004	2801	2231	5559
河 北	Hebei	2688	8803	4491	3664	3190
山 西	Shanxi	2638	6660	3222	2898	3528
内蒙古	Inner Mongolia	2308	5866	2762	2561	2523
辽 宁	Liaoning	1737	4750	2221	2113	3963
吉 林	Jilin	1508	4665	2517	2385	5839
黑龙江	Heilongjiang	1244	3419	2559	2268	3817
上 海	Shanghai	1956	3786	2292	1275	3936
江 苏	Jiangsu	2465	6912	3256	2479	3845
浙 江	Zhejiang	2700	6255	2638	2122	2839
安 徽	Anhui	2943	7707	3775	3089	3469
福 建	Fujian	3234	8830	3766	2896	3462
江 西	Jiangxi	2925	8283	4595	3879	4510
山 东	Shandong	3023	7991	3939	2822	3909
河 南	Henan	3278	9754	5147	3791	3801
湖 北	Hubei	2657	6665	3221	2538	4483
湖 南	Hunan	2782	7851	4100	3296	3965
广 东	Guangdong	3623	8774	3766	2523	3144
广 西	Guangxi	3826	10230	4866	3572	3819
海 南	Hainan	3539	8477	4047	3376	3169
重 庆	Chongqing	2726	6407	3256	3292	4012
四 川	Sichuan	2765	6557	3290	2827	3278
贵 州	Guizhou	3968	10231	5121	4233	2641
云 南	Yunnan	3580	8235	4020	3102	3184
西 藏	Xizang	4180	10536	4331	3060	1612
陕 西	Shaanxi	3026	7664	3419	2596	4624
甘 肃	Gansu	3435	8188	3820	2854	3376
青 海	Qinghai	3425	8741	3991	3721	1813
宁 夏	Ningxia	3303	8534	3975	3430	3338
新 疆	Xinjiang	2774	11370	4797	3181	2956

4-9 分地区各级教育生师比(2023年)
Student-Teacher Ratio of Regular Education by Level and Region (2023)

(教师人数=1) (Number of Teachers=1)

地 区	Region	小学阶段 Primary Education	初中阶段 Junior Secondary Education	普通高中 Regular Senior Secondary Schools	中等职业教育 Secondary Vocational Education	高等教育 Higher Education
全 国	**National Total**	**16.28**	**12.84**	**12.66**	**17.67**	**17.98**
北 京	Beijing	14.73	9.19	9.12	10.26	15.98
天 津	Tianjin	15.90	12.02	11.74	15.41	18.04
河 北	Hebei	16.10	13.62	12.75	15.26	17.49
山 西	Shanxi	13.96	10.83	10.42	12.58	20.73
内蒙古	Inner Mongolia	12.57	10.20	10.17	12.76	17.78
辽 宁	Liaoning	14.29	9.47	11.35	12.96	18.53
吉 林	Jilin	11.15	9.06	12.35	9.27	20.45
黑龙江	Heilongjiang	11.16	9.58	11.96	13.03	17.54
上 海	Shanghai	13.99	11.66	9.79	14.07	15.17
江 苏	Jiangsu	16.16	11.93	11.18	14.29	16.65
浙 江	Zhejiang	17.25	12.56	11.11	12.87	15.78
安 徽	Anhui	17.60	13.63	13.37	20.92	18.88
福 建	Fujian	17.69	13.35	13.09	19.92	17.11
江 西	Jiangxi	15.70	13.36	13.97	22.27	18.21
山 东	Shandong	17.01	12.68	11.90	14.87	17.20
河 南	Henan	16.02	13.88	13.58	20.07	18.15
湖 北	Hubei	17.36	12.86	13.17	17.80	18.54
湖 南	Hunan	16.71	13.40	13.84	17.41	18.04
广 东	Guangdong	18.10	13.97	12.95	20.45	17.88
广 西	Guangxi	17.13	14.80	14.61	23.71	19.52
海 南	Hainan	14.97	13.04	12.99	33.76	18.17
重 庆	Chongqing	15.31	12.37	14.98	19.11	17.69
四 川	Sichuan	15.60	12.30	12.97	19.23	18.97
贵 州	Guizhou	18.13	14.65	12.96	38.64	18.27
云 南	Yunnan	16.65	13.59	13.76	20.76	21.44
西 藏	Xizang	14.40	11.99	11.40	12.64	17.49
陕 西	Shaanxi	15.90	12.34	12.32	16.08	18.23
甘 肃	Gansu	13.41	11.34	10.95	13.35	19.04
青 海	Qinghai	17.37	13.81	12.58	36.31	18.63
宁 夏	Ningxia	17.32	13.50	13.05	20.12	19.17
新 疆	Xinjiang	17.70	13.53	13.39	18.83	20.08

4-10 义务教育巩固率、高中阶段和高等教育毛入学率

Consolidation Rate of Compulsory Education, Gross Enrollment Rate of High School Education and Higher Education

单位：% (%)

年 份 Year	九年义务教育巩固率 Consolidation Rate of 9-year Compulsory Education	高中阶段毛入学率 Gross Enrollment Rate of High School Education	高等教育毛入学率 Gross Enrollment Rate of Higher Education
1995		33.6	7.2
1996		38.0	8.3
1997		40.6	9.1
1998		40.7	9.8
1999		41.0	10.5
2000		42.8	12.5
2001		42.8	13.3
2002		42.8	15.0
2003		43.8	17.0
2004		48.1	19.0
2005		52.7	21.0
2006		59.8	22.0
2007		66.0	23.0
2008		74.0	23.3
2009		79.2	24.2
2010	91.1	82.5	26.5
2011	91.5	84.0	26.9
2012	91.8	85.0	30.0
2013	92.3	86.0	34.5
2014	92.6	86.5	37.5
2015	93.0	87.0	40.0
2016	93.4	87.5	42.7
2017	93.8	88.3	45.7
2018	94.2	88.8	48.1
2019	94.8	89.5	51.6
2020	95.2	91.2	54.4
2021	95.4	91.4	57.8
2022	95.5	91.6	59.6
2023	95.7	91.8	60.2

4-11 高等教育学校(机构)数(2023年)
Number of Higher Education Institutions(2023)

单位：所 (unit)

项目	Item	合计 Total	中央部门 HEIs under Central Ministries and Agencies 小计 Subtotal	教育部 HEIs unde MOE	其他部门 HEIs unders Other Central Agencies	地方 HEIs under Local Auth. 小计 Subtotal
研究生培养机构（不计校数）	**Institutions Providing Postgraduate Programs**	**852**	**302**	**76**	**226**	**550**
普通本科学校	Academic HEIs	619	111	76	35	508
科研机构	Research Institutes	233	191		191	42
高等教育学校	**Higher Education Institutions**	**3074**	**131**	**77**	**54**	**2943**
普通本科学校	Academic HEIs	1242	114	76	38	1128
#独立学院	Independent Institutions	164				164
本科层次职业学校	Professional HEIs	33				33
高职(专科)学校	Vocational HEIs	1547	4		4	1543
成人高等学校	Adult HEIs	252	13	1	12	239

4-11 续表 continued

单位：所 (unit)

项目	Item	地方 HEIs under Local Auth. 教育部门 HEIs under MOE	其他部门 Run by Non-ed. Dept.	地方企业 Run by Local Enterprises	民办 Non-government	具有法人资格的中外合作办学 Sino-foreign Cooperation in Running Schools with Legal Personality
研究生培养机构（不计校数）	**Institutions Providing Postgraduate Programs**	**472**	**70**		**7**	**1**
普通本科学校	Academic HEIs	472	29		7	
科研机构	Research Institutes		41			1
高等教育学校	**Higher Education Institutions**	**1381**	**680**	**79**	**789**	**14**
普通本科学校	Academic HEIs	651	75		391	11
#独立学院	Independent Institutions				164	
本科层次职业学校	Professional HEIs	10	1		22	
高职(专科)学校	Vocational HEIs	635	487	44	374	3
成人高等学校	Adult HEIs	85	117	35	2	

4-12 分地区高等教育学校(机构)数(2023年)
Number of Higher Education Institutions by Region(2023)

单位：所　　(unit)

地区	Region	普通、职业高等学校 Regular HEIs	#中央部门办 HEIs under Central Ministries and Agencies	普通本科学校 HEIs Offering Degree Programs	本科层次职业学校 Vocational Institutions for Undergraduates	高职(专科)学校 Higher Vocational Colleges	成人高等学校 Adult HEIs	#中央部门办 HEIs under Central Ministries and Agencies
全　国	**National Total**	**2822**	**118**	**1242**	**33**	**1547**	**252**	**13**
北　京	Beijing	92	39	67		25	23	8
天　津	Tianjin	56	3	30		26	13	
河　北	Hebei	128	4	58	3	67	5	1
山　西	Shanxi	83		32	2	49	8	
内蒙古	Inner Mongolia	54		17		37	2	
辽　宁	Liaoning	114	5	62	1	51	18	2
吉　林	Jilin	66	2	37		29	14	
黑龙江	Heilongjiang	78	3	39		39	16	
上　海	Shanghai	68	10	39	1	28	12	
江　苏	Jiangsu	168	10	77	1	90	8	1
浙　江	Zhejiang	109	1	58	2	49	8	
安　徽	Anhui	121	2	46		75	6	
福　建	Fujian	89	2	38	1	50	3	
江　西	Jiangxi	109		42	3	64	5	
山　东	Shandong	156	3	67	3	86	11	
河　南	Henan	168	1	57	1	110	10	
湖　北	Hubei	132	8	68		64	13	
湖　南	Hunan	137	3	51	1	85	12	
广　东	Guangdong	162	4	66	3	93	14	
广　西	Guangxi	87		36	2	49	4	
海　南	Hainan	22		8	1	13	1	
重　庆	Chongqing	72	2	26	1	45	3	
四　川	Sichuan	137	6	52	1	84	12	1
贵　州	Guizhou	77		28	1	48	3	
云　南	Yunnan	88	1	32		56	1	
西　藏	Xizang	7		4		3		
陕　西	Shaanxi	97	6	55	2	40	14	
甘　肃	Gansu	50	2	20	2	28	4	
青　海	Qinghai	12		4		8	2	
宁　夏	Ningxia	21	1	8		13	1	
新　疆	Xinjiang	62		18	1	43	6	

4-13 分类型普通、职业高等学校情况(2023年)
Statistics on Regular and Vocational Higher Education Institutions by Type (2023)

单位：所 (unit)

项　目	Item	合 计 Total	普通本科学校 HEIs Offering Degree Programs	本科层次职业院校 Undergraduate Level Vocational Schools	高职(专科)学校 Higher Vocational (Specialist) Schools	#高等职业技术学院 Higer Vocational and Technical College
合 计	**Total**	**2822**	**1242**	**33**	**1547**	**1388**
综合大学	Comprehensive University	677	296	7	374	370
理工院校	College of Science and Engineering	1014	367	19	628	618
农业院校	Agricultural Colleges	84	41	1	42	42
林业院校	Forestry Colleges	19	6		13	13
医药院校	Medical Colleges	226	107	2	117	76
师范院校	Normal Colleges	253	153		100	6
语文院校	Language & Literature	53	32	1	20	19
财经院校	Financial University	273	128	2	143	137
政法院校	Political Science & Law	70	36		34	32
体育院校	Sport Colleges	37	15		22	21
艺术院校	Art Colleges	98	47	1	50	50
民族院校	Institute of Nationalities	18	14		4	4
总计中民办高校	of the Total:Non-government HEIs	787	391	22	374	367

4-14 分地区普通、职业高等学校情况（2023年）
Statistics on Regular and Vocational Higher Education Institutions by Region (2023)

单位：人 (person)

地区	Region	学校数(所) Institutions (unit)	教职工数 Educational Personnel	#专任教师 Full-time Teachers	正高级 Senior	副高级 Sub-senior	中级 Middle	初级 Junior	未定职级 No-ranking	#行政人员 Administrative Personnel	#教辅人员 Supporting Staff	#工勤人员 Workers
全　国	**National Total**	**2822**	**2919989**	**2060893**	**255618**	**591427**	**757964**	**240974**	**214910**	**400555**	**239994**	**109618**
北　京	Beijing	92	160678	77202	22523	28847	21873	1852	2107	29830	20167	10414
天　津	Tianjin	56	49937	34599	5152	10918	13954	3096	1479	8671	4562	1114
河　北	Hebei	128	131186	98699	10731	26934	38158	9556	13320	16058	8762	5642
山　西	Shanxi	83	64510	44317	3240	12499	18929	6812	2837	8260	6621	2562
内蒙古	Inner Mongolia	54	42764	28804	3544	9299	11682	2019	2260	7142	3994	1492
辽　宁	Liaoning	114	98659	66049	9996	21460	27034	4754	2805	16773	10253	3835
吉　林	Jilin	66	57761	37871	6662	12654	13466	3978	1111	10531	5818	2718
黑龙江	Heilongjiang	78	76309	51527	8657	16670	18095	4582	3523	12253	6098	4073
上　海	Shanghai	68	87554	51328	10365	16761	19104	3392	1706	16534	11956	2496
江　苏	Jiangsu	168	183446	130368	19309	43350	49071	10842	7796	27296	14635	5125
浙　江	Zhejiang	109	118588	82525	12254	22722	34135	6590	6824	18661	10081	1908
安　徽	Anhui	121	103214	80581	8154	21249	29342	12576	9260	10763	5730	3090
福　建	Fujian	89	84281	59277	6807	17978	20606	8635	5251	13766	6512	2332
江　西	Jiangxi	109	101588	77858	5719	17779	27230	11760	15370	8800	9764	3056
山　东	Shandong	156	189835	144793	15709	42773	55857	20597	9857	21446	14791	3959
河　南	Henan	168	196143	152847	10484	36653	58645	28934	18131	19835	9149	8288
湖　北	Hubei	132	147270	100063	13830	32762	33052	10801	9618	21661	14540	6266
湖　南	Hunan	137	120418	89820	9872	24950	35426	7951	11621	14182	8710	4262
广　东	Guangdong	162	205665	143477	16926	36129	52583	14795	23044	27702	16618	7148
广　西	Guangxi	87	87675	65973	6310	16717	24033	3947	14966	11685	5734	3769
海　南	Hainan	22	21334	14425	1734	3968	4947	1486	2290	2987	2028	1477
重　庆	Chongqing	72	78289	60407	6720	16168	23429	7008	7082	9574	4139	2041
四　川	Sichuan	137	155115	110182	10934	27378	40010	21171	10689	18980	11385	6650
贵　州	Guizhou	77	60400	46145	4550	13008	14595	6243	7749	7373	4367	1917
云　南	Yunnan	88	65386	47349	4804	12831	16138	7095	6481	8473	5058	3310
西　藏	Xizang	7	4084	2937	410	855	1110	450	112	634	235	153
陕　西	Shaanxi	97	115463	80981	11099	25906	28670	9083	6223	17156	9981	3973
甘　肃	Gansu	50	47346	35952	4848	11445	12383	4495	2781	5087	2832	1583
青　海	Qinghai	12	8410	5119	665	1494	1594	752	614	1384	788	812
宁　夏	Ningxia	21	13313	9509	1338	2639	2982	1747	803	2070	1006	350
新　疆	Xinjiang	62	43368	29909	2272	6631	9831	3975	7200	4988	3680	3803

4-15 分学科门类研究生情况（2023年）
Statistics on Postgraduate Students by Academic Field (2023)

单位：人 (person)

项目	Item	毕业生数 Graduates	博士 Doctor's Degree	硕士 Master's Degree	招生数 Entrants	博士 Doctor's Degree	硕士 Master's Degree	在校生数 Enrolment	博士 Doctor's Degree	硕士 Master's Degree
分学科研究生数（总计）	**Total**	**1014755**	**87126**	**927629**	**1301679**	**153275**	**1148404**	**3882940**	**612489**	**3270451**
#女	Female	543513	38517	504996	659749	62712	597037	1963385	254041	1709344
#学术型学位	Academic Degree	437855	79502	358353	540284	121912	418372	1742952	521129	1221823
#专业学位	Professional Degree	576900	7624	569276	761395	31363	730032	2139988	91360	2048628
哲学	Philosophy	4076	679	3397	4666	1053	3613	16363	5320	11043
经济学	Economics	45285	2634	42651	52422	3621	48801	138031	17553	120478
法学	Law	63604	4153	59451	73856	6475	67381	218992	29485	189507
教育学	Education	71419	1738	69681	85496	4241	81255	254316	16740	237576
文学	Literature	44585	2361	42224	49628	3563	46065	141616	16831	124785
历史学	History	6693	873	5820	8360	1502	6858	26596	7135	19461
理学	Science	75478	17353	58125	103703	26152	77551	325792	105424	220368
工学	Engineering	357177	32690	324487	487118	67914	419204	1450631	271190	1179441
农学	Agriculture	47399	4209	43190	63516	6490	57026	183700	25426	158274
医学	Medicine	123004	15500	107504	157207	24088	133119	466217	80740	385477
军事学	Military Science	35	8	27	35	8	27	182	41	141
管理学	Administrators	140536	4028	136508	170628	5843	164785	531624	29321	502303
艺术学	Art	31736	736	31000	38992	1193	37799	113410	4476	108934
交叉学科	Interdisciplinary Subject	3728	164	3564	6052	1132	4920	15470	2807	12663
分学科研究生数（普通本科学校）	**Regular HEIs Offering Degree Programs**	**1004852**	**85513**	**919339**	**1288996**	**150772**	**1138224**	**3845027**	**603000**	**3242027**
#女	Female	538796	37847	500949	653791	61562	592229	1945782	250107	1695675
#学术型学位	Academic Degree	430726	77959	352767	531216	119623	411593	1714479	512148	1202331
#专业学位	Professional Degree	574126	7554	566572	757780	31149	726631	2130548	90852	2039696
哲学	Philosophy	3984	662	3322	4556	1035	3521	16029	5246	10783
经济学	Economics	44674	2563	42111	51855	3535	48320	136121	16959	119162
法学	Law	62825	4070	58755	72802	6366	66436	216005	29053	186952
教育学	Education	71419	1738	69681	85496	4241	81255	254316	16740	237576
文学	Literature	44510	2361	42149	49558	3563	45995	141392	16831	124561
历史学	History	6633	873	5760	8286	1502	6784	26410	7135	19275
理学	Science	74614	17135	57479	102552	25853	76699	322165	104221	217944
工学	Engineering	353762	32120	321642	482434	66977	415457	1436699	267528	1169171
农学	Agriculture	46157	3941	42216	61839	6086	55753	178672	24008	154664
医学	Medicine	121721	15251	106470	155610	23640	131970	461399	79471	381928
军事学	Military Science	31	8	23	34	8	26	172	41	131
管理学	Administrators	139387	3978	135409	169330	5756	163574	527969	28847	499122
艺术学	Art	31413	649	30764	38621	1078	37543	112256	4113	108143
交叉学科	Interdisciplinary Subject	3722	164	3558	6023	1132	4891	15422	2807	12615
分学科研究生数（科研机构）	**Research Institutions**	**9903**	**1613**	**8290**	**12683**	**2503**	**10180**	**37913**	**9489**	**28424**
#女	Female	4717	670	4047	5958	1150	4808	17603	3934	13669
#学术型学位	Academic Degree	7129	1543	5586	9068	2289	6779	28473	8981	19492
#专业学位	Professional Degree	2774	70	2704	3615	214	3401	9440	508	8932
哲学	Philosophy	92	17	75	110	18	92	334	74	260
经济学	Economics	611	71	540	567	86	481	1910	594	1316
法学	Law	779	83	696	1054	109	945	2987	432	2555
教育学	Education									
文学	Literature	75		75	70		70	224		224
历史学	History	60		60	74		74	186		186
理学	Science	864	218	646	1151	299	852	3627	1203	2424
工学	Engineering	3415	570	2845	4684	937	3747	13932	3662	10270
农学	Agriculture	1242	268	974	1677	404	1273	5028	1418	3610
医学	Medicine	1283	249	1034	1597	448	1149	4818	1269	3549
军事学	Military Science	4		4	1		1	10		10
管理学	Administrators	1149	50	1099	1298	87	1211	3655	474	3181
艺术学	Art	323	87	236	371	115	256	1154	363	791
交叉学科	Interdisciplinary Subject	6		6	29		29	48		48

4-16 普通本科分学科门类学生情况（2023年）
Statistics on Regular Students of Normal Courses in HEIs by Discipline (2023)

单位：人 (person)

项 目	Item	毕业生数 Graduates	招生数 Entrants	在校学生数 Enrolment
总 计	**Total**	**4897422**	**4781609**	**20346933**
#女	Female	2683330	2950708	10625155
哲 学	Philosophy	2387	3946	13489
经济学	Economics	252708	230701	968365
法 学	Law	176947	177268	741569
教育学	Education	243520	225107	997649
文 学	Literature	494946	445243	1954804
历史学	History	23830	29299	115128
理 学	Science	308109	352318	1365438
工 学	Engineering	1632369	1732534	7088116
农 学	Agriculture	78456	90710	349079
医 学	Medicine	350582	360828	1691555
管理学	Management	850831	653048	3049064
艺术学	Art	482737	480607	2012677

4-17 职业本科分专业大类学生情况（2023年）
Number of Regular Students for Vocational Bachelor Education in HEIs by Discipline (2023)

单位：人 (person)

项 目	Item	毕业生数 Graduates	招生数 Entrants	在校学生数 Enrolment
总 计	**Total**	**39924**	**89899**	**324692**
农林牧渔大类	Agriculture, Forestry, Husbandry and Fishing		779	2637
资源环境与安全大类	Resources Environment and Safety	135	1768	6444
能源动力与材料大类	Energy Power and Material		623	1855
土木建筑大类	Civil Engineering and Architecture	4131	6522	26490
水利大类	Water Resources		228	451
装备制造大类	Equipment Manufacturing	5033	14395	43209
生物与化工大类	Biology and Chemical Engineering	104	1422	4356
轻工纺织大类	Light Idustry and Textile	43	459	1397
食品药品与粮食大类	Food, Medicine and Grain	237	1909	5423
交通运输大类	Transportation and Communication	934	3203	9423
电子信息大类	Electronic Information	9544	18731	69924
医药卫生大类	Medical and Health	1634	7265	22722
财经商贸大类	Finance, Economics and Business	9022	14006	59540
旅游大类	Tourism	554	794	2896
文化艺术大类	Culture and Arts	2619	9025	29837
新闻传播大类	Journalism and Communication	279	1692	6315
教育与体育大类	Education and Sport	5655	5879	28857
公安与司法大类	Public Security and Justice		580	1181
公共管理与服务大类	Public Administration and Service		619	1735

4-18 高职(专科)分专业大类学生情况（2023年）
Number of Regular Students for Short-cycle Courses in HEIs by Discipline (2023)

单位：人 (person)

项　目	Item	毕业生数 Graduates	招生数 Entrants	在校学生数 Enrolment
总 计	**Total**	**5532912**	**6157649**	**17078521**
农林牧渔大类	Agriculture, Forestry, Husbandry and Fishing	108971	141906	381287
资源环境与安全大类	Resources Environment and Safety	76065	96541	261889
能源动力与材料大类	Energy Power and Material	49991	71017	186620
土木建筑大类	Civil Engineering and Architecture	421571	392690	1218028
水利大类	Water Resources	19519	21176	61538
装备制造大类	Equipment Manufacturing	540596	793376	2001534
生物与化工大类	Biology and Chemical Engineering	43220	58876	157347
轻工纺织大类	Light Idustry and Textile	24068	26796	70803
食品药品与粮食大类	Food, Medicine and Grain	85592	117315	302870
交通运输大类	Transportation and Communication	375214	433628	1194894
电子信息大类	Electronic Information	800263	912830	2571375
医药卫生大类	Medical and Health	778039	910699	2476650
财经商贸大类	Finance, Economics and Business	956705	850457	2501118
旅游大类	Tourism	149583	192884	499239
文化艺术大类	Culture and Arts	265012	327425	869882
新闻传播大类	Journalism and Communication	46230	68017	178173
教育与体育大类	Education and Sport	658833	617258	1781327
公安与司法大类	Public Security and Justice	54975	47881	142549
公共管理与服务大类	Public Administration and Service	78465	76877	221398

注：分专业大类招生数中包含五年制高职转入学生数。
a) The number of entrants by discipline include the number of entrants from 5-year Secondary Vocational Education.

4-19 分地区普通、职业本专科学生情况（2023年）
Number of Students Enrolled in Normal and Short-cycle Courses in Regular and Vocational Higher Education Institutions by Region (2023)

单位：人 (person)

地 区	Region	招生数 Entrants	普通本科 Undergraduates	职业本科 Vocational Undergraduates	专科 Short-cycle Courses	在校生数 Enrolment	普通本科 Undergraduates	职业本科 Vocational Undergraduates	专科 Short-cycle Courses
全 国	**National Total**	**10422206**	**4781609**	**89899**	**5550698**	**37750146**	**20346933**	**324692**	**17078521**
北 京	Beijing	172852	144457		28395	644532	568295		76237
天 津	Tianjin	164836	94514		70322	596569	380429		216140
河 北	Hebei	524442	233553	8863	282026	1839836	985569	18085	836182
山 西	Shanxi	239418	125285	6255	107878	962859	550715	22436	389708
内蒙古	Inner Mongolia	141705	65375		76330	540063	293820		246243
辽 宁	Liaoning	313324	184841	1670	126813	1153492	774231	5977	373284
吉 林	Jilin	212078	132373		79705	821534	542597		278937
黑龙江	Heilongjiang	260643	143488		117155	935330	601630		333700
上 海	Shanghai	152689	104537	2344	45808	572443	424483	6012	141948
江 苏	Jiangsu	631910	306815	4299	320796	2299046	1277612	13365	1008069
浙 江	Zhejiang	328579	171681	4806	152092	1291463	731380	16356	543727
安 徽	Anhui	421044	184840		236204	1579570	787849		791721
福 建	Fujian	314836	139086	2573	173177	1139877	598927	10831	530119
江 西	Jiangxi	450383	180195	7360	262828	1546344	739124	25206	782014
山 东	Shandong	748512	286097	9603	452812	2672548	1259763	41585	1371200
河 南	Henan	846824	326198	4370	516256	2956157	1428713	17103	1510341
湖 北	Hubei	522296	240098		282198	1839906	1030857		809049
湖 南	Hunan	531206	230573	1709	298924	1778008	913956	3739	860313
广 东	Guangdong	739429	311217	7945	420267	2601372	1375855	30376	1195141
广 西	Guangxi	422744	153574	7258	261912	1483170	659755	30790	792625
海 南	Hainan	77228	31913	2514	42801	272595	133821	13648	125126
重 庆	Chongqing	282960	123062	3561	156337	1100170	550830	13788	535552
四 川	Sichuan	606744	266344	2680	337720	2164130	1142291	10337	1011502
贵 州	Guizhou	259468	92503	2457	164508	907193	411369	7532	488292
云 南	Yunnan	292734	126150		166584	1137073	567069		570004
西 藏	Xizang	11367	7479		3888	43092	30574		12518
陕 西	Shaanxi	339759	184320	3971	151468	1316232	792256	15197	508779
甘 肃	Gansu	162317	78598	3666	80053	662493	338906	15000	308587
青 海	Qinghai	24649	12270		12379	82765	48758		34007
宁 夏	Ningxia	44423	26198		18225	177330	107224		70106
新 疆	Xinjiang	180807	73975	1995	104837	632954	298275	7329	327350

4-19 续表 continued

单位：人 (person)

地 区	Region	毕业生数 Graduates	普通本科 Under-graduates	职业本科 Vocational Undergraduates	专科 Short-cycle Courses	授予学位数 Degrees Conferred	预计毕业生数 Estimated Graduates	普通本科 Under-graduates	职业本科 Vocational Undergraduates	专科 Short-cycle Courses
全 国	**National Total**	**10470258**	**4897422**	**39924**	**5532912**	**4919700**	**11002391**	**5288254**	**71120**	**5643017**
北 京	Beijing	158866	135534		23332	135869	168010	142743		25267
天 津	Tianjin	168571	91377		77194	91474	169730	96991		72739
河 北	Hebei	508940	243685		265255	243229	528934	256061		272873
山 西	Shanxi	263140	138436		124704	137718	281714	146862	2856	131996
内蒙古	Inner Mongolia	151077	74608		76469	74409	165357	79532		85825
辽 宁	Liaoning	369127	182360	35	186732	182135	320015	198216	2001	119798
吉 林	Jilin	203922	130255		73667	129977	232515	139140		93375
黑龙江	Heilongjiang	254642	144972		109670	144672	266686	152703		113983
上 海	Shanghai	148421	98285	107	50029	97676	159211	110457	654	48100
江 苏	Jiangsu	630104	304220	1327	324557	302851	650347	323540	2601	324206
浙 江	Zhejiang	358969	174640	311	184018	174122	389133	192314	3157	193662
安 徽	Anhui	449901	195681		254220	194825	509414	203231		306183
福 建	Fujian	297789	143409	1997	152383	145140	328408	156271	2783	169354
江 西	Jiangxi	422680	174979	4173	243528	178110	435404	185526	5288	244590
山 东	Shandong	745225	321685	6377	417163	329003	783183	336487	11861	434835
河 南	Henan	832925	349800	3002	480123	352620	889059	379838	5184	504037
湖 北	Hubei	504940	255222		249718	253300	522078	269401		252677
湖 南	Hunan	462819	204927		257892	203794	479096	219784	327	258985
广 东	Guangdong	860826	329217	6509	525100	336173	768656	364517	9351	394788
广 西	Guangxi	369168	154815	3911	210442	157807	441013	176847	6431	257735
海 南	Hainan	74291	32060	3200	39031	34722	74891	34679	4064	36148
重 庆	Chongqing	299414	132447	2916	164051	134881	330313	148187	3145	178981
四 川	Sichuan	552236	265688	2186	284362	267795	607721	297077	2859	307785
贵 州	Guizhou	252900	105794		147106	104606	271853	111283		160570
云 南	Yunnan	322518	136288		186230	135726	355176	154302		200874
西 藏	Xizang	11632	6851		4781	6741	11138	7505		3633
陕 西	Shaanxi	374774	188126	2997	183651	189651	402316	208790	3870	189656
甘 肃	Gansu	189459	84330		105129	83878	196593	87653	2920	106020
青 海	Qinghai	22194	11402		10792	11336	21836	10603		11233
宁 夏	Ningxia	45232	23688		21544	23479	55796	26642		29154
新 疆	Xinjiang	163556	62641	876	100039	61981	186795	71072	1768	113955

4-20 成人本科分学科门类学生情况(2023年)
Statistics on Adult Students of Normal Courses in HEIs by Discipline(2023)

单位：人 (person)

项　目	Item	毕业生数 Graduates	招生数 Entrants	在校学生数 Enrolment
总　计	**Total**	**1947475**	**2702145**	**6000262**
#女	Female	1149131	1530517	3431046
哲　学	Philosophy	54		279
经济学	Economics	30609	31149	78928
法　学	Law	79025	145721	280717
教育学	Education	218185	342313	689074
文　学	Literature	116381	227629	433084
历史学	History	1362	2710	5242
理　学	Science	23655	40129	76528
工　学	Engineering	480741	705332	1529413
农　学	Agriculture	25854	42299	87069
医　学	Medicine	417603	477085	1193740
管理学	Management	534763	663283	1564184
艺术学	Art	19243	24495	62004

4-21 成人专科分专业大类学生情况(2023年)
Statistics on Adult Students of Short-cycle Courses in HEIs by Discipline (2023)

单位：人 (person)

项　目	Item	毕业生数 Graduates	招生数 Entrants	在校学生数 Enrolment
总　计	**Total**	**1683803**	**1752733**	**4082013**
#女	Female	953955	928641	2211999
农林牧渔大类	Agriculture, Forestry, Husbandry and Fishing	18719	24110	54830
资源环境与安全大类	Resources Environment and Safety	9550	19278	32870
能源动力与材料大类	Energy Power and Material	4372	5001	11191
土木建筑大类	Civil Engineering and Architecture	178013	182367	462865
水利大类	Water Resources	4945	4656	10869
装备制造大类	Equipment Manufacturing	136837	194103	393009
生物与化工大类	Biology and Chemical Engineering	23478	40058	85945
轻工纺织大类	Light Idustry and Textile	703	557	1757
食品药品与粮食大类	Food, Medicine and Grain	4815	6388	14761
交通运输大类	Transportation and Communication	48279	27026	79565
电子信息大类	Electronic Information	136877	169869	357969
医药卫生大类	Medical and Health	139363	127627	354586
财经商贸大类	Finance, Economics and Business	584247	581137	1327119
旅游大类	Tourism	20826	16871	43390
文化艺术大类	Culture and Arts	19817	16444	42408
新闻传播大类	Journalism and Communication	1427	1509	3793
教育与体育大类	Education and Sport	229621	192308	477706
公安与司法大类	Public Security and Justice	20136	19297	46403
公共管理与服务大类	Public Administration and Service	101778	124127	280977

4-22 网络本科分学科学生情况（2023年）
Statistics on Web-based Students of Normal Courses in HEIs by Discipline (2023)

单位：人 (person)

项　目	Item	毕业生数 Graduates	招生数 Entrants	在校学生数 Enrolment
总　计	**Total**	**1100611**	**607030**	**2890562**
#女	Female	502391	253465	1255659
经济学	Economics	26102	8203	58943
法　学	Law	92521	67790	266189
教育学	Education	66946	52982	203979
文　学	Literature	53099	41414	164529
历史学	History	536		911
理　学	Science	12678	778	25608
工　学	Engineering	322505	144044	781185
农　学	Agriculture	12205	2674	24375
医　学	Medicine	75913	31189	187495
管理学	Management	432875	256638	1161086
艺术学	Art	5231	1318	16262

4-23 网络专科分专业大类学生情况（2023年）
Statistics on Web-based Students of Short-cycle Courses in HEIs by Discipline (2023)

单位：人 (person)

项　目	Item	毕业生数 Graduates	招生数 Entrants	在校学生数 Enrolment
总　计	**Total**	**1532931**	**1027190**	**4509141**
#女	Female	652141	396755	1755354
农林牧渔大类	Agriculture, Forestry, Husbandry and Fishing	19827	16811	67591
资源环境与安全大类	Resources Environment and Safety	14782	3333	24659
能源动力与材料大类	Energy Power and Material	4504	48	4355
土木建筑大类	Civil Engineering and Architecture	171582	100912	495603
水利大类	Water Resources	6471	3553	16845
装备制造大类	Equipment Manufacturing	89673	84186	303684
生物与化工大类	Biology and Chemical Engineering	14452	10565	43712
轻工纺织大类	Light Idustry and Textile	65		68
食品药品与粮食大类	Food, Medicine and Grain	6114	799	11393
交通运输大类	Transportation and Communication	30916	20881	119331
电子信息大类	Electronic Information	149796	79309	391127
医药卫生大类	Medical and Health	80290	47157	190286
财经商贸大类	Finance, Economics and Business	362351	261252	1095193
旅游大类	Tourism	11429	12428	50165
文化艺术大类	Culture and Arts	7112	16325	43229
新闻传播大类	Journalism and Communication	2120	840	4659
教育与体育大类	Education and Sport	119690	54713	339875
公安与司法大类	Public Security and Justice	59807	35030	175800
公共管理与服务大类	Public Administration and Service	381950	279048	1131566

4-24 普通高中学校情况(2023年)
Statistics on Regular Senior Secondary Schools(2023)

单位：所 (unit)

项 目	Item	合 计 Total	完全中学 Combined Secondary Schools	高级中学 Regular High Schools	十二年一贯制学校 12-year Schools
总 计	**Total**	**15381**	**5277**	**8308**	**1796**
教育部门办	Run by Ed. Dept.	10691	4416	5866	409
其他部门办	Run by Non-ed. Dept.	103	40	29	34
地方企业办	Run by Local Enterprises	5	1	2	2
民办	Non-government	4567	819	2397	1351
具有法人资格的中外合作办	Sino-foreign Cooperation Office with Legal Personality	15	1	14	
城区	**Urban Area**	**8185**	**2867**	**4159**	**1159**
教育部门办	Run by Ed. Dept.	5520	2336	2895	289
其他部门办	Run by Non-ed. Dept.	84	33	23	28
地方企业办	Run by Local Enterprises	4	1	1	2
民办	Non-government	2565	496	1229	840
具有法人资格的中外合作办	Sino-foreign Cooperation Office with Legal Personality	12	1	11	
镇区	**Counties & Towns Area**	**6315**	**2139**	**3684**	**492**
教育部门办	Run by Ed. Dept.	4716	1869	2756	91
其他部门办	Run by Non-ed. Dept.	14	5	4	5
地方企业办	Run by Local Enterprises	1		1	
民办	Non-government	1581	265	920	396
具有法人资格的中外合作办	Sino-foreign Cooperation Office with Legal Personality	3		3	
乡村	**Rural Area**	**881**	**271**	**465**	**145**
教育部门办	Run by Ed. Dept.	455	211	215	29
其他部门办	Run by Non-ed. Dept.	5	2	2	1
地方企业办	Run by Local Enterprises				
民办	Non-government	421	58	248	115
具有法人资格的中外合作办	Sino-foreign Cooperation Office with Legal Personality				

4-25 普通高中学生情况(2023年)
Statistics on Students of Regular Senior Secondary Schools(2023)

单位：人 (person)

项　目	Item	毕业生数 Graduates	招生数 Entrants	在校学生数 Enrolment
总　计	**Total**	**8604097**	**9678010**	**28036268**
教育部门	Run by Ed. Dept.	7122149	7621252	22451762
其他部门	Run by Non-ed. Dept.	29265	32107	93007
地方企业	Run by Local Enterprises	1653	1588	4209
民办	Non-government	1448166	2019599	5477609
具有法人资格的中外合作办	Sino-foreign Cooperation Office with Legal Personality	2864	3464	9681
城区	**Urban Area**	**4357058**	**4881207**	**14133412**
教育部门	Run by Ed. Dept.	3566404	3839726	11271233
其他部门	Run by Non-ed. Dept.	25676	27318	80942
地方企业	Run by Local Enterprises	751	640	1821
民办	Non-government	761442	1010174	2770047
具有法人资格的中外合作办	Sino-foreign Cooperation Office with Legal Personality	2785	3349	9369
镇区	**Counties and Towns Area**	**3931097**	**4362762**	**12708354**
教育部门	Run by Ed. Dept.	3345743	3526475	10455942
其他部门	Run by Non-ed. Dept.	2889	3972	9763
地方企业	Run by Local Enterprises	902	948	2388
民办	Non-government	581484	831252	2239949
具有法人资格的中外合作办	Sino-foreign Cooperation Office with Legal Personality	79	115	312
乡村	**Rural Area**	**315942**	**434041**	**1194502**
教育部门	Run by Ed. Dept.	210002	255051	724587
其他部门	Run by Non-ed. Dept.	700	817	2302
地方企业	Run by Local Enterprises			
民办	Non-government	105240	178173	467613
具有法人资格的中外合作办	Sino-foreign Cooperation Office with Legal Personality			

4-26 分地区普通高中情况(2023年)
Statistics on Regular Senior Secondary Schools by Region (2023)

单位：人 (person)

地区	Region	学校数(所) Schools (unit)	教职工数 Educational Personnel	#专任教师 Full-time Teachers	毕业生数 Graduates	招生数 Entrants	在校学生数 Enrolment
全　国	**National Total**	**15381**	**3319638**	**2214804**	**8604097**	**9678010**	**28036268**
北　京	Beijing	363	71689	23786	59193	79716	216891
天　津	Tianjin	205	36054	18863	67176	78985	221427
河　北	Hebei	818	209191	143188	556851	629833	1826292
山　西	Shanxi	510	105468	65051	221425	211836	677700
内蒙古	Inner Mongolia	318	63150	42117	142561	145856	428434
辽　宁	Liaoning	436	68673	54714	202603	208373	621038
吉　林	Jilin	265	47893	35391	147922	138568	436985
黑龙江	Heilongjiang	365	59069	45532	191950	168106	544476
上　海	Shanghai	294	39288	21236	59074	75519	207861
江　苏	Jiangsu	664	163582	128075	414857	505021	1431830
浙　江	Zhejiang	650	104573	79897	277867	307946	887644
安　徽	Anhui	676	132039	92196	387947	423931	1232813
福　建	Fujian	598	125444	61391	219650	289859	803669
江　西	Jiangxi	568	128488	87550	380301	402305	1222717
山　东	Shandong	782	204610	166895	611440	715743	1985425
河　南	Henan	1098	249834	193068	774723	900599	2622690
湖　北	Hubei	577	107595	80325	313514	369665	1058079
湖　南	Hunan	750	144332	106416	440247	502641	1473029
广　东	Guangdong	1165	319755	172114	664568	784251	2228677
广　西	Guangxi	548	126383	88451	394734	445026	1291996
海　南	Hainan	142	36369	16574	64063	75550	215363
重　庆	Chongqing	280	83297	45327	214581	231430	678960
四　川	Sichuan	817	212412	115660	470064	510643	1500614
贵　州	Guizhou	505	101204	72889	318658	326917	944983
云　南	Yunnan	650	119497	77280	336112	372271	1063293
西　藏	Xizang	40	9678	6965	25244	26710	79427
陕　西	Shaanxi	445	88559	58595	211239	256682	721635
甘　肃	Gansu	368	64568	48361	171028	178684	529748
青　海	Qinghai	101	14915	10698	43261	45726	134532
宁　夏	Ningxia	70	15878	13302	56270	58154	173608
新　疆	Xinjiang	313	66151	42897	164974	211464	574432

4-27 中等职业教育分科类学生情况(2023年)
Statistics on Students of Secondary Vocational Education by Field of Education(2023)

单位：人 (person)

项 目	Item	毕业生数 Graduates	#获得职业类证书 Recipients of Vocational Certificate	招生数 Entrants	在校学生数 Enrolment
总 计	**Total**	**4154521**	**2104494**	**4540352**	**12984621**
#女	Female	1862019	938465	2030804	5860794
农林牧渔大类	Agriculture, Forestry, Husbandry and Fishing	206112	83290	273890	716359
资源环境与安全大类	Resources Environment and Safety	23156	12866	30667	81377
能源动力与材料大类	Energy Power and Material	10586	3204	12380	37236
土木建筑大类	Civil Engineering and Architecture	139218	73060	108883	348909
水利大类	Water Resources	2795	1135	2496	8225
装备制造大类	Equipment Manufacturing	414633	228790	531611	1459007
生物与化工大类	Biology and Chemical Engineering	18168	7356	24855	63908
轻工纺织大类	Light Idustry and Textile	41619	21545	47767	136538
食品药品与粮食大类	Food, Medicine and Grain	17600	7574	34028	82457
交通运输大类	Transportation and Communication	425048	224734	427906	1235256
电子信息大类	Electronic Information	854173	446139	946960	2712028
医药卫生大类	Medical and Health	392066	152713	427901	1248708
财经商贸大类	Finance, Economics and Business	479056	261730	490199	1425792
旅游大类	Tourism	240146	129140	285368	758574
文化艺术大类	Culture and Arts	290930	148596	327917	951277
新闻传播大类	Journalism and Communication	33304	16743	32978	106178
教育与体育大类	Education and Sport	467322	243719	412137	1322049
公安与司法大类	Public Security and Justice	15610	6889	14333	49879
公共管理与服务大类	Public Administration and Service	82979	35271	108076	240864

4-28 分地区中等职业教育情况(2023年)
Statistics on Secondary Vocational Schools by Region (2023)

单位：人 (person)

地 区	Region	学校数(所) Schools (unit)	教职工数 Educational Personnel	#专任教师 Full-time Teachers	毕业生数 Graduates	#获得职业类证书 Recipients of Vocational Certificate	招生数 Entrants	在校学生数 Enrolment	预计毕业生数 Estimated Graduates for Next Year
全 国	**National**	**7085**	**864900**	**734842**	**4154521**	**2104494**	**4540352**	**12984621**	**4212849**
北 京	Beijing	76	8128	5703	15527	3535	20637	58508	15931
天 津	Tianjin	59	7209	5366	30262	12758	27969	82710	28188
河 北	Hebei	628	69494	58440	315575	177917	318570	892031	325261
山 西	Shanxi	337	31820	26316	104653	76871	109521	330986	113710
内蒙古	Inner Mongolia	171	18064	14620	57881	24650	65247	186579	61388
辽 宁	Liaoning	264	26235	20514	87543	25101	86470	265921	86441
吉 林	Jilin	213	17594	13280	42502	8904	35641	123115	46874
黑龙江	Heilongjiang	183	15542	12159	55712	21794	44248	158467	57430
上 海	Shanghai	76	10224	7658	41624	17119	39476	107747	34997
江 苏	Jiangsu	211	54331	47512	208127	139092	232065	679094	221587
浙 江	Zhejiang	246	42764	39058	184148	167660	167860	502536	173769
安 徽	Anhui	245	35244	31539	248619	149835	246578	659728	224580
福 建	Fujian	167	23250	20536	116258	52269	142531	409032	129581
江 西	Jiangxi	272	28009	23962	163273	33369	162487	533712	187760
山 东	Shandong	413	66107	59389	290260	103532	300762	882941	285878
河 南	Henan	546	61413	55777	379808	240366	381896	1119505	390225
湖 北	Hubei	252	28817	23880	141791	60761	139507	425182	146666
湖 南	Hunan	497	46354	40428	226885	126603	230421	703675	236363
广 东	Guangdong	372	59122	47182	277277	177500	336508	965071	300955
广 西	Guangxi	241	28330	21547	161201	65577	195407	510918	148676
海 南	Hainan	57	5193	3890	36841	10348	47092	131330	41694
重 庆	Chongqing	129	22140	19826	113077	61321	130888	378800	120466
四 川	Sichuan	341	52626	45091	283033	141186	299764	867123	289568
贵 州	Guizhou	184	21138	17789	105322	54474	309014	687403	126024
云 南	Yunnan	293	21066	18898	190339	60052	146282	392245	138876
西 藏	Xizang	13	3317	2528	9261	1170	10805	31947	10943
陕 西	Shaanxi	228	23123	18995	89485	19838	101629	305390	95040
甘 肃	Gansu	177	15961	13585	51561	26558	65069	181352	47830
青 海	Qinghai	30	2777	2392	27631	7553	31174	86864	22313
宁 夏	Ningxia	31	4297	3781	22641	8695	24556	76090	24289
新 疆	Xinjiang	133	15211	13201	76404	28086	90278	248619	79546

4-29 技工学校情况
Statistics on Skilled Workers Schools

单位：万人 (10 000 persons)

年 份 Year	学校数 (个) Schools (unit)	招生数 Entrants	在校生数 Enrolment	毕业生数 Graduates	在职教职工数 Total Teachers and Staff	兼职教师数 Part-time Teachers	培训社会人员人次 (万人次) Trainees from the Society (10 000 person-times)	培训社会人员结业人数 Graduates of Trainees Recruited from the Society
1990	4184	50.6	133.2	41.3	30.8	1.7		
1995	4521	74.6	189.0	68.5	33.7	1.9	89.9	71.3
2000	3792	50.4	140.1	64.6	24.0	2.7	158.5	156.7
2001	3470	55.1	134.7	47.7	22.0	2.6	151.7	163.9
2002	3075	73.3	153.0	45.4	20.3	2.6	208.6	196.9
2003	2970	91.6	193.1	45.3	20.2	3.0	226.9	223.7
2004	2884	109.7	234.4	53.5	20.4	2.9	265.6	257.5
2005	2855	118.4	275.3	69.0	20.4	3.2	273.3	270.1
2006	2880	134.8	320.8	86.4	21.5	3.6	337.7	330.2
2007	2995	158.5	367.1	99.7	24.0	3.8	380.7	369.8
2008	3075	161.4	397.5	109.0	24.7	4.1	400.0	389.8
2009	3064	156.4	414.3	115.2	25.8	4.3	484.1	382.9
2010	2998	158.6	421.0	121.3	26.5	4.4	468.4	371.3
2011	2914	163.5	429.4	118.9	26.5	4.3	527.5	416.1
2012	2892	156.8	422.8	120.2	26.7	4.3	551.3	441.6
2013	2882	133.5	386.6	116.9	26.9	4.1	525.3	397.1
2014	2818	124.4	339.0	106.8	26.5	4.2	508.5	372.3
2015	2545	121.4	321.5	94.6	26.0	4.1	476.6	378.9
2016	2526	127.2	323.2	93.1	26.5	4.3	451.6	349.9
2017	2490	130.9	338.2	90.5	26.9	4.4	456.4	326.1
2018	2379	128.5	341.6	90.3	26.7	4.4	420.6	301.6
2019	2392	143.0	360.3	98.4	27.2	4.4	432.3	308.8
2020	2423	160.1	395.5	101.4	27.9	4.5	485.8	345.8
2021	2492	167.2	426.7	108.7	29.8	5.1	600.7	467.9
2022	2551	166.0	445.4	120.0	31.3	5.0	616.0	451.7
2023	2468	162.5	439.5	121.7	30.0	4.6	655.1	525.6

4-30 分地区技工学校情况(2023年)
Statistics on Skilled Workers Schools by Region (2023)

单位：人 (person)

地 区	Region	学校数(个) Schools (unit)	在职教职工数 Total Teachers and Staff	#女性 Female	专任教师数 Full-time Teachers	招生数 Entrants	在校生数 Enrolment	#女性 Female	毕业生数 Graduates
全 国	**National**	**2468**	**299704**	**154550**	**227310**	**1624576**	**4394618**	**1470041**	**1216656**
北 京	Beijing	24	3052	1616	1872	11219	29053	9135	8908
天 津	Tianjin	17	2309	1243	1516	8259	23917	5483	8289
河 北	Hebei	149	15489	9080	11243	61541	162458	47386	54497
山 西	Shanxi	76	8639	4709	5991	28137	85072	27453	29464
内蒙古	Inner Mongolia	73	7901	3910	6312	7328	21192	6925	6730
辽 宁	Liaoning	104	7667	3942	4909	26331	70544	22390	21527
吉 林	Jilin	64	3885	2042	2528	30592	66828	21845	24717
黑龙江	Heilongjiang	105	7412	3973	5516	21559	67036	22143	30258
上 海	Shanghai								
江 苏	Jiangsu	117	17343	8737	13785	106667	282625	96663	69113
浙 江	Zhejiang	111	16923	8806	14107	86561	230486	71904	38826
安 徽	Anhui	91	12694	6336	10452	79583	239411	97325	55232
福 建	Fujian	72	6645	3504	5119	65416	142205	52405	32232
江 西	Jiangxi	136	16605	8772	12405	83281	252197	98887	58998
山 东	Shandong	215	30859	15837	24775	184243	447812	162448	134699
河 南	Henan	95	13643	6857	10537	124003	314648	93899	109609
湖 北	Hubei	120	9741	4946	7773	49084	124470	44434	30494
湖 南	Hunan	85	10866	5532	8283	52232	160048	44250	38565
广 东	Guangdong	148	34800	17748	27305	228488	658749	219712	176647
广 西	Guangxi	49	7399	3691	5851	60655	148589	42353	34990
海 南	Hainan	10	1868	854	1479	10060	33135	9501	8227
重 庆	Chongqing	50	5443	2889	3919	38896	95070	33430	21861
四 川	Sichuan	101	13298	7023	10447	63351	168765	64788	48181
贵 州	Guizhou	61	8364	4173	6304	35892	95110	34496	25357
云 南	Yunnan	35	5889	2713	4822	49404	142534	36865	47203
西 藏	Xizang	5	208	98	99	1445	3833	1809	775
陕 西	Shaanxi	128	11585	5676	7724	44196	151324	45371	52027
甘 肃	Gansu	51	3971	1890	3122	19339	43295	12068	13440
青 海	Qinghai	15	934	470	722	850	2381	400	366
宁 夏	Ningxia	14	924	538	617	4859	12407	5682	4811
新 疆	Xinjiang	147	13348	6945	7776	41105	119424	38591	30613

注：专任教师数包括文化技术理论课教师和生产实习指导教师，不含一体化教师。

a) The number of full-time teacher includes teachers of cultural and technical theory and production guide teachers, not include allround teachers.

4-31 初中阶段学校情况(2023年)
Statistics on Schools of Junior Secondary Education(2023)

单位：所 (unit)

项　目	Item	合计 Total	初级中学 Regular Junior Secondary Schools	九年一贯制学校 9-year Schools	职业初中 Vocational Junior Secondary Schools
总　计	**Total**	**52348**	**34014**	**18330**	**4**
教育部门	Run by Ed. Dept.	46657	32993	13662	2
其他部门	Run by Non-ed. Dept.	344	65	278	1
地方企业办	Run by Local Enterprises	5	1	4	
民办	Non-government	5342	955	4386	1
具有法人资格的中外合作办	Sino-foreign Cooperation Office with Legal Personality				
城区	**Urban Area**	**15568**	**9329**	**6237**	**2**
教育部门	Run by Ed. Dept.	12773	8816	3956	1
其他部门	Run by Non-ed. Dept.	134	46	87	1
地方企业办	Run by Local Enterprises	4	1	3	
民办	Non-government	2657	466	2191	
具有法人资格的中外合作办	Sino-foreign Cooperation Office with Legal Personality				
镇区	**Counties & Towns Area**	**24386**	**17328**	**7057**	**1**
教育部门	Run by Ed. Dept.	22271	16950	5321	
其他部门	Run by Non-ed. Dept.	176	16	160	
地方企业办	Run by Local Enterprises	1		1	
民办	Non-government	1938	362	1575	1
具有法人资格的中外合作办	Sino-foreign Cooperation Office with Legal Personality				
乡村	**Rural Area**	**12394**	**7357**	**5036**	**1**
教育部门	Run by Ed. Dept.	11613	7227	4385	1
其他部门	Run by Non-ed. Dept.	34	3	31	
地方企业办	Run by Local Enterprises				
民办	Non-government	747	127	620	
具有法人资格的中外合作办	Sino-foreign Cooperation Office with Legal Personality				

4-32 初中阶段学生情况(2023年)
Statistics on Students of Junior Secondary Schools(2023)

单位：人 (person)

项 目	Item	毕业生数 Graduates	招生数 Entrants	在校生数 Enrolment	#女 Female
总 计	**Total**	**16235844**	**17546266**	**52436916**	**24425203**
教育部门	Run by Ed. Dept.	14149458	15846971	46937563	22156632
其他部门	Run by Non-ed. Dept.	57358	64739	188933	87833
地方企业办	Run by Local Enterprises	1392	2169	6061	2940
民办	Non-government	2027383	1632387	5304172	2177700
具有法人资格的中外合作办	Sino-foreign Cooperation Office with Legal Personality	253		187	98
城区	**Urban Area**	**6607321**	**7644416**	**22273999**	**10341416**
教育部门	Run by Ed. Dept.	5524186	6694050	19249772	9081216
其他部门	Run by Non-ed. Dept.	31447	34469	104228	48047
地方企业办	Run by Local Enterprises	1318	2093	5822	2825
民办	Non-government	1050117	913804	2913990	1209230
具有法人资格的中外合作办	Sino-foreign Cooperation Office with Legal Personality	253		187	98
镇区	**Counties & Towns Area**	**7735111**	**8055679**	**24412633**	**11403480**
教育部门	Run by Ed. Dept.	6924130	7453648	22425518	10589395
其他部门	Run by Non-ed. Dept.	20903	23415	67880	31683
地方企业办	Run by Local Enterprises	74	76	239	115
民办	Non-government	790004	578540	1918996	782287
具有法人资格的中外合作办	Sino-foreign Cooperation Office with Legal Personality				
乡村	**Rural Area**	**1893412**	**1846171**	**5750284**	**2680307**
教育部门	Run by Ed. Dept.	1701142	1699273	5262273	2486021
其他部门	Run by Non-ed. Dept.	5008	6855	16825	8103
地方企业办	Run by Local Enterprises				
民办	Non-government	187262	140043	471186	186183
具有法人资格的中外合作办	Sino-foreign Cooperation Office with Legal Personality				

4-33 分地区初中情况(2023年)
Statistics on Junior Secondary Schools by Region (2023)

单位：人 (person)

地 区	Region	学校数(所) Schools (unit)	初中阶段专任教师数 Full-time Teachers	城区 Urban Area	镇区 Counties & Town Area	乡村 Rural Area	初中阶段在校学生数 Enrolment	城区 Urban Area	镇区 Counties & Town Area	乡村 Rural Area
全 国	**National Total**	**52348**	**4083058**	**1689924**	**1897107**	**496027**	**52436916**	**22273999**	**24412633**	**5750284**
北 京	Beijing	324	40382	34051	3329	3002	370920	326593	23572	20755
天 津	Tianjin	346	31754	23848	5504	2402	381796	296025	60740	25031
河 北	Hebei	2525	244726	77453	130988	36285	3332508	1078481	1778750	475277
山 西	Shanxi	1346	103536	44447	47662	11427	1121739	536950	480708	104081
内蒙古	Inner Mongolia	715	65005	26097	34674	4234	663109	298323	331844	32942
辽 宁	Liaoning	1529	98482	56500	31945	10037	932323	595240	262040	75043
吉 林	Jilin	1183	65229	27559	25827	11843	590957	299635	222190	69132
黑龙江	Heilongjiang	1398	82764	37862	35293	9609	792899	427683	310038	55178
上 海	Shanghai	606	48642	43614	4029	999	567211	517623	40246	9342
江 苏	Jiangsu	2336	232510	121447	102385	8678	2772879	1438377	1243542	90960
浙 江	Zhejiang	1794	138107	81976	48000	8131	1734735	1046512	594543	93680
安 徽	Anhui	2763	169734	49244	93171	27319	2312674	694762	1290638	327274
福 建	Fujian	1281	118095	51424	51117	15554	1577017	739274	669253	168490
江 西	Jiangxi	2249	155780	52090	80480	23210	2080579	734053	1079899	266627
山 东	Shandong	3327	315640	144784	145330	25526	4003470	1872940	1828567	301963
河 南	Henan	4626	366068	102924	199613	63531	5081295	1506094	2790630	784571
湖 北	Hubei	2176	146365	69801	62639	13925	1882355	921499	798458	162398
湖 南	Hunan	3390	202032	64480	107886	29666	2707785	915712	1465336	326737
广 东	Guangdong	3945	341084	202760	108341	29983	4766647	2800753	1560582	405312
广 西	Guangxi	1764	165963	51952	96273	17738	2455916	775315	1442254	238347
海 南	Hainan	396	31876	13815	13715	4346	415652	186869	177315	51468
重 庆	Chongqing	843	84572	42476	35038	7058	1046154	566343	398619	81192
四 川	Sichuan	3233	224090	82304	117719	24067	2755193	1085040	1428325	241828
贵 州	Guizhou	1870	134816	38792	79553	16471	1974519	580215	1168566	225738
云 南	Yunnan	1708	138805	33708	70252	34845	1886645	463760	964634	458251
西 藏	Xizang	106	13143	3604	7126	2413	157638	43907	83335	30396
陕 西	Shaanxi	1666	109552	47364	53703	8485	1352382	661239	607419	83724
甘 肃	Gansu	1437	83961	22076	48911	12974	951952	281311	561353	109288
青 海	Qinghai	263	17198	5747	8336	3115	237475	78969	117470	41036
宁 夏	Ningxia	254	21430	9362	9530	2538	289410	133718	126446	29246
新 疆	Xinjiang	949	91717	26363	38738	26616	1241082	370784	505321	364977

4-34 小学校数、教学点数及学生情况(2023年)
Statistics on Schools, External Teaching Sites and Students in Primary Schools (2023)

项　　目	Item	学校数 (所) Schools (unit)	教学点数 (个) External Teaching Sites (unit)	小学阶段毕业生数 (人) Graduates (person)	小学阶段招生数 (人) Entrants (person)	#受过学前教育 Those Received the Pre-school Education	小学阶段在校生数 (人) Enrolment (person)	#女 Female
总　计	**Total**	**143472**	**66009**	**17634893**	**18778830**	**18702565**	**108360253**	**50951580**
教育部门	Run by Ed. Dept.	138554	65985	16096769	17833884	17761365	101099866	47843816
其他部门	Run by Non-ed. Dept.	136	8	47711	56335	56167	321977	154027
地方企业办	Run by Local Enterprises	14		1359	5960	5959	22715	10908
民办	Non-government	4768	16	1489054	882651	879074	6915695	2942829
具有法人资格的中外合作办	Sino-foreign Cooperation Office with Legal Personality							
城区	**Urban Area**	**30940**	**1437**	**7187335**	**9473624**	**9436504**	**49685145**	**23251534**
教育部门	Run by Ed. Dept.	29105	1434	6381241	8844917	8809997	45341129	21364842
其他部门	Run by Non-ed. Dept.	79		20172	30503	30447	151202	71866
地方企业办	Run by Local Enterprises	12		1189	5794	5793	21667	10386
民办	Non-government	1744	3	784733	592410	590267	4171147	1804440
具有法人资格的中外合作办	Sino-foreign Cooperation Office with Legal Personality							
镇区	**Counties & Towns Area**	**41891**	**7411**	**6986320**	**6640596**	**6618433**	**40288637**	**18906330**
教育部门	Run by Ed. Dept.	40165	7409	6435377	6403129	6382163	38107406	17996988
其他部门	Run by Non-ed. Dept.	38	1	22767	21388	21276	139741	67240
地方企业办	Run by Local Enterprises			86	93	93	555	261
民办	Non-government	1688	1	528090	215986	214901	2040935	841841
具有法人资格的中外合作办	Sino-foreign Cooperation Office with Legal Personality							
乡村	**Rural Area**	**70641**	**57161**	**3461238**	**2664610**	**2647628**	**18386471**	**8793716**
教育部门	Run by Ed. Dept.	69284	57142	3280151	2585838	2569205	17651331	8481986
其他部门	Run by Non-ed. Dept.	19	7	4772	4444	4444	31034	14921
地方企业办	Run by Local Enterprises	2		84	73	73	493	261
民办	Non-government	1336	12	176231	74255	73906	703613	296548
具有法人资格的中外合作办	Sino-foreign Cooperation Office with Legal Personality							
总计中:	**of the Total:**							
九年一贯制学校	9-year Sec Schools			2229796	2351382	2336083	13391091	6167000
十二年一贯制学校	12-year Sec Schools			283640	251204	250001	1600192	698599

4-35 分地区小学情况(2023年)
Statistics on Primary Schools by Region (2023)

单位：人 (person)

地 区	Region	普通小学数(所) Schools (unit)	小学阶段专任教师数 Full-time Teachers	城区 Urban Area	镇区 Counties & Town Area	乡村 Rural Area	小学阶段在校学生数 Enrolment	城区 Urban Area	镇区 Counties & Town Area	乡村 Rural Area
全 国	**National Total**	**143472**	**6656261**	**2752411**	**2446562**	**1457288**	**108360253**	**49685145**	**40288637**	**18386471**
北 京	Beijing	714	78879	67542	6028	5309	1161797	1023993	75650	62154
天 津	Tianjin	873	51484	40246	4986	6252	818370	676704	72424	69242
河 北	Hebei	11313	405702	119768	162876	123058	6531750	2230890	2679538	1621322
山 西	Shanxi	3805	166104	67894	67121	31089	2318407	1182376	913087	222944
内蒙古	Inner Mongolia	1635	112055	40810	53552	17693	1408425	656837	630460	121128
辽 宁	Liaoning	2320	139545	80148	38947	20450	1993743	1433195	403991	156557
吉 林	Jilin	1574	98251	39518	35958	22775	1095277	579509	408646	107122
黑龙江	Heilongjiang	1315	94994	43400	38808	12786	1059686	627140	371238	61308
上 海	Shanghai	664	66965	60009	5813	1143	937129	843859	78618	14652
江 苏	Jiangsu	4009	364112	206486	137807	19819	5885320	3408397	2209708	267215
浙 江	Zhejiang	3144	238447	144211	72961	21275	4113670	2566490	1232096	315084
安 徽	Anhui	6218	268243	83551	120042	64650	4722273	1652766	2241948	827559
福 建	Fujian	4886	209007	93109	78998	36900	3697864	1761280	1438705	497879
江 西	Jiangxi	5830	238843	78805	106485	53553	3750629	1435198	1762726	552705
山 东	Shandong	8654	477406	217360	175130	84916	8120924	3965939	2989107	1165878
河 南	Henan	16429	601010	159628	248870	192512	9628783	3040171	4269731	2318881
湖 北	Hubei	5145	224303	107479	79248	37576	3895006	2035405	1392612	466989
湖 南	Hunan	6604	310354	107986	142482	59886	5184911	2027438	2471692	685781
广 东	Guangdong	10690	613411	369787	145383	98241	11105243	6922537	2725928	1456778
广 西	Guangxi	7858	301442	88969	108236	104237	5162921	1702526	1954520	1505875
海 南	Hainan	1294	58141	22510	20004	15627	870602	392424	310345	167833
重 庆	Chongqing	2567	134488	69599	44355	20534	2058660	1237916	640382	180362
四 川	Sichuan	5119	352007	135572	157031	59404	5490451	2424666	2365791	699994
贵 州	Guizhou	6156	217558	61369	96450	59739	3945252	1228653	1839785	876814
云 南	Yunnan	9913	232114	54280	71974	105860	3864564	1038408	1265290	1560866
西 藏	Xizang	825	26630	5210	7303	14117	383510	82888	103581	197041
陕 西	Shaanxi	4191	190664	87674	78625	24365	3031907	1613756	1188614	229537
甘 肃	Gansu	4465	152108	34886	68185	49037	2040393	631339	1003332	405722
青 海	Qinghai	698	29944	9009	11359	9576	520101	162642	209404	148055
宁 夏	Ningxia	1037	35872	14328	12469	9075	621276	289687	218428	113161
新 疆	Xinjiang	3527	166178	41268	49076	75834	2941409	810116	821260	1310033

4-36 幼儿园数、班数情况(2023年)
Statistics on Kindergartens, Classes of Pre-primary Education (2023)

项　目	Item	园数 (所) Number of Kindergartens (unit)	班数 (个) Number of Classes (unit)
总　计	**Total**	**274414**	**1612437**
教育部门	Run by Ed.Dept.	106224	742038
其他部门办	Run by Non-ed.Dept.	1823	21143
地方企业	Run by Local Enterprises	2019	17623
事业单位	Run by Public Institutions	3606	23017
部队	Run by Army	482	3588
集体办	Run by Communities	10780	64104
民办	Run by Non-government	149476	740888
具有法人资格的中外合作办	Sino-foreign Cooperation Office with Legal Personality	4	36
城区	**Urban Area**	**101433**	**737218**
教育部门	Run by Ed.Dept.	24233	270582
其他部门办	Run by Non-ed.Dept.	1115	12664
地方企业	Run by Local Enterprises	1598	14625
事业单位	Run by Public Institutions	1800	15508
部队	Run by Army	451	3446
集体办	Run by Communities	4875	37349
民办	Run by Non-government	67357	383008
具有法人资格的中外合作办	Sino-foreign Cooperation Office with Legal Personality	4	36
镇区	**Counties & Towns Area**	**90946**	**567550**
教育部门	Run by Ed.Dept.	33162	275489
其他部门办	Run by Non-ed.Dept.	542	6690
地方企业	Run by Local Enterprises	309	2407
事业单位	Run by Public Institutions	884	4855
部队	Run by Army	11	50
集体办	Run by Communities	2280	15082
民办	Run by Non-government	53758	262977
具有法人资格的中外合作办	Sino-foreign Cooperation Office with Legal Personality		
乡村	**Rural Area**	**82035**	**307669**
教育部门	Run by Ed.Dept.	48829	195967
其他部门办	Run by Non-ed.Dept.	166	1789
地方企业	Run by Local Enterprises	112	591
事业单位	Run by Public Institutions	922	2654
部队	Run by Army	20	92
集体办	Run by Communities	3625	11673
民办	Run by Non-government	28361	94903
具有法人资格的中外合作办	Sino-foreign Cooperation Office with Legal Personality		

4-37 特殊教育学校数和学生情况(2023年)
Statistics on Schools and Students in Special Education (2023)

项 目	Item	学校数（所）Schools (unit)	毕业生数（人）Graduates (person)	招生数（人）Entrants (person)	在校生数（人）Enrolment (person)	#女 Female
总 计	**Total**	**2345**	**173140**	**154977**	**911981**	**331793**
#女	Female		65081	57097	331793	
#少数民族学生	Minority Student		26838	23057	131562	51973
#寄宿生	Resident Student			29982	175195	65220
视力残疾	Visual Disability	25	8940	6433	37089	14984
听力残疾	Hearing Disability	374	17410	15431	88405	37834
言语残疾	Speech Disability		6573	6384	37237	12980
肢体残疾	Extremity Disability		37223	28435	160254	61876
智力残疾	Intellectual Disability	620	80239	72514	448236	159312
精神残疾	Mental Disability		7806	10072	52236	12784
多重残疾	Multiple Disabilities	1326	14949	15708	88524	32023
城区	Urban Area	1189	59387	58705	338665	118436
镇区	Counties & Town Area	972	79322	68635	387846	143491
乡村	Rural Area	184	34431	27637	185470	69866

4-38 分地区特殊教育情况(2023年)
Statistics on Special Education by Region (2023)

单位：人 (person)

地区	Region	学校数(所) Schools (unit)	专任教师数 Full-time Teachers	毕业生数 Graduates	招生数 Entrants	在校学生数 Enrolment	#女 Female
全国	**National Total**	**2345**	**77047**	**173140**	**154977**	**911981**	**331793**
北京	Beijing	20	1121	1788	1296	7825	2620
天津	Tianjin	20	689	743	583	4444	1516
河北	Hebei	163	3865	6918	5127	37471	13934
山西	Shanxi	88	2236	4312	3807	20123	7754
内蒙古	Inner Mongolia	54	2066	2638	2267	13465	5162
辽宁	Liaoning	86	2340	2307	2181	15786	5433
吉林	Jilin	54	1821	2264	1942	12279	4328
黑龙江	Heilongjiang	75	2327	2699	1599	14139	4986
上海	Shanghai	31	1698	1870	1343	9315	3239
江苏	Jiangsu	108	4190	7892	8283	45063	15267
浙江	Zhejiang	87	3444	4777	5332	27069	9400
安徽	Anhui	81	2393	6625	6821	42075	14814
福建	Fujian	76	2843	5172	5502	30602	10107
江西	Jiangxi	91	2313	8996	6663	37603	13334
山东	Shandong	161	6856	10612	9554	54572	18997
河南	Henan	153	4645	8814	10072	68332	26015
湖北	Hubei	88	2170	4396	4151	28503	9546
湖南	Hunan	98	3201	8244	7980	51740	17842
广东	Guangdong	154	8099	12048	13657	76278	25193
广西	Guangxi	95	2774	7608	7600	44154	15871
海南	Hainan	17	568	1075	1136	6600	2054
重庆	Chongqing	39	1189	5923	4453	25459	9665
四川	Sichuan	138	3957	16877	12571	64055	24830
贵州	Guizhou	78	2172	8298	7541	40692	15593
云南	Yunnan	86	2592	10925	7849	44794	17912
西藏	Xizang	7	328	1410	1347	7080	3363
陕西	Shaanxi	81	1890	4301	2965	17935	6860
甘肃	Gansu	47	1202	3658	3294	19789	7733
青海	Qinghai	17	240	1838	1377	7446	3126
宁夏	Ningxia	16	432	1899	1488	6811	2671
新疆	Xinjiang	36	1386	6213	5196	30482	12628

4-39 进城务工人员子女和农村留守儿童在校情况(2023年)

Statistics on Children of Migrant Workers and Rural Left Behind Children in Schools (2023)

单位：人 (person)

项　目	Item	进城务工人员随迁子女 Children of Migrant Workers	外省迁入 From Other Provinces	本省外县迁入 From Other Counties of the Same Province	农村留守儿童 Rural Left-Behind Children
普通小学	**Regular Primary Schools**				
毕业生数	Graduates	1522476	653241	869235	1118451
招生数	Entrants	1529258	628344	900914	795246
在校学生数	Enrolment	9526484	4009995	5516489	6078723
#女	Female	4364155	1821255	2542900	2808250
初中	**Junior Secondary Schools**				
毕业生数	Graduates	1162268	456411	705857	1216860
招生数	Entrants	1355916	553542	802374	1191945
在校学生数	Enrolment	4013377	1613364	2400013	3742758
#女	Female	1807730	716481	1091249	1731130

4-40 分地区就业训练中心情况(2023年)
Statistics on Employment Training Centers by Region (2023)

地 区	Region	机构数(个) Number of Employment Trainning Centers (unit)	在职教职工总人数(人) Total Teachers and Staff (person)	#教师 Teachers	兼职教师人数(人) Part-time Teachers (person)	经费来源(万元) Resources of Funds (10 000 yuan)	#财政补助费 Financial Allowance	#职业培训补贴 Occupational Training Allowance	培训人次数(人次) Trainees (person-time)	#女 Female
全 国	**National Total**	**500**	**10662**	**2985**	**6100**	**96145.11**	**53848.52**	**38480.71**	**644524**	**321491**
北 京	Beijing	3	172	108	40	4198.05	4198.05		2706	969
天 津	Tianjin									
河 北	Hebei	55	249	112	65	1307.30	1026.40	280.90	14259	8230
山 西	Shanxi	25	602	98	257	2424.42	1449.97	826.45	28625	18606
内蒙古	Inner Mongolia	4	46	18	22	295.28		295.28	1875	1060
辽 宁	Liaoning	5	234	44	151	946.00		946.00	10894	551
吉 林	Jilin	4	61	48	7	219.52	204.12	15.40	256	164
黑龙江	Heilongjiang	2	18	2	8	68.00	4.00	64.00	1749	627
上 海	Shanghai									
江 苏	Jiangsu									
浙 江	Zhejiang	4	2280	5	2234	11092.09	6062.75	3526.52	71231	7364
安 徽	Anhui	3	15	7	7	116.48	28.95	87.53	630	333
福 建	Fujian	1				194.50	194.50		1945	1660
江 西	Jiangxi	13	78	32	27	113.47		113.47	2071	1087
山 东	Shandong	4	68	25	34	157.35	28.00	57.42	2384	1114
河 南	Henan	63	1077	300	465	4937.70	907.10	4030.60	107769	59773
湖 北	Hubei	96	1835	457	1128	21386.30	1591.50	19794.80	249254	157899
湖 南	Hunan	39	588	133	323	4473.65	1666.10	2789.52	20350	12290
广 东	Guangdong	37	1432	793	639	37067.80	32814.82	2219.15	86485	27285
广 西	Guangxi	7	190	107	29	264.52	67.23	189.74	2705	1335
海 南	Hainan									
重 庆	Chongqing	7	56	23	27	628.27	291.56	336.71	2579	2004
四 川	Sichuan	44	317	73	170	947.00	484.00	434.00	7658	5022
贵 州	Guizhou									
云 南	Yunnan									
西 藏	Xizang									
陕 西	Shaanxi	61	846	314	269	2413.26	695.80	1714.76	21494	11616
甘 肃	Gansu	17	360	205	155	921.23	297.22	624.01	5869	1780
青 海	Qinghai									
宁 夏	Ningxia	2	100	77	13	1972.42	1835.95	134.47	1597	685
新 疆	Xinjiang	4	38	4	30	0.50	0.50		139	37

4-40 续表 continued

地 区 Region	按培训对象分组 Grouped by Trainee			取得证书人次数（人次） Number of Certifiers (person-time)	按获取证书分组 Grouped by Certification Level			就业人数（人） Employment (person)
	#失业人员 Unemployment Workers	#农村转移就业劳动者 Rural Workers	#企业职工培训 Staff of enterprise		#职业资格证书 Professional Qualification Certificate	#职业技能等级证书 Vocational Skill Grade Certificate	#专项能力证书 Special Capability Capability Certificate	
全 国 National Total	**42263**	**248421**	**104868**	**584342**	**21698**	**116769**	**52770**	**259645**
北 京 Beijing	226	2080	367	2676	19	138		881
天 津 Tianjin								
河 北 Hebei	542	3676	170	10190		1448	416	6890
山 西 Shanxi	1400	18309	5788	68310	16151	18307	16123	3595
内蒙古 Inner Mongolia	859	445	506	1874		585	181	1351
辽 宁 Liaoning	237		10605	381				10605
吉 林 Jilin	80	176		217				
黑龙江 Heilongjiang	4	423	313	560				1328
上 海 Shanghai								
江 苏 Jiangsu								
浙 江 Zhejiang	87	368	21825	14193	85	6178		1482
安 徽 Anhui		457		578		131		450
福 建 Fujian	982	682		1945				
江 西 Jiangxi	287	1677	32	1359				971
山 东 Shandong	1146	734		2182		13	407	343
河 南 Henan	4978	43994	9896	83841	550	21872	4669	47785
湖 北 Hubei	25383	132698	11041	251835	4009	12175	19546	121712
湖 南 Hunan	1583	11271	455	19909	6	461		9784
广 东 Guangdong	1421	9002	39933	82399	878	51417	10211	32674
广 西 Guangxi	103	1706	747	1428		842	372	2175
海 南 Hainan								
重 庆 Chongqing	1227	1085	19	2551		714	721	1306
四 川 Sichuan	196	3268	1317	7557			124	3988
贵 州 Guizhou								
云 南 Yunnan								
西 藏 Xizang								
陕 西 Shaanxi	963	13197	1262	23338		1844		6868
甘 肃 Gansu	530	3067		5754		294		3760
青 海 Qinghai								
宁 夏 Ningxia			592	1140		350		1597
新 疆 Xinjiang	29	106		125				100

4-41 分地区民办培训机构综合情况(2023年)
Statistics on Vocational Training Agencies by Region (2023)

地区	Region	机构数(个) Number of Employment Trainning Centers (unit)	在职教职工总人数(人) Total Teachers and Staff (person)	#教师 Teachers	兼职教师人数(人) Part-time Teachers (person)	经费来源(万元) Resources of Funds (10 000 yuan)	#财政补助费 Financial Allowance	#职业培训补贴 Occupational Training Allowance	培训人次数(人次) Trainees (person-time)	#女 Female
全国	**National Total**	**31226**	**414668**	**179012**	**186543**	**1554265**	**41315**	**547973**	**15532280**	**6935840**
北京	Beijing	450	5568	2409	2198	28492	369	641	275643	93387
天津	Tianjin	602	5361	1561	2543	17577		7509	112275	40950
河北	Hebei	1787	23710	10558	10772	54018	2355	30047	485726	219874
山西	Shanxi	595	8373	3644	3900	163		163	150763	85296
内蒙古	Inner Mongolia	825	9917	4294	5274	14574	591	8564	202262	86361
辽宁	Liaoning	952	10459	4533	4981	20148	147	2664	251184	103376
吉林	Jilin	880	11653	4154	6939	20295	238	13286	307787	160599
黑龙江	Heilongjiang	908	9802	4310	4414	31667	268	23032	212991	134010
上海	Shanghai	596	8075	880	1227	114263	687	5340	1065354	397656
江苏	Jiangsu	1578	18079	7401	9262	52412	1465	15017	702956	327700
浙江	Zhejiang	1451	16880	6461	9100	47695	3051	15361	928071	405821
安徽	Anhui	1567	19733	9053	9845	38535	1181	19303	977492	298909
福建	Fujian	568	6330	2546	2960	24716	1290	6018	231999	107529
江西	Jiangxi	1416	16358	8213	6773	55984	1123	20775	635183	300911
山东	Shandong	2370	21847	10890	9406	45196	1262	9799	850042	386175
河南	Henan	1993	31825	16323	12590	82409	5550	36475	1058568	564161
湖北	Hubei	1216	16949	8669	7053	69431	182	27556	676320	309799
湖南	Hunan	1138	15942	6992	7531	89677	1581	31921	447841	248302
广东	Guangdong	1507	15852	7565	8287	211539	4638	6182	1055953	503760
广西	Guangxi	865	11565	5000	5722	25350	291	21580	209759	123820
海南	Hainan	421	5847	2324	3132	19267	384	9302	126040	59170
重庆	Chongqing	760	16182	4374	8082	88147	3308	30298	1058303	434685
四川	Sichuan	1476	19796	9470	9104	82059	2961	32452	638760	300765
贵州	Guizhou	483	7957	3367	3868	37718	1031	18435	260787	122969
云南	Yunnan	1096	22318	7955	2160	79099	3376	42960	865838	388503
西藏	Xizang	213	4034	2149	1430	38139	460	21217	124531	31830
陕西	Shaanxi	1010	12342	5659	5616	54892	457	33461	430873	229067
甘肃	Gansu	1187	18357	8730	9627	54578	1219	37509	460224	219497
青海	Qinghai	270	4255	2081	1869	13510	341	5166	123438	46752
宁夏	Ningxia	382	5177	2883	1918	18340	1107	4193	280084	67449
新疆	Xinjiang	664	14125	4564	8960	24375	402	11747	325233	136757

4-41 续表 continued

地 区 Region	按培训对象分组 Grouped by Trainee			取得证书人次数（人次） Number of Certifiers (person-time)	按获取证书分组 Grouped by Certification Level			就业人数（人） Employment (person)
	#失业人员 Unemployment Workers	#农村转移就业劳动者 Rural Workers	#企业职工培训 Staff of enterprise		#职业资格证书 Professional Qualification Certificate	#职业技能等级证书 Vocational Skill Grade Certificate	#专项能力证书 Special Capability Capability Certificate	
全 国 National Total	**989757**	**4067725**	**6087143**	**11343512**	**362207**	**2652004**	**679813**	**6623826**
北 京 Beijing	14219	40586	144428	170451	13837	20443	6904	81076
天 津 Tianjin	3463	3420	60729	73088	818	17034	207	58280
河 北 Hebei	21576	113234	165595	276390	11001	83299	18583	121164
山 西 Shanxi	7030	75202	36185	142999	1324	30923	8427	43096
内蒙古 Inner Mongolia	26765	39448	75625	146813	4546	28538	6971	90812
辽 宁 Liaoning	32184	41113	85264	157073	10081	34974	20601	81701
吉 林 Jilin	14729	147927	65507	226210	1877	4937	2313	46874
黑龙江 Heilongjiang	20112	102377	66809	133044	6254	13785	2557	97140
上 海 Shanghai	2491	795	1043054	374595		128465	2176	1047281
江 苏 Jiangsu	80931	57188	371635	515860	24441	196625	22404	262717
浙 江 Zhejiang	38392	120801	575380	637099	12052	213565	115207	180201
安 徽 Anhui	50022	217764	538248	466775	5679	123822	11184	191513
福 建 Fujian	13861	69266	67240	166659	12454	44550	10494	80454
江 西 Jiangxi	43355	137820	204607	479182	21448	96833	11175	285322
山 东 Shandong	51485	274554	251154	581236	18282	54233	4324	427071
河 南 Henan	42518	505291	163426	1020939	54255	454041	61855	521766
湖 北 Hubei	55287	189612	246487	601409	42400	95675	47675	285357
湖 南 Hunan	30171	191776	115136	389986	11287	65700	4520	222832
广 东 Guangdong	104512	194077	483123	742242	5704	125210	32681	453376
广 西 Guangxi	9887	86988	45669	168373	2334	101540	36954	119151
海 南 Hainan	3166	67441	8965	110163	9107	61831	10343	36485
重 庆 Chongqing	128001	149132	319624	1010299	21790	133845	41935	457746
四 川 Sichuan	31884	214409	163822	466954	12898	34486	41393	209608
贵 州 Guizhou	6226	108440	73710	219000	8750	52884	19027	150460
云 南 Yunnan	66148	308165	211668	687587	9814	219686	78640	381898
西 藏 Xizang	628	52610	6473	106670	4257	15040	3010	34328
陕 西 Shaanxi	19633	183239	69250	357328	8548	47619	5943	115040
甘 肃 Gansu	14691	209020	123396	440077	10979	48303	15516	229051
青 海 Qinghai	4626	55290	32629	101793	5171	18590	4796	65364
宁 夏 Ningxia	26448	22443	171832	173441	7343	24457	4194	72986
新 疆 Xinjiang	25316	88297	100473	199777	3476	61071	27804	173676

4-42 全国技能人才评价综合情况
Statistics on Occupational Skill Evaluation

单位：人次 (person-time)

年份 Year	评价机构数（个）Number of Evaluation Agencies (unit)	考评人员人数（人）Number of the Assessors (person)	参加评价人次数 Person-times of the Candidates	初级工 Primary	中级工 Medium	高级工 Senior	技师 Technicians
1996	5682	37859	2685695	932642	1318141	360490	69132
1997	5752	50779	3141832	1044325	1625749	427603	39478
1998	6878	70466	3194218	1185862	1670410	278862	51799
1999	7820	97209	3678723	1548193	1711318	369049	45329
2000	8179	128033	4421880	1818534	2050863	505685	43794
2001	8336	143068	5348001	2057575	2571508	645644	67688
2002	8517	175247	6619012	2373190	3204580	965404	69379
2003	7252	155971	6875444	2461777	3338421	969477	96653
2004	9441	198560	8812781	3145324	4164858	1237088	215859
2005	7654	164442	9577395	3222564	4552986	1456750	290637
2006	7998	161596					
2007	7794	158186	12231413	4389064	5422375	1907654	442715
2008	9933	203883	13374707	5104213	5758542	2029246	403738
2009	9538	232060	14920761	6029998	6110523	2126028	544210
2010	9803	210497	16575457	6768836	6531792	2722092	453762
2011	10677	194795	17459327	7254275	6579593	3098462	428247
2012	10963	213403	18305470	7538797	6611139	3476563	503134
2013	9865	252662	18385729	7752500	6355360	3514734	577770
2014	9521	215761	18539992	6934618	6745021	3930805	654415
2015	12156	264237	18941156	7079392	6986241	4006089	659634
2016	8224	282782	17554798	6410623	6540058	3855614	577112
2017	8071	308612	14729033	4959459	5465266	3610460	540693
2018	8912	251135	11349052	3939496	4034728	2765047	487978
2019	9152	216680	10759349	3865973	4081232	2322529	361527
2020	12310	259600	11958237	4044100	4893151	2631464	282462
2021	20325	411714	10784487	3548904	4250995	2586798	311607
2022	36629	644077	14664656	4225928	5751121	4216526	373492
2023	39520	745277	15402889	3871141	6623298	4373813	419600

注：2020年以前，数据为职业技能鉴定情况。
a) Before 2020, data is for occupational skill testing.

4-42 续表 continued

单位：人次 (person-time)

年 份 Year	高级技师 Senior Technicians	获证人次数 Person-times of the Candidates Got the Certificates	初级工 Primary	中级工 Medium	高级工 Senior	技师 Technicians	高级技师 Senior Technicians
1996	5290	2146895	727215	1094809	271346	51262	2263
1997	4677	2786360	949828	1439046	364024	30506	2956
1998	7285	2858782	1071270	1491968	244529	44995	6020
1999	4780	3141392	1341236	1466663	293584	36699	3210
2000	3004	3726619	1553035	1743885	393201	34175	2323
2001	5586	4570081	1756881	2236967	523010	49689	3534
2002	6459	5562607	2036748	2712382	761195	48852	3430
2003	9116	5839222	2124504	2870097	768890	69501	6230
2004	49652	7375590	2692723	3519811	982528	143818	36710
2005	54458	7857292	2732405	3756905	1133278	195577	39127
2006		9252416	3124130	4390924	1440591	260830	35384
2007	69605	9956079	3687419	4518674	1429235	274176	46575
2008	78968	11372105	4492273	4891989	1606473	318047	63323
2009	110002	12320051	5251357	5134383	1516357	336623	81331
2010	98975	13929377	5899097	5544598	2097432	316663	71587
2011	98750	14820504	6533022	5464700	2464290	286769	71723
2012	175837	15487834	6655352	5604790	2760639	336187	130866
2013	185365	15366664	6766044	5372332	2728517	376144	123627
2014	275133	15542766	6094580	5707155	3117737	429024	194270
2015	209800	15392295	5915465	5831396	3092249	416439	136746
2016	171391	14461529	5549708	5481352	2963711	350596	116162
2017	153155	11987218	4207073	4541983	2804674	330333	103155
2018	121803	9031831	3245567	3333132	2099864	277673	75595
2019	128088	8618572	3184815	3419359	1730493	205600	78305
2020	107060	9625792	3545282	4144967	1677573	184147	73823
2021	86183	8988119	3050279	3577991	2057352	240233	62264
2022	97589	12342726	3589200	4749170	3648854	279196	76306
2023	113127	12363487	3159538	5142859	3656902	315227	87487

4-43 分地区技能人才评价综合情况(2023年)
Statistics on Occupational Skill Evaluation by Region (2023)

单位：人次 (person-time)

地 区	Region	评 价 机构数 (个) Number of Evaluation Agencies (unit)	考评人员 人 数 (人) Number of the Assessors (person)	参加评价 人次数 Person-times of the Candidates	初级工 Primary	中级工 Medium	高级工 Senior	技师 Technicians
全 国	**National Total**	**39520**	**745277**	**15402889**	**3871141**	**6623298**	**4373813**	**419600**
北 京	Beijing	203	17387	70396	20747	25713	18246	4807
天 津	Tianjin	89	13151	153934	22794	104721	21512	3813
河 北	Hebei	640	10453	449545	193317	133991	88687	29401
山 西	Shanxi	835	24869	493188	115997	194127	173984	7574
内蒙古	Inner Mongolia	418	23020	241489	43758	117934	57341	14545
辽 宁	Liaoning	394	7656	318472	48483	183423	75552	9150
吉 林	Jilin	184	12290	293759	11840	210059	48369	18388
黑龙江	Heilongjiang	139	18805	69343	18112	17465	25576	6391
上 海	Shanghai	167	20568	180348	49415	48728	67868	12178
江 苏	Jiangsu	3695	57896	1219129	306173	593942	289503	24921
浙 江	Zhejiang	8040	10394	1006111	130870	336401	483754	45320
安 徽	Anhui	901	22703	693217	181296	261799	233402	13799
福 建	Fujian	402	11307	252215	22472	137744	82387	6630
江 西	Jiangxi	440	9007	208963	24923	136849	43375	3154
山 东	Shandong	7895	30172	627758	60530	201999	322848	34495
河 南	Henan	5194	99728	2914038	563539	1020154	1234822	67492
湖 北	Hubei	936	31777	395902	51978	185030	144767	9337
湖 南	Hunan	462	14280	304012	87160	182425	28503	4733
广 东	Guangdong	2936	106996	1006718	155024	525098	293133	28787
广 西	Guangxi	320	12213	382700	157770	160032	55288	7835
海 南	Hainan	207	4038	77614	46867	17342	11924	630
重 庆	Chongqing	474	15741	354123	115909	154406	73580	6737
四 川	Sichuan	870	21577	294784	76981	123230	79600	10653
贵 州	Guizhou	339	19583	274567	70532	79830	118212	5325
云 南	Yunnan	383	1915	541929	234707	170316	122660	12875
西 藏	Xizang	58	285	22398	14846	4138	1231	1690
陕 西	Shaanxi	379	24938	281662	89949	114642	64854	9601
甘 肃	Gansu	267	8534	94591	16850	47344	23948	4337
青 海	Qinghai	34	3151	43321	22567	16218	3332	885
宁 夏	Ningxia	113	1637	80811	19087	52771	7456	1298
新 疆	Xinjiang	410	28241	448171	310405	91640	36296	7971
不分地区	Not Classified by Region	1696	60965	1607681	586243	973787	41803	4848

4-43 续表 continued

单位：人次 (person-time)

地 区	Region	高级技师 Senior Technicians	获证人次数 Person-times of the Candidates Got the Certificates	初级工 Primary	中级工 Medium	高级工 Senior	技师 Technicians	高级技师 Senior Technicians
全 国	**National Total**	**113127**	**12363487**	**3159538**	**5142859**	**3656902**	**315227**	**87487**
北 京	Beijing	869	62738	17791	22958	16849	4349	778
天 津	Tianjin	1094	131624	19525	90476	18565	2348	710
河 北	Hebei	3714	387225	169159	116972	72417	25473	2942
山 西	Shanxi	1506	381858	91271	152215	131742	5596	1034
内蒙古	Inner Mongolia	7845	186621	34630	93175	44716	8687	5347
辽 宁	Liaoning	1787	274448	39783	158181	67371	7705	1382
吉 林	Jilin	5103	219692	8481	156929	37777	13242	3263
黑龙江	Heilongjiang	1527	44885	12106	11088	15867	4598	954
上 海	Shanghai	2063	128465	37843	34932	46852	7464	1304
江 苏	Jiangsu	4476	1020328	250124	499297	247321	20091	3421
浙 江	Zhejiang	9766	737363	106441	259763	329454	34892	6813
安 徽	Anhui	2875	587796	153638	224232	200201	7974	1705
福 建	Fujian	2982	184234	18351	107343	53327	3418	1795
江 西	Jiangxi	662	167971	20384	111642	34172	1450	323
山 东	Shandong	7633	534762	52205	167137	283270	25845	6052
河 南	Henan	28027	2662386	473724	906761	1189784	64869	27244
湖 北	Hubei	4772	346229	45057	162113	126826	8006	4209
湖 南	Hunan	1191	226815	69329	136616	17569	2669	632
广 东	Guangdong	4425	790475	131813	418008	222625	15426	2492
广 西	Guangxi	1704	326351	140759	135158	44541	4460	1363
海 南	Hainan	851	71364	44046	15588	10648	447	635
重 庆	Chongqing	3491	303006	103260	131540	60846	4364	2996
四 川	Sichuan	4169	203196	57157	85789	50167	7352	2580
贵 州	Guizhou	647	225834	61794	61947	98165	3464	444
云 南	Yunnan	1371	482779	214248	150035	106350	10983	1163
西 藏	Xizang	493	18377	13056	3211	1007	836	267
陕 西	Shaanxi	2606	202643	68642	83064	43284	5831	1812
甘 肃	Gansu	2112	70554	12748	38864	15696	2044	1202
青 海	Qinghai	319	33510	18808	11889	2196	473	144
宁 夏	Ningxia	199	64832	15674	42655	5372	964	167
新 疆	Xinjiang	1848	403071	283395	79103	32292	6636	1637
不分地区	Not Classified by Region	1000	882055	374296	474178	29633	3271	677

4-44　教育经费情况
Statistics on Educational Finance

单位：万元　　(10 000 yuan)

年　份 Year	合　计 Total	国家财政性教育经费 Government Appropriation for Education	#一般公共预算教育经费 General Public Budget Expenditure on Education	民办学校中举办者投入 Funds from Sponsors of Non-public Schools	捐赠收入 Donation Revenues	事业收入 Income from Teaching Research and Other Auxiliary Activities	#学费 Tuition	其他教育经费 Other Educational Funds
1992	8670491	7287506	5649364		696285		439319	247380
1995	18779501	14115233	10929473	203672	1628414		2012423	819760
2000	38490806	25626056	21917652	858537	1139557	9382717	5948304	1483939
2001	46376626	30570100	27056548	1280895	1128852	11575137	7456014	1821643
2002	54800278	34914048	32549425	1725549	1272791	14609169	9227792	2278722
2003	62082653	38506237	36190977	2590148	1045927	17218399	11214985	2721943
2004	72425989	44658575	42444209	3478529	934204	20114268	13465517	3240414
2005	84188391	51610759	49460379	4522185	931613	23399991	15530545	3723842
2006	98153087	63483648	61353481	5490583	899078	24073042	15523301	4206736
2007	121480663	82802142	80943369	809337	930584	31772357	21309082	5166242
2008	145007374	104496296	102129675	698479	1026663	33670711	23492983	5115225
2009	165027065	122310935	119749753	749829	1254991	35275939	25155983	5435371
2010	195618471	146700670	141639029	1054254	1078839	41060664	30155593	5724045
2011	238692936	185867009	178217380	1119320	1118675	44246927	33169742	6341005
2012	286553052	231475698	203141685	1281753	956919	46198404	35048301	6640278
2013	303647182	244882177	214056715	1474089	855445	49262087	37376869	7173384
2014	328064609	264205820	225760099	1313476	796700	54271581	40530393	7477031
2015	361291927	292214511	258618740	1876620	869960	58097239	43173611	8233597
2016	388883850	313962519	277006325	2032733	810447	62768292	47709339	9309860
2017	425620069	342077546	299197838	2250061	849974	69575734	52932815	10866754
2018	461429980	369957704	319927298	2406210	947574	77382499	58958343	10735993
2019	501781166	400465452	346485685	2201304	1013752	87235021	66863024	10865637
2020	530338681	429081543	363104728	2292516	1172355	87041177	67614302	10751091
2021	578736693	458353089	374633647	2423821	1426654	104575160	81306525	11957969
2022	613291382	484729094	392569627	1882765	1543121	108318215	84516216	16818187

注：1．“民办学校中举办者投入”1993-2006年数据为社会团体和公民个人办学总经费。
2.从2017年起，“公共财政教育经费”改为“一般公共预算教育经费”。“一般公共预算教育经费”数据1992-2011年包括教育事业费、基本建设经费、教育费附加、科研经费和其他经费，2012年起仅包括教育事业费、基本建设经费和教育费附加，2015年起教育事业费包含地方教育附加和土地出让收益计提的教育资金。
3．“其他教育经费”数据1992-1997年包含扣除“学费”后的事业收入。

a) "Funds from sponsors of non-public schools" from 1993 to 2006 cover funds from social organizations and from citizens for running schools.
b) Since 2017, the "public expenditure on education" has been changed to "general public budget expenditure on education". From 1992 to 2011, the "general public budget expenditure on education" included the appropriated funds for education, capital construction, education surcharges, scientific research, and other funds. Since 2012, it only includes the appropriated funds for education, capital construction, and education surcharges. Since 2015, the "appropriated funds for education" includes the education funds accrued from local education surcharges and land transfer income.
c) The "other education funds" includes career income after deducting "tuition fees" from 1992 to 1997.

4-45 分地区教育经费情况(2022年)
Statistics on Educational Finance by Region(2022)

单位：万元 (10 000 yuan)

地区	Region	合计 Total	国家财政性教育经费 Government Appropriation for Education	#一般公共预算教育经费 General Public Budget Expenditure on Education	民办学校中举办者投入 Funds from Sponsors of Non-public Schools	捐赠收入 Donation Revenues	事业收入 Income from Teaching Research and Other Auxiliary Activities	#学费 Tuition	其他教育经费 Other Educational Funds
全 国	**National Total**	**613291382**	**484729094**	**392569627**	**1882765**	**1543121**	**108318215**	**84516216**	**16818187**
中 央	Central Government	57787503	42422445	16816279		622611	11684144	4073421	3058303
地 方	Local Governments	555503878	442306649	375753347	1882765	920510	96634071	80442794	13759884
北 京	Beijing	15854348	13736713	11609960	9662	5577	1966234	1636322	136162
天 津	Tianjin	6565887	5392187	4748759	31159	5087	998910	837760	138544
河 北	Hebei	24395755	19640362	17546049	58758	103611	4346161	3710470	246864
山 西	Shanxi	12125465	10101087	8558450	25473	10271	1861448	1466243	127186
内蒙古	Inner Mongolia	9230537	8286826	6742091	34322	10875	795200	680318	103314
辽 宁	Liaoning	11674506	9225509	7431780	9533	5333	2264766	1833490	169365
吉 林	Jilin	7484068	6031448	4973524	11284	4452	1221906	1050908	214977
黑龙江	Heilongjiang	8806510	7386673	6146837	6059	2585	1197877	1023664	213315
上 海	Shanghai	16916927	13919603	10930909	2562	9464	2654225	2222669	331074
江 苏	Jiangsu	38820349	30682348	25443278	100757	166702	6328518	5239337	1542024
浙 江	Zhejiang	34440066	26041786	21825484	163150	70270	6772035	5374692	1392825
安 徽	Anhui	20532087	16580173	14200714	59545	5990	3368366	2779777	518013
福 建	Fujian	17625677	14198649	11967707	29330	93644	2932711	2469080	371343
江 西	Jiangxi	18915971	14987656	13171484	166329	15714	2948209	2368778	798063
山 东	Shandong	37144368	29500836	25969681	153760	49844	6711254	5658243	728675
河 南	Henan	29695708	22412360	18456526	238422	36165	6518768	5472555	489992
湖 北	Hubei	19405534	14726548	12797954	69891	27649	4087444	3422774	494001
湖 南	Hunan	22100519	16530549	15302896	58039	21580	4481740	3695088	1008611
广 东	Guangdong	61902003	45712767	38631327	259331	121423	14994003	13168894	814479
广 西	Guangxi	17038772	13618238	11411905	38290	7627	2968766	2366762	405851
海 南	Hainan	4833662	3862257	3062853	15986	297	891659	730855	63463
重 庆	Chongqing	13146996	10589502	8276631	33245	11111	2129341	1687112	383797
四 川	Sichuan	28294459	21693844	18562582	169136	42067	5300669	4382116	1088743
贵 州	Guizhou	15801330	13268794	11528125	48201	7653	2001255	1672599	475427
云 南	Yunnan	17068501	14383782	11587534	51251	38466	2313366	1950326	281636
西 藏	Xizang	3643259	3611421	3166656		920	25878	12440	5040
陕 西	Shaanxi	14954384	11569592	10523390	19057	17635	2914113	2215712	433986
甘 肃	Gansu	9055895	8192054	6984296	8031	9886	750613	622801	95311
青 海	Qinghai	3085235	2901473	2309228	2042	7751	129139	94633	44830
宁 夏	Ningxia	3332220	2792247	2136159	3008	2502	338951	275925	195511
新 疆	Xinjiang	11612882	10729367	9748579	7152	8358	420546	320452	447460

4-46 各级各类教育机构教育经费情况(2022年)
Statistics on Educational Finance in Schools by Type and Level(2022)

单位：万元 (10 000 yuan)

学校类别	Type of Schools	合计 Total	国家财政性教育经费 Government Appropriation for Education	#一般公共预算教育经费 General Public Budget Expenditure on Education	民办学校中举办者投入 Funds from Sponsors of Non-public Schools	捐赠收入 Donation Revenues	事业收入 Income from Teaching Research and Other Auxiliary Activities	#学费 Tuition	其他教育经费 Other Educational Funds
全国总计	**National Total**	**613291382**	**484729094**	**392569627**	**1882765**	**1543121**	**108318215**	**84516216**	**16818187**
高等学校	Institutions of Higher Education	163864840	101046512	77865635	312357	1011278	53158711	35550137	8335981
普通高等学校	Regular Institutions of Higher Education	161979530	100109132	77122341	312357	1010796	52266309	34870783	8280936
成人高等学校	Institutions of Higher Education for Adults	1885310	937380	743294		482	892401	679354	55046
中等职业学校	Secondary Vocational Schools	32409018	28431329	21819392	150244	12810	3209273	2076070	605362
中等专业学校	Specialized Secondary Schools	14894093	13196313	10176054	58891	4495	1389600	858935	244794
职业高中	Vocational Senior Secondary Schools	11828754	10684492	8016736	83598	3989	889933	604897	166743
技工学校	Skilled Workers Schools	4731169	3751759	2995736	3305	2729	794206	516847	179169
成人中专学校	Specialized Secondary Schools	955002	798764	630866	4450	1597	135535	95392	14656
中学	Secondary Schools	167381782	142583083	123009265	613063	228884	20738587	17905355	3218166
普通中学	Regular Secondary Schools	167320136	142525136	122958302	613063	228882	20737405	17905052	3215649
普通高中	Regular Senior Secondary Schools	63178385	49713256	42163649	401148	131549	11756202	9815071	1176229
普通初中	Regular Junior Secondary Schools	104141751	92811880	80794653	211915	97332	8981203	8089981	2039421
#农村	Rural Area	54087427	50059195	43809833	106060	67854	2860831	2515051	993487
成人中学	Secondary Schools for Adults	61646	57946	50963		2	1181	303	2516
小学	Primary Schools	161562981	147931595	128101667	210881	126457	9655442	8919991	3638606
普通小学	Regular Primary Schools	161562819	147931432	128101512	210881	126457	9655442	8919991	3638606
#农村	Rural Area	87059374	82486735	71362010	98500	63591	2611411	2310078	1799137
成人小学	Primary Schools for Adults	163	163	154					
特殊教育	Special Education Schools	2346859	2318201	1982818	812	2583	9638	5837	15626
幼儿园	Kindergartens	51382566	29821819	25569498	595407	53547	20319058	20009847	592735
教育行政单位	Education Administrative Unit	4269813	4159890	3330667		7422	11928		90572
教育事业单位	Education Institution	9059226	7711864	6283636		99698	1004961		242702
其他	Others	21014297	20724801	4607049		441	210617	48979	78438

4-47 分地区一般公共预算教育经费情况(2022年)
Statistics on General Public Budget Expenditure on Education by Region (2022)

地 区	Region	一般公共预算教育经费 (亿元) General Public Budget Expenditure on Education (100 million yuan)	一般公共预算教育经费占一般公共预算支出比例 (%) Proportion of Education Expenditure on General Public Budget (%)	一般公共预算教育经费本年比上年增长 (%) Current Year's Growth of General Public Budget Expenditure on Education over the Previous Year (%)	财政经常性收入本年比上年增长 (%) Current This Year's Growth of Finance Regular Income over the Previous Year (%)	一般公共预算教育经费与财政经常性收入增长幅度比较 (百分点) Growth Range Comparison of General Public Budget Expenditure on Education and Finance Regular Income (percentage point)
北 京	Beijing	1161.00	15.54	2.28	-2.26	4.54
天 津	Tianjin	474.88	17.40	0.40	-18.01	18.41
河 北	Hebei	1754.60	18.86	8.24	-15.94	24.18
山 西	Shanxi	855.84	14.56	10.33	25.33	-15.00
内蒙古	Inner Mongolia	674.21	11.45	6.39	21.95	-15.56
辽 宁	Liaoning	743.18	11.87	5.00	-6.01	11.01
吉 林	Jilin	497.35	12.30	2.77	-18.40	21.17
黑龙江	Heilongjiang	614.68	11.27	1.21	-0.76	1.97
上 海	Shanghai	1093.09	11.64	7.87	-2.11	9.98
江 苏	Jiangsu	2544.33	17.07	1.56	-10.36	11.92
浙 江	Zhejiang	2182.55	18.16	7.52	1.57	5.95
安 徽	Anhui	1420.07	16.95	7.96	5.58	2.38
福 建	Fujian	1196.77	21.03	12.68	-6.47	19.15
江 西	Jiangxi	1317.15	18.07	5.30	-1.29	6.59
山 东	Shandong	2596.97	21.41	8.80	-7.50	16.30
河 南	Henan	1845.65	17.34	5.88	-2.91	8.79
湖 北	Hubei	1279.80	14.84	4.47	1.36	3.11
湖 南	Hunan	1530.29	17.02	7.41	-4.30	11.71
广 东	Guangdong	3863.13	20.84	1.84	-12.30	14.14
广 西	Guangxi	1141.19	19.36	3.27	-0.40	3.67
海 南	Hainan	306.29	14.60	1.19	-10.07	11.26
重 庆	Chongqing	827.66	16.92	2.81	-14.02	16.83
四 川	Sichuan	1856.26	15.58	6.61	1.32	5.29
贵 州	Guizhou	1152.81	19.70	2.41	1.63	0.78
云 南	Yunnan	1158.75	17.30	1.02	-11.96	12.98
西 藏	Xizang	316.67	12.21	9.06	-20.05	29.11
陕 西	Shaanxi	1052.34	15.56	1.81	18.55	-16.74
甘 肃	Gansu	698.43	16.41	5.52	-0.37	5.89
青 海	Qinghai	230.92	11.69	0.24	1.54	-1.30
宁 夏	Ningxia	213.62	13.45	7.32	5.44	1.88
新 疆	Xinjiang	974.86	17.06	5.04	12.85	-7.81

4-48 分地区各级教育生均一般公共预算教育经费增长情况
Statistics on Growth of Per Student General Public Budget Expenditure on Education by Level and Region

单位：元 (yuan)

地 区	Region	幼儿园 Kindergartens			普通小学 Regular Primary Schools			普通初中 Regular Junior Secondary Schools		
		2021	2022	增长率 (%) Growth Rate (%)	2021	2022	增长率 (%) Growth Rate (%)	2021	2022	增长率 (%) Growth Rate (%)
全 国	**National Total**	**9505.84**	**10198.39**	**7.29**	**12380.73**	**12791.64**	**3.32**	**17772.06**	**18151.98**	**2.14**
北 京	Beijing	41021.76	37950.54	-7.49	35473.59	35896.90	1.19	64124.46	62214.95	-2.98
天 津	Tianjin	24044.03	22348.54	-7.05	20520.01	19654.47	-4.22	31623.14	28877.17	-8.68
河 北	Hebei	7099.65	7996.58	12.63	9719.02	10557.45	8.63	13870.10	14666.50	5.74
山 西	Shanxi	5738.26	6676.82	16.36	11412.11	12596.99	10.38	16624.41	18092.51	8.83
内蒙古	Inner Mongolia	14152.77	16055.55	13.44	14627.70	15731.39	7.55	19026.22	20600.46	8.27
辽 宁	Liaoning	5489.14	6238.97	13.66	11418.09	11546.53	1.12	16411.90	17594.20	7.20
吉 林	Jilin	10858.23	11999.98	10.52	14762.62	14853.07	0.61	18999.74	19239.45	1.26
黑龙江	Heilongjiang	9928.05	11060.27	11.40	14999.62	15534.29	3.56	17147.62	17748.13	3.50
上 海	Shanghai	32225.51	36105.81	12.04	30841.64	32009.96	3.79	45043.36	45055.84	0.03
江 苏	Jiangsu	10453.56	11064.71	5.85	15420.14	15497.60	0.50	24498.43	23603.87	-3.65
浙 江	Zhejiang	16225.29	16961.68	4.54	19607.05	20263.06	3.35	28221.74	29204.74	3.48
安 徽	Anhui	7861.34	8507.60	8.22	11163.65	11413.72	2.24	17427.44	17745.05	1.82
福 建	Fujian	8782.68	9979.46	13.63	11267.79	12317.46	9.32	18140.60	19342.71	6.63
江 西	Jiangxi	9809.61	10544.19	7.49	11172.66	11696.44	4.69	14538.64	14995.23	3.14
山 东	Shandong	5795.79	6487.23	11.93	11073.96	11898.77	7.45	17645.29	18364.61	4.08
河 南	Henan	3901.09	4438.70	13.78	7099.14	7339.47	3.39	10436.79	10541.81	1.01
湖 北	Hubei	7925.75	8188.40	3.31	11493.64	11696.22	1.76	18292.71	18334.67	0.23
湖 南	Hunan	5237.27	5681.65	8.48	10257.51	10843.53	5.71	15170.24	16099.47	6.13
广 东	Guangdong	9598.50	10228.76	6.57	14903.38	14942.65	0.26	22141.37	21955.12	-0.84
广 西	Guangxi	4122.96	4354.63	5.62	8879.19	8904.78	0.29	11518.93	11637.40	1.03
海 南	Hainan	13928.38	14331.93	2.90	12838.81	12878.22	0.31	18512.79	18558.99	0.25
重 庆	Chongqing	8512.15	7677.13	-9.81	13734.17	14043.45	2.25	17764.64	17862.56	0.55
四 川	Sichuan	8726.45	9345.88	7.10	11777.31	12237.31	3.91	15612.14	16255.17	4.12
贵 州	Guizhou	9289.94	9667.48	4.06	11098.27	11168.63	0.63	14504.44	14656.91	1.05
云 南	Yunnan	6965.61	7000.59	0.50	11930.39	11908.66	-0.18	15062.33	14879.17	-1.22
西 藏	Xizang	26460.14	27901.16	5.45	30736.41	32704.15	6.40	35424.57	38904.38	9.82
陕 西	Shaanxi	13302.61	13367.76	0.49	13495.17	13418.12	-0.57	19865.11	19899.13	0.17
甘 肃	Gansu	9708.65	10434.93	7.48	12278.29	12637.47	2.93	15530.39	16185.39	4.22
青 海	Qinghai	8851.76	8929.63	0.88	15653.53	15675.89	0.14	19996.21	20656.82	3.30
宁 夏	Ningxia	9211.24	9666.32	4.94	11669.88	12441.68	6.61	16035.82	16726.97	4.31
新 疆	Xinjiang	11213.91	14905.41	33.09	13148.55	13164.90	0.14	20926.86	20916.25	0.04

4-48 续表 continued

单位：元 (yuan)

地区	Region	普通高中 Regular Senior Secondary Schools 2021	2022	增长率(%) Growth Rate (%)	中等职业学校 Secondary Vocational Schools 2021	2022	增长率(%) Growth Rate (%)	普通高等学校 Regular HEIs 2021	2022	增长率(%) Growth Rate (%)
全 国	**National Total**	**18808.71**	**19117.92**	**1.64**	**17095.26**	**17461.54**	**2.14**	**22586.42**	**22205.41**	**-1.69**
北 京	Beijing	72612.47	67497.57	-7.04	72116.02	71796.68	-0.44	65385.05	62230.62	-4.82
天 津	Tianjin	32285.62	29029.81	-10.08	25075.91	25619.45	2.17	17761.30	18637.96	4.94
河 北	Hebei	15466.87	15975.60	3.29	16220.53	16739.11	3.20	18826.13	19864.66	5.52
山 西	Shanxi	17380.55	18222.98	4.85	16989.29	17786.25	4.69	21307.02	22624.28	6.18
内蒙古	Inner Mongolia	20833.21	22570.85	8.34	23563.15	22191.72	-5.82	21974.08	20773.21	-5.46
辽 宁	Liaoning	14765.07	15704.12	6.36	16081.64	17569.00	9.25	15773.06	15879.97	0.68
吉 林	Jilin	12915.21	13128.54	1.65	22036.45	22080.33	0.20	15428.28	17400.80	12.79
黑龙江	Heilongjiang	13085.34	13673.14	4.49	21307.44	21950.71	3.02	18116.73	18120.74	0.02
上 海	Shanghai	58864.12	58877.08	0.02	62202.80	62283.53	0.13	41423.87	42309.82	2.14
江 苏	Jiangsu	30204.81	28349.21	-6.14	21102.88	20314.50	-3.74	21951.47	21392.51	-2.55
浙 江	Zhejiang	34135.55	35003.78	2.54	27749.26	29244.92	5.39	25609.57	27052.70	5.64
安 徽	Anhui	16133.87	16599.15	2.88	14888.45	15655.94	5.15	16717.53	17334.25	3.69
福 建	Fujian	18086.48	20081.32	11.03	18592.13	19562.48	5.22	19460.29	20579.13	5.75
江 西	Jiangxi	15319.28	15495.58	1.15	14599.46	15179.84	3.98	18726.54	19513.95	4.20
山 东	Shandong	18474.54	20212.84	9.41	18924.71	20026.99	5.82	18315.31	17971.67	-1.88
河 南	Henan	11199.44	11944.58	6.65	9086.79	9632.01	6.00	14804.09	15353.80	3.71
湖 北	Hubei	19086.61	18692.42	-2.07	15802.69	15876.94	0.47	18248.39	18404.39	0.85
湖 南	Hunan	16024.68	17009.98	6.15	14836.41	15576.20	4.99	14859.07	15019.33	1.08
广 东	Guangdong	27327.77	25436.49	-6.92	20743.52	20227.92	-2.49	35661.44	31984.09	-10.31
广 西	Guangxi	11435.09	11596.08	1.41	10918.91	10707.65	-1.93	14361.45	14491.23	0.90
海 南	Hainan	19658.02	19728.39	0.36	13253.86	12472.09	-5.90	32200.85	30156.75	-6.35
重 庆	Chongqing	16567.65	16584.20	0.10	14784.31	14800.68	0.11	16511.92	16979.14	2.83
四 川	Sichuan	14514.94	15505.00	6.82	13660.75	13838.81	1.30	18568.23	21060.31	13.42
贵 州	Guizhou	15359.99	15402.61	0.28	8789.75	8579.17	-2.40	22598.29	22801.83	0.90
云 南	Yunnan	15991.56	15226.96	-4.78	13268.80	12536.83	-5.52	16277.14	18124.17	11.35
西 藏	Xizang	42418.17	39420.42	-7.07	41306.52	39013.91	-5.55	63468.00	56176.00	-11.49
陕 西	Shaanxi	19003.69	19357.72	1.86	14117.67	14932.98	5.78	16579.02	16258.10	-1.94
甘 肃	Gansu	15724.43	16775.16	6.68	18217.16	18440.82	1.23	17255.32	17979.29	4.20
青 海	Qinghai	21855.36	22088.04	1.06	18585.13	20391.48	9.72	51045.58	42315.28	-17.10
宁 夏	Ningxia	15833.00	16494.97	4.18	15365.67	18670.70	21.51	28081.13	28408.03	1.16
新 疆	Xinjiang	20118.50	20325.25	1.00	17672.40	19875.50	11.94	22738.35	21724.49	-3.63

4-49 分地区各级教育生均一般公共预算教育事业费增长情况
Statistics on Growth of Per Student General Public Budget Expenditure on Educational Operating Expenses by Level and Region

单位：元 (yuan)

地 区	Region	幼儿园 Kindergartens			普通小学 Regular Primary Schools			普通初中 Regular Junior Secondary Schools		
		2021	2022	增长率(%) Growth Rate (%)	2021	2022	增长率(%) Growth Rate (%)	2021	2022	增长率(%) Growth Rate (%)
全 国	**National Total**	**9029.65**	**9736.51**	**7.83**	**11841.80**	**12259.53**	**3.53**	**16790.89**	**17225.61**	**2.59**
北 京	Beijing	38540.98	37880.85	-1.71	33633.65	35265.13	4.85	57156.75	58564.07	2.46
天 津	Tianjin	24674.28	22372.49	-9.33	20331.99	19446.29	-4.36	31072.57	28652.87	-7.79
河 北	Hebei	7057.16	7961.33	12.81	9566.05	10429.42	9.03	13332.89	14302.09	7.27
山 西	Shanxi	5641.05	6348.86	12.55	11093.16	11990.68	8.09	15914.65	17095.18	7.42
内蒙古	Inner Mongolia	14000.57	14946.15	6.75	13838.99	14989.72	8.32	17958.22	19211.92	6.98
辽 宁	Liaoning	5345.11	5970.53	11.70	11174.12	11201.39	0.24	15948.72	16835.40	5.56
吉 林	Jilin	11811.35	12033.03	1.88	14847.02	14452.71	-2.66	19210.81	18506.56	-3.67
黑龙江	Heilongjiang	10067.66	10820.28	7.48	15025.36	15225.97	1.34	16975.12	17393.23	2.46
上 海	Shanghai	27393.68	29835.46	8.91	25897.72	26260.19	1.40	36317.48	37014.91	1.92
江 苏	Jiangsu	9421.48	10392.31	10.30	14344.59	14629.34	1.99	22712.61	22193.12	-2.29
浙 江	Zhejiang	14619.38	15634.26	6.94	18438.14	19094.92	3.56	26241.26	27292.98	4.01
安 徽	Anhui	7819.97	8494.11	8.62	10992.48	11313.88	2.92	16676.07	17234.31	3.35
福 建	Fujian	9039.42	9932.86	9.88	11200.10	11951.97	6.71	17922.21	18679.11	4.22
江 西	Jiangxi	9491.04	10164.00	7.09	10783.88	11351.66	5.27	13884.11	14450.03	4.08
山 东	Shandong	5536.31	6224.40	12.43	10588.24	11395.94	7.63	16524.83	17339.11	4.93
河 南	Henan	3835.37	4271.84	11.38	6839.02	7080.78	3.54	9958.09	10054.21	0.97
湖 北	Hubei	8077.78	8258.87	2.24	11646.32	11760.14	0.98	18512.05	18423.46	-0.48
湖 南	Hunan	4988.53	5410.73	8.46	9986.94	10542.32	5.56	14683.09	15434.12	5.11
广 东	Guangdong	9142.12	9857.27	7.82	13424.24	13487.34	0.47	19539.88	19522.88	-0.09
广 西	Guangxi	3992.94	4271.47	6.98	8812.10	8798.40	-0.16	11446.86	11279.06	-1.47
海 南	Hainan	14045.45	14159.42	0.81	12653.12	12729.79	0.61	17885.04	18098.74	1.19
重 庆	Chongqing	7984.74	7325.45	-8.26	12945.26	13193.73	1.92	16457.31	16868.73	2.50
四 川	Sichuan	8043.28	8776.83	9.12	11242.03	11758.62	4.60	14877.21	15568.94	4.65
贵 州	Guizhou	8858.88	9611.71	8.50	10690.17	11000.58	2.90	13915.10	14481.32	4.07
云 南	Yunnan	6753.60	6737.16	-0.24	11734.01	11715.41	-0.16	14806.60	14676.95	-0.88
西 藏	Xizang	23666.62	26220.17	10.79	27256.25	30155.70	10.64	32496.55	37079.89	14.10
陕 西	Shaanxi	12117.66	12581.74	3.83	12529.20	12827.17	2.38	18211.97	18619.83	2.24
甘 肃	Gansu	9549.47	10162.40	6.42	12070.70	12342.42	2.25	15147.74	15633.69	3.21
青 海	Qinghai	7275.72	7481.39	2.83	14296.43	14560.43	1.85	18487.83	19305.09	4.42
宁 夏	Ningxia	10746.77	9830.29	-8.53	12562.73	12569.64	0.06	16768.02	16772.49	0.03
新 疆	Xinjiang	10812.97	14460.03	33.98	12506.13	12568.54	0.53	19578.16	19669.03	0.59

4-49 续表 continued

单位：元 (yuan)

地区 Region	普通高中 Regular Senior Secondary Schools			中等职业学校 Secondary Vocational Schools			普通高等学校 Regular HEIs		
	2021	2022	增长率 (%) Growth Rate (%)	2021	2022	增长率 (%) Growth Rate (%)	2021	2022	增长率 (%) Growth Rate (%)
全 国 National Total	**17236.78**	**17796.54**	**3.25**	**15898.62**	**16254.68**	**2.24**	**20990.88**	**20926.53**	**-0.31**
北 京 Beijing	66433.98	63467.48	-4.47	70514.69	70456.50	-0.08	65957.02	60731.14	-7.92
天 津 Tianjin	32383.54	28909.08	-10.73	25777.60	25640.28	-0.53	17066.28	17831.28	4.48
河 北 Hebei	15137.88	15799.88	4.37	15128.93	16373.94	8.23	16630.07	20766.57	24.87
山 西 Shanxi	16096.75	17270.13	7.29	17128.13	17106.60	-0.13	20053.66	20725.60	3.35
内蒙古 Inner Mongolia	20110.05	21243.62	5.64	22197.50	20956.13	-5.59	21245.61	19523.59	-8.11
辽 宁 Liaoning	14457.87	15044.33	4.06	15620.94	16218.42	3.82	14660.28	15726.25	7.27
吉 林 Jilin	12935.29	12857.43	-0.60	22389.70	21522.46	-3.87	16206.38	17003.59	4.92
黑龙江 Heilongjiang	12849.12	12971.28	0.95	21639.59	21419.54	-1.02	17672.21	17416.06	-1.45
上 海 Shanghai	45315.55	44820.83	-1.09	40581.93	40790.93	0.52	33883.02	36234.97	6.94
江 苏 Jiangsu	26661.32	25545.10	-4.19	19934.67	19108.95	-4.14	21647.56	21008.53	-2.95
浙 江 Zhejiang	30765.27	32130.02	4.44	24437.66	26584.60	8.79	23813.60	26147.39	9.80
安 徽 Anhui	14273.03	15139.77	6.07	13999.70	15002.90	7.17	16046.35	16582.43	3.34
福 建 Fujian	17927.24	19341.45	7.89	15846.55	17047.10	7.58	18815.40	19756.30	5.00
江 西 Jiangxi	14307.97	14862.34	3.87	13769.15	13917.16	1.07	18732.74	17221.23	-8.07
山 东 Shandong	17279.14	19167.57	10.93	16648.49	17911.82	7.59	18135.80	17357.63	-4.29
河 南 Henan	10426.51	11033.28	5.82	8530.45	8803.27	3.20	14646.45	14432.17	-1.46
湖 北 Hubei	19341.03	18725.25	-3.18	16173.78	15977.17	-1.22	18499.83	18441.22	-0.32
湖 南 Hunan	14703.26	15683.23	6.66	13192.57	14421.80	9.32	14182.18	14288.65	0.75
广 东 Guangdong	21027.49	21506.79	2.28	19757.65	19193.91	-2.85	28340.89	27221.22	-3.95
广 西 Guangxi	11067.64	11121.70	0.49	10287.81	9670.20	-6.00	13628.91	13381.19	-1.82
海 南 Hainan	19273.46	19470.66	1.02	12970.68	12161.20	-6.24	24502.07	29143.55	18.94
重 庆 Chongqing	15650.32	15938.50	1.84	13174.48	14003.03	6.29	15758.20	15983.99	1.43
四 川 Sichuan	13839.80	14826.70	7.13	13320.85	13307.19	-0.10	18116.99	20346.69	12.31
贵 州 Guizhou	14100.68	14452.67	2.50	7898.44	8304.29	5.14	20005.38	19493.78	-2.56
云 南 Yunnan	15607.02	14743.91	-5.53	12434.41	12005.71	-3.45	16239.19	17828.74	9.79
西 藏 Xizang	35495.08	37097.86	4.52	40775.57	40680.22	-0.23	58342.44	46403.17	-20.46
陕 西 Shaanxi	17387.28	18030.39	3.70	13495.16	14351.30	6.34	15800.40	15552.91	-1.57
甘 肃 Gansu	15272.47	15981.37	4.64	17745.68	16881.73	-4.87	16441.38	16086.12	-2.16
青 海 Qinghai	20767.36	20568.94	-0.96	18170.47	18159.89	-0.06	36501.88	29848.37	-18.23
宁 夏 Ningxia	16583.71	16610.24	0.16	18537.37	17389.72	-6.19	26499.94	24062.71	-9.20
新 疆 Xinjiang	18303.68	18900.58	3.27	16482.14	18335.92	10.84	21204.84	19923.85	-6.05

4-50 分地区各级教育生均一般公共预算公用经费增长情况
Statistics on Growth of Per Student General Public Budget on Communal Expenditure by Level and Region

单位：元 (yuan)

地区	Region	幼儿园 Kindergartens			普通小学 Regular Primary Schools			普通初中 Regular Junior Secondary Schools		
		2021	2022	增长率(%) Growth Rate (%)	2021	2022	增长率(%) Growth Rate (%)	2021	2022	增长率(%) Growth Rate (%)
全国	**National Total**	**3224.93**	**3208.62**	**-0.51**	**2855.13**	**2785.89**	**-2.43**	**4203.76**	**4167.74**	**-0.86**
北京	Beijing	14642.97	13451.46	-8.14	9791.18	10055.04	2.69	17717.04	18312.17	3.36
天津	Tianjin	7675.92	5417.67	-29.42	3841.15	3556.85	-7.40	6143.83	5107.70	-16.86
河北	Hebei	1769.16	1707.26	-3.50	2473.47	2350.15	-4.99	3531.63	3485.60	-1.30
山西	Shanxi	2070.68	2243.66	8.35	2548.30	2625.15	3.02	3717.85	4059.14	9.18
内蒙古	Inner Mongolia	5052.26	4619.29	-8.57	3357.88	3146.49	-6.30	4512.10	4202.12	-6.87
辽宁	Liaoning	2049.50	2034.12	-0.75	2232.28	1878.17	-15.86	2746.48	2623.98	-4.46
吉林	Jilin	4239.59	3736.50	-11.87	3221.20	2646.09	-17.85	4669.67	3848.82	-17.58
黑龙江	Heilongjiang	4371.02	4398.39	0.63	2801.43	2392.30	-14.60	3602.57	3115.25	-13.53
上海	Shanghai	8183.47	6563.63	-19.79	7091.21	5650.58	-20.32	9864.31	8678.54	-12.02
江苏	Jiangsu	2837.47	2993.43	5.50	2776.82	2757.82	-0.68	4864.11	4572.27	-6.00
浙江	Zhejiang	5217.04	5631.45	7.94	4094.99	4608.32	12.54	5592.75	6280.17	12.29
安徽	Anhui	3308.02	3662.07	10.70	3089.25	3235.43	4.73	4836.51	5141.04	6.30
福建	Fujian	2747.52	2709.06	-1.40	2699.40	2553.03	-5.42	4121.79	3801.15	-7.78
江西	Jiangxi	4955.82	4951.03	-0.10	3675.08	3921.45	6.70	5601.07	5810.65	3.74
山东	Shandong	2063.70	1739.19	-15.72	2094.34	1930.07	-7.84	3564.73	3250.44	-8.82
河南	Henan	1237.68	1409.78	13.91	1778.40	1755.39	-1.29	2728.92	2716.07	-0.47
湖北	Hubei	3438.39	3474.90	1.06	3296.80	3339.29	1.29	4726.90	4894.87	3.55
湖南	Hunan	2162.85	2248.05	3.94	2535.23	2382.94	-6.01	3911.34	3954.54	1.10
广东	Guangdong	3277.13	3456.04	5.46	3101.39	3119.07	0.57	4538.87	4789.39	5.52
广西	Guangxi	1626.37	1459.08	-10.29	2063.00	1767.88	-14.31	2951.56	2562.70	-13.17
海南	Hainan	8818.65	7583.10	-14.01	4523.63	3982.93	-11.95	7711.72	7535.75	-2.28
重庆	Chongqing	4467.69	3642.46	-18.47	3397.23	3397.52	0.01	4411.09	4505.71	2.15
四川	Sichuan	3686.53	3815.84	3.51	2829.71	2777.26	-1.85	3794.84	3782.81	-0.32
贵州	Guizhou	2476.61	2917.10	17.79	2039.27	2050.51	0.55	2684.01	2961.68	10.35
云南	Yunnan	1909.93	1684.83	-11.79	2179.96	1900.88	-12.80	2790.37	2504.94	-10.23
西藏	Xizang	6881.10	7138.85	3.75	6192.73	6863.87	10.84	7410.73	9921.73	33.88
陕西	Shaanxi	4340.32	4448.15	2.48	4315.55	4186.28	-3.00	5884.09	5657.60	-3.85
甘肃	Gansu	3037.19	2841.72	-6.44	2909.09	2759.49	-5.14	3653.02	3569.53	-2.29
青海	Qinghai	3151.40	3116.02	-1.12	3696.79	3827.14	3.53	4653.25	5322.97	14.39
宁夏	Ningxia	7008.11	5617.34	-19.85	4484.07	3995.06	-10.91	6445.19	5526.65	-14.25
新疆	Xinjiang	1858.72	2089.67	13.44	2194.79	1823.07	-16.59	4603.59	4312.11	-5.57

4-50 续表 continued

单位：元 (yuan)

地区	Region	普通高中 Regular Senior Secondary Schools 2021	2022	增长率(%) Growth Rate (%)	中等职业学校 Secondary Vocational Schools 2021	2022	增长率(%) Growth Rate (%)	普通高等学校 Regular HEIs 2021	2022	增长率(%) Growth Rate (%)
全 国	**National Total**	**4276.76**	**4223.18**	**-1.25**	**5866.20**	**5833.13**	**-0.56**	**8440.47**	**8147.39**	**-3.47**
北 京	Beijing	19545.35	17484.75	-10.54	24652.56	24353.64	-1.21	29133.45	21684.64	-25.57
天 津	Tianjin	5370.37	4210.71	-21.59	5843.72	6834.66	16.96	5545.08	5886.78	6.16
河 北	Hebei	4193.61	3502.78	-16.47	4794.90	4478.16	-6.61	6769.07	6732.61	-0.54
山 西	Shanxi	4001.01	4723.18	18.05	6930.95	6302.99	-9.06	9526.44	9430.04	-1.01
内蒙古	Inner Mongolia	6594.76	6452.84	-2.15	8953.68	7676.79	-14.26	9588.40	6325.87	-34.03
辽 宁	Liaoning	2805.89	2414.24	-13.96	4792.80	4086.70	-14.73	6867.08	7444.13	8.40
吉 林	Jilin	3277.89	3310.09	0.98	6990.65	6577.32	-5.91	8378.53	8909.86	6.34
黑龙江	Heilongjiang	3129.60	2817.69	-9.97	6387.65	6258.34	-2.02	8012.17	6360.51	-20.61
上 海	Shanghai	12847.94	11003.74	-14.35	15137.41	12071.95	-20.25	14795.41	17292.76	16.88
江 苏	Jiangsu	6520.49	6095.90	-6.51	6076.15	5455.63	-10.21	9477.95	8742.23	-7.76
浙 江	Zhejiang	6596.99	7089.03	7.46	7552.52	9180.32	21.55	9642.53	10951.71	13.58
安 徽	Anhui	3440.35	3898.29	13.31	6494.63	7226.13	11.26	7060.48	7229.24	2.39
福 建	Fujian	3583.09	3765.21	5.08	5692.45	5727.24	0.61	7596.22	7522.75	-0.97
江 西	Jiangxi	5588.27	5600.25	0.21	7433.57	7552.95	1.61	7127.34	5662.70	-20.55
山 东	Shandong	3012.51	2824.81	-6.23	5465.81	5424.64	-0.75	5692.30	4807.02	-15.55
河 南	Henan	3023.12	3255.12	7.67	3494.84	3708.55	6.12	7169.60	6876.24	-4.09
湖 北	Hubei	5537.48	5194.62	-6.19	7158.26	6788.40	-5.17	7515.83	6968.72	-7.28
湖 南	Hunan	3210.38	3425.02	6.69	4760.49	5751.97	20.83	4390.62	4330.64	-1.37
广 东	Guangdong	4148.53	4833.87	16.52	6650.64	6370.82	-4.21	11279.33	10507.71	-6.84
广 西	Guangxi	2951.66	2624.06	-11.10	4820.80	4078.57	-15.40	8048.52	6931.16	-13.88
海 南	Hainan	7394.03	7315.49	-1.06	6580.72	5789.85	-12.02	13204.64	17834.12	35.06
重 庆	Chongqing	4169.76	4070.41	-2.38	5973.33	6491.76	8.68	7400.21	7748.31	4.70
四 川	Sichuan	3140.92	3525.02	12.23	5120.00	4827.61	-5.71	6258.12	8456.39	35.13
贵 州	Guizhou	3562.90	3282.83	-7.86	2724.11	3086.75	13.31	9861.12	8991.02	-8.82
云 南	Yunnan	4321.15	3192.59	-26.12	4456.66	3955.40	-11.25	5994.85	7802.21	30.15
西 藏	Xizang	10155.27	10268.35	1.11	16950.60	18211.75	7.44	26532.64	17720.57	-33.21
陕 西	Shaanxi	5414.89	5364.82	-0.92	4723.87	4759.23	0.75	7446.70	7316.67	-1.75
甘 肃	Gansu	3409.20	3288.23	-3.55	7026.18	5699.60	-18.88	9182.60	8466.71	-7.80
青 海	Qinghai	6545.96	5562.29	-15.03	9226.96	9496.26	2.92	21957.84	15942.56	-27.39
宁 夏	Ningxia	6340.74	5052.40	-20.32	11532.46	9750.02	-15.46	13463.90	11038.65	-18.01
新 疆	Xinjiang	3083.93	2734.26	-10.92	6983.15	8002.09	14.33	8130.90	6695.75	-17.58

五、就　　业
Employment

5-1 就业基本情况
Basic Statistics on Employment

项目	Item	2019	2020	2021	2022	2023
劳动力（万人）	**Labour Force (10 000 persons)**	**78985**	**78392**	**78024**	**76863**	**77216**
就业人员（万人）	**Number of Employed Persons (10 000 persons)**	**75447**	**75064**	**74652**	**73351**	**74041**
第一产业	Primary Industry	18652	17715	17072	17663	16882
第二产业	Secondary Industry	21234	21543	21712	21105	21520
第三产业	Tertiary Industry	35561	35806	35868	34583	35639
按城乡分就业人员(万人)	**Number of Employed Persons by Urban and Rural Areas (10 000 persons)**					
城镇就业人员	Urban Employed Persons	45249	46271	46773	45931	47032
乡村就业人员	Rural Employed Persons	30198	28793	27879	27420	27009
按登记注册统计类别分城镇非私营单位就业人员（万人）	**Number of Employed Persons in Urban Non-private Units by Status of Registered Statistical Categories (10 000 persons)**	**17162**	**17039**	**17015**	**16701**	**16368**
内资单位	Domestic Invested Units	14801	14665	14619	14423	14287
#国有单位	State-owned Units	5473	5563	5633	5612	5400
港澳台投资单位	Units with Funds from Hong Kong, Macao and Taiwan	1157	1159	1175	1114	1093
外商投资单位	Foreign Funded Units	1203	1216	1220	1164	988
城镇登记失业人员（万人）	**Number of Registered Unemployed Persons in Urban Areas (10 000 persons)**	**945**	**1160**	**1040**	**1203**	**1074**
城镇调查失业率(1-12月均值)(%)	**Surveyed Unemployment Rate in Urban Areas (Annual Average) (%)**	**5.2**	**5.6**	**5.1**	**5.6**	**5.2**
城镇调查失业率(12月)（%）	**Surveyed Unemployment Rate in Urban Areas (Year-end) (%)**	**5.2**	**5.2**	**5.1**	**5.5**	**5.1**

注：1.1990年及以后的劳动力、就业人员数据根据劳动力调查、全国人口普查推算，其中1991-2019年非普查年份数据已根据历次人口普查修订(以下相关表同)。
2.本表登记注册统计类别按《关于市场主体统计分类的划分规定》(国统字〔2023〕14号)执行。
3.表中国有单位包括机关事业单位和全民所有制企业(国有企业)。

a) From 1990, the total number of labour force and employed persons were estimated according to Labour Force Survey and Population Census. The data for non-census years from 1991 to 2019 has been revised based on previous population censuses. The same applies to the relevant following tables.
b) The registered statistical categories of this table is implemented in accordance with the Regulations on the Classification of Market Entity Statistics (Guotongzi [2023] No. 14).
c) The state-owned enterprises in the tables include government agencies and all state-owned enterprises.

5-2 三次产业就业人员和构成(年底数)
Number and Composition of Employed Persons at Year-end by Three Strata of Industry

年 份 Year	就业人员（万人） Total Employed Persons (10 000 persons)	第一产业 Primary Industry	第二产业 Secondary Industry	第三产业 Tertiary Industry	构成（合计=100） Composition (total=100) 第一产业 Primary Industry	第二产业 Secondary Industry	第三产业 Tertiary Industry
1952	20729	17317	1531	1881	83.5	7.4	9.1
1957	23771	19309	2142	2320	81.2	9.0	9.8
1962	25910	21276	2059	2575	82.1	8.0	9.9
1965	28670	23396	2408	2866	81.6	8.4	10.0
1970	34432	27811	3518	3103	80.8	10.2	9.0
1975	38168	29456	5152	3560	77.2	13.5	9.3
1978	40152	28318	6945	4890	70.5	17.3	12.2
1979	41024	28634	7214	5177	69.8	17.6	12.6
1980	42361	29122	7707	5532	68.7	18.2	13.1
1981	43725	29777	8003	5945	68.1	18.3	13.6
1982	45295	30859	8346	6090	68.1	18.4	13.5
1983	46436	31151	8679	6606	67.1	18.7	14.2
1984	48197	30868	9590	7739	64.0	19.9	16.1
1985	49873	31130	10384	8359	62.4	20.8	16.8
1986	51282	31254	11216	8811	60.9	21.9	17.2
1987	52783	31663	11726	9395	60.0	22.2	17.8
1988	54334	32249	12152	9933	59.3	22.4	18.3
1989	55329	33225	11976	10129	60.1	21.6	18.3
1990	64749	38914	13856	11979	60.1	21.4	18.5
1991	65491	39098	14015	12378	59.7	21.4	18.9
1992	66152	38699	14355	13098	58.5	21.7	19.8
1993	66808	37680	14965	14163	56.4	22.4	21.2
1994	67455	36628	15312	15515	54.3	22.7	23.0
1995	68065	35530	15655	16880	52.2	23.0	24.8
1996	68950	34820	16203	17927	50.5	23.5	26.0
1997	69820	34840	16547	18432	49.9	23.7	26.4
1998	70637	35177	16600	18860	49.8	23.5	26.7
1999	71394	35768	16421	19205	50.1	23.0	26.9
2000	72085	36043	16219	19823	50.0	22.5	27.5
2001	72797	36399	16234	20165	50.0	22.3	27.7
2002	73280	36640	15682	20958	50.0	21.4	28.6
2003	73736	36204	15927	21605	49.1	21.6	29.3
2004	74264	34830	16709	22725	46.9	22.5	30.6
2005	74647	33442	17766	23439	44.8	23.8	31.4
2006	74978	31941	18894	24143	42.6	25.2	32.2
2007	75321	30731	20186	24404	40.8	26.8	32.4
2008	75564	29923	20553	25087	39.6	27.2	33.2
2009	75828	28890	21080	25857	38.1	27.8	34.1
2010	76105	27931	21842	26332	36.7	28.7	34.6
2011	76196	26472	22539	27185	34.7	29.6	35.7
2012	76254	25535	23226	27493	33.5	30.4	36.1
2013	76301	23838	23142	29321	31.3	30.3	38.4
2014	76349	22372	23057	30920	29.3	30.2	40.5
2015	76320	21418	22644	32258	28.0	29.7	42.3
2016	76245	20908	22295	33042	27.4	29.3	43.3
2017	76058	20295	21762	34001	26.7	28.6	44.7
2018	75782	19515	21356	34911	25.7	28.2	46.1
2019	75447	18652	21234	35561	24.7	28.2	47.1
2020	75064	17715	21543	35806	23.6	28.7	47.7
2021	74652	17072	21712	35868	22.9	29.1	48.0
2022	73351	17663	21105	34583	24.1	28.8	47.1
2023	74041	16882	21520	35639	22.8	29.1	48.1

5-3　分地区就业人员数(2023年底数)
Number of Employed Persons by Region (End of 2023)

单位：万人　　(10 000 persons)

地　区	Region	就业人员 Employed Persons	按城乡分 By Urban and Rural Areas		按三次产业分 By Three Industries		
			城镇 Urban	乡村 Rural	第一产业 Primary Industry	第二产业 Secondary Industry	第三产业 Tertiary Industry
全　国	**National Total**	**74041**	**47032**	**27009**	**16882**	**21520**	**35639**
北　京	Beijing	1129	989	140	24	183	922
天　津	Tianjin	635	535	100	32	218	385
河　北	Hebei	3623	2151	1472	789	1147	1687
山　西	Shanxi	1704	1023	681	399	434	871
内蒙古	Inner Mongolia	1211	784	427	416	214	581
辽　宁	Liaoning	2091	1431	660	589	466	1036
吉　林	Jilin	1170	689	481	451	176	543
黑龙江	Heilongjiang	1319	854	465	472	207	640
上　海	Shanghai	1345	1178	167	20	436	889
江　苏	Jiangsu	4840	3554	1286	620	1959	2261
浙　江	Zhejiang	3921	2861	1060	197	1744	1980
安　徽	Anhui	3191	1827	1364	768	1025	1398
福　建	Fujian	2192	1527	665	289	731	1172
江　西	Jiangxi	2231	1352	879	391	777	1063
山　东	Shandong	5370	3352	2018	1267	1818	2285
河　南	Henan	4828	2638	2190	1224	1411	2193
湖　北	Hubei	3254	1930	1324	874	871	1509
湖　南	Hunan	3238	1916	1322	773	887	1578
广　东	Guangdong	7057	5573	1484	688	2584	3785
广　西	Guangxi	2529	1361	1168	829	655	1045
海　南	Hainan	552	338	214	168	62	322
重　庆	Chongqing	1662	1109	553	361	425	876
四　川	Sichuan	4722	2545	2177	1535	1100	2087
贵　州	Guizhou	1884	1005	879	649	461	774
云　南	Yunnan	2748	1316	1432	1184	493	1071
西　藏	Xizang	194	79	115	67	30	97
陕　西	Shaanxi	2085	1268	817	619	437	1029
甘　肃	Gansu	1316	635	681	587	231	498
青　海	Qinghai	271	176	95	70	59	142
宁　夏	Ningxia	341	227	114	84	81	176
新　疆	Xinjiang	1388	809	579	446	198	744

5-4 按登记注册类型和行业分城镇非私营单位就业人员数(2023年底)

Number of Employed Persons in Urban Non-Private Units by Status of Registration and Sector (End of 2023)

单位：万人 (10 000 persons)

项 目	Item	合 计 Total	内资单位 Domestic Invested Units	#国有单位 State-owned Units	港澳台投资单位 Units with Funds from Hong Kong, Macao and Taiwan	外商投资单位 Foreign Funded Units
全国总计	**National Total**	**16368.3**	**14287.4**	**5399.6**	**1092.8**	**988.1**
农、林、牧、渔业	Agriculture, Forestry, Animal Husbandry and Fishery	69.3	67.8	26.5	0.9	0.6
采矿业	Mining	329.3	319.2	21.4	6.3	3.9
制造业	Manufacturing	3577.8	2252.8	22.5	674.3	650.7
电力、热力、燃气及水生产和供应业	Production and Supply of Electricity, Heat, Gas and Water	361.0	336.1	23.6	16.9	8.0
建筑业	Construction	1638.1	1621.6	35.6	8.9	7.7
批发和零售业	Wholesale and Retail Trades	782.4	592.8	30.1	94.4	95.3
交通运输、仓储和邮政业	Transport, Storage and Post	767.9	721.9	46.7	32.3	13.7
住宿和餐饮业	Hotels and Catering Services	288.4	190.7	9.2	52.1	45.6
信息传输、软件和信息技术服务业	Information Transmission, Software and Information Technology	529.5	390.7	17.1	83.0	55.8
金融业	Financial Intermediation	692.4	647.3	57.7	11.9	33.2
房地产业	Real Estate	509.4	461.2	9.1	35.7	12.5
租赁和商务服务业	Leasing and Business Services	827.8	757.4	60.7	39.0	31.4
科学研究和技术服务业	Scientific Research and Technical Services	451.7	412.0	128.1	19.2	20.5
水利、环境和公共设施管理业	Management of Water Conservancy, Environment and Public Facilities	257.9	254.0	110.0	3.3	0.6
居民服务、修理和其他服务业	Services to Households, Repair and Other Services	85.2	74.7	11.4	8.6	1.9
教育	Education	1940.5	1938.7	1731.7	0.9	0.9
卫生和社会工作	Health and Social Service	1126.9	1122.7	996.2	2.4	1.8
文化、体育和娱乐业	Culture, Sports and Entertainment	147.0	140.0	80.5	3.0	4.0
公共管理、社会保障和社会组织	Public Management, Social Security and Social Organization	1985.8	1985.8	1981.4		

5-5　按行业分城镇非私营单位就业人员数(年底数)
Number of Employed Persons in Urban Non-Private Units at Year-end by Sector

单位: 万人　　(10 000 persons)

年份 地区	Year Region	合计 Total	#水利、环境和公共设施管理业 Management of Water Conservancy, Environment and Public Facilities	#居民服务、修理和其他服务业 Services to Households, Repair and Other Services	#教育 Education	#卫生和社会工作 Health and Social Service	#文化、体育和娱乐业 Culture, Sports and Entertainment	#公共管理、社会保障和社会组织 Public Management, Social Security and Social Organization
	2005	11404.0	180.4	53.9	1483.2	508.9	122.5	1240.8
	2006	11713.2	187.0	56.6	1504.4	525.4	122.4	1265.6
	2007	12024.4	193.5	57.4	1520.9	542.8	125.0	1291.2
	2008	12192.5	197.3	56.5	1534.0	563.6	126.0	1335.0
	2009	12573.0	205.7	58.8	1550.4	595.8	129.5	1394.3
	2010	13051.5	218.9	60.2	1581.8	632.5	131.4	1428.5
	2011	14413.3	230.3	59.9	1617.8	679.1	135.0	1467.6
	2012	15236.4	243.8	62.1	1653.4	719.3	137.7	1541.5
	2013	18108.4	259.2	72.3	1687.2	770.0	147.0	1567.0
	2014	18277.8	269.1	75.4	1727.3	810.4	145.5	1599.3
	2015	18062.5	273.3	75.2	1736.5	841.6	149.1	1637.8
	2016	17888.1	269.6	75.4	1729.2	867.0	150.8	1672.6
	2017	17643.8	268.5	78.2	1730.4	897.9	152.2	1725.6
	2018	17258.2	260.6	77.4	1735.6	912.4	146.6	1817.5
	2019	17161.8	244.5	86.3	1909.3	1006.2	151.2	1989.8
	2020	17039.1	245.6	82.8	1958.9	1051.9	149.5	1972.2
	2021	17014.5	252.6	85.9	1971.9	1094.7	151.7	1985.8
	2022	16700.7	253.6	90.1	1950.6	1114.5	146.5	1985.8
	2023	16368.3	257.9	85.2	1940.5	1126.9	147.0	1985.8
北　京	Beijing	755.6	11.6	6.4	50.8	36.8	19.4	42.5
天　津	Tianjin	219.0	2.2	4.8	21.2	12.3	1.4	19.7
河　北	Hebei	554.7	10.6	2.8	84.4	48.8	5.2	105.7
山　西	Shanxi	434.8	7.9	1.2	53.8	27.8	4.2	64.3
内蒙古	Inner Mongolia	268.7	6.5	0.5	36.6	20.5	3.0	55.3
辽　宁	Liaoning	424.5	8.0	1.5	52.2	35.0	3.9	62.7
吉　林	Jilin	233.9	6.0	1.1	34.6	21.2	3.0	38.8
黑龙江	Heilongjiang	274.6	6.6	1.3	37.7	25.1	2.5	49.0
上　海	Shanghai	647.6	9.9	6.3	38.8	28.5	5.6	18.8
江　苏	Jiangsu	1311.4	13.3	6.0	116.3	68.0	9.0	90.5
浙　江	Zhejiang	1064.8	11.3	4.8	89.7	58.6	7.2	78.9
安　徽	Anhui	591.3	9.7	2.4	67.8	38.5	3.5	58.7
福　建	Fujian	548.6	7.1	3.9	61.1	27.6	3.7	50.9
江　西	Jiangxi	419.4	8.7	1.4	64.9	30.5	3.3	62.5
山　东	Shandong	1077.0	17.0	3.5	129.1	79.2	8.0	139.3
河　南	Henan	786.9	15.2	4.5	119.5	69.4	6.6	121.7
湖　北	Hubei	626.0	9.1	3.6	74.8	49.0	5.9	77.1
湖　南	Hunan	585.3	10.3	2.7	81.5	47.5	5.9	87.3
广　东	Guangdong	1990.0	21.3	13.6	155.1	95.1	12.1	150.9
广　西	Guangxi	390.8	6.3	1.3	85.8	41.4	3.5	60.4
海　南	Hainan	102.1	5.2	0.5	16.9	8.3	1.7	14.4
重　庆	Chongqing	337.4	5.9	0.7	43.1	22.1	2.6	36.4
四　川	Sichuan	883.6	12.2	4.5	123.8	74.5	7.3	125.7
贵　州	Guizhou	310.8	5.1	2.0	59.2	30.0	2.0	66.7
云　南	Yunnan	345.0	6.9	1.4	64.4	34.8	3.4	74.4
西　藏	Xizang	40.8	0.6	0.1	5.8	2.6	0.7	15.8
陕　西	Shaanxi	456.4	9.4	1.5	60.9	35.7	5.2	59.5
甘　肃	Gansu	234.1	5.6	0.2	39.3	21.1	2.7	50.0
青　海	Qinghai	65.9	1.0	0.1	8.9	5.8	0.9	14.8
宁　夏	Ningxia	74.2	1.7	0.1	11.2	6.0	0.8	12.2
新　疆	Xinjiang	313.4	5.5	0.7	51.3	25.1	3.0	81.1

5-6 分地区城镇登记失业人员
Registered Unemployed Persons in Urban Area Rate by Region

单位：万人 (10 000 persons)

地 区	Region	失业人员 Unemployed Persons						
		1990	2005	2010	2015	2020	2022	2023
北 京	Beijing	1.7	10.6	7.7	7.8	29.0	36.4	35.5
天 津	Tianjin	8.1	11.7	16.1	25.1	27.0	25.4	42.8
河 北	Hebei	7.7	27.8	35.1	39.4	38.5	20.5	9.3
山 西	Shanxi	5.5	14.3	20.4	25.6	27.7	19.9	26.4
内蒙古	Inner Mongolia	15.2	17.7	20.8	25.9	30.0	29.0	26.2
辽 宁	Liaoning	23.7	60.4	38.9	46.2	50.7	48.5	55.9
吉 林	Jilin	10.5	27.6	22.7	23.9	20.6	19.6	24.2
黑龙江	Heilongjiang	20.4	31.3	36.2	41.0	31.0	20.2	15.1
上 海	Shanghai	7.7	27.5	27.6	24.8	19.7	14.6	76.3
江 苏	Jiangsu	22.5	41.6	40.6	36.0	36.7	62.9	64.7
浙 江	Zhejiang	11.2	29.0	31.1	33.7	42.1	37.2	47.2
安 徽	Anhui	15.2	27.8	26.9	30.9	30.0	17.9	16.6
福 建	Fujian	9.0	14.9	14.5	15.4	35.7	28.3	25.1
江 西	Jiangxi	10.3	22.8	26.3	29.9	29.9	28.5	36.5
山 东	Shandong	26.2	42.9	44.5	43.7	46.7	20.4	33.1
河 南	Henan	25.1	33.0	38.2	42.5	62.2	54.6	65.8
湖 北	Hubei	12.7	52.6	55.7	33.4	55.3	51.2	42.7
湖 南	Hunan	15.9	41.9	43.2	45.1	31.4	25.3	18.2
广 东	Guangdong	19.2	34.5	39.3	37.0	73.9	53.9	114.6
广 西	Guangxi	13.9	18.5	19.1	18.1	22.9	22.8	21.0
海 南	Hainan	3.5	5.1	4.8	4.8	7.9	10.9	11.2
重 庆	Chongqing		16.9	13.0	14.3	29.6	21.9	34.9
四 川	Sichuan	38.0	34.3	34.6	54.6	54.4	51.6	83.1
贵 州	Guizhou	10.7	12.1	12.2	14.5	19.5	32.9	26.5
云 南	Yunnan	7.8	13.0	15.7	19.5	31.9	32.5	38.6
西 藏	Xizang			2.1	1.8	2.1	1.8	0.7
陕 西	Shaanxi	11.2	21.5	21.4	22.3	24.5	23.8	19.5
甘 肃	Gansu	12.5	9.3	10.7	9.5	12.2	13.4	20.5
青 海	Qinghai	4.2	3.6	4.2	4.4	3.1	2.1	2.7
宁 夏	Ningxia	4.0	4.4	4.8	4.9	5.6	10.9	16.9
新 疆	Xinjiang	9.6	11.1	11.0	10.3	9.4	8.8	18.3

注：1.新疆数据不包括新疆生产建设兵团。
2.2020年起，登记失业统计口径有所调整，与历史数据不可比。

a) The data of Xinjiang does not include Xinjiang Production and Construction Corps.

b) Since 2020, the statistical caliber of registered unemployment has been adjusted, which is not comparable with historical data.

5-7　各地区研究与试验发展(R&D)人员全时当量(2023年)
Full-time Equivalent of R&D Personnel by Region (2023)

单位：人年　(man-year)

地　区	Region	R&D人员全时当量 Total	#研究人员 Researchers	#基础研究 Basic Research	#应用研究 Applied Research	#试验发展 Experimental Development
全　国	**National Total**	**7240582**	**3001302**	**575033**	**776817**	**5888748**
北　京	Beijing	402152	275378	91950	115836	194367
天　津	Tianjin	110094	55474	9386	16504	84204
河　北	Hebei	178016	70606	9849	20656	147511
山　西	Shanxi	67921	30508	8364	13124	46434
内蒙古	Inner Mongolia	40446	17908	4856	5978	29612
辽　宁	Liaoning	131346	72312	16372	22688	92288
吉　林	Jilin	53287	36005	14566	16441	22279
黑龙江	Heilongjiang	62552	42675	13852	18125	30577
上　海	Shanghai	298924	168262	45335	43692	209900
江　苏	Jiangsu	899543	336891	46183	43897	809465
浙　江	Zhejiang	808482	235731	23945	38595	745943
安　徽	Anhui	276642	112815	21988	25997	228657
福　建	Fujian	279771	96774	11342	20872	247560
江　西	Jiangxi	160685	51281	10701	11146	138839
山　东	Shandong	580961	203022	35287	49317	496355
河　南	Henan	244566	89477	8994	23541	212034
湖　北	Hubei	288195	129384	22051	34412	231732
湖　南	Hunan	293642	119828	19250	26886	247509
广　东	Guangdong	1202365	411700	47617	77499	1077251
广　西	Guangxi	67626	33944	13091	13365	41170
海　南	Hainan	22329	11222	5323	4262	12745
重　庆	Chongqing	142118	66310	11279	22126	108714
四　川	Sichuan	250058	124353	22392	42981	184686
贵　州	Guizhou	46990	21725	6522	6862	33606
云　南	Yunnan	75858	36890	13662	11296	50901
西　藏	Xizang	1823	1282	687	197	939
陕　西	Shaanxi	158261	96714	21245	29049	107968
甘　肃	Gansu	41886	25756	9478	12334	20072
青　海	Qinghai	6003	3114	1080	1116	3807
宁　夏	Ningxia	18046	8004	2184	1967	13897
新　疆	Xinjiang	29996	15957	6208	6059	17729

5-8 各地区公共就业服务工作情况(2023年)
Statistics of Public Employment Services by Region (2023)

单位：人次 (person-time)

地 区	Region	登记招聘人次数 Total Registered Job Vacancies This Year	登记求职人次数 Total Registered Job-seekers This Year	接受职业指导人次数 Person-times of Vocational Guidance This Year	接受创业服务人次数 Person-times of Vocational Guidance
总 计	**National Total**	**108064651**	**73841414**	**33578217**	**17140258**
北 京	Beijing	566485	282648	448854	2157
天 津	Tianjin	1228070	1229400	187188	35479
河 北	Hebei	2933033	1565926	926729	1045400
山 西	Shanxi	1923473	1391951	634179	169851
内蒙古	Inner Mongolia	1224797	770820	277806	89507
辽 宁	Liaoning	2632048	1100931	289618	107045
吉 林	Jilin	967051	491561	125245	40905
黑龙江	Heilongjiang	1794583	1421482	4202305	107934
上 海	Shanghai	1185210	728552	278996	160943
江 苏	Jiangsu	12996421	9000749	1699031	787161
浙 江	Zhejiang	10483655	21291221	1041235	439095
安 徽	Anhui	6570256	2122938	1040871	352657
福 建	Fujian	2702547	942450	275324	77047
江 西	Jiangxi	4469707	2153985	1460724	617455
山 东	Shandong	12549713	6083827	6141965	9075062
河 南	Henan	4760641	2527158	723604	560915
湖 北	Hubei	3068361	1753482	1504349	641981
湖 南	Hunan	3392647	1984630	1921276	273764
广 东	Guangdong	6720500	4257256	2415271	784988
广 西	Guangxi	4961545	1380020	3371595	105517
海 南	Hainan	325361	182857	41638	27991
重 庆	Chongqing	1493938	735998	860830	286796
四 川	Sichuan	5220342	4083266	961540	415100
贵 州	Guizhou	2922519	1436342	573361	148349
云 南	Yunnan	2445844	838669	896892	203983
西 藏	Xizang	47488	103723	33384	14902
陕 西	Shaanxi	4705529	2356707	279294	213360
甘 肃	Gansu	1737835	785951	341408	154216
青 海	Qinghai	206738	88454	48686	17908
宁 夏	Ningxia	555257	106696	71797	34863
新 疆	Xinjiang	1273057	641764	503222	147927

六、收入消费

Earning and Consumption

6-1 城镇非私营单位就业人员工资总额和指数
Total Wage Bill of Employed Persons in Urban Non-Private Units and Indices

年 份 Year	合 计 Total	内资单位 Domestic Invested Units	#国有单位 State-owned Units	港澳台投资单位 Units with Funds from Hong Kong, Macao and Taiwan	外商投资单位 Foreign Funded Units
工资总额(亿元) Total Wage Bill (100 million yuan)					
1995	8055.8	7647.1	6172.6	205.6	203.1
2000	10954.7	10070.6	7744.9	376.6	507.5
2005	20627.1	18098.5	12291.7	968.6	1560.0
2010	47269.9	40504.0	24886.4	2431.5	4334.4
2015	112007.8	92346.7	40387.9	8446.5	11214.6
2016	120074.8	99898.7	44462.9	8878.4	11297.8
2017	129889.1	108890.5	48884.1	9377.8	11620.7
2018	141480.0	119787.1	51126.6	9572.1	12120.7
2019	154296.1	130600.8	53743.7	10771.3	12924.0
2020	164126.9	138875.8	59628.1	11594.3	13656.7
2021	180817.5	151991.1	64547.9	13488.4	15337.9
2022	190820.2	160077.7	69000.2	14444.0	16298.6
2023	197416.7	167698.2	68673.0	14756.7	14961.8
指数(上年=100) Indices (preceding year=100)					
1995	119.0	117.4	117.4	152.9	152.9
2000	107.9	107.4	106.2	109.1	117.7
2005	117.1	115.6	111.4	130.6	128.8
2010	117.3	116.7	113.8	121.2	121.2
2015	108.9	109.8	111.9	108.4	102.5
2016	107.2	108.2	110.1	105.1	100.7
2017	108.2	109.0	109.9	105.6	102.9
2018	108.9	110.0	104.6	102.1	104.3
2019	109.1	109.0	105.1	112.5	106.6
2020	106.4	106.3	110.9	107.6	105.7
2021	110.2	109.4	108.3	116.3	112.3
2022	105.5	105.3	106.9	107.1	106.3
2023	103.5	104.8	99.5	102.2	91.8

注：1.1995-2008年的城镇非私营单位就业人员工资总额即为原来的城镇单位就业人员劳动报酬总额(以下相关表同)。
2.本表登记注册统计类别按《关于市场主体统计分类的划分规定》(国统字〔2023〕14号)执行。
3.表中国有单位包括机关事业单位和全民所有制企业(国有企业)。

a) Total wage bill of employed persons in urban non-private units from 1995 to 2008 refers to total earning of employed persons in urban non-private units. The same applies to the related following tables.

b) The registered statistical categories of this table is implemented in accordance with the Regulations on the Classification of Market Entity Statistics (Guotongzi [2023] No. 14).

c) The state-owned enterprises in the tables include government agencies and all state-owned enterprises.

6-2　按行业分城镇非私营单位就业人员工资总额
Total Wage Bill of Employed Persons in Urban Non-Private Units by Sector

单位：亿元　　(100 million yuan)

项　　目	Item	2020	2021	2022	2023
全国总计	**National Total**	**164126.9**	**180817.5**	**190820.2**	**197416.7**
农、林、牧、渔业	Agriculture, Forestry, Animal Husbandry and Fishery	410.6	471.4	463.7	438.5
采矿业	Mining	3428.8	3742.3	4162.8	4488.5
制造业	Manufacturing	31352.9	35232.8	36978.4	37480.3
电力、热力、燃气及水生产和供应业	Production and Supply of Electricity, Heat, Gas and Water	4420.0	4784.4	4994.9	5205.3
建筑业	Construction	14376.2	14515.0	14015.9	13681.9
批发和零售业	Wholesale and Retail Trades	7623.4	8560.6	9184.1	9815.0
交通运输、仓储和邮政业	Transport, Storage and Post	8171.8	8793.4	9014.6	9488.2
住宿和餐饮业	Hotels and Catering Services	1228.0	1414.1	1408.0	1645.8
信息传输、软件和信息技术服务业	Information Transmission, Software and Information Technology	8444.5	10289.0	11769.5	12417.6
金融业	Financial Intermediation	11619.0	13063.7	13260.2	13851.0
房地产业	Real Estate	4401.7	4852.7	4713.6	4761.1
租赁和商务服务业	Leasing and Business Services	5890.2	6923.3	7817.5	8905.2
科学研究和技术服务业	Scientific Research and Technical Services	5960.0	6770.6	7424.2	7773.9
水利、环境和公共设施管理业	Management of Water Conservancy, Environment	1576.1	1668.8	1747.4	1795.9
居民服务、修理和其他服务业	Services to Households, Repair and Other Services	498.7	555.3	590.3	588.1
教育	Education	20565.8	21754.3	23320.2	23875.8
卫生和社会工作	Health and Social Service	11966.8	13673.0	14903.7	16058.5
文化、体育和娱乐业	Culture, Sports and Entertainment	1670.0	1778.1	1797.6	1879.4
公共管理、社会保障和社会组织	Public Management, Social Security and Social Organization	20522.3	21974.8	23253.8	23266.8

6-3 分地区城镇非私营单位就业人员工资总额和指数(2023年)
Total Wage Bill and Indices of Employed Persons in Urban Non-Private Units by Region (2023)

地区	Region	工资总额(亿元) Total Wage Bill (100 million yuan)	内资单位 Domestic Invested Units	#国有单位 State-owned Units	港澳台投资单位 Units with Funds from Hong Kong, Macao and Taiwan	外商投资单位 Foreign Funded Units	指数(上年=100) Indices (preceding year =100)	内资单位 Domestic Invested Units	#国有单位 State-owned Units	港澳台投资单位 Units with Funds from Hong Kong, Macao and Taiwan	外商投资单位 Foreign Funded Units
全国	**National Total**	**197416.7**	**167698.2**	**68673.0**	**14756.7**	**14961.8**	**103.5**	**104.8**	**99.5**	**102.2**	**91.8**
北京	Beijing	16629.8	12654.4	3478.0	2034.6	1940.8	104.9	107.0	106.1	101.9	95.5
天津	Tianjin	3047.1	2367.0	907.2	251.2	428.9	94.9	95.1	95.0	88.0	97.7
河北	Hebei	5308.7	5005.9	2438.5	162.5	140.3	103.6	104.7	99.6	104.2	75.9
山西	Shanxi	4146.3	4046.7	1381.4	58.4	41.1	103.7	104.9	100.9	73.6	69.4
内蒙古	Inner Mongolia	2932.8	2868.6	1306.2	22.9	41.3	108.6	108.9	103.9	146.3	83.3
辽宁	Liaoning	4171.0	3648.3	1678.3	128.0	394.7	100.6	100.1	93.7	109.3	102.3
吉林	Jilin	2239.7	2096.8	1064.3	21.0	122.0	104.7	105.3	105.0	123.8	94.1
黑龙江	Heilongjiang	2659.5	2600.4	1297.2	30.3	28.8	100.2	100.3	96.3	111.9	84.1
上海	Shanghai	14983.7	8234.8	2285.8	2842.8	3906.1	104.5	105.8	98.4	105.7	100.9
江苏	Jiangsu	16203.8	12540.7	4789.6	1402.9	2260.2	104.2	106.8	101.3	98.7	94.4
浙江	Zhejiang	14042.1	11856.6	4128.0	1234.4	951.1	105.2	108.5	100.9	104.9	76.2
安徽	Anhui	6061.8	5691.5	2112.6	184.9	185.3	107.4	107.2	96.4	121.9	99.0
福建	Fujian	5826.5	4954.3	2006.7	525.1	347.0	101.0	105.9	102.0	89.1	69.3
江西	Jiangxi	3874.7	3667.0	1868.1	99.4	108.3	102.0	101.8	102.2	97.9	110.8
山东	Shandong	11574.2	10556.9	4651.9	448.9	568.4	104.8	105.2	98.6	107.2	96.7
河南	Henan	6668.3	6383.1	2817.8	170.4	114.8	98.8	99.6	95.5	91.5	74.0
湖北	Hubei	6782.1	6347.6	2659.6	181.5	252.9	105.4	106.4	95.8	109.6	83.3
湖南	Hunan	5688.4	5388.9	2518.6	210.4	89.0	105.9	106.6	96.7	104.4	77.8
广东	Guangdong	26266.9	19879.8	7010.2	4089.4	2297.7	100.3	101.0	96.4	102.3	91.4
广西	Guangxi	3745.4	3589.2	2017.7	58.9	97.3	103.6	104.8	107.6	114.6	70.5
海南	Hainan	1165.6	1097.3	486.1	40.8	27.4	101.3	101.4	103.5	85.1	133.6
重庆	Chongqing	3825.9	3532.3	1549.1	146.0	147.7	102.8	104.2	100.8	106.9	75.0
四川	Sichuan	9625.1	9129.0	4130.8	234.2	261.9	107.7	109.3	107.6	90.6	81.0
贵州	Guizhou	3149.5	3108.3	1628.7	26.8	14.5	101.3	101.9	97.0	114.0	43.5
云南	Yunnan	3686.8	3621.9	2111.0	37.5	27.4	100.8	101.0	93.8	120.0	68.6
西藏	Xizang	670.1	664.4	467.2	4.4	1.3	101.9	102.3	99.3	113.2	30.2
陕西	Shaanxi	4842.1	4671.8	1716.4	55.8	114.5	104.7	106.4	93.9	119.4	60.8
甘肃	Gansu	2320.1	2291.0	1341.7	8.7	20.4	99.0	99.0	96.4	124.7	91.0
青海	Qinghai	804.1	796.0	424.9	3.9	4.1	105.3	105.5	95.7	113.9	72.7
宁夏	Ningxia	873.4	842.6	372.6	22.1	8.7	107.2	108.0	87.2	95.7	80.2
新疆	Xinjiang	3601.2	3564.9	2026.3	18.6	17.7	108.0	108.2	108.2	120.6	71.6

6-4 城镇非私营单位就业人员平均工资和指数

Average Wage of Employed Persons in Urban Non-Private Units and Indices

年份 Year	平均工资(元) Average Wage (yuan)	#在岗职工 Staff and Workers	内资单位 Domestic Invested Units	#国有单位 State-owned Units	港澳台投资单位 Units with Funds from Hong Kong, Macao and Taiwan	外商投资单位 Foreign Funded Units
平均工资(元) Average Wage (yuan)						
1995	5348	5500	5250	5553	7711	8812
2000	9333	9371	9068	9441	12210	15692
2005	18200	18364	17866	18978	17833	23625
2010	36539	37147	36366	38359	31983	41739
2015	62029	63241	60652	65296	62017	76302
2016	67569	68993	66190	72538	67506	82902
2017	74318	76121	73067	81114	73016	90064
2018	82413	84744	81044	89474	82027	99367
2019	90501	93383	89105	98899	91304	106604
2020	97379	100512	95919	108132	100155	112089
2021	106837	110221	104644	115583	114034	126019
2022	114029	117177	111247	123623	124841	137199
2023	120698	123734	117783	127672	132342	149130
平均名义工资指数(上年=100) Indices of Average Nominal Wage (preceding year=100)						
1995	118.9	121.2	117.0	117.3	120.9	134.9
2000	112.2	112.3	112.2	111.8	107.6	109.3
2005	114.3	114.6	114.8	115.4	109.8	106.2
2010	113.3	113.5	113.3	112.4	113.9	112.5
2015	110.1	110.3	110.2	114.0	110.9	109.3
2016	108.9	109.1	109.1	111.1	108.9	108.6
2017	110.0	110.3	110.4	111.8	108.2	108.6
2018	110.9	111.3	110.9	110.3	112.3	110.3
2019	109.8	110.2	109.9	110.5	111.3	107.3
2020	107.6	107.6	107.6	109.3	109.7	105.1
2021	109.7	109.7	109.1	106.9	113.9	112.4
2022	106.7	106.3	106.3	107.0	109.5	108.9
2023	105.8	105.6	105.9	103.3	106.0	108.7
平均实际工资指数(上年=100) Indices of Average Real Wage (preceding year=100)						
1995	101.8	103.8	101.2	100.4	100.5	105.6
2000	111.3	111.4	111.3	110.9	106.7	108.5
2005	112.5	112.8	113.0	113.6	108.1	104.5
2010	109.8	110.0	109.8	108.9	110.3	109.0
2015	108.5	108.6	108.6	112.3	109.2	107.7
2016	106.7	106.9	106.9	108.8	106.6	106.4
2017	108.2	108.5	108.5	110.0	106.4	106.8
2018	108.6	109.0	108.6	108.0	110.0	108.1
2019	106.8	107.2	107.0	107.5	108.3	104.4
2020	105.2	105.2	105.2	106.9	107.2	102.8
2021	108.6	108.6	108.0	105.8	112.7	111.3
2022	104.6	104.2	104.2	104.9	107.3	106.7
2023	105.5	105.3	105.6	103.0	105.7	108.4

注：1995-2008年的城镇非私营单位就业人员平均工资即为原来的城镇单位就业人员平均劳动报酬(以下相关表同)。

a) Average wage of employed persons in urban non-private units from 1995 to 2008 refers to average earning of employed persons in urban non-private units. The same applies to the related following tables.

6-5 按登记注册类型和行业分城镇非私营单位就业人员平均工资(2023年)

Average Wage of Employed Persons in Urban Non-Private Units by Status of Registration and Sector (2023)

单位：元 (yuan)

项目	Item	平均工资 Average Wage	内资单位 Domestic Invested Units	#国有单位 State-owned Units	港澳台投资单位 Units with Funds from Hong Kong, Macao and Taiwan	外商投资单位 Foreign Funded Units
全国总计	**National Total**	**120698**	**117783**	**127672**	**132342**	**149130**
农、林、牧、渔业	Agriculture, Forestry, Animal Husbandry and Fishery	62952	62645	61632	76313	77198
采矿业	Mining	135025	133979	161579	152269	193796
制造业	Manufacturing	103932	102299	109987	95654	118118
电力、热力、燃气及水生产和供应业	Production and Supply of Electricity, Heat, Gas and Water	143594	143664	128200	145042	137584
建筑业	Construction	85804	85543	76286	103278	120542
批发和零售业	Wholesale and Retail Trades	124362	105610	171019	155189	209518
交通运输、仓储和邮政业	Transport, Storage and Post	122705	120033	106261	172240	145964
住宿和餐饮业	Hotels and Catering Services	58094	62511	68414	50581	47956
信息传输、软件和信息技术服务业	Information Transmission, Software and Information Technology	231810	195706	135157	356461	296256
金融业	Financial Intermediation	197663	193299	190029	319278	239729
房地产业	Real Estate	91932	88894	91375	118733	125366
租赁和商务服务业	Leasing and Business Services	109264	93735	103524	224224	326196
科学研究和技术服务业	Scientific Research and Technical Services	171447	162210	160202	250926	281384
水利、环境和公共设施管理业	Management of Water Conservancy, Environment	68656	68484	79254	76444	97498
居民服务、修理和其他服务业	Services to Households, Repair and Other Services	68919	68183	98139	66158	109553
教育	Education	124067	123981	128805	189559	239856
卫生和社会工作	Health and Social Service	143818	143702	149661	179602	168517
文化、体育和娱乐业	Culture, Sports and Entertainment	127334	127787	131735	117317	119204
公共管理、社会保障和社会组织	Public Management, Social Security and Social Organization	117108	117108	117133		

6-6 分地区城镇非私营单位就业人员平均工资和指数(2023年)
Average Wage of Employed Persons in Urban Non-Private Units and Indices (2023)

地 区	Region	平均工资(元) Average Wage (yuan)	#在岗职工 Staff and Workers	内资单位 Domestic Invested Units	#国有单位 State-owned Units	港澳台投资单位 Units with Funds from Hong Kong, Macao and Taiwan	外商投资单位 Foreign Funded Units	平均名义工资指数(上年=100) Indices of Average Nominal Wage (preceding year =100)	#在岗职工 Staff and Workers	内资单位 Domestic Invested Units
全 国	**National Total**	**120698**	**123734**	**117783**	**127672**	**132342**	**149130**	**105.8**	**105.6**	**105.9**
北 京	Beijing	218312	224562	205812	231908	281474	260128	104.5	104.4	105.7
天 津	Tianjin	138007	141769	141296	158688	111621	139398	106.6	106.0	107.4
河 北	Hebei	94818	96958	94397	94528	109566	95124	104.5	103.8	104.2
山 西	Shanxi	95025	97315	95306	87760	77817	97377	105.0	104.8	105.2
内蒙古	Inner Mongolia	108856	111602	108742	104454	102868	121706	107.8	107.5	107.8
辽 宁	Liaoning	97330	99733	96488	100722	97653	105756	105.1	105.1	105.1
吉 林	Jilin	94937	97562	93755	96372	82630	125278	108.8	108.3	109.1
黑龙江	Heilongjiang	95750	99046	96010	97153	80481	91612	108.5	107.4	108.4
上 海	Shanghai	229337	235520	216282	263880	235593	257083	107.9	108.4	108.6
江 苏	Jiangsu	125102	127620	126522	164986	112727	125839	102.8	102.8	101.9
浙 江	Zhejiang	133045	135653	131778	184226	153616	126240	103.3	102.8	103.0
安 徽	Anhui	103688	106769	103295	125346	102586	118837	105.1	104.7	104.7
福 建	Fujian	108520	111401	111923	136249	88755	98920	104.5	104.1	103.9
江 西	Jiangxi	92794	94742	94119	109315	66089	83932	105.5	104.8	105.2
山 东	Shandong	107131	109805	107675	126459	104960	99426	104.8	104.3	104.5
河 南	Henan	84156	85583	84449	87026	69603	95353	108.4	108.5	108.3
湖 北	Hubei	109227	112255	109642	125884	90588	115298	107.7	107.6	107.7
湖 南	Hunan	97015	99480	97774	108029	83432	89392	106.1	105.2	106.0
广 东	Guangdong	131418	133452	138838	172245	107949	122197	105.2	105.1	104.7
广 西	Guangxi	96184	98809	96670	102304	68817	101838	104.5	104.3	104.2
海 南	Hainan	114572	116686	113237	120111	149842	130414	109.3	108.2	109.9
重 庆	Chongqing	113653	117446	114521	140595	103582	104746	106.2	105.4	105.9
四 川	Sichuan	110160	113223	110282	124016	103341	112473	108.2	107.8	108.7
贵 州	Guizhou	102010	104802	102068	102376	98715	96178	106.9	105.2	106.9
云 南	Yunnan	106769	112908	107381	114200	76626	87906	103.5	103.8	103.5
西 藏	Xizang	165004	172077	165035	178527	175839	126960	106.5	106.3	106.5
陕 西	Shaanxi	106969	109908	106559	101948	86495	147016	108.2	107.7	108.4
甘 肃	Gansu	99124	102934	98911	105486	82643	147414	109.1	109.2	109.1
青 海	Qinghai	121457	125114	121461	127891	140063	107208	104.8	105.3	104.6
宁 夏	Ningxia	117681	121648	117819	116884	116379	108468	102.7	102.6	102.8
新 疆	Xinjiang	112305	115093	112311	113739	111912	111561	110.4	109.8	110.4

6-6 续表 continued

地 区	Region	#国有单位 State-owned Units	港澳台投资单位 Units with Funds from Hong Kong, Macao and Taiwan	外商投资单位 Foreign Funded Units	平均实际工资指数(上年=100) Indices of Average Real Wage (preceding year =100)	#在岗职工 Staff and Workers	内资单位 Domestic Invested Units	#国有单位 State-owned Units	港澳台投资单位 Units with Funds from Hong Kong, Macao and Taiwan	外商投资单位 Foreign Funded Units
全 国	**National Total**	**103.3**	**106.0**	**108.7**	**105.5**	**105.3**	**105.6**	**103.0**	**105.7**	**108.4**
北 京	Beijing	106.0	102.2	101.0	104.1	104.0	105.3	105.6	101.7	100.6
天 津	Tianjin	105.8	95.8	109.1	106.1	105.6	107.0	105.4	95.4	108.6
河 北	Hebei	99.4	106.8	109.6	103.8	103.1	103.5	98.7	106.0	108.8
山 西	Shanxi	101.8	90.4	107.1	105.1	104.9	105.3	101.9	90.5	107.2
内蒙古	Inner Mongolia	105.7	104.2	114.7	107.1	106.9	107.1	105.1	103.6	114.1
辽 宁	Liaoning	100.9	110.4	104.0	104.9	104.9	104.8	100.7	110.2	103.8
吉 林	Jilin	109.3	105.0	108.0	108.8	108.3	109.1	109.3	105.0	108.0
黑龙江	Heilongjiang	111.7	106.9	121.2	107.8	106.7	107.6	110.9	106.1	120.4
上 海	Shanghai	108.5	106.6	108.1	107.6	108.0	108.2	108.1	106.3	107.7
江 苏	Jiangsu	101.4	105.1	105.1	102.3	102.3	101.4	100.9	104.6	104.5
浙 江	Zhejiang	102.4	108.8	100.0	103.0	102.5	102.7	102.1	108.5	99.7
安 徽	Anhui	101.5	107.4	119.1	105.0	104.6	104.5	101.4	107.3	119.0
福 建	Fujian	101.2	104.6	102.4	104.4	104.0	103.8	101.1	104.5	102.3
江 西	Jiangxi	102.7	104.5	115.0	105.1	104.4	104.8	102.3	104.1	114.5
山 东	Shandong	101.0	105.7	108.3	104.6	104.1	104.3	100.8	105.5	108.0
河 南	Henan	100.9	109.3	114.8	108.8	108.9	108.7	101.3	109.8	115.3
湖 北	Hubei	104.0	105.3	111.4	107.5	107.4	107.5	103.8	105.0	111.2
湖 南	Hunan	101.7	109.3	100.5	105.8	104.9	105.7	101.4	109.0	100.2
广 东	Guangdong	102.8	105.5	108.0	104.6	104.5	104.1	102.2	104.9	107.3
广 西	Guangxi	102.0	108.6	114.2	104.8	104.6	104.5	102.3	109.0	114.5
海 南	Hainan	106.1	92.4	115.5	109.0	107.9	109.6	105.8	92.2	115.1
重 庆	Chongqing	104.5	107.7	108.3	106.5	105.7	106.2	104.8	108.0	108.6
四 川	Sichuan	104.0	102.0	99.4	108.1	107.7	108.6	103.9	101.9	99.3
贵 州	Guizhou	104.2	112.9	98.9	107.2	105.5	107.2	104.5	113.3	99.2
云 南	Yunnan	98.7	115.7	91.4	103.0	103.3	103.0	98.2	115.1	90.9
西 藏	Xizang	99.9	122.8	73.8	106.3	106.1	106.3	99.7	122.6	73.6
陕 西	Shaanxi	104.3	97.5	125.5	108.1	107.6	108.3	104.2	97.4	125.4
甘 肃	Gansu	105.7	91.8	126.2	108.5	108.7	108.5	105.2	91.3	125.6
青 海	Qinghai	103.0	118.7	111.9	104.3	104.9	104.2	102.6	118.3	111.5
宁 夏	Ningxia	97.2	98.6	98.6	102.1	102.0	102.3	96.7	98.1	98.1
新 疆	Xinjiang	112.0	105.7	103.4	110.4	109.8	110.4	112.0	105.7	103.4

6-7 城乡居民恩格尔系数
Engel's Coefficient of Urban and Rural Households

单位：% (%)

年 份 Year	城镇居民恩格尔系数 Engel's Coefficient of Urban Households	农村居民恩格尔系数 Engel's Coefficient of Rural Households	年 份 Year	城镇居民恩格尔系数 Engel's Coefficient of Urban Households	农村居民恩格尔系数 Engel's Coefficient of Rural Households
1978	57.5	67.7	2008	37.9	43.7
1980	56.9	61.8	2009	36.5	41.0
1985	53.3	57.8	2010	35.7	41.1
1990	54.2	58.8	2011	36.3	40.4
1995	50.1	58.6	2012	36.2	39.3
1996	48.8	56.3	2013	35.0	37.7
1997	46.6	55.1	2014	30.0	33.6
1998	44.7	53.4	2015	29.7	33.0
1999	42.1	52.6	2016	29.3	32.2
2000	39.4	49.1	2017	28.6	31.2
2001	38.2	47.7	2018	27.7	30.1
2002	37.7	46.2	2019	27.6	30.0
2003	37.1	45.6	2020	29.2	32.7
2004	37.7	47.2	2021	28.6	32.7
2005	36.7	45.5	2022	29.5	33.0
2006	35.8	43.0	2023	28.8	32.4
2007	36.3	43.1			

6-8 全国居民人均收支情况
Nationwide Per Capita Income and Consumption Expenditure

单位：元 (yuan)

指 标	Item	2017	2018	2019	2020	2021	2022	2023
全国居民人均收入	**Nationwide Per Capita Income**							
可支配收入	Disposable Income	25973.8	28228.0	30732.8	32188.8	35128.1	36883.3	39218.0
1.工资性收入	1.Income from Wages and Salaries	14620.3	15829.0	17186.2	17917.4	19629.4	20590.3	22053.0
2.经营净收入	2.Net Business Income	4501.8	4852.4	5247.3	5306.8	5892.7	6174.5	6542.0
3.财产净收入	3.Net Income from Properties	2107.4	2378.5	2619.1	2791.5	3075.5	3226.5	3362.0
4.转移净收入	4.Net Income from Transfer	4744.3	5168.1	5680.3	6173.2	6530.5	6891.9	7261.0
现金可支配收入	Disposable Income in Cash	24201.9	26291.4	28612.1	29918.7	32382.7	34179.7	36849.9
1.工资性收入	1.Income of Wages and Salaries	14537.8	15746.4	17096.9	17817.6	19493.2	20449.3	21883.8
2.经营净收入	2.Net Business Income	4424.1	4880.3	5269.7	5307.1	5664.5	6044.9	6816.4
3.财产净收入	3.Net Income from Property	811.5	877.8	1001.5	1067.5	1246.5	1334.2	1498.3
4.转移净收入	4.Net Income from Transfer	4428.6	4786.9	5244.0	5726.4	5978.5	6351.3	6651.4
全国居民人均支出	**Nationwide Per Capita Expenditure**							
消费支出	Consumption Expenditure	18322.1	19853.1	21558.9	21209.9	24100.1	24538.2	26795.7
#服务性消费	Consumption Expenditure on Services	7802.6	8780.8	9886.0	9037.3	10644.5	10590.0	12114.0
1.食品烟酒	1.Food,Tobacco and Liquor	5373.6	5631.1	6084.2	6397.3	7178.1	7481.0	7983.0
2.衣着	2. Clothing and Footwear	1237.6	1288.9	1338.1	1238.4	1418.7	1364.6	1479.0
3.居住	3. Housing	4106.9	4646.6	5054.8	5215.3	5641.1	5882.0	6095.0
4.生活用品及服务	4.Household Equipments, Furnishings and Services	1120.7	1222.7	1280.9	1259.5	1423.2	1431.8	1526.0
5.交通通信	5.Transport and Communications	2498.9	2675.4	2861.6	2761.8	3155.6	3194.8	3652.0
6.教育文化娱乐	6.Education, Culture and Recreation	2086.2	2225.7	2513.1	2032.2	2598.9	2468.7	2904.0
7.医疗保健	7.Health Care and Medical Services	1451.2	1685.2	1902.3	1843.1	2115.1	2119.9	2460.0
8.其他用品及服务	8.Miscellaneous Goods and Services	447.0	477.5	524.0	462.2	569.4	595.4	697.0
现金消费支出	Consumption Expenditure in Cash	15122.3	16174.8	17526.0	16994.7	19410.7	19783.5	21943.8
1.食品烟酒	1.Food, Tobacco and Liquor	5073.0	5366.2	5798.1	6068.0	6783.4	7097.7	7610.4
2.衣着	2.Clothing	1237.0	1288.3	1337.6	1237.9	1417.9	1364.1	1478.0
3.居住	3.Housing	1519.0	1615.1	1755.7	1774.3	1899.7	2034.1	2240.5
4.生活用品及服务	4.Household Equipments, Furnishings and Services	1110.8	1211.0	1266.9	1245.8	1410.5	1421.1	1518.8
5.交通通信	5.Transport and Communications	2495.3	2669.1	2857.4	2758.2	3150.4	3190.8	3647.1
6.教育文化娱乐	6.Education, Culture and Recreation	2085.3	2224.1	2511.7	2031.5	2597.8	2468.0	2902.1
7.医疗保健	7.Health Care and Medical Services	1160.7	1332.6	1482.4	1426.0	1597.3	1635.4	1858.4
8.其他用品及服务	8.Miscellaneous Goods and Services	441.2	468.4	516.2	452.9	553.6	572.4	688.5

6-9 城镇居民人均收支情况
Per Capita Income and Consumption Expenditure of Urban Households

单位：元 (yuan)

指　标	Item	2017	2018	2019	2020	2021	2022	2023
城镇居民人均收入	**Per Capita Income of Urban Households**							
可支配收入	Disposable Income	36396.2	39250.8	42358.8	43833.8	47411.9	49282.9	51820.7
1.工资性收入	1.Income of Wages and Salaries	22200.9	23792.2	25564.8	26380.7	28480.8	29577.9	31321.0
2.经营净收入	2.Net Business Income	4064.7	4442.6	4840.4	4710.8	5381.9	5584.5	5903.0
3.财产净收入	3.Net Income from Property	3606.9	4027.7	4390.6	4626.5	5052.0	5238.2	5392.0
4.转移净收入	4.Net Income from Transfer	6523.6	6988.3	7563.0	8115.8	8497.3	8882.4	9205.0
现金可支配收入	Disposable Income in Cash	33757.3	36316.2	39147.6	40377.8	43596.4	45354.2	48276.8
1.工资性收入	1.Income of Wages and Salaries	22072.7	23670.9	25439.1	26240.5	28299.3	29392.8	31089.9
2.经营净收入	2.Net Business Income	4321.9	4808.0	5180.9	4987.5	5630.6	5784.2	6514.7
3.财产净收入	3.Net Income from Property	1234.1	1311.6	1494.7	1569.3	1835.8	1945.1	2187.6
4.转移净收入	4.Net Income from Transfer	6128.5	6525.7	7032.9	7580.6	7830.7	8232.2	8484.6
城镇居民人均支出	**Per Capita Expenditure of Urban Households**							
消费支出	Consumption Expenditure	24445.0	26112.3	28063.4	27007.4	30307.2	30390.8	32994.0
#服务性消费	Consumption Expenditure on Services	10854.5	12130.4	13517.7	12012.8	14058.0	13722.8	15673.0
1.食品烟酒	1.Food, Tobacco and Liquor	7001.0	7239.0	7732.6	7880.5	8678.1	8958.3	9495.0
2.衣着	2.Clothing and Footwear	1757.9	1808.2	1831.9	1644.8	1842.8	1735.2	1880.0
3.居住	3.Housing	5564.0	6255.0	6780.2	6957.7	7405.3	7643.5	7822.0
4.生活用品及服务	4.Household Equipments, Furnishings and Services	1525.0	1629.4	1689.3	1640.0	1819.6	1800.5	1910.0
5.交通通信	5.Transport and Communications	3321.5	3473.5	3671.3	3474.3	3932.0	3908.8	4495.0
6.教育文化娱乐	6.Education, Culture and Recreation	2846.6	2974.1	3328.0	2591.7	3322.0	3050.2	3589.0
7.医疗保健	7.Health Care and Medical Services	1777.4	2045.7	2282.7	2172.2	2521.3	2480.7	2850.0
8.其他用品及服务	8.Miscellaneous Goods and Services	651.5	687.4	747.2	646.2	786.1	813.7	953.0
现金消费支出	Consumption Expenditure in Cash	20329.4	21287.1	22798.0	21555.6	24380.4	24375.3	26862.8
1.食品烟酒	1.Food, Tobacco and Liquor	6861.2	7099.2	7583.9	7709.6	8443.8	8715.9	9254.6
2.衣着	2.Clothing and Footwear	1757.3	1807.5	1831.3	1644.2	1841.8	1734.4	1879.1
3.居住	3.Housing	1986.8	2045.2	2223.5	2222.2	2392.5	2503.1	2680.5
4.生活用品及服务	4.Household Equipments, Furnishings and Services	1514.5	1617.5	1676.2	1627.1	1807.3	1789.3	1901.7
5.交通通信	5.Transport and Communications	3315.6	3466.0	3665.0	3468.9	3925.1	3903.0	4487.9
6.教育文化娱乐	6.Education, Culture and Recreation	2845.4	2972.1	3326.0	2590.7	3320.4	3049.3	3587.0
7.医疗保健	7.Health Care and Medical Services	1403.7	1604.0	1754.6	1658.4	1880.6	1895.4	2130.0
8.其他用品及服务	8.Miscellaneous Goods and Services	644.8	675.5	737.6	634.6	768.9	784.8	942.0

6-10 农村居民人均收支情况
Per Capita Income and Consumption Expenditure of Rural Households

单位：元 (yuan)

指 标	Item	2017	2018	2019	2020	2021	2022	2023
农村居民人均收入	**Per Capita Income of Rural Households**							
可支配收入	Disposable Income	13432.4	14617.0	16020.7	17131.5	18930.9	20132.8	21690.9
1.工资性收入	1.Income of Wages and Salaries	5498.4	5996.1	6583.5	6973.9	7958.1	8449.2	9163.0
2.经营净收入	2.Net Business Income	5027.8	5358.4	5762.2	6077.4	6566.2	6971.5	7431.0
3.财产净收入	3.Net Income from Property	303.0	342.1	377.3	418.8	469.4	509.0	540.0
4.转移净收入	4.Net Income from Transfer	2603.2	2920.5	3297.8	3661.3	3937.2	4203.1	4557.0
现金可支配收入	Disposable Income in Cash	12703.9	13912.8	15279.8	16394.5	17596.4	19084.3	20958.1
1.工资性收入	1.Income of Wages and Salaries	5470.9	5961.3	6540.2	6926.6	7881.7	8367.8	9080.5
2.经营净收入	2.Net Business Income	4547.0	4969.5	5382.2	5720.3	5709.1	6397.0	7236.0
3.财产净收入	3.Net Income from Property	303.0	342.1	377.3	418.8	469.4	509.0	539.6
4.转移净收入	4.Net Income from Transfer	2383.0	2639.9	2980.2	3328.9	3536.2	3810.5	4101.9
农村居民人均支出	**Per Capita Expenditure of Rural Households**							
消费支出	Consumption Expenditure	10954.5	12124.3	13327.7	13713.4	15915.6	16632.1	18175.0
#服务性消费	Consumption Expenditure on Services	4130.2	4644.7	5290.2	5189.9	6142.9	6357.9	7164.0
1.食品烟酒	1.Food,Tobacco and Liquor	3415.4	3645.6	3998.2	4479.4	5200.2	5485.4	5880.0
2.衣着	2.Clothing and Footwear	611.6	647.7	713.3	712.8	859.0	864.0	921.0
3.居住	3.Housing	2353.5	2660.6	2871.3	2962.4	3314.7	3502.5	3694.0
4.生活用品及服务	4.Household Equipments, Furnishings and Services	634.0	720.5	763.9	767.5	900.0	933.8	992.0
5.交通通信	5.Transport and Communications	1509.1	1690.0	1836.8	1840.6	2131.8	2230.3	2480.0
6.教育文化娱乐	6.Education, Culture and Recreation	1171.3	1301.6	1481.8	1308.7	1645.0	1683.1	1951.0
7.医疗保健	7.Health Care and Medical Services	1058.7	1240.1	1420.8	1417.5	1579.6	1632.5	1916.0
8.其他用品及服务	8.Miscellaneous Goods and Services	200.9	218.3	241.5	224.4	283.8	300.5	341.0
现金消费支出	Consumption Expenditure in Cash	8856.5	9862.0	10854.5	11097.2	12857.6	13580.6	15102.9
1.食品烟酒	1.Food, Tobacco and Liquor	2921.2	3226.3	3538.2	3945.5	4594.1	4911.7	5323.8
2.衣着	2.Clothing and Footwear	610.9	647.2	712.9	712.5	859.0	863.7	920.2
3.居住	3.Housing	956.0	1084.0	1163.8	1195.3	1250.0	1400.5	1628.7
4.生活用品及服务	4.Household Equipments, Furnishings and Services	624.9	709.0	748.9	752.9	887.3	923.6	986.3
5.交通通信	5.Transport and Communications	1508.1	1685.0	1835.5	1839.3	2129.0	2228.8	2477.6
6.教育文化娱乐	6.Education, Culture and Recreation	1170.7	1300.5	1481.3	1308.4	1645.0	1682.7	1949.6
7.医疗保健	7.Health Care and Medical Services	868.2	997.4	1137.9	1125.4	1223.7	1284.1	1480.7
8.其他用品及服务	8.Miscellaneous Goods and Services	196.3	212.7	236.0	217.9	269.6	285.5	336.0

6-11 城乡居民按收入五等份分组的人均可支配收入情况
Per Capita Disposable Income of Urban and Rural Households by Income Quintile

单位：元 (yuan)

组别	Item	全国 National Total			城镇 Urban Area			农村 Rural Area		
		2021	2022	2023	2021	2022	2023	2021	2022	2023
20%低收入组家庭人均可支配收入	Lowest 20% Households	8333	8601	9215	16746	16971	17478	4856	5025	5264
20%中间偏下收入组家庭人均可支配收入	Second 20% Households	18445	19303	20442	30133	31180	32202	11586	11965	12864
20%中间收入组家庭人均可支配收入	Third 20% Households	29053	30598	32195	42498	44283	46276	16546	17451	18479
20%中间偏上收入组家庭人均可支配收入	Fourth 20% Households	44949	47397	50220	59005	61724	65430	23167	24646	25981
20%高收入组家庭人均可支配收入	Highest 20% Households	85836	90116	95055	102596	107224	110639	43082	46075	50136

6-12 东、中、西部及东北地区城乡居民人均可支配收入情况
Per Capita Disposable Income of Urban and Rural Households in Eastern, Central, Western and Northeastern Regions

单位：元 (yuan)

组别	Item	全国 National Total			城镇 Urban Area			农村 Rural Area		
		2021	2022	2023	2021	2022	2023	2021	2022	2023
东部地区	Eastern Region	44980	47027	49822	56378	58460	61472	23556	25037	26907
中部地区	Central Region	29650	31434	33328	40707	42733	44706	17858	19080	20518
西部地区	Western Region	27798	29267	31100	40583	42173	44136	15608	16632	17911
东北地区	Northeastern Region	30518	31405	33207	38225	39098	41009	18280	18919	20300

6-13 分地区城乡居民人均可支配收入情况
Per Capita Disposable Income of Urban and Rural Households by Region

单位：元 (yuan)

地 区	Region	全国 National Total			城镇 Urban Area			农村 Rural Area		
		2021	2022	2023	2021	2022	2023	2021	2022	2023
全 国	**National Average**	**35128.1**	**36883.3**	**39218.0**	**47411.9**	**49282.9**	**51820.7**	**18930.9**	**20132.8**	**21690.9**
北 京	Beijing	75002.2	77414.5	81752.0	81517.5	84023.1	88650.0	33302.7	34753.8	37358.0
天 津	Tianjin	47449.4	48976.1	51271.0	51485.7	53003.2	55355.0	27954.5	29017.8	30851.0
河 北	Hebei	29383.0	30867.0	32903.0	39791.0	41277.7	43631.0	18178.9	19364.2	20688.0
山 西	Shanxi	27425.9	29178.2	30924.0	37433.1	39532.0	41327.0	15308.3	16322.7	17677.0
内蒙古	Inner Mongolia	34108.4	35920.6	38130.0	44376.9	46295.4	48676.0	18336.8	19640.9	21221.0
辽 宁	Liaoning	35111.7	36088.8	37992.0	43050.8	44002.6	45896.0	19216.6	19908.0	21483.0
吉 林	Jilin	27769.8	27974.5	29797.0	35645.8	35470.9	37503.0	17641.7	18134.5	19472.0
黑龙江	Heilongjiang	27159.0	28345.5	29694.0	33646.1	35042.1	36492.0	17889.3	18577.4	19756.0
上 海	Shanghai	78026.6	79609.8	84834.0	82428.9	84034.0	89477.0	38520.7	39729.4	42988.0
江 苏	Jiangsu	47498.3	49861.7	52674.0	57743.5	60178.1	63211.0	26790.8	28486.5	30488.0
浙 江	Zhejiang	57540.5	60302.5	63830.0	68486.8	71267.9	74997.0	35247.4	37565.0	40311.0
安 徽	Anhui	30904.3	32745.2	34893.0	43008.7	45133.2	47446.0	18371.7	19574.9	21144.0
福 建	Fujian	40659.3	43117.7	45426.0	51140.5	53817.1	56153.0	23228.9	24986.6	26722.0
江 西	Jiangxi	30609.9	32418.7	34242.0	41684.4	43696.5	45554.0	18684.2	19936.0	21358.0
山 东	Shandong	35705.1	37560.1	39890.0	47066.4	49049.7	51571.0	20793.9	22109.9	23776.0
河 南	Henan	26811.2	28222.4	29933.0	37094.8	38483.7	40234.0	17533.3	18697.3	20053.0
湖 北	Hubei	30829.3	32913.6	35146.0	40277.8	42625.8	44990.0	18259.0	19709.5	21293.0
湖 南	Hunan	31992.7	34036.0	35895.0	44866.1	47301.2	49243.0	18295.2	19546.3	20921.0
广 东	Guangdong	44993.3	47064.6	49327.0	54853.6	56905.3	59307.0	22306.0	23597.8	25142.0
广 西	Guangxi	26726.7	27980.7	29514.0	38529.9	39703.0	41287.0	16362.9	17432.7	18656.0
海 南	Hainan	30456.8	30956.6	33192.0	40213.2	40117.5	42661.0	18076.3	19117.4	20708.0
重 庆	Chongqing	33802.6	35665.9	37595.0	43502.5	45508.9	47435.0	18099.6	19312.7	20820.0
四 川	Sichuan	29080.1	30679.2	32514.0	41443.8	43233.3	45227.0	17575.3	18672.4	19978.0
贵 州	Guizhou	23996.2	25508.2	27098.0	39211.2	41085.7	42772.0	12856.1	13706.7	14817.0
云 南	Yunnan	25666.2	26936.8	28421.0	40904.9	42167.9	43563.0	14197.3	15146.9	16361.0
西 藏	Xizang	24949.9	26674.8	28983.0	46503.3	48752.9	51900.0	16932.3	18209.5	19924.0
陕 西	Shaanxi	28568.0	30115.8	32128.0	40713.1	42431.3	44713.0	14744.8	15704.3	16992.0
甘 肃	Gansu	22066.0	23273.1	25011.0	36187.3	37572.4	39833.0	11432.8	12165.2	13131.0
青 海	Qinghai	25919.5	27000.0	28587.0	37745.3	38735.8	40408.0	13604.2	14456.2	15614.0
宁 夏	Ningxia	27904.5	29599.3	31604.0	38290.7	40193.7	42395.0	15336.6	16430.3	17772.0
新 疆	Xinjiang	26075.0	27062.7	28947.0	37642.4	38410.2	40578.0	15575.3	16549.9	17948.0

6-14 分地区居民人均可支配收入来源情况(2023年)
Per Capita Disposable Income of Households by Source and Region(2023)

单位：元 (yuan)

地 区	Region	可支配收入 Disposable Income	工资性收入 Income from Wages and Salaries	经营净收入 Net Business Income	财产净收入 Net Income from Properties	转移净收入 Net Income from Transfers
全 国	**National Average**	**39218.0**	**22053.0**	**6542.0**	**3362.0**	**7261.0**
北 京	Beijing	81752.0	51631.9	1026.1	12280.4	16813.9
天 津	Tianjin	51271.0	32361.3	3457.6	4577.3	10875.0
河 北	Hebei	32903.0	19723.2	5299.9	2457.3	5422.7
山 西	Shanxi	30924.0	16629.9	4277.5	1832.3	8184.3
内蒙古	Inner Mongolia	38130.0	19895.7	10171.3	1847.0	6215.6
辽 宁	Liaoning	37992.0	20723.8	6040.4	1580.3	9647.6
吉 林	Jilin	29797.0	15251.8	7286.9	1276.6	5982.2
黑龙江	Heilongjiang	29694.0	13986.9	5893.6	1276.3	8537.6
上 海	Shanghai	84834.0	53259.8	1591.9	10763.9	19218.8
江 苏	Jiangsu	52674.0	30054.4	6645.4	5416.8	10556.9
浙 江	Zhejiang	63830.0	35768.6	10663.5	7783.1	9615.2
安 徽	Anhui	34893.0	18435.1	7619.3	2328.6	6509.6
福 建	Fujian	45426.0	26658.8	8364.9	4977.7	5424.9
江 西	Jiangxi	34242.0	19088.6	5408.0	2668.8	7076.7
山 东	Shandong	39890.0	22908.1	8373.7	2675.9	5932.0
河 南	Henan	29933.0	15166.2	6037.1	1888.9	6840.7
湖 北	Hubei	35146.0	17626.3	7146.2	2449.4	7924.1
湖 南	Hunan	35895.0	17811.2	7541.1	2700.7	7842.0
广 东	Guangdong	49327.0	33662.9	6328.4	6411.9	2924.2
广 西	Guangxi	29514.0	14020.4	7425.8	2329.1	5738.6
海 南	Hainan	33192.0	18385.1	6742.6	2633.5	5430.9
重 庆	Chongqing	37595.0	20175.0	5873.3	2311.5	9234.8
四 川	Sichuan	32514.0	16154.2	6433.1	2048.7	7878.0
贵 州	Guizhou	27098.0	13911.7	6030.5	1578.7	5577.1
云 南	Yunnan	28421.0	14805.5	6393.8	2445.0	4776.3
西 藏	Xizang	28983.0	15832.0	6530.6	1801.0	4819.9
陕 西	Shaanxi	32128.0	17302.1	4127.2	1978.3	8720.0
甘 肃	Gansu	25011.0	14236.1	4381.9	1435.0	4957.7
青 海	Qinghai	28587.0	16534.2	4348.6	1072.3	6631.8
宁 夏	Ningxia	31604.0	19002.9	5670.5	841.0	6089.2
新 疆	Xinjiang	28947.0	15211.2	5871.5	1176.6	6687.4

6-15 分地区城镇居民人均可支配收入来源情况(2023年)
Per Capita Disposable Income of Urban Households by Source and Region(2023)

单位：元 (yuan)

地 区	Region	可支配收入 Disposable Income	工资性收入 Income from Wages and Salaries	经营净收入 Net Business Income	财产净收入 Net Income from Properties	转移净收入 Net Income from Transfers
全 国	**National Average**	**51820.7**	**31321.0**	**5903.0**	**5392.0**	**9205.0**
北 京	Beijing	88650.0	55487.4	860.8	13616.5	18685.5
天 津	Tianjin	55355.0	35450.6	2678.1	5234.1	11991.7
河 北	Hebei	43631.0	27371.3	4027.6	4223.5	8008.0
山 西	Shanxi	41327.0	23505.4	3964.3	3070.2	10787.5
内蒙古	Inner Mongolia	48676.0	29756.4	9275.7	2637.4	7006.2
辽 宁	Liaoning	45896.0	26838.5	4343.5	2103.7	12610.2
吉 林	Jilin	37503.0	23370.8	4071.8	1830.2	8230.7
黑龙江	Heilongjiang	36492.0	21006.1	3169.1	1163.3	11153.5
上 海	Shanghai	89477.0	56170.9	1520.8	11808.8	19976.2
江 苏	Jiangsu	63211.0	37332.1	6049.0	7521.6	12308.5
浙 江	Zhejiang	74997.0	41439.2	10832.8	10880.4	11844.5
安 徽	Anhui	47446.0	28465.7	7306.4	4038.1	7635.8
福 建	Fujian	56153.0	35053.6	7509.0	7505.2	6085.0
江 西	Jiangxi	45554.0	27313.8	4406.1	4647.7	9186.0
山 东	Shandong	51571.0	30908.4	8564.9	4230.0	7867.5
河 南	Henan	40234.0	23113.8	5674.1	3567.2	7879.4
湖 北	Hubei	44990.0	25232.1	5961.2	3983.8	9812.5
湖 南	Hunan	49243.0	26397.8	7604.4	4841.5	10399.0
广 东	Guangdong	59307.0	41580.5	6422.4	8664.6	2639.1
广 西	Guangxi	41287.0	22333.3	7526.0	4387.0	7040.3
海 南	Hainan	42661.0	25833.8	5655.6	4331.7	6839.9
重 庆	Chongqing	47435.0	27656.3	5349.9	3363.8	11064.8
四 川	Sichuan	45227.0	26228.4	5250.2	3508.4	10240.4
贵 州	Guizhou	42772.0	24106.6	7810.6	3437.9	7417.2
云 南	Yunnan	43563.0	26055.4	5430.3	5200.3	6877.3
西 藏	Xizang	51900.0	38400.3	1870.5	4177.6	7452.1
陕 西	Shaanxi	44713.0	25804.5	3390.3	3388.3	12129.9
甘 肃	Gansu	39833.0	27141.2	2810.0	3001.3	6880.2
青 海	Qinghai	40408.0	26641.3	3271.7	1637.8	8857.6
宁 夏	Ningxia	42395.0	28641.7	4363.6	1337.8	8051.8
新 疆	Xinjiang	40578.0	24963.5	4005.9	1844.0	9764.7

6-16 分地区农村居民人均可支配收入来源情况(2023年)
Per Capita Disposable Income of Rural Households by Source and Region(2023)

单位：元 (yuan)

地 区	Region	可支配收 入 Disposable Income	工资性收入 Income from Wages and Salaries	经营净收入 Net Business Income	财产净收入 Net Income from Properties	转移净收入 Net Income from Transfers
全 国	**National Average**	**21690.9**	**9163.0**	**7431.0**	**540.0**	**4557.0**
北 京	Beijing	37358.0	26818.5	2089.8	3681.5	4768.1
天 津	Tianjin	30851.0	16911.8	7356.0	1292.9	5290.3
河 北	Hebei	20688.0	11014.9	6748.5	446.1	2478.9
山 西	Shanxi	17677.0	7874.9	4676.4	255.9	4869.5
内蒙古	Inner Mongolia	21221.0	4085.7	11607.3	579.6	4948.0
辽 宁	Liaoning	21483.0	7951.8	9584.8	487.1	3459.5
吉 林	Jilin	19472.0	4373.0	11594.9	534.8	2969.3
黑龙江	Heilongjiang	19756.0	3724.3	9876.9	1441.6	4713.1
上 海	Shanghai	42988.0	27019.1	2232.5	1344.7	12391.7
江 苏	Jiangsu	30488.0	14732.5	7901.2	985.5	6869.2
浙 江	Zhejiang	40311.0	23824.7	10307.0	1259.3	4919.8
安 徽	Anhui	21144.0	7449.3	7962.0	456.4	5276.3
福 建	Fujian	26722.0	12020.1	9857.3	570.3	4273.9
江 西	Jiangxi	21358.0	9720.2	6549.2	414.7	4674.1
山 东	Shandong	23776.0	11871.9	8109.9	532.2	3262.0
河 南	Henan	20053.0	7543.9	6385.3	279.2	5844.5
湖 北	Hubei	21293.0	6922.9	8813.8	290.1	5266.6
湖 南	Hunan	20921.0	8178.6	7470.1	299.0	4973.4
广 东	Guangdong	25142.0	14473.8	6100.6	952.2	3615.2
广 西	Guangxi	18656.0	6353.2	7333.3	431.1	4538.1
海 南	Hainan	20708.0	8564.7	8175.7	394.7	3573.2
重 庆	Chongqing	20820.0	7421.4	6765.5	517.7	6115.2
四 川	Sichuan	19978.0	6220.5	7599.4	609.5	5548.5
贵 州	Guizhou	14817.0	5924.1	4635.9	122.0	4135.3
云 南	Yunnan	16361.0	5846.4	7161.1	250.7	3103.0
西 藏	Xizang	19924.0	6910.3	8372.8	861.4	3779.4
陕 西	Shaanxi	16992.0	7076.7	5013.4	282.7	4619.1
甘 肃	Gansu	13131.0	3893.0	5641.6	179.7	3416.9
青 海	Qinghai	15614.0	5442.7	5530.3	451.6	4189.2
宁 夏	Ningxia	17772.0	6648.7	7345.4	204.1	3573.8
新 疆	Xinjiang	17948.0	5989.4	7635.5	545.5	3777.4

6-17 分地区居民人均消费支出情况(2023年)
Per Capita Consumption Expenditure of Households by Region (2023)

单位：元 (yuan)

地区	Region	消费支出 Consumption Expenditure	食品烟酒 Food, Tobacco and Liquor	衣着 Clothing and Footwear	居住 Housing	生活用品及服务 Household Equipments, Furnishings and Services	交通通信 Transport and Communi-cations	教育文化娱乐 Education, Culture and Recreation	医疗保健 Health Care and Medical Services	其他用品及服务 Miscellaneous Goods and Services
全国	**National Average**	**26795.7**	**7983.0**	**1479.0**	**6095.0**	**1526.0**	**3652.0**	**2904.0**	**2460.0**	**697.0**
北京	Beijing	47586.5	10142.2	2053.3	18667.6	2351.8	4858.5	3799.4	4276.2	1437.6
天津	Tianjin	34913.9	9814.8	1796.2	7771.6	1926.6	4698.3	3673.4	3936.9	1296.1
河北	Hebei	22920.2	6739.1	1533.8	4963.5	1459.0	3129.3	2308.8	2174.1	612.6
山西	Shanxi	19755.7	5257.7	1371.9	4315.5	1217.1	2621.3	2291.2	2138.5	542.6
内蒙古	Inner Mongolia	27025.5	7445.9	1862.2	5057.9	1499.7	4717.4	2656.1	2935.1	851.2
辽宁	Liaoning	24865.3	7346.2	1490.7	4994.8	1263.5	3357.7	2701.4	2899.1	811.7
吉林	Jilin	21410.6	5862.7	1350.5	3957.2	1014.4	3152.9	2569.0	2816.0	687.8
黑龙江	Heilongjiang	22052.2	6647.9	1440.7	4092.0	1013.0	2993.2	2385.8	2902.8	577.0
上海	Shanghai	52508.5	13214.4	1995.5	17943.6	2270.1	5728.5	4976.1	4650.5	1729.7
江苏	Jiangsu	35491.2	9925.6	1890.7	9169.2	2029.8	5074.9	3334.1	2915.6	1151.3
浙江	Zhejiang	42194.3	11757.0	2253.9	10458.3	2472.3	6484.1	4458.3	2939.2	1371.2
安徽	Anhui	23606.9	7919.0	1543.1	4901.5	1451.0	2664.8	2619.2	1962.5	545.9
福建	Fujian	31868.5	10183.5	1546.1	8645.6	1727.5	3706.3	3169.0	2125.1	765.5
江西	Jiangxi	23379.2	7459.9	1144.8	5061.4	1221.2	2815.1	2967.3	2230.7	478.8
山东	Shandong	24293.2	6790.5	1548.8	4725.9	1762.4	3794.6	2914.8	2247.4	508.7
河南	Henan	21010.9	6275.2	1508.8	4333.8	1267.0	2570.3	2461.0	2116.0	478.9
湖北	Hubei	27105.7	8068.8	1480.3	5814.9	1514.3	3448.7	3142.4	2984.0	652.2
湖南	Hunan	25462.3	7415.0	1425.6	5193.0	1546.7	3367.2	3532.9	2486.2	495.7
广东	Guangdong	34331.5	11137.1	1290.4	8849.0	1692.9	4864.5	3538.1	2119.7	839.8
广西	Guangxi	19749.3	6255.2	735.9	4097.6	1009.1	2667.6	2629.8	2020.5	333.6
海南	Hainan	23751.5	9314.8	790.9	5416.5	1031.3	2830.1	2378.8	1565.8	423.4
重庆	Chongqing	26514.8	8644.4	1696.5	4919.7	1707.5	3337.0	2873.1	2645.7	690.9
四川	Sichuan	23550.3	7846.2	1354.7	4157.4	1449.7	3299.9	2418.4	2434.8	589.2
贵州	Guizhou	20161.2	5857.8	1129.1	3512.2	1198.1	3446.2	2611.2	1895.3	511.4
云南	Yunnan	20995.3	6815.8	1056.9	4196.7	1141.8	2949.4	2261.2	2110.4	463.1
西藏	Xizang	17220.2	6406.2	1445.0	3543.2	1187.5	2459.9	913.2	838.3	426.9
陕西	Shaanxi	22011.5	6212.3	1331.0	4758.6	1340.9	2897.3	2293.0	2703.6	474.8
甘肃	Gansu	19012.6	5686.9	1222.1	4064.5	1057.2	2603.9	2070.9	1893.2	413.8
青海	Qinghai	20327.1	6361.0	1457.8	3631.3	1071.8	3504.0	1551.0	2174.1	576.0
宁夏	Ningxia	21629.3	6149.9	1366.1	3941.3	1396.9	3301.4	2469.4	2455.3	548.9
新疆	Xinjiang	19714.6	6260.8	1432.1	3584.7	1106.4	2753.0	1725.3	2173.0	679.3

6-18 分地区城镇居民人均消费支出情况(2023年)
Per Capita Consumption Expenditure of Urban Households by Region (2023)

单位：元 (yuan)

地 区	Region	消费支出 Consumption Expenditure	食品烟酒 Food, Tobacco and Liquor	衣 着 Clothing and Footwear	居 住 Housing	生活用品及服务 Household Equipments, Furnishings and Services	交通通信 Transport and Communi-cations	教育文化娱乐 Education, Culture and Recreation	医疗保健 Health Care and Medical Services	其他用品及服务 Miscellaneous Goods and Services
全 国	**National Average**	**32994.0**	**9495.0**	**1880.0**	**7822.0**	**1910.0**	**4495.0**	**3589.0**	**2850.0**	**953.0**
北 京	Beijing	50897.0	10583.6	2179.6	20261.2	2454.3	5071.6	4151.4	4609.3	1586.5
天 津	Tianjin	37586.0	10384.3	1932.8	8410.6	2054.1	5036.0	4108.3	4205.1	1454.4
河 北	Hebei	27906.0	7755.4	1922.8	6616.5	1846.0	3691.4	2704.3	2538.0	831.1
山 西	Shanxi	24524.0	6215.5	1754.9	5316.9	1555.7	3336.2	2974.8	2632.6	737.3
内蒙古	Inner Mongolia	32249.0	8707.3	2414.0	6243.2	1875.4	5542.8	3269.6	3069.1	1127.4
辽 宁	Liaoning	29091.0	8529.9	1779.8	5992.4	1523.8	3865.4	3168.5	3191.9	1039.0
吉 林	Jilin	26677.0	6967.4	1824.7	5303.6	1348.2	3941.8	3249.0	3076.5	965.6
黑龙江	Heilongjiang	25882.0	7607.5	1790.0	5206.8	1285.7	3333.1	2803.9	3104.0	751.2
上 海	Shanghai	54919.0	13568.3	2076.9	19100.3	2357.4	5894.7	5338.7	4733.3	1849.3
江 苏	Jiangsu	40461.0	10745.8	2174.3	10970.5	2267.7	5822.4	3898.0	3185.2	1396.9
浙 江	Zhejiang	47762.0	12908.7	2623.1	11550.3	2847.7	7557.7	5298.3	3247.8	1728.0
安 徽	Anhui	27900.0	9164.5	1925.0	5967.7	1695.3	3170.3	3108.8	2131.5	737.2
福 建	Fujian	37674.0	11730.2	1847.0	10664.5	2053.1	4379.2	3795.1	2283.1	921.5
江 西	Jiangxi	27733.0	8628.3	1455.2	6016.8	1535.1	3569.5	3455.7	2399.9	672.1
山 东	Shandong	30251.0	8275.1	2049.7	6058.2	2327.0	4509.8	3741.9	2591.8	697.4
河 南	Henan	25570.0	7435.5	1836.0	5487.3	1574.6	3098.8	2933.8	2506.1	698.3
湖 北	Hubei	31500.0	9247.3	1805.4	6794.8	1677.3	3877.1	3808.8	3452.9	836.5
湖 南	Hunan	31035.0	8835.2	1962.2	6167.4	1989.6	4335.5	4311.4	2739.3	694.7
广 东	Guangdong	39333.0	12290.4	1559.1	10328.6	2011.1	5660.9	4114.7	2350.3	1018.4
广 西	Guangxi	24427.0	7757.6	1035.7	5041.1	1320.3	3275.7	3141.8	2381.9	472.9
海 南	Hainan	28930.0	10775.2	1028.6	6984.9	1324.8	3529.3	2865.9	1856.7	564.9
重 庆	Chongqing	31531.0	10032.7	2136.5	5926.5	2038.0	4031.2	3460.2	3003.0	902.9
四 川	Sichuan	29280.0	9614.5	1851.5	5370.5	1869.6	4105.7	3016.7	2682.6	768.5
贵 州	Guizhou	27693.0	7708.6	1727.4	4360.8	1688.4	5288.6	3559.1	2536.7	823.1
云 南	Yunnan	28338.0	8842.8	1601.2	5768.8	1657.9	3743.9	3001.5	2966.1	756.2
西 藏	Xizang	28858.0	10004.7	2892.9	5762.6	2259.7	3875.5	1627.7	1550.9	884.5
陕 西	Shaanxi	27303.0	7562.4	1751.8	5968.9	1721.8	3594.4	2885.8	3147.8	670.3
甘 肃	Gansu	27044.0	7793.5	1870.7	6038.7	1583.4	3739.5	2937.4	2407.1	674.0
青 海	Qinghai	25373.0	7489.8	1846.2	5004.6	1327.0	4359.1	2012.1	2546.9	786.9
宁 夏	Ningxia	27076.0	7558.0	1780.4	4943.8	1767.6	4187.0	3159.7	2960.1	718.8
新 疆	Xinjiang	26134.0	8296.4	1851.7	4666.9	1520.1	3519.4	2247.7	2986.1	1045.4

6-19 分地区农村居民人均消费支出情况(2023年)
Per Capita Consumption Expenditure of Rural Households by Region (2023)

单位：元 (yuan)

地 区	Region	消费支出 Consumption Expenditure	食品烟酒 Food, Tobacco and Liquor	衣 着 Clothing and Footwear	居 住 Housing	生活用品及服务 Household Equipments, Furnishings and Services	交通通信 Transport and Communi-cations	教育文化娱乐 Education, Culture and Recreation	医疗保健 Health Care and Medical Services	其他用品及服务 Miscellaneous Goods and Services
全 国	**National Average**	**18175.0**	**5880.0**	**921.0**	**3694.0**	**992.0**	**2480.0**	**1951.0**	**1916.0**	**341.0**
北 京	Beijing	26277.0	7301.0	1240.7	8411.1	1692.0	3487.0	1534.0	2132.3	479.0
天 津	Tianjin	21553.0	6966.6	1112.9	4575.8	1289.2	3009.5	1498.5	2595.6	504.8
河 北	Hebei	17244.0	5581.9	1091.0	3081.3	1018.4	2489.2	1858.4	1759.8	363.9
山 西	Shanxi	13684.0	4038.0	884.1	3040.4	785.9	1710.9	1420.8	1509.3	294.6
内蒙古	Inner Mongolia	18650.0	5423.3	977.5	3157.3	897.4	3394.1	1672.3	2720.2	408.4
辽 宁	Liaoning	16040.0	4873.9	886.9	2911.0	720.0	2297.5	1725.9	2287.7	337.0
吉 林	Jilin	14354.0	4382.6	715.2	2153.0	567.2	2095.9	1657.9	2467.1	315.5
黑龙江	Heilongjiang	16453.0	5244.9	930.1	2462.0	614.2	2496.2	1774.5	2608.6	322.2
上 海	Shanghai	30782.0	10024.7	1262.1	7517.5	1483.1	4230.6	1707.7	3904.5	651.8
江 苏	Jiangsu	25029.0	8198.9	1293.6	5377.0	1529.0	3501.1	2146.9	2348.2	634.2
浙 江	Zhejiang	30468.0	9331.1	1476.5	8158.2	1681.7	4222.6	2689.1	2289.0	619.7
安 徽	Anhui	18905.0	6554.8	1124.8	3733.7	1183.4	2111.2	2083.0	1777.3	336.3
福 建	Fujian	21746.0	7486.4	1021.4	5125.3	1159.7	2532.9	2077.2	1849.5	493.4
江 西	Jiangxi	18421.0	6129.1	791.2	3973.2	863.7	1955.9	2411.0	2038.1	258.6
山 东	Shandong	16075.0	4742.6	857.9	2888.0	983.6	2808.1	1773.7	1772.3	248.4
河 南	Henan	16638.0	5162.3	1195.0	3227.5	972.0	2063.3	2007.6	1741.8	268.5
湖 北	Hubei	20922.0	6410.3	1022.9	4436.0	1284.9	2846.0	2204.6	2324.1	392.9
湖 南	Hunan	19210.0	5821.7	823.6	4100.0	1049.8	2281.0	2659.4	2202.2	272.5
广 东	Guangdong	22209.0	8342.1	639.1	5263.1	921.6	2934.4	2140.8	1560.9	407.0
广 西	Guangxi	15435.0	4869.5	459.3	3227.5	722.1	2106.7	2157.6	1687.2	205.1
海 南	Hainan	16924.0	7389.4	477.6	3348.7	644.4	1908.2	1736.6	1182.2	236.8
重 庆	Chongqing	17964.0	6277.7	946.4	3203.5	1144.1	2153.6	1872.1	2036.7	329.4
四 川	Sichuan	17901.0	6102.7	864.8	2961.2	1035.8	2505.4	1828.4	2190.4	412.3
贵 州	Guizhou	14260.0	4407.7	660.4	2847.2	813.9	2002.7	1868.5	1392.8	267.3
云 南	Yunnan	15147.0	5201.6	623.4	2944.7	730.8	2316.7	1671.7	1428.9	229.8
西 藏	Xizang	12619.0	4983.6	872.6	2665.8	763.7	1900.2	630.8	556.6	246.0
陕 西	Shaanxi	15647.0	4588.5	825.0	3303.0	882.8	2059.0	1580.1	2169.4	239.8
甘 肃	Gansu	12575.0	3998.5	702.2	2482.2	635.5	1693.8	1376.4	1481.3	205.3
青 海	Qinghai	14790.0	5122.4	1031.5	2124.3	791.8	2565.6	1045.0	1765.0	344.6
宁 夏	Ningxia	14649.0	4345.2	835.1	2656.3	921.9	2166.3	1584.7	1808.3	331.1
新 疆	Xinjiang	13645.0	4335.9	1035.4	2561.4	715.2	2028.2	1231.4	1404.2	333.1

七、社会保障
Social Security

7-1 社会保险基金收支及累计结余情况
Revenue, Expenses and Balance of Social Insurance Fund

单位：亿元 (100 million yuan)

年 份 Year	基金收入 Revenue	基本养老保险 Basic Endowment Insurance	失业保险 Unemployment Insurance	基本医疗保险 Basic Medical Insurance	工伤保险 Work-related Injury Insurance	生育保险 Birth Insurance
1990	186.8	178.8	7.2			
1995	1006.0	950.1	35.3	9.7	8.1	2.9
2000	2644.9	2278.5	160.4	170.0	24.8	11.2
2001	3101.9	2489.0	187.3	383.6	28.3	13.7
2002	4048.7	3171.5	215.6	607.8	32.0	21.8
2003	4882.9	3680.0	249.5	890.0	37.6	25.8
2004	5780.3	4258.4	290.8	1140.5	58.3	32.1
2005	6975.2	5093.3	340.3	1405.3	92.5	43.8
2006	8643.2	6309.8	402.4	1747.1	121.8	62.1
2007	10812.3	7834.2	471.7	2257.2	165.6	83.6
2008	13696.1	9740.2	585.1	3040.4	216.7	113.7
2009	16115.6	11490.8	580.4	3671.9	240.1	132.4
2010	19276.1	13872.9	649.8	4308.9	284.9	159.6
2011	25153.3	18004.8	923.1	5539.2	466.4	219.8
2012	30738.8	21830.2	1138.9	6938.7	526.7	304.2
2013	35252.9	24732.6	1288.9	8248.3	614.8	368.4
2014	39827.7	27619.9	1379.8	9687.2	694.8	446.1
2015	46012.1	32195.5	1367.8	11192.9	754.2	501.7
2016	53562.7	37990.8	1228.9	13084.3	736.9	521.9
2017	67154.5	46613.8	1112.6	17931.3	853.8	643.0
2018	79254.8	55005.3	1171.1	21384.4	913.0	781.0
2019	83550.4	57025.9	1284.2	24420.9	819.4	
2020	75512.5	49228.6	951.5	24846.1	486.3	
2021	96936.8	65793.3	1459.6	28732.0	951.9	
2022	102504.8	68933.2	1596.1	30922.2	1053.3	
2023	113214.9	76691.2	1807.3	33504.9	1211.6	

注：1.2007年及以后基本医疗保险基金中包括职工基本医疗保险和城乡居民基本医疗保险。
2.2010年及以后基本养老保险基金中包括城镇职工基本养老保险和城乡居民基本养老保险。
3.工伤保险累计结余中含储备金(以下相关表同)。
4.2019年起，基本医疗保险基金包含生育保险基金(以下相关表同)。

a) Data of basic medical insurance include the basic medical insurance for workers and the basic medical insurance for urban and rural residents from 2007.
b) Data of basic endowment insurance for 2010 and following years include the basic endowment insurance for urban workers and basic endowment insurance for urban and rural residents.
c) The balance at year-end of work-related injury insurance at year-end include reserve fund. The same applies to the relevant following tables.
d) Since 2019, the data of basic medical care insurance fund includes the data of maternity insurance fund. The same applies to the relevant following tables.

7-1 续表 1 continued

单位：亿元 (100 million yuan)

年份 Year	基金支出 Expenses	基本养老保险 Basic Endowment Insurance	失业保险 Unemployment Insurance	基本医疗保险 Basic Medical Insurance	工伤保险 Work-related Injury Insurance	生育保险 Birth Insurance
1990	151.9	149.3	2.5			
1995	877.1	847.6	18.9	7.3	1.8	1.6
2000	2385.6	2115.5	123.4	124.5	13.8	8.3
2001	2748.0	2321.3	156.6	244.1	16.5	9.6
2002	3471.5	2842.9	186.6	409.4	19.9	12.8
2003	4016.4	3122.1	199.8	653.9	27.1	13.5
2004	4627.4	3502.1	211.3	862.2	33.3	18.8
2005	5400.8	4040.3	206.9	1078.7	47.5	27.4
2006	6477.4	4896.7	198.0	1276.7	68.5	37.5
2007	7887.8	5964.9	217.7	1561.8	87.9	55.6
2008	9925.1	7389.6	253.5	2083.6	126.9	71.5
2009	12302.6	8894.4	366.8	2797.4	155.7	88.3
2010	15018.9	10755.3	423.3	3538.1	192.4	109.9
2011	18652.9	13363.2	432.8	4431.4	286.4	139.2
2012	23331.3	16711.5	450.6	5543.6	406.3	219.3
2013	27916.3	19818.7	531.6	6801.0	482.1	282.8
2014	33002.7	23325.8	614.7	8133.6	560.5	368.1
2015	38988.1	27929.4	736.4	9312.1	598.7	411.5
2016	46888.4	34004.3	976.1	10767.1	610.3	530.6
2017	57145.6	40423.8	893.8	14421.8	662.3	744.0
2018	67792.7	47550.4	915.3	17823.0	742.0	762.0
2019	75346.6	52342.3	1333.2	20854.2	816.9	
2020	78611.8	54656.5	2103.0	21032.1	820.3	
2021	86734.9	60196.5	1500.0	24048.2	990.2	
2022	90719.1	63079.0	2017.8	24597.2	1025.0	
2023	99301.8	68369.4	1485.2	28210.5	1236.7	

7-1 续表 2 continued

单位：亿元 (100 million yuan)

年 份 Year	累计结余 Balance at Year-end	基本养老保险 Basic Endowment Insurance	失业保险 Unemployment Insurance	基本医疗保险 Basic Medical Insurance	工伤保险 Work-related Injury Insurance	生育保险 Birth Insurance
1990	117.3	97.9	19.5			
1995	516.8	429.8	68.4	3.1	12.7	2.7
2000	1327.5	947.1	195.9	109.8	57.9	16.8
2001	1622.8	1054.1	226.2	253.0	68.9	20.6
2002	2423.4	1608.0	253.8	450.7	81.1	29.7
2003	3313.8	2206.5	303.5	670.6	91.2	42.0
2004	4493.4	2975.0	385.8	957.9	118.6	55.9
2005	6073.7	4041.0	519.0	1278.1	163.5	72.1
2006	8255.9	5488.9	724.8	1752.4	192.9	96.9
2007	11236.6	7391.4	979.1	2476.9	262.6	126.6
2008	15225.6	9931.0	1310.1	3431.7	384.6	168.2
2009	19006.5	12526.1	1523.6	4275.9	468.8	212.1
2010	23407.5	15787.8	1749.8	5047.1	561.4	261.4
2011	30233.1	20727.8	2240.2	6180.0	742.6	342.5
2012	38106.6	26243.5	2929.0	7644.5	861.9	427.6
2013	45588.1	31274.8	3685.9	9116.5	996.2	514.7
2014	52462.3	35644.5	4451.5	10644.8	1128.8	592.7
2015	59532.5	39937.1	5083.0	12542.8	1285.3	684.4
2016	66349.7	43965.2	5333.3	14964.3	1410.9	675.9
2017	77312.1	50202.2	5552.4	19385.6	1606.9	565.0
2018	89775.5	58151.6	5817.0	23440.0	1784.9	582.0
2019	96977.8	62872.6	4625.4	27696.7	1783.2	
2020	94378.7	58075.2	3354.1	31500.0	1449.3	
2021	104872.1	63970.0	3312.5	36178.3	1411.2	
2022	116822.0	69851.3	2890.8	42639.9	1440.1	
2023	130752.0	78173.0	3212.9	47951.0	1415.1	

7-2 社会保险基本情况
Basic Statistics on Social Insurance

单位：万人 (10 000 persons)

年 份 Year	年末参加基本养老保险人数 Basic Endowment Insurance Participants at Year-end	城镇职工基本养老保险 Basic Endowment Insurance for Urban Workers			城乡居民基本养老保险 Basic Endowment Insurance for Urban and Rural Residents	失业保险 Unemployment Insurance	
		合 计 Total	职 工 Number of Workers	离退休(职)人员 Number of Retirees		年末参保人数 Participants at Year-end	全年发放失业保险金(亿元) Unemployed Relief (100 million yuan)
1989	5710.3	5710.3	4816.9	893.4			
1990	6166.0	6166.0	5200.7	965.3			
1991	6740.3	6740.3	5653.7	1086.6			
1992	9456.2	9456.2	7774.7	1681.5			
1993	9847.6	9847.6	8008.2	1839.4			
1994	10573.5	10573.5	8494.1	2079.4		7967.8	5.1
1995	10979.0	10979.0	8737.8	2241.2		8237.7	8.2
1996	11116.7	11116.7	8758.4	2358.3		8333.1	13.9
1997	11203.9	11203.9	8670.9	2533.0		7961.4	18.7
1998	11203.1	11203.1	8475.8	2727.3		7927.9	20.4
1999	12485.4	12485.4	9501.8	2983.6		9852.0	31.9
2000	13617.4	13617.4	10447.5	3169.9		10408.4	56.2
2001	14182.5	14182.5	10801.9	3380.6		10354.6	83.3
2002	14736.6	14736.6	11128.8	3607.8		10181.6	116.8
2003	15506.7	15506.7	11646.5	3860.2		10372.9	133.4
2004	16352.9	16352.9	12250.3	4102.6		10583.9	137.5
2005	17487.9	17487.9	13120.4	4367.5		10647.7	132.4
2006	18766.3	18766.3	14130.9	4635.4		11186.6	125.8
2007	20136.9	20136.9	15183.2	4953.7		11644.6	129.4
2008	21891.1	21891.1	16587.5	5303.6		12399.8	139.5
2009	23549.9	23549.9	17743.0	5806.9		12715.5	145.8
2010	35984.1	25707.3	19402.3	6305.0	10276.8	13375.6	140.4
2011	61573.3	28391.3	21565.0	6826.2	33182.0	14317.1	159.9
2012	78796.3	30426.8	22981.1	7445.7	48369.5	15224.7	181.3
2013	81968.4	32218.4	24177.3	8041.0	49750.1	16416.8	203.2
2014	84231.9	34124.4	25531.0	8593.4	50107.5	17042.6	233.3
2015	85833.4	35361.2	26219.2	9141.9	50472.2	17326.0	269.8
2016	88776.8	37929.7	27826.3	10103.4	50847.1	18088.8	309.4
2017	91548.3	40293.3	29267.6	11025.7	51255.0	18784.2	318.2
2018	94293.3	41901.6	30104.0	11797.7	52391.7	19643.5	357.6
2019	96753.9	43487.9	31177.5	12310.4	53266.0	20542.7	396.8
2020	99864.9	45621.1	32858.7	12762.3	54243.8	21689.5	413.9
2021	102871.4	48074.0	34917.1	13157.0	54797.4	22957.9	530.7
2022	105307.3	50355.0	36711.0	13644.0	54952.3	23806.6	592.3
2023	106643.3	52120.8	37925.2	14195.6	54522.5	24372.7	728.6

7-2 续表 continued

单位：万人 (10 000 persons)

年份 Year	基本医疗保险 Basic Medical Insurance 年末参保人数 Participants at Year-end	职工 For Workers	城乡居民 For Urban and Rural Residents	工伤保险 Work-related Injury Insurance 年末参保人数 Participants at Year-end	年末享受工伤待遇的人数 Beneficiaries at Year-end	年末参加生育保险人数 Birth Insurance Participants at Year-end
1989						
1990						
1991						
1992						
1993						
1994	400.3	400.3		1822.1	5.8	915.9
1995	745.9	745.9		2614.8	7.1	1500.2
1996	855.7	855.7		3102.6	10.1	2015.6
1997	1762.0	1762.0		3507.8	12.5	2485.9
1998	1877.6	1877.6		3781.3	15.3	2776.7
1999	2065.3	2065.3		3912.3	15.1	2929.8
2000	3786.9	3786.9		4350.3	18.8	3001.6
2001	7285.9	7285.9		4345.3	18.7	3455.1
2002	9401.2	9401.2		4405.6	26.5	3488.2
2003	10901.7	10901.7		4574.8	32.9	3655.4
2004	12403.6	12403.6		6845.2	51.9	4383.8
2005	13782.9	13782.9		8478.0	65.1	5408.5
2006	15731.8	15731.8		10268.5	77.8	6458.9
2007	22311.1	18020.0	4291.1	12173.3	96.0	7775.3
2008	31821.6	19995.6	11826.0	13787.2	117.8	9254.1
2009	40147.0	21937.4	18209.6	14895.5	129.6	10875.7
2010	43262.9	23734.7	19528.3	16160.7	147.5	12335.9
2011	47343.2	25227.1	22116.1	17695.9	163.0	13892.0
2012	53641.3	26485.6	27155.7	19010.1	190.5	15428.7
2013	57072.6	27443.1	29629.4	19917.2	195.2	16392.0
2014	59746.9	28296.0	31450.9	20639.2	198.2	17038.7
2015	66581.6	28893.1	37688.5	21432.5	201.9	17771.0
2016	74391.6	29531.5	44860.0	21889.3	196.0	18451.0
2017	117681.4	30322.7	87358.7	22723.7	192.8	19300.2
2018	134458.6	31680.8	102777.8	23874.4	198.5	20434.1
2019	135407.4	32924.7	102482.7	25478.4	194.4	21417.3
2020	136131.1	34455.1	101676.0	26763.4	187.6	23567.3
2021	136296.7	35430.9	100865.9	28286.5	206.2	23751.7
2022	134592.5	36243.4	98349.1	29116.6	203.7	24621.5
2023	133389.0	37094.6	96294.4	30173.6	221.9	24903.1

7-3 分地区城镇职工基本养老保险情况(2023年)
Statistics on Basic Endowment Insurance for Urban Workers by Region (2023)

地 区	Region	年末参加城镇职工基本养老保险人数(万人) Participants of Basic Endowment Insurance for Urban Workers at Year-end (10 000 persons)			基金收支情况(亿元) Revenue and Expenses(100 million yuan)		
			职 工 Number of Workers	离退休(职)人员 Number of Retirees	基金收入 Revenue	基金支出 Expenses	累计结余 Balance at Year-end
全 国	**National Total**	**52120.8**	**37925.2**	**14195.6**	**70506.3**	**63756.6**	**63639.1**
北 京	Beijing	1904.9	1567.2	337.8	4009.4	2377.9	8614.3
天 津	Tianjin	826.2	576.7	249.5	1311.4	1288.2	442.4
河 北	Hebei	1949.8	1428.9	520.9	2434.9	2428.4	620.1
山 西	Shanxi	1102.1	777.9	324.2	1680.5	1650.0	1552.2
内蒙古	Inner Mongolia	932.2	584.9	347.2	1421.8	1538.3	481.1
辽 宁	Liaoning	2150.4	1252.6	897.8	3101.0	3858.4	398.5
吉 林	Jilin	953.8	541.0	412.8	1651.9	1880.7	298.6
黑龙江	Heilongjiang	1523.9	850.2	673.7	2029.7	2743.6	247.0
上 海	Shanghai	1689.4	1146.5	542.8	4226.2	3680.0	1950.7
江 苏	Jiangsu	3752.0	2646.0	1106.0	5183.4	4505.3	5340.8
浙 江	Zhejiang	3573.6	2584.0	989.6	3907.6	4276.3	1381.4
安 徽	Anhui	1688.0	1271.4	416.6	2173.6	1714.8	2692.2
福 建	Fujian	1788.9	1543.6	245.3	1366.7	1094.4	1005.8
江 西	Jiangxi	1435.6	1027.7	407.9	1522.7	1474.6	924.6
山 东	Shandong	3424.1	2559.8	864.4	3994.6	3965.3	1345.0
河 南	Henan	2578.2	1987.7	590.5	2565.8	2366.7	1591.3
湖 北	Hubei	2048.0	1379.1	668.9	3158.5	2993.0	1135.2
湖 南	Hunan	2018.6	1454.0	564.6	2209.8	2151.4	1894.8
广 东	Guangdong	5368.9	4518.2	850.7	7036.5	3950.1	17549.0
广 西	Guangxi	1069.6	775.3	294.3	1468.1	1314.8	873.7
海 南	Hainan	373.6	292.0	81.7	499.2	362.4	484.5
重 庆	Chongqing	1475.4	1003.9	471.4	1638.7	1596.4	1512.3
四 川	Sichuan	3426.3	2379.2	1047.1	4049.8	3707.8	4101.0
贵 州	Guizhou	794.3	617.0	177.4	1014.4	801.6	1284.6
云 南	Yunnan	883.6	681.0	202.6	1246.3	1026.3	1821.9
西 藏	Xizang	67.3	55.9	11.4	215.3	144.3	290.6
陕 西	Shaanxi	1346.8	1044.4	302.4	1911.0	1574.9	1282.0
甘 肃	Gansu	532.5	352.4	180.1	844.6	870.4	350.1
青 海	Qinghai	188.0	133.8	54.2	336.5	338.9	43.8
宁 夏	Ningxia	292.0	216.1	75.9	390.7	360.8	275.2
新 疆	Xinjiang	867.9	621.8	246.1	1567.2	1330.0	1814.8
不分地区	Not Classified by Region	95.1	55.3	39.7	338.5	390.4	39.7

注："不分地区"数据包括中央国家机关事业单位、中国人民银行、中国农业发展银行和中央调剂金账户。

a) Data in the category of "Not Classified by Region" include data from the Central government organs and institutions, People's Bank of China, Agricultural Development Bank of China and Central Allocation System account.

7-4 分地区城乡居民基本养老保险情况(2023年)
Statistics on Basic Endowment Insurance for Urban and Rural Residents by Region (2023)

地 区	Region	参保人数(万人) Participants at Year-end (10 000 persons)	#实际领取待遇人数 Number of People Actual Received Pension	基金收支情况(亿元) Revenue and Expenses (100 million yuan) 基金收入 Revenue	基金支出 Expenses	累计结余 Balance at Year-end
全 国	**National Total**	**54522.5**	**17268.3**	**6184.9**	**4612.9**	**14533.9**
北 京	Beijing	181.0	63.8	127.5	113.7	188.1
天 津	Tianjin	172.2	88.7	57.6	56.2	319.1
河 北	Hebei	3527.3	1184.3	295.9	236.6	696.4
山 西	Shanxi	1623.2	450.9	175.3	97.2	474.9
内蒙古	Inner Mongolia	815.5	263.2	94.2	74.0	186.2
辽 宁	Liaoning	1020.4	445.6	91.3	91.4	97.9
吉 林	Jilin	942.7	285.7	59.1	49.4	114.8
黑龙江	Heilongjiang	892.7	273.6	85.6	64.5	173.4
上 海	Shanghai	71.8	52.6	104.8	104.2	92.4
江 苏	Jiangsu	2351.9	1144.5	661.7	489.1	1174.8
浙 江	Zhejiang	1032.8	563.4	411.9	318.9	506.4
安 徽	Anhui	3408.0	1019.2	397.5	219.4	1110.2
福 建	Fujian	1595.0	505.6	153.5	129.5	315.6
江 西	Jiangxi	1951.5	552.4	191.6	135.8	448.2
山 东	Shandong	4566.3	1690.1	581.7	452.7	1785.6
河 南	Henan	5280.1	1544.9	360.5	287.0	909.8
湖 北	Hubei	2507.4	821.8	252.1	192.1	713.1
湖 南	Hunan	3413.0	935.6	264.3	186.2	657.4
广 东	Guangdong	2760.0	909.9	331.8	308.8	602.4
广 西	Guangxi	2671.8	646.1	147.7	127.4	332.6
海 南	Hainan	341.8	83.6	42.7	27.5	157.7
重 庆	Chongqing	1175.0	359.5	128.0	76.6	275.4
四 川	Sichuan	3150.1	1090.6	502.3	289.6	1144.7
贵 州	Guizhou	1941.8	494.9	117.5	92.4	243.0
云 南	Yunnan	2491.1	603.3	148.2	120.7	629.3
西 藏	Xizang	176.2	28.9	14.4	9.6	48.2
陕 西	Shaanxi	1812.4	587.6	164.7	128.1	409.0
甘 肃	Gansu	1379.0	351.4	116.2	68.6	382.1
青 海	Qinghai	263.4	48.2	23.8	15.3	83.8
宁 夏	Ningxia	232.1	46.6	21.7	15.6	63.8
新 疆	Xinjiang	775.1	131.5	59.8	34.8	197.6

7-5 分地区基本医疗保险参保人数(2023年)
Participants of Basic Medical Insurance by Region (2023)

单位：万人 (10 000 persons)

地 区	Region	年末参保人数合计 Participants at Year-end	职工基本医疗保险 Basic Medical Insurance for Workers	职工 Workers	退休人员 Retirees	城乡居民基本医疗保险 Basic Medical Insurance for Urban and Rural Residents
全 国	**National Total**	**133389.0**	**37094.6**	**27098.7**	**9995.9**	**96294.4**
北 京	Beijing	1908.6	1504.7	1164.2	340.5	403.9
天 津	Tianjin	1183.6	659.2	426.2	233.0	524.5
河 北	Hebei	6925.9	1288.3	886.2	402.1	5637.6
山 西	Shanxi	3186.1	753.9	505.8	248.1	2432.1
内蒙古	Inner Mongolia	2158.7	606.6	401.8	204.8	1552.1
辽 宁	Liaoning	3721.7	1596.5	885.2	711.4	2125.2
吉 林	Jilin	2238.5	553.1	337.3	215.8	1685.4
黑龙江	Heilongjiang	2753.2	891.7	470.7	420.9	1861.5
上 海	Shanghai	2004.1	1623.2	1082.0	541.2	380.9
江 苏	Jiangsu	8133.3	3476.6	2539.4	937.2	4656.7
浙 江	Zhejiang	5621.1	2954.0	2329.6	624.4	2667.1
安 徽	Anhui	6377.9	1103.5	799.0	304.4	5274.4
福 建	Fujian	3833.5	978.7	786.2	192.5	2854.8
江 西	Jiangxi	4527.4	642.3	414.2	228.1	3885.1
山 东	Shandong	9654.3	2598.2	1906.1	692.0	7056.2
河 南	Henan	9931.6	1433.8	997.5	436.3	8497.7
湖 北	Hubei	5564.6	1342.6	960.1	382.5	4222.1
湖 南	Hunan	6355.7	1046.7	711.9	334.8	5309.0
广 东	Guangdong	11040.9	4848.2	4275.2	573.0	6192.7
广 西	Guangxi	5161.9	742.4	550.0	192.4	4419.5
海 南	Hainan	936.9	267.2	196.6	70.6	669.7
重 庆	Chongqing	3142.4	813.0	593.0	220.0	2329.4
四 川	Sichuan	8132.8	1999.3	1440.2	559.1	6133.5
贵 州	Guizhou	4181.3	504.8	372.8	132.0	3676.5
云 南	Yunnan	4563.4	598.1	426.9	171.3	3965.2
西 藏	Xizang	341.5	58.7	47.0	11.7	282.8
陕 西	Shaanxi	3730.6	839.8	610.7	229.1	2890.8
甘 肃	Gansu	2510.6	396.7	266.3	130.4	2113.9
青 海	Qinghai	567.1	123.6	82.2	41.4	443.4
宁 夏	Ningxia	666.6	169.1	126.2	42.9	497.5
新 疆	Xinjiang	2333.1	680.1	508.1	172.1	1653.0

7-6 分地区基本医疗保险基金收支情况(2023年)
Revenue and Expenses of Basic Medical Insurance by Region (2023)

单位：亿元 (100 million yuan)

地 区	Region	基金收入 Revenue			基金支出 Expenses			累计结余 Balance at the Year-end		
		合 计 Total	职 工 Workers	居 民 Residents	合 计 Total	职 工 Workers	居 民 Residents	合 计 Total	职 工 Workers	居 民 Residents
全 国	**National Total**	**33504.9**	**22935.1**	**10569.7**	**28210.5**	**17752.8**	**10457.7**	**47951.0**	**40287.3**	**7663.7**
北 京	Beijing	2062.7	1947.1	115.5	1250.7	1138.7	112.0	3095.8	3015.7	80.0
天 津	Tianjin	539.3	480.4	58.8	418.8	347.3	71.5	662.3	596.4	65.9
河 北	Hebei	1268.9	713.3	555.6	1122.9	559.8	563.1	1750.7	1401.4	349.4
山 西	Shanxi	663.1	409.9	253.2	550.9	329.1	221.8	897.3	668.3	229.0
内蒙古	Inner Mongolia	529.7	357.5	172.3	493.4	318.0	175.4	774.7	620.3	154.4
辽 宁	Liaoning	931.5	725.1	206.4	901.0	666.9	234.2	1005.0	820.4	184.6
吉 林	Jilin	445.3	268.2	177.1	407.1	241.9	165.3	619.1	475.3	143.7
黑龙江	Heilongjiang	605.6	404.4	201.2	620.8	400.4	220.5	853.8	651.3	202.4
上 海	Shanghai	2317.2	2213.2	104.0	1374.1	1255.7	118.4	5482.6	5463.5	19.1
江 苏	Jiangsu	2456.2	1874.2	582.1	2392.8	1788.9	603.9	3092.9	2832.6	260.3
浙 江	Zhejiang	2255.7	1747.4	508.2	1951.3	1434.0	517.3	3668.3	3384.4	283.8
安 徽	Anhui	1087.1	548.9	538.2	924.8	391.0	533.8	1205.6	939.1	266.5
福 建	Fujian	867.6	576.9	290.8	741.2	446.6	294.5	1227.3	1101.0	126.3
江 西	Jiangxi	719.2	321.9	397.3	690.1	278.8	411.2	865.9	537.5	328.4
山 东	Shandong	2139.5	1406.2	733.4	2009.0	1259.8	749.2	2181.7	1761.5	420.1
河 南	Henan	1579.4	700.1	879.3	1454.6	612.9	841.8	1468.7	1081.4	387.4
湖 北	Hubei	1206.3	763.6	442.7	1070.7	634.4	436.4	1379.0	1055.7	323.3
湖 南	Hunan	1133.9	590.6	543.3	959.2	452.3	507.0	1434.9	1043.9	391.1
广 东	Guangdong	3198.6	2464.3	734.4	2422.5	1715.8	706.7	5583.7	4704.2	879.5
广 西	Guangxi	863.9	388.7	475.2	795.6	345.2	450.4	1064.7	632.8	432.0
海 南	Hainan	229.8	159.6	70.3	172.5	96.3	76.1	392.3	328.9	63.4
重 庆	Chongqing	733.2	483.8	249.5	631.2	381.8	249.4	838.0	665.0	173.0
四 川	Sichuan	1817.6	1170.5	647.1	1491.9	858.1	633.8	2961.8	2412.9	548.9
贵 州	Guizhou	683.6	305.4	378.2	598.0	252.2	345.8	847.3	498.5	348.8
云 南	Yunnan	813.0	399.3	413.7	704.2	321.2	383.1	1066.4	769.6	296.8
西 藏	Xizang	108.2	76.2	32.0	72.5	45.7	26.8	276.5	243.6	32.9
陕 西	Shaanxi	848.8	547.1	301.7	771.7	447.5	324.2	1107.6	908.2	199.4
甘 肃	Gansu	437.1	220.5	216.6	392.4	189.3	203.2	535.7	349.3	186.4
青 海	Qinghai	159.2	112.3	46.9	123.8	78.3	45.5	298.3	239.4	58.9
宁 夏	Ningxia	163.6	107.9	55.6	113.4	68.4	45.0	296.6	238.4	58.2
新 疆	Xinjiang	639.8	450.8	189.0	587.4	396.6	190.7	1016.6	846.8	169.8

7-7 分地区失业保险情况(2023年)
Statistics on Unemployment Insurance by Region (2023)

地 区	Region	年末参加失业保险人数(万人) Unemployment Insurance Participants at Year-end (10 000 persons)	年末领取失业保险金人数(万人) Beneficiaries of Unemployment Insurance Fund (10 000 persons)	基金收支情况(亿元) Revenue and Expenses (100 million yuan)		
				基金收入 Revenue	基金支出 Expenses	累计结余 Balance at Year-end
全 国	**National Total**	**24372.7**	**352.1**	**1807.3**	**1485.2**	**3212.9**
北 京	Beijing	1418.3	21.0	158.6	158.3	105.1
天 津	Tianjin	403.6	9.7	34.4	38.0	21.7
河 北	Hebei	815.2	7.4	54.9	35.9	142.3
山 西	Shanxi	553.4	3.5	39.0	22.5	166.3
内蒙古	Inner Mongolia	329.3	3.8	33.8	21.3	119.7
辽 宁	Liaoning	680.1	23.6	50.9	72.1	71.8
吉 林	Jilin	282.7	3.9	26.5	20.3	73.2
黑龙江	Heilongjiang	333.2	3.7	22.9	13.5	118.8
上 海	Shanghai	1023.5	24.0	158.6	116.6	129.1
江 苏	Jiangsu	2040.9	35.0	168.7	160.5	246.8
浙 江	Zhejiang	1886.0	30.0	130.7	99.5	165.6
安 徽	Anhui	700.4	9.1	52.7	41.0	93.5
福 建	Fujian	763.1	7.6	38.3	37.3	86.5
江 西	Jiangxi	402.6	3.1	25.6	15.4	70.5
山 东	Shandong	1615.8	25.5	124.7	99.4	207.7
河 南	Henan	1147.8	9.9	60.3	34.1	117.7
湖 北	Hubei	752.9	10.7	57.4	42.7	131.3
湖 南	Hunan	740.4	9.7	39.6	32.1	113.4
广 东	Guangdong	3794.8	40.4	173.1	160.0	193.0
广 西	Guangxi	540.8	8.3	37.2	30.9	94.5
海 南	Hainan	224.0	3.6	12.8	11.0	15.9
重 庆	Chongqing	625.2	10.6	34.9	37.4	36.4
四 川	Sichuan	1191.3	20.9	93.7	69.2	215.4
贵 州	Guizhou	349.2	4.9	26.7	21.1	61.1
云 南	Yunnan	375.7	8.7	29.2	26.5	92.4
西 藏	Xizang	36.2	0.1	5.2	0.7	31.0
陕 西	Shaanxi	531.2	4.6	44.1	26.5	73.3
甘 肃	Gansu	210.1	1.1	20.0	6.1	84.3
青 海	Qinghai	68.1	0.5	7.7	3.1	29.4
宁 夏	Ningxia	122.5	1.9	9.8	7.3	25.7
新 疆	Xinjiang	414.6	5.5	35.2	24.8	79.6

7-8 分地区工伤保险情况(2023年)
Statistics on Work-related Injury Insurance by Region (2023)

地 区	Region	年末参加工伤保险人数(万人) Participants in Work-related Injury Insurance at Year-end (10 000 persons)	全年享受工伤保险待遇人数(万人) Beneficiaries of Work-related Injury Insurance (10 000 persons)	基金收支情况(亿元) Revenue and Expenses (100 million yuan)		
				基金收入 Revenue	基金支出 Expenses	累计结余 Balance at Year-end
全 国	**National Total**	**30173.6**	**221.9**	**1211.6**	**1236.7**	**1415.1**
北 京	Beijing	1366.9	3.7	66.7	60.3	44.1
天 津	Tianjin	412.8	4.1	17.6	15.6	16.5
河 北	Hebei	1153.5	9.8	68.0	55.5	71.6
山 西	Shanxi	669.6	7.9	51.6	50.6	37.5
内蒙古	Inner Mongolia	361.8	3.0	17.6	20.6	34.9
辽 宁	Liaoning	812.4	13.1	48.2	41.1	67.6
吉 林	Jilin	351.0	4.9	8.8	12.8	28.7
黑龙江	Heilongjiang	456.0	3.4	27.4	26.8	34.0
上 海	Shanghai	1188.2	6.8	54.9	57.9	45.8
江 苏	Jiangsu	2426.1	19.6	111.6	119.1	118.7
浙 江	Zhejiang	2792.4	21.8	104.8	115.7	59.3
安 徽	Anhui	920.9	7.5	39.5	40.0	31.7
福 建	Fujian	1064.6	5.6	35.5	39.0	41.7
江 西	Jiangxi	593.4	5.2	19.3	24.4	46.7
山 东	Shandong	2045.6	15.2	86.2	75.3	109.9
河 南	Henan	1128.2	7.0	40.9	33.9	74.4
湖 北	Hubei	912.0	6.8	23.9	29.7	30.9
湖 南	Hunan	994.7	14.4	51.3	55.2	79.4
广 东	Guangdong	4270.3	22.4	95.7	130.2	117.8
广 西	Guangxi	637.0	2.2	14.2	15.0	48.1
海 南	Hainan	196.6	0.5	4.3	3.3	21.3
重 庆	Chongqing	754.7	6.7	35.9	27.8	21.8
四 川	Sichuan	1584.8	10.0	51.9	59.3	68.6
贵 州	Guizhou	626.1	4.3	27.4	24.0	22.4
云 南	Yunnan	606.6	4.3	22.6	22.8	20.1
西 藏	Xizang	67.7	0.2	3.8	2.0	10.1
陕 西	Shaanxi	696.8	4.6	31.9	29.8	43.7
甘 肃	Gansu	297.4	2.1	14.5	12.3	24.4
青 海	Qinghai	117.6	0.7	3.1	4.6	7.5
宁 夏	Ningxia	148.5	1.3	6.5	7.5	8.1
新 疆	Xinjiang	519.4	3.0	26.2	24.6	27.8

7-9 分地区生育保险情况(2023年)
Statistics on Birth Insurance by Region (2023)

地 区	Region	年末参加生育保险人数 (万人) Participants in Birth Insurance at Year-end (10 000 persons)	生育保险基金待遇支出 (亿元) Expenses of Birth Insurance (100 million yuan)
全 国	**National Total**	**24903.1**	**1177.2**
北 京	Beijing	1070.8	98.7
天 津	Tianjin	425.7	20.4
河 北	Hebei	909.8	37.4
山 西	Shanxi	490.6	14.8
内蒙古	Inner Mongolia	371.4	11.1
辽 宁	Liaoning	704.4	29.7
吉 林	Jilin	314.2	9.7
黑龙江	Heilongjiang	388.3	6.8
上 海	Shanghai	1082.1	97.8
江 苏	Jiangsu	2175.8	113.0
浙 江	Zhejiang	2235.9	84.7
安 徽	Anhui	782.2	27.8
福 建	Fujian	732.2	27.1
江 西	Jiangxi	412.3	17.3
山 东	Shandong	1696.4	67.4
河 南	Henan	943.3	47.3
湖 北	Hubei	799.1	30.2
湖 南	Hunan	703.5	28.4
广 东	Guangdong	3902.8	188.9
广 西	Guangxi	513.8	17.2
海 南	Hainan	196.6	7.2
重 庆	Chongqing	539.0	21.8
四 川	Sichuan	1218.9	41.7
贵 州	Guizhou	372.8	20.2
云 南	Yunnan	397.3	28.3
西 藏	Xizang	45.1	4.7
陕 西	Shaanxi	589.8	26.2
甘 肃	Gansu	265.4	11.0
青 海	Qinghai	72.7	3.9
宁 夏	Ningxia	119.0	6.7
新 疆	Xinjiang	431.9	29.9

7-10 分地区医疗救助情况(2023年)
Statistics on Medical Aid by Region (2023)

地 区	Region	资助参加基本医疗保险人数(万人) Aid for Basic Medical Insurance (10 000 persons)	门诊和住院医疗救助人次数(万人次) Outpatient and Hospitalization Medical Aid (10 000 person-times)	资助参加基本医疗保险资金数(万元) Expenses of Aid for Basic Medical Insurance (10 000 yuan)	门诊和住院医疗救助资金数(万元) Expenses for Outpatient and Hospitalization Medical Aid (10 000 yuan)
全 国	**National Total**	**8020.4**	**15340.2**	**1891031.0**	**5112185.6**
北 京	Beijing	10.1	399.1	4396.0	40035.0
天 津	Tianjin	13.4	107.2	4032.8	24703.5
河 北	Hebei	364.1	924.9	105171.2	230299.7
山 西	Shanxi	143.1	163.5	42310.6	81667.6
内蒙古	Inner Mongolia	163.3	261.6	28306.9	108764.7
辽 宁	Liaoning	114.1	240.0	40605.6	98651.5
吉 林	Jilin	87.1	161.8	13643.5	89386.6
黑龙江	Heilongjiang	168.4	345.0	43859.6	199653.4
上 海	Shanghai	12.5	368.6	7587.1	69428.2
江 苏	Jiangsu	332.3	2441.5	118964.5	402956.9
浙 江	Zhejiang	60.8	1543.2	43501.0	198449.0
安 徽	Anhui	341.6	928.6	106708.5	350587.0
福 建	Fujian	121.5	471.9	43368.7	104998.9
江 西	Jiangxi	172.8	767.6	56206.8	260838.0
山 东	Shandong	179.9	591.2	53603.9	188570.2
河 南	Henan	378.3	477.1	99500.9	259434.6
湖 北	Hubei	245.2	562.8	57786.1	226493.2
湖 南	Hunan	288.1	256.8	70908.1	208510.3
广 东	Guangdong	234.7	709.7	87078.0	259257.6
广 西	Guangxi	304.8	525.0	67891.4	299299.4
海 南	Hainan	18.3	111.5	5875.6	18050.5
重 庆	Chongqing	135.7	398.0	43004.0	60893.0
四 川	Sichuan	798.8	642.1	180889.2	339907.7
贵 州	Guizhou	851.9	333.3	122526.5	174114.9
云 南	Yunnan	988.4	605.4	133644.0	232379.7
西 藏	Xizang	48.2	33.0	16353.0	8901.9
陕 西	Shaanxi	186.0	222.2	34905.6	112427.3
甘 肃	Gansu	675.0	383.3	112936.7	219331.5
青 海	Qinghai	47.2	61.4	9736.0	77665.0
宁 夏	Ningxia	105.3	86.4	25023.8	35585.5
新 疆	Xinjiang	429.4	216.3	110705.3	130943.5

7-11 城市居民最低生活保障情况
Statistics on Subsistence Allowance for Urban Residents

单位：万人 (10 000 persons)

年 份 Year	城市居民最低生活保障人数 Number of Urban Residents Entitled to Subsistence Allowance	#残疾人 Disabled Persons	老年人 Aged Persons	在职人员 On-job Persons	灵活就业 Flexibly Employed Persons	登记失业 Unemployed Persons with Registration	无就业条件 No Conditions for Employment	未成年人 Juveniles
2007	2272.1	161.0	298.4	93.9	343.8	627.2	364.3	544.6
2008	2334.8	169.1	316.7	82.2	381.7	564.3	402.2	587.7
2009	2345.6	181.0	333.5	79.0	432.2	510.2	410.9	579.8
2010	2310.5	180.7	338.6	68.2	432.4	492.8	420.0	558.5
2011	2276.8	184.1	346.9	61.5	429.7	472.5	426.7	539.5
2012	2143.5	174.5	339.3	49.6	459.3	400.4	422.1	472.8
2013	2064.2	169.2	330.3	45.1	462.1	365.5	416.8	444.5
2014	1877.0	161.1	315.8	37.5	425.8	312.5	398.7	386.7
2015	1701.1	165.7	293.5	31.1	377.3	264.1	394.0	341.0
2016	1480.2	156.5	258.0	22.7	304.4	252.9	370.9	271.4
2017	1261.0	159.9	219.0	18.6	265.0	153.5	399.6	205.4
2018	1007.0	145.5	180.4	14.0	219.2	109.2	320.6	163.6
2019	860.9	139.4	158.6	10.2	171.8	81.0	300.3	138.9
2020	805.1	146.2	148.1	8.9	155.9	68.7	295.9	127.5
2021	737.8	147.6	139.8	6.7	142.8	54.2	278.6	115.6
2022	682.4	143.0	138.1	5.5	132.4	46.3	251.7	108.5
2023	663.6	144.3	142.4	5.6	132.6	38.5	238.7	105.7

注：2015年及以前，城市低保人员分类为老年人、成年人(在职人员、灵活就业、登记失业和未登记失业)、在校生和其他。2015年以后，分类为老年人、成年人(在职人员、灵活就业、登记失业和无就业条件)和未成年人。本表已按新的分类对数据进行了调整。

a) In 2015 and before, the persons receiving subsistence allowance in urban areas are classified as the aged persons, adults (on-job persons, flexible employment persons, unemployed persons with registration and without registration), students and others. After 2015, they are classified as the aged persons, adults (on-job persons, flexible employment persons, unemployed persons with registration and no conditions for employment), and juveniles. The data in this table has adjusted according to the new classification.

7-12 农村社会救助情况
Statistics on Social Assistance for Rural Residents

单位：万人 (10 000 persons)

年份 Year	农村救助总人数 Total Number of Rural Residents Receiving Relief	农村居民最低生活保障人数 Number of Rural Residents Entitled to Subsistence Allowance	农村特困人员集中供养人数 Rural Households in Extreme Difficulty with Centralized Living Arrangement	农村特困人员分散供养人数 Rural Households in Extreme Difficulty with Decentralized Living Arrangement	传统救济人数 Number of Persons Receiving Traditional Relief
2007	4172.6	3566.3	138.0	393.3	75.0
2008	4926.3	4305.5	155.6	393.0	72.2
2009	5375.6	4760.0	171.8	381.6	62.2
2010	5829.8	5214.0	177.4	378.9	59.5
2011	5925.4	5305.7	184.5	366.5	68.7
2012	5969.7	5344.5	185.3	360.3	79.6
2013	5998.3	5388.0	183.5	353.8	73.0
2014	5810.8	5207.2	174.3	354.8	74.5
2015	5484.1	4903.6	162.3	354.4	63.8
2016	5143.6	4586.5	139.7	357.2	60.2
2017	4573.8	4045.2	99.6	367.2	61.8
2018	4030.9	3519.1	86.2	368.8	56.8
2019	3931.9	3455.4	75.0	364.1	37.4
2020	4099.4	3620.8	73.9	372.4	32.3
2021	3941.9	3474.5	69.2	368.1	30.1
2022	3799.9	3349.6	64.4	370.1	15.8
2023	3855.0	3399.7	61.4	374.0	19.9

7-13 分地区城市居民最低生活保障情况(2023年)
Statistics on Subsistence Allowance for Urban Residents by Region (2023)

地 区	Region	城市居民最低生活保障人数(万人) Number of Urban Residents Entitled to Subsistence Allowance (10 000 persons)	#女 Female	#老年人 Aged Persons	城市居民最低生活保障户数(万户) Number of Households of Urban Residents Entitled to Subsistence Allowance (10 000 households)
全 国	**National Total**	**663.6**	**311.8**	**142.4**	**412.5**
北 京	Beijing	6.9	3.0	1.5	4.1
天 津	Tianjin	6.2	2.7	0.9	4.2
河 北	Hebei	13.8	6.6	2.6	9.6
山 西	Shanxi	16.0	7.8	3.3	9.9
内蒙古	Inner Mongolia	24.2	12.0	7.2	16.4
辽 宁	Liaoning	25.4	10.9	4.1	18.3
吉 林	Jilin	28.0	13.4	9.4	21.5
黑龙江	Heilongjiang	42.4	19.3	9.8	31.6
上 海	Shanghai	12.4	5.2	1.3	9.3
江 苏	Jiangsu	8.2	3.4	2.3	5.7
浙 江	Zhejiang	5.6	2.2	1.1	4.4
安 徽	Anhui	26.2	12.3	8.6	18.2
福 建	Fujian	7.1	3.3	1.6	4.7
江 西	Jiangxi	29.1	12.7	3.8	18.2
山 东	Shandong	9.0	4.1	1.9	6.1
河 南	Henan	30.6	15.0	10.5	22.2
湖 北	Hubei	23.7	11.0	5.7	15.8
湖 南	Hunan	32.3	15.3	6.0	20.9
广 东	Guangdong	14.6	6.9	2.7	7.7
广 西	Guangxi	40.7	19.5	7.0	17.5
海 南	Hainan	3.2	1.4	0.3	1.7
重 庆	Chongqing	21.1	9.2	2.9	14.3
四 川	Sichuan	51.4	23.2	10.6	34.9
贵 州	Guizhou	57.7	27.4	11.9	23.3
云 南	Yunnan	37.5	18.2	10.5	24.4
西 藏	Xizang	2.3	1.0	0.4	1.3
陕 西	Shaanxi	15.7	8.0	2.9	9.2
甘 肃	Gansu	30.9	14.5	3.9	14.2
青 海	Qinghai	7.2	4.0	1.6	3.8
宁 夏	Ningxia	7.5	3.8	1.4	4.6
新 疆	Xinjiang	26.5	14.4	4.6	14.5

7-14 分地区农村居民社会救助情况(2023年)
Statistics on Social Assistance for Rural Residents by Region (2023)

地 区	Region	农村居民最低生活保障人数(万人) Number of Rural Residents Entitled to Subsistence Allowance (10 000 persons)	#女 Female	#老年人 Aged Persons	农村特困人员集中供养人数(万人) Rural Households in Extreme Difficulty with Centralized Living Arrangement (10 000 persons)	农村特困人员分散供养人数(万人) Rural Households in Extreme Difficulty with Decentralized Living Arrangement (10 000 persons)	农村居民最低生活保障户数(万户) Number of Households of Rural Residents Entitled to Subsistence Allowance (10 000 households)
全 国	**National Total**	**3399.7**	**1615.4**	**1294.3**	**61.4**	**374.0**	**1917.8**
北 京	Beijing	3.5	1.5	1.5	0.2	0.3	2.1
天 津	Tianjin	5.7	2.4	1.4	0.1	0.9	3.1
河 北	Hebei	147.9	69.9	72.4	2.6	22.3	103.3
山 西	Shanxi	86.3	43.3	51.9	1.4	11.0	62.5
内蒙古	Inner Mongolia	132.5	71.8	95.8	1.0	7.6	86.8
辽 宁	Liaoning	61.0	28.8	29.5	1.5	11.1	42.8
吉 林	Jilin	51.7	26.3	29.4	1.0	6.6	34.4
黑龙江	Heilongjiang	87.3	44.5	55.4	1.1	8.1	58.5
上 海	Shanghai	3.0	1.5	1.5	0.1	0.1	2.9
江 苏	Jiangsu	56.4	23.2	22.6	3.1	16.0	32.7
浙 江	Zhejiang	50.0	19.2	21.0	1.3	1.8	35.5
安 徽	Anhui	167.8	78.6	65.7	4.6	26.9	104.1
福 建	Fujian	52.7	23.8	14.3	1.2	5.0	29.6
江 西	Jiangxi	144.3	63.4	43.5	3.1	9.2	87.4
山 东	Shandong	130.7	60.3	60.4	5.2	28.4	87.6
河 南	Henan	275.8	135.5	124.9	6.7	40.4	202.8
湖 北	Hubei	125.1	58.1	47.2	4.0	19.7	72.7
湖 南	Hunan	147.1	69.6	48.6	4.2	31.1	80.8
广 东	Guangdong	109.9	50.8	24.4	1.4	18.5	44.4
广 西	Guangxi	242.8	114.4	50.3	0.5	23.7	87.8
海 南	Hainan	14.6	6.7	2.8	0.2	2.2	5.9
重 庆	Chongqing	56.7	25.8	10.4	1.0	9.0	32.3
四 川	Sichuan	358.2	171.3	158.7	6.4	33.7	209.7
贵 州	Guizhou	171.5	81.3	47.3	1.5	8.6	72.8
云 南	Yunnan	232.5	111.1	80.5	1.5	10.8	129.3
西 藏	Xizang	14.2	6.5	1.5	0.6	0.6	4.5
陕 西	Shaanxi	109.2	51.3	42.0	3.6	9.0	50.9
甘 肃	Gansu	159.1	64.6	39.8	0.9	8.8	55.1
青 海	Qinghai	28.5	14.8	5.8	0.3	1.3	11.0
宁 夏	Ningxia	36.7	18.4	15.4	0.3	0.5	24.5
新 疆	Xinjiang	137.0	76.6	28.4	1.0	0.6	60.0

7-15 分地区城市居民最低生活保障平均标准
Average Standard of Subsistence Allowance for Urban Residents by Region

单位：元/人·月　　(yuan per capita per month)

地　区	Region	2018	2019	2020	2021	2022	2023
全　国	**National Average**	**579.7**	**624.0**	**677.6**	**711.4**	**752.3**	**785.9**
北　京	Beijing	1000.0	1100.0	1170.0	1245.0	1320.0	1395.0
天　津	Tianjin	920.0	980.0	1010.0	1010.0	1010.0	1010.0
河　北	Hebei	601.3	663.4	705.3	710.6	710.6	757.6
山　西	Shanxi	495.8	550.5	592.6	615.0	629.0	651.5
内蒙古	Inner Mongolia	640.5	689.0	726.2	762.5	801.7	835.6
辽　宁	Liaoning	590.2	635.8	669.2	705.9	725.6	750.7
吉　林	Jilin	506.9	525.3	546.5	612.4	612.4	612.4
黑龙江	Heilongjiang	564.8	584.0	613.2	650.2	683.5	710.6
上　海	Shanghai	1070.0	1160.0	1240.0	1330.0	1420.0	1510.0
江　苏	Jiangsu	682.4	718.3	765.6	803.2	824.8	847.3
浙　江	Zhejiang	762.6	811.5	882.3	935.3	1083.2	1148.2
安　徽	Anhui	569.7	597.1	641.1	686.3	738.3	786.9
福　建	Fujian	605.6	615.2	686.3	714.6	832.5	841.6
江　西	Jiangxi	577.4	635.5	708.2	768.6	830.7	881.0
山　东	Shandong	532.4	576.6	733.1	814.5	898.6	944.0
河　南	Henan	492.9	539.1	583.9	604.6	638.2	641.2
湖　北	Hubei	605.0	636.3	666.0	674.2	703.1	739.6
湖　南	Hunan	468.8	516.9	588.0	591.0	618.7	657.0
广　东	Guangdong	748.6	806.6	874.2	914.8	950.8	983.4
广　西	Guangxi	589.6	665.8	754.2	772.7	785.3	785.7
海　南	Hainan	485.6	562.8	562.8	576.8	628.0	685.4
重　庆	Chongqing	546.0	580.0	620.0	636.0	717.0	735.0
四　川	Sichuan	507.2	552.0	613.5	623.8	690.7	762.1
贵　州	Guizhou	591.7	613.4	645.1	651.1	678.7	733.3
云　南	Yunnan	566.8	619.8	644.7	667.9	702.7	730.7
西　藏	Xizang	805.0	834.1	871.2	970.9	987.8	971.7
陕　西	Shaanxi	568.1	607.8	633.4	651.1	652.4	702.7
甘　肃	Gansu	489.1	530.2	577.6	650.6	691.5	723.2
青　海	Qinghai	503.2	575.4	637.5	665.2	700.8	719.1
宁　夏	Ningxia	570.0	574.6	605.6	609.2	649.1	649.1
新　疆	Xinjiang	433.5	467.2	513.5	586.0	637.9	676.1

7-16 分地区农村居民最低生活保障平均标准
Average Standard of Subsistence Allowance for Rural Residents by Region

单位：元/人·月 (yuan per capita per month)

地 区	Region	2018	2019	2020	2021	2022	2023
全 国	**National Average**	**402.8**	**444.6**	**496.9**	**530.2**	**582.1**	**621.3**
北 京	Beijing	1000.0	1100.0	1170.0	1245.0	1320.0	1395.0
天 津	Tianjin	920.0	980.0	1010.0	1010.0	1010.0	1010.0
河 北	Hebei	360.1	408.9	458.0	463.4	501.3	569.6
山 西	Shanxi	339.4	396.6	442.7	473.5	517.4	545.6
内蒙古	Inner Mongolia	454.5	486.8	520.8	555.1	595.0	660.6
辽 宁	Liaoning	385.8	423.5	459.8	505.3	551.8	590.0
吉 林	Jilin	323.4	338.8	364.3	444.6	444.6	444.6
黑龙江	Heilongjiang	331.2	343.7	387.9	441.0	494.7	534.9
上 海	Shanghai	1070.0	1160.0	1240.0	1330.0	1420.0	1510.0
江 苏	Jiangsu	648.1	704.8	752.5	790.9	810.2	832.2
浙 江	Zhejiang	756.9	811.7	879.3	935.3	1083.2	1148.2
安 徽	Anhui	491.0	571.7	634.5	684.9	727.5	761.8
福 建	Fujian	593.9	610.1	681.0	711.3	828.2	834.8
江 西	Jiangxi	342.6	386.5	475.6	543.3	628.4	680.1
山 东	Shandong	373.5	424.4	558.2	633.9	721.0	769.3
河 南	Henan	301.5	340.8	379.6	398.5	442.7	458.7
湖 北	Hubei	439.6	474.4	497.3	504.8	546.3	594.0
湖 南	Hunan	341.5	375.4	417.3	438.0	466.1	487.4
广 东	Guangdong	592.9	635.4	694.8	733.8	765.8	796.7
广 西	Guangxi	317.7	372.8	444.0	451.5	514.4	520.2
海 南	Hainan	359.2	436.4	436.4	501.2	577.2	643.3
重 庆	Chongqing	415.4	444.7	503.0	524.3	591.2	610.1
四 川	Sichuan	334.1	373.0	434.6	443.5	514.0	578.0
贵 州	Guizhou	349.3	367.5	385.0	389.9	473.8	539.8
云 南	Yunnan	304.3	362.8	382.6	411.3	454.1	513.2
西 藏	Xizang	333.8	361.1	378.7	422.0	430.0	448.0
陕 西	Shaanxi	351.8	388.8	425.9	444.1	448.7	500.8
甘 肃	Gansu	331.6	347.3	375.5	409.1	448.2	476.6
青 海	Qinghai	309.4	343.3	390.7	410.3	469.4	471.6
宁 夏	Ningxia	330.5	336.7	388.3	431.1	492.4	492.4
新 疆	Xinjiang	320.2	354.2	396.5	456.4	503.3	540.8

7-17 分地区养老机构数(2023年)
Statistics on Elderly Care Institution by Region(2023)

单位：个 (unit)

地 区	Region	养老机构 Number of Elderly Care Institutions	按登记批准机关分 by Approval Authority			
			市场监管部门 Market Regulation Administration Department	编制部门 Authorized Strength Department	民政部门 Civil Administration Department	一个机构多个牌子 Registered with Multiple Departments
全 国	**National Total**	**40786**	**7986**	**14706**	**17698**	**396**
北 京	Beijing	590	133	129	326	2
天 津	Tianjin	438	43	10	385	
河 北	Hebei	1908	471	319	1110	8
山 西	Shanxi	761	75	131	546	9
内蒙古	Inner Mongolia	652	24	169	455	4
辽 宁	Liaoning	2359	119	132	1953	155
吉 林	Jilin	1612	676	378	558	
黑龙江	Heilongjiang	1924	402	127	1392	3
上 海	Shanghai	697	40	20	637	
江 苏	Jiangsu	2430	630	782	1010	8
浙 江	Zhejiang	1645	341	357	946	1
安 徽	Anhui	2633	482	179	1970	2
福 建	Fujian	929	269	362	285	13
江 西	Jiangxi	1798	182	1263	345	8
山 东	Shandong	2588	667	454	1466	1
河 南	Henan	3680	932	1815	926	7
湖 北	Hubei	2010	267	1248	490	5
湖 南	Hunan	2092	287	1489	303	13
广 东	Guangdong	1889	356	1189	339	5
广 西	Guangxi	622	127	171	291	33
海 南	Hainan	83	14	46	21	2
重 庆	Chongqing	1223	638	371	214	
四 川	Sichuan	2587	517	1491	488	91
贵 州	Guizhou	896	83	598	207	8
云 南	Yunnan	904	125	665	114	
西 藏	Xizang	73		73		
陕 西	Shaanxi	781	42	336	396	7
甘 肃	Gansu	305	15	128	156	6
青 海	Qinghai	90	2	33	52	3
宁 夏	Ningxia	134	11	45	77	1
新 疆	Xinjiang	453	16	196	240	1

7-17 续表 continued

单位：个 (unit)

地区	Region	按床位数分 by Number of Beds						
		0-49张床位 0-49 Beds	50-99张床位 50-99 Beds	100-199张床位 100-199 Beds	200-299张床位 200-299 Beds	300-399张床位 300-399 Beds	400-499张床位 400-499 Beds	500及以上张床位 500 Beds and over
全 国	**National Total**	**10323**	**12232**	**11339**	**3555**	**1590**	**612**	**1135**
北 京	Beijing	60	157	206	75	35	20	37
天 津	Tianjin	143	106	117	31	19	4	18
河 北	Hebei	390	626	593	151	74	30	44
山 西	Shanxi	208	260	192	55	20	11	15
内蒙古	Inner Mongolia	177	163	203	44	38	7	20
辽 宁	Liaoning	1184	584	360	126	58	18	29
吉 林	Jilin	754	435	273	71	41	11	27
黑龙江	Heilongjiang	921	498	286	105	52	23	39
上 海	Shanghai	10	150	253	123	66	39	56
江 苏	Jiangsu	292	578	772	400	196	88	104
浙 江	Zhejiang	324	549	452	148	78	27	67
安 徽	Anhui	415	829	1008	260	58	27	36
福 建	Fujian	327	231	196	64	47	18	46
江 西	Jiangxi	573	626	413	95	34	20	37
山 东	Shandong	338	725	839	327	148	56	155
河 南	Henan	804	1431	1057	242	83	18	45
湖 北	Hubei	196	579	828	232	89	29	57
湖 南	Hunan	526	829	499	111	54	18	55
广 东	Guangdong	710	440	384	169	84	37	65
广 西	Guangxi	153	151	179	70	30	15	24
海 南	Hainan	31	11	28	5	3	2	3
重 庆	Chongqing	392	386	303	80	23	12	27
四 川	Sichuan	396	886	868	255	98	33	51
贵 州	Guizhou	331	276	181	70	23	8	7
云 南	Yunnan	251	295	245	59	28	10	16
西 藏	Xizang	8	12	33	12	6	1	1
陕 西	Shaanxi	168	160	268	85	66	13	21
甘 肃	Gansu	112	87	68	15	9	7	7
青 海	Qinghai	24	33	24	5	1	1	2
宁 夏	Ningxia	12	30	51	13	10	3	15
新 疆	Xinjiang	93	109	160	57	19	6	9

7-18 分地区每千老年人口养老床位情况
Statistics on Elderly Care Beds per 1000 Elderly Population by Region

单位：张 (bed)

地 区	Region	2016	2017	2018	2019	2020	2021	2022	2023
全 国	**National Total**	**31.6**	**30.9**	**29.1**	**30.5**	**31.1**	**30.5**	**29.6**	**27.7**
北 京	Beijing	38.2	39.6	31.1	33.5	30.3	28.3	27.2	25.9
天 津	Tianjin	23.1	22.4	22.2	23.4	24.4	23.3	21.5	21.2
河 北	Hebei	35.0	32.6	30.1	29.1	30.3	30.4	28.5	27.5
山 西	Shanxi	22.2	23.0	20.2	23.6	24.6	25.2	24.7	22.4
内蒙古	Inner Mongolia	58.3	52.2	54.7	53.2	44.2	44.2	42.3	38.9
辽 宁	Liaoning	22.9	21.4	19.4	21.2	22.3	22.6	21.8	21.0
吉 林	Jilin	25.6	22.9	23.7	28.1	30.0	27.8	26.8	25.7
黑龙江	Heilongjiang	27.3	27.4	27.4	27.0	28.8	28.5	28.0	25.4
上 海	Shanghai	28.9	27.8	27.9	26.9	29.4	28.7	27.4	28.2
江 苏	Jiangsu	40.3	40.2	39.5	40.9	40.8	39.3	37.5	35.6
浙 江	Zhejiang	56.3	57.1	54.2	53.7	53.2	33.4	29.0	25.6
安 徽	Anhui	35.2	32.0	34.8	34.9	37.3	38.7	35.5	30.0
福 建	Fujian	23.2	26.7	26.4	28.9	36.9	40.9	41.3	39.6
江 西	Jiangxi	30.2	29.2	26.8	29.1	34.5	34.0	33.9	32.0
山 东	Shandong	38.5	33.8	27.5	27.8	28.5	30.2	30.8	30.2
河 南	Henan	23.5	22.4	21.4	21.8	22.2	25.1	29.1	27.0
湖 北	Hubei	33.0	31.8	32.8	37.3	40.1	39.0	37.5	36.9
湖 南	Hunan	21.8	23.6	23.9	25.1	30.5	33.4	31.1	27.6
广 东	Guangdong	28.2	33.6	31.0	31.9	30.2	28.3	26.6	24.3
广 西	Guangxi	25.6	25.1	24.0	30.1	32.1	30.1	29.8	27.6
海 南	Hainan	18.0	18.3	11.9	11.1	9.9	8.5	8.3	8.7
重 庆	Chongqing	29.3	25.5	25.1	26.2	25.5	28.8	28.9	27.4
四 川	Sichuan	31.4	31.5	28.4	27.9	26.4	25.2	24.3	21.3
贵 州	Guizhou	36.8	36.7	30.4	30.8	27.6	28.1	25.4	21.9
云 南	Yunnan	21.6	19.1	15.0	16.5	17.3	17.9	17.6	17.6
西 藏	Xizang	14.2	17.3	8.2	23.0	19.4	35.6	36.3	35.5
陕 西	Shaanxi	25.5	25.5	23.3	26.0	26.2	26.6	26.4	25.7
甘 肃	Gansu	34.4	32.4	30.4	30.5	35.0	36.4	33.5	32.0
青 海	Qinghai	38.4	32.6	30.6	28.6	26.4	24.6	23.0	24.4
宁 夏	Ningxia	40.7	29.1	24.5	26.9	27.9	33.2	33.8	31.5
新 疆	Xinjiang	26.6	23.7	16.5	15.5	27.3	28.8	27.8	26.8

7-19 分地区孤儿和收养登记情况(2023年)
Statistics on Orphans and Children Adoption Registration by Region(2023)

单位：人 (person)

地 区	Region	孤儿数 Number of Orphans	集中育养 Institutional Rearing	社会散居 Family Rearing	被收养儿童 Number of Children Adopted	#社会福利机构抚养的儿童 Children Raised in Social Welfare Institutions
全 国	**National Total**	**144447**	**42311**	**102136**	**8162**	**1594**
北 京	Beijing	1096	931	165	16	2
天 津	Tianjin	491	324	167	41	1
河 北	Hebei	4591	1451	3140	250	53
山 西	Shanxi	3951	1944	2007	221	39
内蒙古	Inner Mongolia	1805	614	1191	87	6
辽 宁	Liaoning	2407	848	1559	44	16
吉 林	Jilin	2997	1211	1786	22	5
黑龙江	Heilongjiang	2567	584	1983	77	8
上 海	Shanghai	951	833	118	18	
江 苏	Jiangsu	4771	1832	2939	426	205
浙 江	Zhejiang	2186	1154	1032	258	128
安 徽	Anhui	4595	1382	3213	320	26
福 建	Fujian	2137	899	1238	283	24
江 西	Jiangxi	3490	1053	2437	276	30
山 东	Shandong	7354	1590	5764	276	4
河 南	Henan	14815	3405	11410	892	157
湖 北	Hubei	4290	1004	3286	417	46
湖 南	Hunan	9284	1380	7904	516	55
广 东	Guangdong	10500	5166	5334	645	140
广 西	Guangxi	8050	1381	6669	1101	452
海 南	Hainan	577	175	402	54	3
重 庆	Chongqing	3061	528	2533	137	19
四 川	Sichuan	16396	1870	14526	512	77
贵 州	Guizhou	8179	1152	7027	172	18
云 南	Yunnan	7158	953	6205	254	
西 藏	Xizang	4031	3202	829	17	2
陕 西	Shaanxi	3718	1653	2065	305	35
甘 肃	Gansu	4553	1110	3443	223	18
青 海	Qinghai	883	267	616	128	6
宁 夏	Ningxia	620	204	416	12	5
新 疆	Xinjiang	2943	2211	732	162	14

7-20 分地区儿童福利和救助保护机构情况(2023年)
Statistics on Child Welfare and Assistance Institutions by Region (2023)

地 区	Region	机构数 (个) Number of Institution (unit)	年末床位数 (张) Number of Beds at Year-end (bed)	年末抚养人数 (人) Number of Children in Institution at Year-end (person)
全 国	**National Total**	**990**	**98798**	**40266**
北 京	Beijing	17	2775	1094
天 津	Tianjin	19	589	248
河 北	Hebei	32	1196	316
山 西	Shanxi	23	1441	658
内蒙古	Inner Mongolia	14	1898	963
辽 宁	Liaoning	26	1256	362
吉 林	Jilin	9	3047	1461
黑龙江	Heilongjiang	18	2277	834
上 海	Shanghai	11	1134	728
江 苏	Jiangsu	54	4461	1551
浙 江	Zhejiang	66	4063	1317
安 徽	Anhui	34	5451	2316
福 建	Fujian	28	1840	771
江 西	Jiangxi	15	1338	482
山 东	Shandong	56	3931	1328
河 南	Henan	36	4120	2264
湖 北	Hubei	60	4109	1274
湖 南	Hunan	32	3258	1048
广 东	Guangdong	86	6030	2737
广 西	Guangxi	55	3691	1295
海 南	Hainan	5	117	47
重 庆	Chongqing	5	2531	501
四 川	Sichuan	105	7802	2231
贵 州	Guizhou	39	4959	1926
云 南	Yunnan	29	2937	1406
西 藏	Xizang	9	4791	2921
陕 西	Shaanxi	18	3094	1745
甘 肃	Gansu	17	2622	1355
青 海	Qinghai	11	1954	1060
宁 夏	Ningxia	15	1194	276
新 疆	Xinjiang	46	8892	3751

7-21 分地区残疾人参加社会保险情况(2023年)
Statistics on Social Insurance Coverage of Persons with Disabilities(2023)

单位：万人 (10 000 persons)

地区	Region	残疾居民参加城乡居民基本养老保险 Disable Residents Covered by Pension Insurance	领取待遇 PWDs Drawing Pension	60周岁以下参保残疾居民 PWDs under Age 60	重度残疾人 Persons with Severe Disability	#全部或部分代缴 Paid by Subsidy Totally or Partially	非重度残疾人 other PWDs	#全部或部分代缴 Paid by Subsidy Totally or Partially
全　国	**National Total**	**2749.0**	**1230.9**	**1518.1**	**722.8**	**700.1**	**795.3**	**287.1**
北　京	Beijing	13.8	9.6	4.2	2.7	2.7	1.5	1.5
天　津	Tianjin	11.8	7.1	4.7	2.8	2.6	1.9	1.4
河　北	Hebei	153.3	65.5	87.8	37.3	37.1	50.5	12.1
山　西	Shanxi	84.3	36.6	47.7	20.9	20.5	26.8	7.5
内蒙古	Inner Mongolia	57.6	28.0	29.6	14.3	13.6	15.3	4.7
辽　宁	Liaoning	52.1	23.1	29.0	13.7	13.4	15.3	4.3
吉　林	Jilin	54.9	21.7	33.2	17.3	15.9	15.9	5.2
黑龙江	Heilongjiang	48.6	20.0	28.6	11.3	10.5	17.2	4.1
上　海	Shanghai	9.5	4.5	5.0	4.1	4.1	0.9	0.2
江　苏	Jiangsu	127.8	59.5	68.2	31.6	31.2	36.6	18.6
浙　江	Zhejiang	81.8	48.4	33.4	13.1	12.9	20.3	17.4
安　徽	Anhui	163.0	68.3	94.7	48.6	47.9	46.1	7.3
福　建	Fujian	73.3	37.4	35.9	20.4	20.4	15.5	13.5
江　西	Jiangxi	95.3	37.0	58.3	25.9	25.6	32.4	15.4
山　东	Shandong	194.1	101.5	92.5	47.3	45.3	45.3	7.2
河　南	Henan	261.0	124.7	136.3	52.9	49.7	83.4	4.6
湖　北	Hubei	123.6	54.4	69.3	39.6	37.1	29.7	7.9
湖　南	Hunan	159.6	68.6	91.0	50.1	49.7	41.0	14.3
广　东	Guangdong	112.7	42.2	70.5	49.2	48.3	21.3	14.2
广　西	Guangxi	101.6	44.9	56.7	31.7	30.9	25.0	12.4
海　南	Hainan	16.6	7.0	9.7	5.6	5.6	4.0	1.8
重　庆	Chongqing	53.6	22.5	31.2	15.4	15.2	15.8	5.6
四　川	Sichuan	222.0	100.9	121.1	53.1	50.3	68.0	21.5
贵　州	Guizhou	92.4	38.4	54.0	22.2	21.4	31.8	5.5
云　南	Yunnan	122.9	51.1	71.8	28.4	28.0	43.3	30.6
西　藏	Xizang	8.1	2.1	6.0	2.0	1.9	4.0	0.9
陕　西	Shaanxi	96.7	46.2	50.4	18.0	16.3	32.4	18.5
甘　肃	Gansu	94.6	39.9	54.7	23.0	22.0	31.6	8.9
青　海	Qinghai	12.4	4.9	7.4	3.6	3.4	3.8	3.0
宁　夏	Ningxia	13.9	6.5	7.4	4.0	4.0	3.4	3.4
新　疆	Xinjiang	36.1	8.2	27.9	12.7	12.5	15.2	13.3

7-22 分地区残疾人托养服务情况(2023年)
Statistics on PWDs Institutional Care Services by Region (2023)

单位：人 (person)

地 区	Region	获得托养服务的残疾人 PWDs Receiving Care Services	获得寄宿制托养服务的残疾人 PWDs in Boarding Care Services	#智力残疾人 Persons with Intellectual Disability	#精神残疾人 Persons with Psychiatric Disability	#重度肢体残疾人 Persons with Severe Physical Disabilities	获得日间照料托养服务的残疾人 PWDs Receiving Day Care	#智力残疾人 Persons with Intellectual Disability
全 国	**National Total**	**699965**	**82192**	**13798**	**38716**	**15685**	**113264**	**39728**
北 京	Beijing	44192	6817				8400	
天 津	Tianjin	58775	75	58	6	7	120	105
河 北	Hebei	26247	2984	328	2370	87	358	176
山 西	Shanxi	10105	740	176	117	401	183	96
内蒙古	Inner Mongolia	11261	1283	355	549	291	576	150
辽 宁	Liaoning	20992	3068	494	2207	204	484	357
吉 林	Jilin	11666	1809	380	919	372	512	144
黑龙江	Heilongjiang	3343	110	34	43	28	107	51
上 海	Shanghai							
江 苏	Jiangsu	2026	64	46	11	7	635	349
浙 江	Zhejiang	51568	18735	2949	5764	7313	32833	15138
安 徽	Anhui	27969	2181	399	1297	333	1398	515
福 建	Fujian	20276	1414	302	577	402	640	338
江 西	Jiangxi	16071	954	157	582	146	2284	712
山 东	Shandong	37864	6021	1481	3204	845	12552	3705
河 南	Henan	13528	6942	1220	3296	1870	1906	309
湖 北	Hubei	23403	2745	326	2175	112	1673	594
湖 南	Hunan	25186	3178	1532	741	616	4380	2030
广 东	Guangdong	34521	1262	559	406	139	31262	11399
广 西	Guangxi	32816	2920	270	2272	157	501	181
海 南	Hainan	32697	1046	61	924	14	10	4
重 庆	Chongqing	22771	982	165	654	83	1186	395
四 川	Sichuan	85808	5105	773	3356	685	2904	931
贵 州	Guizhou	9244	495	34	381	20	1	
云 南	Yunnan	29632	2990	274	2249	258	1293	265
西 藏	Xizang	1417	40	3		15	25	
陕 西	Shaanxi	20621	3473	561	2076	492	1146	267
甘 肃	Gansu	9078	809	80	602	27	3499	725
青 海	Qinghai	4898	513	191	140	115	743	302
宁 夏	Ningxia	7801	657	229	166	165	402	93
新 疆	Xinjiang	4189	2780	361	1632	481	1251	397

7-22 续表 continued

单位：人 (person)

地 区	Region	#精 神残疾人 Persons with Psychiatric Disability	#重度肢体残疾人 Persons with Severe Physical Disabilities	获得居家托养服务的残疾人 PWDs Receiving Home-based Services Facilities	#智 力残疾人 Persons with Intellectual Disability	#精 神残疾人 Persons with Psychiatric Disability	#重度肢体残疾人 Persons with Severe Physical Disabilities
全 国	**National Total**	**31916**	**20981**	**504509**	**133777**	**142259**	**160074**
北 京	Beijing			28975			
天 津	Tianjin	5	2	58580	18681	12393	18307
河 北	Hebei	43	112	22905	7410	4925	9370
山 西	Shanxi	34	41	9182	3097	1861	3683
内蒙古	Inner Mongolia	243	133	9402	3401	2782	2544
辽 宁	Liaoning	54	32	17440	5182	6511	4914
吉 林	Jilin	165	165	9345	2573	2465	3800
黑龙江	Heilongjiang	21	30	3126	1073	611	1332
上 海	Shanghai						
江 苏	Jiangsu	179	83	1327	626	285	354
浙 江	Zhejiang	9824	3330				
安 徽	Anhui	466	287	24390	6132	10670	5945
福 建	Fujian	161	53	18222	3771	3478	9540
江 西	Jiangxi	753	671	12833	1804	2133	7664
山 东	Shandong	3789	4071	19291	6650	5000	6161
河 南	Henan	725	774	4680	1294	1067	2105
湖 北	Hubei	475	445	18985	4664	7110	5749
湖 南	Hunan	1286	657	17628	5015	6053	5487
广 东	Guangdong	9954	5806	1997	422	747	489
广 西	Guangxi	143	125	29395	6546	9797	10901
海 南	Hainan	1	5	31641	7283	12064	9987
重 庆	Chongqing	466	254	20603	6450	7445	5427
四 川	Sichuan	971	823	77799	24013	24377	24443
贵 州	Guizhou		1	8748	2476	2277	3062
云 南	Yunnan	459	441	25349	5943	9387	7697
西 藏	Xizang	1	8	1352	226	335	479
陕 西	Shaanxi	389	410	16002	3977	4303	5798
甘 肃	Gansu	815	1387	4770	1351	1359	1561
青 海	Qinghai	106	288	3642	1667	582	1225
宁 夏	Ningxia	135	130	6742	2004	2206	1994
新 疆	Xinjiang	253	417	158	46	36	56

7-23 保险公司业务经济技术指标
Economic and Technical Indicators of Insurance Companies

单位：亿元 (100 million yuan)

项目	Item	2021		2022		2023	
		保费 Premium	赔款及给付 Claim and Payment	保费 Premium	赔款及给付 Claim and Payment	保费 Premium	赔款及给付 Claim and Payment
合计	**Total**	**44900.2**	**15608.6**	**46957.2**	**15485.1**	**51246.7**	**18883.0**
财产保险公司	**Property Insurance Companies**	**13676.5**	**8848.0**	**14866.5**	**9078.2**	**15867.8**	**10694.0**
企业财产保险	Enterprise Property Insurance	519.8	290.6	553.4	256.8	595.8	293.8
家庭财产保险	Family Property Insurance	98.2	39.4	164.1	32.5	247.0	61.2
机动车辆保险	Motor Vehicle Insurance	7772.7	5343.8	8210.2	5138.1	8672.6	5932.6
工程保险	Engineering Insurance	143.7	81.4	145.1	71.4	170.1	76.3
责任保险	Liability Insurance	1018.4	460.3	1147.5	508.0	1268.5	661.2
信用保险	Export Credit Insurance	203.9	131.2	236.8	105.6	292.3	191.9
保证保险	Guarantee Insurance	521.2	397.4	551.7	512.1	296.9	486.3
船舶保险	Ship Insurance	57.8	38.7	66.2	33.9	72.6	40.9
货物运输保险	Freight Transport Insurance	167.7	74.6	177.9	82.5	226.5	121.5
特殊风险保险	Special Risks Insurance	72.7	21.2	61.0	27.9	64.9	27.3
农业保险	Agriculture Insurance	975.8	720.2	1219.3	868.9	1429.7	1106.9
健康险	Health Insurance	1378.1	959.8	1580.1	1121.9	1751.7	1293.6
意外伤害保险	Accident Injury Insurance	627.3	200.7	574.1	199.3	509.1	229.0
其他险	Other Insurance	119.3	88.4	179.1	119.2	270.3	171.5
人寿保险公司	**Life Insurance Companies**	**31223.7**	**6760.6**	**32090.6**	**6407.0**	**35378.9**	**8188.7**
寿险	Life Insurance	23571.8	3540.3	24518.6	3791.4	27646.4	5505.0
健康险	Health Insurance	7068.9	3068.7	7072.8	2477.7	7282.9	2537.0
人身意外伤害险	Personal Accident Insurance	582.9	151.7	499.2	137.9	449.6	147.0

注：1.本表人寿保险公司中包括中华控股寿险业务。
2.2021—2023年数据不包含风险处置机构。

a) Life insurance companies include life insurance of China United Insurance Holding Company.
b) The 2021—2023 data do not include risk disposal institutions.

7-24 分地区原保险保费收入和赔付支出情况（2023年）
Premium of Primary Insurance and Claim Payment by Region (2023)

单位：亿元 (100 million yuan)

地 区	Region	原保险保费收入 Premium of Primary Insurance			赔付支出 Claim Payment		
		小计 Sub-total	财产险业务 Property Insurance	人身险业务 Life Insurance	小计 Sub-total	财产险业务 Property Insurance	人身险业务 Life Insurance
全 国	**National Total**	**51246.71**	**13606.98**	**37639.73**	**18882.98**	**9171.35**	**9711.63**
北 京	Beijing	3204.70	517.91	2686.79	250.41	106.81	143.60
天 津	Tianjin	731.41	167.26	564.15	843.42	470.82	372.60
山 西	Shanxi	1106.66	267.21	839.44	304.90	168.25	136.65
河 北	Hebei	2136.28	626.14	1510.14	369.58	171.85	197.73
内蒙古	Inner Mongolia	718.73	241.79	476.94	460.27	223.71	236.56
辽 宁	Liaoning	1118.48	327.60	790.88	147.48	59.04	88.44
#大 连	Dalian	451.22	97.21	354.01	293.48	150.09	143.39
吉 林	Jilin	721.28	199.69	521.59	430.67	160.66	270.01
黑龙江	Heilongjiang	1026.03	238.74	787.29	783.37	365.35	418.02
上 海	Shanghai	2470.74	640.42	1830.32	1646.33	778.08	868.26
江 苏	Jiangsu	4790.30	1193.36	3596.94	1085.76	610.26	475.50
浙 江	Zhejiang	3098.75	881.25	2217.50	183.59	128.39	55.21
#宁 波	Ningbo	455.22	197.79	257.43	644.19	343.19	301.00
安 徽	Anhui	1494.88	514.16	980.71	434.12	215.64	218.48
福 建	Fujian	1211.86	292.31	919.55	94.64	56.76	37.88
#厦 门	Xiamen	297.15	79.63	217.52	411.45	218.13	193.32
江 西	Jiangxi	1007.72	327.51	680.21	1110.88	513.40	597.49
山 东	Shandong	3100.09	763.75	2336.34	200.23	108.90	91.33
#青 岛	Qingdao	541.06	143.44	397.62	1004.10	458.63	545.47
河 南	Henan	2399.87	617.83	1782.05	761.09	310.60	450.49
湖 北	Hubei	2118.06	462.97	1655.10	684.26	320.15	364.11
湖 南	Hunan	1693.99	465.44	1228.55	1634.78	783.07	851.71
广 东	Guangdong	4836.48	1236.66	3599.81	561.57	264.54	297.03
#深 圳	Shenzhen	1719.56	442.69	1276.87	328.65	178.89	149.76
广 西	Guangxi	844.77	283.89	560.87	85.10	56.05	29.06
海 南	Hainan	209.85	85.86	123.99	443.76	172.97	270.79
重 庆	Chongqing	1055.76	244.40	811.37	974.49	424.29	550.21
四 川	Sichuan	2483.51	633.83	1849.67	241.93	158.92	83.01
贵 州	Guizhou	537.90	245.47	292.44	336.47	180.19	156.28
云 南	Yunnan	760.30	285.93	474.37	32.35	25.33	7.02
西 藏	Xizang	47.06	32.00	15.06	461.74	193.83	267.91
陕 西	Shaanxi	1192.65	294.17	898.48	213.48	104.72	108.76
甘 肃	Gansu	534.25	150.63	383.62	51.14	34.01	17.12
青 海	Qinghai	117.99	50.74	67.24	93.06	53.20	39.86
宁 夏	Ningxia	244.59	79.31	165.28	341.46	201.43	140.03
新 疆	Xinjiang	724.30	250.34	473.96	60.43	56.10	4.33
集团、总公司本级	Head Offices	43.27	27.65	15.62	878.36	345.15	533.21

注：1.本表数据为各公司上报中国保险统计信息系统年报数据，未经审计。
2.集团、总公司本级是指集团、总公司直接开展的业务，不计入任何地区。
3.2023年数据不包含风险处置机构。

a) Data in this table are of annual data that reported to China Insurance Statistical Information System by insurance companies.
b) Data of business run by head offices do not count to any region.
c) The 2023 data do not include risk disposal institutions.

八、居住环境
Living Condition

8-1 城镇环境基础设施建设投资情况(2023年)
Statistics on Investment in Urban Environmental Infrastructure (2023)

单位：万元 (10 000 yuan)

地区	Region	城镇环境基础设施建设投资 Investment in Urban Environmental Infrastructure	燃气 Gas Supply	集中供热 Centralized Heating	排水 Drainage Works	园林绿化 Gardening & Greening	市容环境卫生 Environmental Sanitation
全国	**National Total**	**56680962**	**4393606**	**6701394**	**27439117**	**12979959**	**5166886**
北京	Beijing	1791031	157952	328336	591053	495723	217967
天津	Tianjin	294395	20151	11702	203075	48412	11055
河北	Hebei	3101087	179448	825432	1030689	849699	215819
山西	Shanxi	923375	52628	289177	348991	116750	115829
内蒙古	Inner Mongolia	1999027	41839	1412881	253406	215519	75382
辽宁	Liaoning	634085	134655	134420	210800	91193	63017
吉林	Jilin	382573	55292	118799	162400	38558	7524
黑龙江	Heilongjiang	743145	45920	113633	426106	56423	101063
上海	Shanghai	1313858	87406		682194	443936	100322
江苏	Jiangsu	3317561	315462	30520	1761806	931592	278181
浙江	Zhejiang	2845355	171710	6546	992125	1523194	151780
安徽	Anhui	3533223	293110	29988	1833606	721809	654710
福建	Fujian	1265221	95180		631413	349822	188806
江西	Jiangxi	2724615	172659		1832110	396761	323085
山东	Shandong	6276314	136492	1317316	3418537	1300061	103908
河南	Henan	3387906	79068	475608	1213807	1408834	210589
湖北	Hubei	3318468	352508	79054	1980072	560492	346342
湖南	Hunan	785170	112110	12000	445585	90279	125196
广东	Guangdong	2659177	321807		1816119	333817	187434
广西	Guangxi	816736	72951		472097	125825	145863
海南	Hainan	227391	6438		156944	58674	5335
重庆	Chongqing	1380996	145022	7695	617329	563237	47713
四川	Sichuan	5361743	590550	42120	2908087	1137580	683406
贵州	Guizhou	550977	94679	4707	309085	51346	91160
云南	Yunnan	1312817	124399		820258	226315	141845
西藏	Xizang	115615		65346	35409	923	13937
陕西	Shaanxi	2646047	251335	329375	1201597	608561	255179
甘肃	Gansu	1542025	113446	612215	580481	100540	135343
青海	Qinghai	132525	27295	39404	45545	17098	3183
宁夏	Ningxia	246043	26419	49959	116277	27572	25816
新疆	Xinjiang	1052461	115675	365161	342114	89414	140097

8-2 城市公用事业基本情况
Basic Statistics on City Public Utilities

项 目	Item	2000	2010	2015	2020	2022	2023
城市建设	**City Development**						
城区面积 (平方公里)	Urban Area (sq.km)		178692	191776	186629	191217	
建成区面积 (平方公里)	Area of Built Districts (sq.km)	22439	40058	52102	60721	63676	
城市建设用地面积 (平方公里)	Area of Land Used for Urban Construction (sq.km)	22114	39758	51584			
城市人口密度 (人/平方公里)	Population Density of Urban Area (persons/sq.km)		2209	2399	2778	2854	2895
城市供水、燃气及集中供热	**Water Supply, Gas Supply and Centralized Heating**						
全年供水总量 (亿立方米)	Annual Volume of Tap Water Supply (100 million cu.m)	469.0	507.9	560.5	629.5	674.4	687.6
#生活用水	Water Consumption for Daily Use	200.0	238.8	287.3	348.5	378.5	389.4
人均生活用水 (吨)	Per Capita Water Consumption for Daily Use (ton)	95.5	62.6	63.7	65.5	67.4	68.9
供水普及率 (%)	Coverage of Urban Population with Access to Tap Water (%)	63.9	96.7	98.1	99.0	99.4	99.4
人工煤气供气量 (亿立方米)	Gaswork Gas Supply (100 million cu.m)	152.4	279.9	47.1	23.1	18.1	14.1
#家庭用量	Consumption of Gaswork Gas for Household Use	63.1	26.9	10.8	5.2	3.5	2.6
天然气供气量 (亿立方米)	Natural Gas Supply (100 million cu.m)	82.1	487.6	1040.8	1563.7	1767.7	1837.2
#家庭用量	Consumption of Natural Gas for Household Use	24.8	117.2	208.0	381.6	438.2	449.8
液化石油气供气量 (万吨)	Liquefied Petroleum Gas Supply (10 000 tons)	1053.7	1268.0	1039.2	833.7	758.5	764.6
#家庭用量	Consumption of Liquefied Gas for Household Use	532.3	633.9	587.1	478.7	444.4	420.5
供气管道长度 (万公里)	Length of Gas Pipelines (10 000 km)	8.9	30.9	52.8	86.4	99.0	104.7
燃气普及率 (%)	Coverage of Urban Population with Access to Gas (%)	45.4	92.0	95.3	97.9	98.1	98.3
集中供热面积 (亿平方米)	Area of Centralized Heating (100 million sq.m)	11.1	43.6	67.2	98.8	111.3	115.5
城市市政设施	**Municipal Infrastructure**						
年末实有道路长度 (万公里)	Length of Paved Roads at Year-end (10 000 km)	16.0	29.4	36.5	49.3	55.2	56.4
每万人拥有道路长度 (公里)	Length of Paved Roads Per 10 000 Persons (km)	4.1	7.5	7.9	9.2	9.8	9.9
年末实有道路面积 (亿平方米)	Area of Paved Roads at Year-end (100 million sq.m)	23.8	52.1	71.8	97.0	108.9	112.1
人均拥有道路面积 (平方米)	Per Capita Area of Paved Roads (sq.m)	6.1	13.2	15.6	18.0	19.3	19.7
城市排水管道长度 (万公里)	Length of City Sewage Pipes (10 000 km)	14.2	37.0	54.0	80.3	91.4	95.2
城市公共交通	**Public Traffic**						
年末公共汽电车运营数 (万辆)	Number of Public Buses and Trolley Buses in Operation at Year-end (10 000 units)		37.5	48.3	59.0	70.3	68.3
年末轨道交通配属车辆数 (万辆)	Number of Carriages Allocated to Rail Transit at Year-end (10 000 units)		0.8	2.0	4.9	6.3	6.7
每万人拥有公共汽电车辆 (标台)	Number of Public Buses and Trolley Buses Per 10 000 Persons (unit)		10.7	12.2	12.9	14.1	
出租汽车数 (万辆)	Taxis (10 000 units)	82.5	98.6	109.2	111.3	136.2	136.7
城市绿化和园林	**City Greening**						
城市绿地面积 (万公顷)	Area of Green Space (10 000 hectares)	86.5	213.4	267.0	331.2	358.6	365.2
人均公园绿地面积 (平方米)	Public Recreational Green Space Per Capita (sq.m)	3.7	11.2	13.3	14.8	15.3	15.6
公园个数 (个)	Number of Parks (unit)	4455	9955	13834	19823	24841	28137
公园面积 (万公顷)	Area of Parks (10 000 hectares)	8.2	25.8	38.4	53.8	67.3	69.2
城市环境卫生	**Environmental Sanitation**						
生活垃圾清运量 (万吨)	Volume of Domestic Garbage Collected and Transported (10 000 tons)	11819	15805	19142	23512	24445	25408
每万人拥有公共厕所 (座)	Number of Public Toilets per 10 000 Persons (unit)	2.7	3.0	2.7	3.1	3.4	3.5

注：1.2006年以前“城区面积”为“城市面积”。
2.计算人均和普及率指标所使用的人口数2006年以前为城市人口，2006年起为城区人口与城区暂住人口之和，以公安部门的户籍统计和暂住人口统计为准。
3.2006年以前“人均公园绿地面积”为“人均公共绿地面积”。
4.2020年起，全国城区面积、建成区面积及城市人口密度不含北京市数据。
5.2021年起，城市公共交通相关数据统计范围为城市和县城数据。

a) Before 2006, urban area referred to the area of the city proper.
b) Per capita data and coverage rate are calculated on the basis of city population before 2006. Since 2006, they are calculated on the basis of the sum of urban area population and temporary residing population from the household registration by the ministry of public security.
c) Since 2006, public green space per capita is changed to be public recreational green space per capita.
d) Since 2020, urban area, area of built district and population density of city districts do not include those in Beijing.
e) Since 2021, the statistical scope of urban public transport related data is urban and county data.

8-3 分地区城市市容环境卫生情况(2023年)
Statistics on Urban Sanitation in Cities by Region (2023)

地 区	Region	道路清扫保洁面积(万平方米) Road Area Cleaned (10 000 sq.m)	生活垃圾清运量(万吨) Volume of Garbage Disposal (10 000 tons)	市容环卫专用车辆设备总数(台) Number of Special Vehicles for Environmental Sanitation (unit)	公共厕所(座) Number of Public Lavatories (unit)	#三类以上 Third Grade and Above
全 国	**National Total**	**1126853**	**25407.8**	**362406**	**201506**	**173362**
北 京	Beijing	17804	758.9	12291	7122	7122
天 津	Tianjin	15288	301.9	5456	5060	4859
河 北	Hebei	44177	784.4	14516	8899	8587
山 西	Shanxi	26415	518.5	7642	4635	3395
内蒙古	Inner Mongolia	26162	356.0	7022	6775	5149
辽 宁	Liaoning	49646	1033.5	14232	5856	4244
吉 林	Jilin	20281	452.6	9209	4997	3834
黑龙江	Heilongjiang	27972	523.8	11409	5945	3941
上 海	Shanghai	19903	974.8	10282	7381	2362
江 苏	Jiangsu	77752	2081.7	26042	14596	13622
浙 江	Zhejiang	64728	1467.8	14810	9227	8227
安 徽	Anhui	53759	771.9	12511	7102	6959
福 建	Fujian	27092	878.9	9502	7451	6314
江 西	Jiangxi	30761	553.3	13091	6626	6626
山 东	Shandong	83217	1804.5	22715	10367	9653
河 南	Henan	57933	1121.2	19799	12852	12443
湖 北	Hubei	52729	1085.8	15302	8613	6787
湖 南	Hunan	41552	904.2	8839	5653	4285
广 东	Guangdong	125409	3389.5	35643	13827	13240
广 西	Guangxi	31510	615.3	14460	3658	1944
海 南	Hainan	9171	317.4	15962	1487	1478
重 庆	Chongqing	28252	643.3	5003	4831	4199
四 川	Sichuan	62089	1322.3	16148	9998	8768
贵 州	Guizhou	21684	461.9	6236	5529	4746
云 南	Yunnan	20828	544.9	6496	7209	7053
西 藏	Xizang	5105	70.9	1624	938	103
陕 西	Shaanxi	26169	715.9	7170	6990	6776
甘 肃	Gansu	15474	282.9	6245	3225	2825
青 海	Qinghai	5358	115.0	1693	839	722
宁 夏	Ningxia	11818	122.8	2738	1011	925
新 疆	Xinjiang	26815	432.2	8318	2807	2174

8-4 分地区城市生活垃圾清运和处理情况(2023年)
Statistics on Collection, Transportion and Treatment of Municipal Domestic Garbage by Region (2023)

地 区	Region	生活垃圾清运量(万吨) Consumption Wasts Collected and Transported (10 000 tons)	无害化处理厂(座) Number of Harmless Treatment Plants/Grounds (unit)	卫生填埋 Sanitary Landfill	焚烧 Incineration	其他 Others	无害化处理能力(吨/日) Harmless Treatment Capacity (ton/day)	卫生填埋 Sanitary Landfill
全 国	**National Total**	**25407.8**	**1423**	**366**	**696**	**361**	**1144391**	**173880**
北 京	Beijing	758.9	33	4	12	17	28426	1691
天 津	Tianjin	301.9	22		13	9	20200	
河 北	Hebei	784.4	40		34	6	36083	
山 西	Shanxi	518.5	29	11	16	2	22507	3807
内蒙古	Inner Mongolia	356.0	32	23	8	1	15454	7654
辽 宁	Liaoning	1033.5	47	18	22	7	38656	11166
吉 林	Jilin	452.6	44	22	19	3	26070	8940
黑龙江	Heilongjiang	523.8	45	24	17	4	25301	7073
上 海	Shanghai	974.8	27	1	13	13	42536	5000
江 苏	Jiangsu	2081.7	84	10	46	28	87472	6285
浙 江	Zhejiang	1467.8	82	1	50	31	81452	144
安 徽	Anhui	771.9	55	3	30	22	35993	1270
福 建	Fujian	878.9	38	4	23	11	32895	2250
江 西	Jiangxi	553.3	30		20	10	23791	
山 东	Shandong	1804.5	108	21	63	24	79348	10228
河 南	Henan	1121.2	48	10	34	4	49867	4002
湖 北	Hubei	1085.8	69	19	35	15	47636	8044
湖 南	Hunan	904.2	50	25	17	8	40448	15532
广 东	Guangdong	3389.5	181	27	79	75	180294	30628
广 西	Guangxi	615.3	43	18	18	7	31919	8219
海 南	Hainan	317.4	10		8	2	12250	
重 庆	Chongqing	643.3	36	13	16	7	29062	5282
四 川	Sichuan	1322.3	52	14	27	11	49754	10300
贵 州	Guizhou	461.9	42	5	22	15	20864	1325
云 南	Yunnan	544.9	36	15	17	4	21273	4537
西 藏	Xizang	70.9	8	7	1		2422	1778
陕 西	Shaanxi	715.9	41	15	11	15	23529	4623
甘 肃	Gansu	282.9	33	17	10	6	12552	3902
青 海	Qinghai	115.0	8	7	1		4515	1515
宁 夏	Ningxia	122.8	11	4	5	2	5783	1423
新 疆	Xinjiang	432.2	39	28	9	2	16040	7262

8-4 续表 continued

地区	Region	焚烧 Incineration	其他 Others	无害化处理量（万吨）Amount of Harmless Treated (10 000 tons)	卫生填埋 Sanitary Landfill	焚烧 Incineration	其他 Others	生活垃圾无害化处理率（%）Proportion of Harmless Treated Garbage (%)
全　国	**National Total**	**861777**	**108734**	**25401.7**	**1892.6**	**20954.4**	**2554.7**	**100.0**
北　京	Beijing	19090	7645	758.8	30.8	545.1	183.0	100.0
天　津	Tianjin	18200	2000	301.9		266.0	36.0	100.0
河　北	Hebei	34481	1602	784.4		730.8	53.5	100.0
山　西	Shanxi	18100	600	518.5	45.6	458.7	14.2	100.0
内蒙古	Inner Mongolia	7700	100	356.0	152.5	198.9	4.6	100.0
辽　宁	Liaoning	25670	1820	1029.3	184.1	783.6	61.6	99.6
吉　林	Jilin	16450	680	452.6	57.5	384.7	10.3	100.0
黑龙江	Heilongjiang	17228	1000	523.8	147.2	360.5	16.1	100.0
上　海	Shanghai	23000	14536	974.8		586.9	388.0	100.0
江　苏	Jiangsu	68811	12376	2081.7	1.7	1783.3	296.7	100.0
浙　江	Zhejiang	72550	8758	1467.8		1246.0	221.8	100.0
安　徽	Anhui	30720	4003	771.9		689.5	82.4	100.0
福　建	Fujian	27435	3210	878.9	12.4	786.2	80.4	100.0
江　西	Jiangxi	22450	1341	553.3		520.8	32.5	100.0
山　东	Shandong	63520	5600	1804.5	6.5	1666.2	131.8	100.0
河　南	Henan	44760	1105	1121.1	58.7	1054.3	8.1	100.0
湖　北	Hubei	35956	3636	1085.8	78.1	921.2	86.6	100.0
湖　南	Hunan	21625	3291	904.0	150.5	698.6	55.0	100.0
广　东	Guangdong	132382	17283	3388.8	210.9	2770.8	407.1	100.0
广　西	Guangxi	21150	2550	615.3	51.7	522.0	41.6	100.0
海　南	Hainan	11150	1100	317.4		299.1	18.3	100.0
重　庆	Chongqing	19600	4180	643.3	18.2	503.9	121.2	100.0
四　川	Sichuan	37534	1920	1321.7	93.9	1173.1	54.7	100.0
贵　州	Guizhou	17500	2039	461.9	11.3	414.5	36.1	100.0
云　南	Yunnan	15011	1725	544.9	85.5	444.4	15.0	100.0
西　藏	Xizang	644		70.8	47.3	23.5		99.9
陕　西	Shaanxi	15950	2956	715.9	142.1	518.8	55.0	100.0
甘　肃	Gansu	7650	1000	282.9	70.8	188.9	23.2	100.0
青　海	Qinghai	3000		114.8	28.8	85.9		99.8
宁　夏	Ningxia	3760	600	122.8	9.8	101.6	11.4	100.0
新　疆	Xinjiang	8700	78	432.1	196.7	226.9	8.5	100.0

8-5 分地区城市设施水平情况(2023年)
Statistics on Level of Public Facilities in Cities by Region (2023)

地 区	Region	城市供水普及率(%) Coverage Rate of Urban Population with Access to Tap Water (%)	城市燃气普及率(%) Coverage Rate of Urban Population with Access to Gas (%)	人均城市道路面积(平方米) Per Capita Area of Paved Roads (sq.m)	人均公园绿地面积(平方米) Per Capita Public Green Areas (sq.m)	每万人拥有公共厕所(座) Number of Public Lavatories Per 10 000 Population (unit)
全 国	**National Average**	**99.43**	**98.25**	**19.72**	**15.65**	**3.50**
北 京	Beijing	100.00	100.00	8.87	16.90	3.71
天 津	Tianjin	100.00	99.48	16.41	9.97	4.34
河 北	Hebei	100.00	99.60	20.08	14.69	4.02
山 西	Shanxi	98.35	97.32	17.46	13.49	3.50
内蒙古	Inner Mongolia	99.13	97.76	23.93	19.19	6.96
辽 宁	Liaoning	97.22	97.00	19.98	14.22	2.54
吉 林	Jilin	96.35	96.83	17.51	14.73	4.04
黑龙江	Heilongjiang	99.39	93.42	16.61	14.75	4.29
上 海	Shanghai	100.00	100.00	4.98	9.45	2.97
江 苏	Jiangsu	100.00	99.94	25.78	16.22	3.90
浙 江	Zhejiang	100.00	100.00	21.70	15.46	2.89
安 徽	Anhui	98.42	99.73	24.77	17.09	3.55
福 建	Fujian	99.97	99.77	23.33	15.72	5.07
江 西	Jiangxi	99.50	99.36	26.87	17.98	5.70
山 东	Shandong	99.92	99.66	26.48	18.47	2.48
河 南	Henan	99.45	99.28	17.64	16.13	4.43
湖 北	Hubei	99.95	96.06	21.20	15.57	3.53
湖 南	Hunan	99.86	98.59	21.49	13.85	3.03
广 东	Guangdong	99.70	98.62	14.98	18.10	2.05
广 西	Guangxi	99.89	99.21	24.48	12.25	2.71
海 南	Hainan	99.85	99.82	25.37	12.71	4.44
重 庆	Chongqing	99.92	99.66	17.35	18.18	3.04
四 川	Sichuan	99.01	97.96	19.88	14.59	3.28
贵 州	Guizhou	98.10	94.80	25.77	16.63	6.01
云 南	Yunnan	98.94	76.69	19.10	13.81	6.58
西 藏	Xizang	100.00	86.93	21.78	17.37	9.60
陕 西	Shaanxi	98.53	99.08	18.05	13.15	4.77
甘 肃	Gansu	99.67	97.98	21.84	16.04	4.56
青 海	Qinghai	99.53	97.02	19.78	12.85	3.87
宁 夏	Ningxia	99.33	96.79	27.17	21.99	3.27
新 疆	Xinjiang	99.64	98.54	24.47	16.35	2.85

注：人均和普及率指标按城区人口与暂住人口之和计算，以公安部门的户籍统计和暂住人口统计为准。

a) Per capita data and coverage rate are calculated on the basis of the sum of urban population and temporarily residing population from the registration of the Ministry of Public Security.

8-6 分地区城市绿地和园林情况(2023年)
Statistics on Parks and Green Areas in Cities by Region (2023)

地 区	Region	城市绿地面积(公顷) Area of Green Land (hectare)	#公园绿地 Park Green Areas	公园(个) Number of Parks (unit)	公园面积(公顷) Area of Parks (hectare)	建成区绿化覆盖率(%) Green Covered Area as % of Completed Area (%)
全 国	**National Total**	**3652372**	**893521**	**28137**	**692020**	**43.3**
北 京	Beijing	94136	37238	612	36397	49.8
天 津	Tianjin	48521	11620	181	3503	38.2
河 北	Hebei	106281	32489	1049	23625	43.7
山 西	Shanxi	59447	17872	344	16074	42.9
内蒙古	Inner Mongolia	72081	18667	723	15650	42.2
辽 宁	Liaoning	153046	32804	819	23426	41.1
吉 林	Jilin	100250	18209	511	13696	42.8
黑龙江	Heilongjiang	77567	20434	506	13621	39.7
上 海	Shanghai	173256	23497	552	4440	37.8
江 苏	Jiangsu	322475	60645	1504	36332	44.0
浙 江	Zhejiang	184888	49316	2130	30749	43.7
安 徽	Anhui	135328	34202	851	23509	46.1
福 建	Fujian	86898	23088	769	15919	44.2
江 西	Jiangxi	83027	20902	1020	17539	46.9
山 东	Shandong	288644	77143	1522	49144	43.9
河 南	Henan	145488	46814	886	24151	43.5
湖 北	Hubei	123065	38016	800	24040	43.4
湖 南	Hunan	102211	25800	797	19690	42.0
广 东	Guangdong	557540	122091	6408	168245	44.5
广 西	Guangxi	84866	16558	512	15770	42.4
海 南	Hainan	20558	4262	212	3421	42.1
重 庆	Chongqing	78248	28889	641	16770	42.3
四 川	Sichuan	145165	44546	1064	28176	44.2
贵 州	Guizhou	101459	15308	462	15862	41.9
云 南	Yunnan	57524	15116	1547	13597	43.7
西 藏	Xizang	7141	1697	167	1338	42.5
陕 西	Shaanxi	81278	19256	502	12334	43.0
甘 肃	Gansu	33923	11354	240	7892	36.8
青 海	Qinghai	9076	2786	72	1854	36.6
宁 夏	Ningxia	26790	6810	168	3902	42.4
新 疆	Xinjiang	92196	16091	566	11354	41.4

注：1.公园绿地面积包括综合公园、社区公园、专类公园、带状公园和街旁绿地。
2.北京市的各项绿化数据均为该市调查面积内数据。

a) Area of park green areas includes comprehensive park, community park, theme park, belt-shaped park and green area nearby street.
b) All the greening-related data for Beijing are those for the areas surveyed in the city.

8-7 分地区城市公共交通情况(2023年)
Statistics on Public Transportation in Cities by Region (2023)

地区	Region	公共汽电车 Bus and Trolley Bus			轨道交通 Subways, Light Rail, Streetcar			出租汽车(辆)
		运营车数(辆) Number of Bus in Operation (unit)	运营线路总长度(公里) Length of Lines in Operation (km)	客运总量(万人次) Total Passenger Traffic (10 000 person-times)	配属车辆数(辆) Number of Attached Vehicles (unit)	运营里程(公里) Length in Operation (km)	客运总量(万人次) Total Passenger Traffic (10 000 person-times)	Number of Taxi (unit)
全　国	**National Total**	**682511**	**1733852**	**3804953**	**66659**	**10159**	**2938913**	**1367416**
北　京	Beijing	23385	29739	178457	7512	836	345135	71456
天　津	Tianjin	9665	28889	45327	1646	298	57139	31778
河　北	Hebei	33130	94909	87512	486	74	17311	69748
山　西	Shanxi	15213	54279	90208	144	23	4382	41613
内蒙古	Inner Mongolia	11022	49371	58688	312	49	6764	67452
辽　宁	Liaoning	22200	43836	192287	2282	489	76049	91565
吉　林	Jilin	12399	50297	96725	996	111	21865	67745
黑龙江	Heilongjiang	18548	48838	124380	594	82	28128	98021
上　海	Shanghai	17358	24480	108158	7249	831	366108	32219
江　苏	Jiangsu	51379	125879	191858	5681	1080	192332	52395
浙　江	Zhejiang	45885	175805	164107	4851	877	179857	43467
安　徽	Anhui	28198	90540	101696	1598	243	44410	55204
福　建	Fujian	20163	48317	134250	1430	237	47419	21542
江　西	Jiangxi	15627	56861	67206	906	129	38055	17015
山　东	Shandong	63952	182717	243085	1949	410	56806	69259
河　南	Henan	33750	55272	137275	1980	321	64033	63345
湖　北	Hubei	25116	49291	175597	3434	557	135648	44339
湖　南	Hunan	32136	66965	166748	1179	210	94391	35913
广　东	Guangdong	63120	122074	313150	8809	1382	596798	51174
广　西	Guangxi	13904	42567	62003	876	128	35005	19908
海　南	Hainan	4897	13880	12516	14	8	132	6270
重　庆	Chongqing	15208	29687	196876	3220	494	132696	24230
四　川	Sichuan	31969	61126	270579	4802	602	212190	46833
贵　州	Guizhou	10884	26088	118900	762	117	13346	47566
云　南	Yunnan	15633	56884	75297	984	193	28880	31864
西　藏	Xizang	874	3364	7345				2380
陕　西	Shaanxi	18171	31043	141921	2568	305	129446	37890
甘　肃	Gansu	10067	25333	100403	233	46	10659	39659
青　海	Qinghai	3790	12208	27051				14145
宁　夏	Ningxia	4373	11439	22315				16426
新　疆	Xinjiang	10495	21878	93032	162	27	3928	54995

注：2021年起，城市公共交通数据统计范围为城市和县城。
a) Since 2021, the statistical scope of urban public transport data will cover cities and counties.

8-8 分地区城市污水排放和处理情况(2023年)
Statistics on Urban Waste Water Discharged and Treated by Region (2023)

地区	Region	城市污水排放量(万立方米) Waste Water Discharged (10 000 cu.m)	污水处理厂(座) Waste Water Treatment Plants (unit)	#二级以上处理厂 Secondary or above Treatment Plants	污水处理厂污水处理能力(万立方米/日) Treatment Capacity (10 000 cu.m/day)	#二级以上处理厂 Secondary or above Treatment Plants	污水处理厂污水处理量(万立方米) Volume of Waste Water Treated (10 000 cu.m)	其他污水处理装置 Other Waste Water Treatment Equipments 处理能力(万立方米/日) Treatment Capacity (10 000 cu.m/day)
全国	**National Total**	**6604920**	**2967**	**2777**	**22652.9**	**21647.6**	**6427213**	**1036.6**
北京	Beijing	220290	82	82	721.6	721.6	212018	21.8
天津	Tianjin	116522	46	46	351.9	351.9	113182	4.0
河北	Hebei	195290	103	99	768.8	744.3	193866	
山西	Shanxi	112117	53	45	374.6	333.2	110661	
内蒙古	Inner Mongolia	68163	40	37	245.9	231.4	67268	5.0
辽宁	Liaoning	327972	140	95	1119.4	870.3	318277	24.3
吉林	Jilin	137372	57	54	495.0	490.3	136509	
黑龙江	Heilongjiang	133656	75	75	451.8	451.8	127029	38.4
上海	Shanghai	231953	43	43	1022.5	1022.5	228195	
江苏	Jiangsu	537519	217	213	1741.9	1707.9	511108	185.0
浙江	Zhejiang	416527	122	120	1428.7	1425.8	409070	8.6
安徽	Anhui	240560	101	101	841.1	841.1	232695	39.6
福建	Fujian	177497	70	66	607.4	572.1	169453	29.7
江西	Jiangxi	141284	81	69	473.8	416.3	136462	19.1
山东	Shandong	377458	236	236	1514.7	1514.7	371816	5.7
河南	Henan	285498	128	120	1108.8	1034.8	283748	
湖北	Hubei	342650	123	118	1002.7	971.2	322414	79.3
湖南	Hunan	271865	101	97	914.0	887.0	268415	44.1
广东	Guangdong	975162	357	348	3123.0	3061.2	967109	41.6
广西	Guangxi	176620	78	76	526.6	521.6	166534	357.0
海南	Hainan	48206	31	27	139.2	122.6	48066	4.3
重庆	Chongqing	163822	90	84	478.8	447.3	162629	2.9
四川	Sichuan	326795	188	176	1017.0	987.5	303350	102.6
贵州	Guizhou	79052	121	121	414.7	414.7	78283	
云南	Yunnan	124544	76	69	393.4	370.3	121893	19.2
西藏	Xizang	11752	12	5	37.0	15.0	11494	
陕西	Shaanxi	178563	73	63	596.3	533.1	172496	
甘肃	Gansu	50944	30	30	199.0	199.0	50113	
青海	Qinghai	20508	14	13	73.9	63.9	19722	
宁夏	Ningxia	30837	23	20	139.7	127.9	30512	
新疆	Xinjiang	83921	56	29	330.1	195.6	82827	4.5

8-8 续表 continued

地 区	Region	处理量（万立方米）Volume of Treatment (10 000 cu.m)	污水处理总能力（万立方米/日）Total Treatment Capacity (10 000 cu.m/day)	污水处理总量（万立方米）Total Volume of Waste Water Treated (10 000 cu.m)	市政再生水利用量（万立方米）Total Volume of Waste Water Recycled & Reused (10 000 cu.m)	城市污水处理率(%) Waste Water Treatment Rate (%)	#污水处理厂集中处理率 Waste Water Treatment Concentration Rate
全 国	**National Total**	**91473**	**23689.5**	**6518686**	**1934104**	**98.7**	**97.3**
北 京	Beijing	4362	743.4	216380	127697	98.2	96.2
天 津	Tianjin	1175	355.9	114357	49569	98.1	97.1
河 北	Hebei		768.8	193866	108011	99.3	99.3
山 西	Shanxi		374.6	110661	34037	98.7	98.7
内蒙古	Inner Mongolia	707	250.9	67975	28805	99.7	98.7
辽 宁	Liaoning	4444	1143.8	322721	66575	98.4	97.0
吉 林	Jilin		495.0	136509	31132	99.4	99.4
黑龙江	Heilongjiang	2862	490.2	129891	18395	97.2	95.0
上 海	Shanghai		1022.5	228195		98.4	98.4
江 苏	Jiangsu	13514	1926.9	524622	159986	97.6	95.1
浙 江	Zhejiang	1007	1437.3	410077	59434	98.5	98.2
安 徽	Anhui	2291	880.7	234986	69685	97.7	96.7
福 建	Fujian	5038	637.1	174491	53730	98.3	95.5
江 西	Jiangxi	3669	492.8	140131	577	99.2	96.6
山 东	Shandong	515	1520.4	372330	195515	98.6	98.5
河 南	Henan		1108.8	283748	133907	99.4	99.4
湖 北	Hubei	16759	1082.0	339172	75390	99.0	94.1
湖 南	Hunan	101	958.1	268515	36706	98.8	98.7
广 东	Guangdong	9441	3164.6	976550	400221	100.1	99.2
广 西	Guangxi	9062	883.6	175596	32710	99.4	94.3
海 南	Hainan	230	143.5	48296	3452	100.2	99.7
重 庆	Chongqing	388	481.7	163017	2402	99.5	99.3
四 川	Sichuan	12742	1119.5	316093	81556	96.7	92.8
贵 州	Guizhou		414.7	78283	4045	99.0	99.0
云 南	Yunnan	2011	412.6	123904	37163	99.5	97.9
西 藏	Xizang		37.0	11494	23	97.8	97.8
陕 西	Shaanxi		596.3	172496	48017	96.6	96.6
甘 肃	Gansu		199.0	50113	11526	98.4	98.4
青 海	Qinghai		73.9	19722	4894	96.2	96.2
宁 夏	Ningxia		139.7	30512	15512	98.9	98.9
新 疆	Xinjiang	1156	334.6	83983	43433	100.1	98.7

8-9 农村水电建设和农村用电量情况
Statistics on Hydropower Construction and Electricity Consumption in Rural Areas

年 份 地 区	Year Region	乡村办水电站（个） Rural Hydropower Stations (unit)	农村水电装机容量（万千瓦） Rural Hydropower Installed Capacity (10 000 kW)	农村水电年发电量（亿千瓦时） Rural Hydropower Electricity Generation (100 million kW·h)	农村用电量（亿千瓦时） Consumed in Rural Areas (100 million kW·h)
	1978	82387	228.4		253.1
	1980	80319	304.1		320.8
	1985	55754	380.2		508.9
	1990	52387	428.8	418.1	844.5
	1995	40699	519.5	631.6	1655.7
	2000	29962	698.5	875.5	2421.3
	2005	26726	1099.2	1357.2	4375.7
	2010	44815	5924.0	2044.4	6632.3
	2015	47340	7583.0	2351.3	9026.9
	2020	43957	8133.8	2423.7	6211.0
	2021	42785	8290.3	2241.1	6736.3
	2022	41544	8063.3	2360.0	7765.6
	2023	41114	8157.0	2303.0	7991.9
北 京	Beijing	3	0.3	0.0	73.0
天 津	Tianjin	1	0.6	0.1	70.9
河 北	Hebei	215	37.7	8.2	595.9
山 西	Shanxi	134	20.5	5.7	194.0
内蒙古	Inner Mongolia	36	10.8	2.2	178.1
辽 宁	Liaoning	186	47.6	10.2	191.7
吉 林	Jilin	265	63.6	18.7	87.0
黑龙江	Heilongjiang	79	39.2	13.7	120.2
上 海	Shanghai				12.4
江 苏	Jiangsu	39	5.7	0.6	610.5
浙 江	Zhejiang	2829	418.1	80.4	574.2
安 徽	Anhui	746	116.6	20.6	341.7
福 建	Fujian	5084	690.3	202.7	341.2
江 西	Jiangxi	3667	351.5	91.5	200.4
山 东	Shandong	61	7.1	0.5	607.9
河 南	Henan	310	40.7	8.6	568.8
湖 北	Hubei	1579	367.5	103.0	277.2
湖 南	Hunan	4228	626.6	146.9	317.3
广 东	Guangdong	9354	787.9	202.4	764.2
广 西	Guangxi	2262	466.1	104.4	270.6
海 南	Hainan	282	44.8	11.2	76.2
重 庆	Chongqing	1442	308.1	83.6	90.5
四 川	Sichuan	3368	1262.2	435.0	328.3
贵 州	Guizhou	1170	363.6	71.2	186.5
云 南	Yunnan	1832	1253.0	365.8	204.8
西 藏	Xizang	379	27.4	9.2	8.1
陕 西	Shaanxi	355	140.6	48.7	182.1
甘 肃	Gansu	606	295.9	117.6	135.9
青 海	Qinghai	215	98.1	50.9	17.4
宁 夏	Ningxia	1	0.4	0.0	51.8
新 疆	Xinjiang	382	252.3	85.4	313.1
水利部直属	Directly under The Ministry of Water Resources	4	12.2	3.9	

注：1.2008年起乡村办水电站统计口径变更为农村水电。农村水电是指装机容量5万千瓦及以下水电站和配套电网。
2.2020年起农村用电量口径为“农林牧渔业用电量+乡村居民生活用电量”，数据来源于中国电力企业联合会。

a) Since 2008, the statistical caliber of rural hydropower stations has been changed to rural hydropower. Rural hydropower refers to hydropower stations with an installed capacity of 50000 kilowatts or less and supporting power grids.

b) Since 2020, the caliber of rural electricity consumption is electricity consumption for agriculture, forestry, animal husbandry, and fishery as well as electricity consumption for rural residents' daily lives, with data sourced from China Electricity Council.

8-10 分地区村庄公共设施情况(2023年)
Public Facilities of Villages by Region(2023)

地 区	Region	集中供水的行政村 Administrative Villages With Access to Piped Water 个数 (个) Number (unit)	比例 (%) Percent (%)	年生活用水量 (万立方米) Annual Domestic Water Consumption (10 000 cu.m)	供水管道长度 (公里) Length of Water Supply Pipelines (km)	#本年新增 Added This Year	用水人口 (万人) Population with Access to Water (10 000 persons)	供水普及率 (%) Water Coverage Rate (%)
全 国	**National Total**	**370642**	**86.1**	**1957725.0**	**2310168.1**	**78962.1**	**54183.0**	**87.5**
北 京	Beijing	2570	83.2	20405.8	16544.4	167.0	439.1	95.7
天 津	Tianjin	2328	96.0	7822.6	14554.9	155.0	208.1	97.1
河 北	Hebei	35496	87.5	120873.1	193368.7	2675.9	3783.7	94.1
山 西	Shanxi	14431	84.0	49720.5	67982.9	1301.3	1314.4	88.3
内蒙古	Inner Mongolia	7648	75.0	23430.0	52587.1	627.6	736.6	80.3
辽 宁	Liaoning	6280	66.0	38516.6	46274.5	765.9	1055.6	74.4
吉 林	Jilin	7803	94.7	26836.9	68867.2	1296.6	807.1	85.2
黑龙江	Heilongjiang	7432	94.6	27332.3	66727.8	630.5	799.7	89.5
上 海	Shanghai	1267	93.0	18056.9	9793.4	4.7	418.1	91.6
江 苏	Jiangsu	12257	99.4	109284.0	105470.3	1152.8	3114.6	98.3
浙 江	Zhejiang	11724	86.6	77559.8	75437.0	2358.7	1843.1	92.0
安 徽	Anhui	11693	90.3	99454.1	99935.5	6097.9	2840.8	82.9
福 建	Fujian	10626	91.7	56279.2	44906.8	1660.3	1462.7	93.1
江 西	Jiangxi	11669	76.5	72862.4	62842.8	3233.5	1808.0	73.3
山 东	Shandong	48215	96.6	152734.1	171921.8	2460.2	4446.9	95.6
河 南	Henan	34920	92.3	157496.4	149679.0	6514.4	4793.5	87.7
湖 北	Hubei	15477	84.1	78000.2	101038.9	4806.9	2089.6	83.0
湖 南	Hunan	14545	69.0	79344.3	80084.9	2767.0	2287.9	68.8
广 东	Guangdong	14806	88.7	136889.1	103986.1	3739.5	3365.7	92.0
广 西	Guangxi	10213	77.2	95334.1	70169.1	2969.5	2501.5	86.8
海 南	Hainan	2482	94.6	19287.1	13370.9	624.4	485.0	92.8
重 庆	Chongqing	6967	90.1	36202.1	46568.5	3911.7	958.8	89.7
四 川	Sichuan	19121	81.3	117783.0	139879.4	9046.9	3210.9	80.3
贵 州	Guizhou	9343	76.7	67371.3	87875.4	4822.5	1829.6	87.6
云 南	Yunnan	10182	86.4	102125.1	130458.3	8132.8	2809.2	91.9
西 藏	Xizang	2033	40.2	13689.6	13761.4	384.1	202.2	86.6
陕 西	Shaanxi	13079	92.5	54402.5	66630.2	2044.3	1640.0	91.9
甘 肃	Gansu	12277	84.4	42853.6	86970.3	2158.6	1369.6	90.0
青 海	Qinghai	3095	81.6	9822.9	22153.1	215.1	318.4	94.5
宁 夏	Ningxia	1908	99.3	9071.7	19782.2	500.1	251.0	97.7
新 疆	Xinjiang	7411	89.7	34432.1	70924.0	1446.3	938.9	93.4
新疆兵团	Xinjiang Production and Construction Corps	1344	80.0	2452.0	9621.5	290.2	52.8	85.6

8-10 续表 1 continued

地 区	Region	人均日生活用水量（升）Per Capita Daily Water Consumption (liter)	用气人口（万人）Population with Access to Gas (10 000 persons)	燃气普及率（%）Gas Coverage Rate (%)	集中供热面积（万平方米）Area of Centrally Heated District (10 000 sq.m)	村庄内道路长度（公里）The Length of Roads within Villages (km)	#本年新增 Added This Year	#本年更新改造 Renewal and Upgrading This Year
全 国	**National Total**	**99.0**	**26064.6**	**42.1**	**37891.1**	**3623183.5**	**58988.1**	**80657.6**
北 京	Beijing	127.3	251.1	54.7	1442.6	19170.8	130.5	932.9
天 津	Tianjin	103.0	180.0	84.0	1514.3	16571.6	19.4	255.6
河 北	Hebei	87.5	2900.4	72.1	7340.2	251950.5	1804.7	5354.1
山 西	Shanxi	103.6	325.9	21.9	5644.8	90381.2	826.4	1647.6
内蒙古	Inner Mongolia	87.2	127.7	13.9	1046.9	85906.9	944.9	791.9
辽 宁	Liaoning	100.0	252.0	17.8	1342.7	79392.4	1015.2	2768.3
吉 林	Jilin	91.1	137.3	14.5	823.6	86863.5	580.8	2854.6
黑龙江	Heilongjiang	93.6	68.3	7.7	557.0	83024.7	319.8	1013.2
上 海	Shanghai	118.3	348.3	76.3	20.8	11381.8	17.1	228.1
江 苏	Jiangsu	96.1	2783.7	87.8	23.1	145016.9	1626.2	3117.4
浙 江	Zhejiang	115.3	1031.7	51.5	112.7	90245.6	1362.6	3006.6
安 徽	Anhui	95.9	1516.6	44.3		166252.2	3093.8	2775.5
福 建	Fujian	105.4	1003.3	63.9		76807.2	1092.4	1323.1
江 西	Jiangxi	110.4	862.3	34.9	610.4	106033.8	2796.3	3224.7
山 东	Shandong	94.1	2725.1	58.6	11769.7	353354.3	3171.1	8166.2
河 南	Henan	90.0	1919.8	35.1	1014.2	218543.5	5482.0	4843.4
湖 北	Hubei	102.3	941.1	37.4	237.3	211390.4	3538.4	6235.6
湖 南	Hunan	95.0	996.9	30.0	47.1	177913.9	2994.8	3865.5
广 东	Guangdong	111.4	2609.0	71.3		183771.6	3500.8	3977.9
广 西	Guangxi	104.4	1803.6	62.6	49.2	124741.3	2441.4	2514.2
海 南	Hainan	108.9	385.6	73.8		31359.5	360.9	644.9
重 庆	Chongqing	103.4	391.9	36.7		45173.2	1948.1	1276.3
四 川	Sichuan	100.5	1579.5	39.5		297926.8	7122.2	5434.6
贵 州	Guizhou	100.9	120.3	5.8	3.0	131710.4	1816.6	1120.6
云 南	Yunnan	99.6	170.1	5.6		170658.4	4102.5	3934.6
西 藏	Xizang	185.5	29.6	12.7	36.2	18172.3	280.5	791.8
陕 西	Shaanxi	90.9	357.1	20.0	637.9	102868.8	2507.2	2327.9
甘 肃	Gansu	85.7	95.3	6.3	1255.9	104824.3	1982.2	2750.2
青 海	Qinghai	84.5	20.5	6.1	229.4	30061.5	196.4	519.6
宁 夏	Ningxia	99.0	33.6	13.1	695.2	28682.6	594.6	1271.6
新 疆	Xinjiang	100.5	81.7	8.1	1223.9	73488.9	1159.9	1298.1
新疆兵团	Xinjiang Production and Construction Corps	127.2	15.3	24.8	213.2	9542.8	158.8	391.1

8-10 续表 2 continued

地 区	Region	#硬化道路 Hardened Roads	村庄内道路面积（万平方米）Area of Roads within Villages (10 000 sq.m)	#本年新增 Added This Year	#本年更新改造 Renewal and Upgrading This Year	#硬化道路 Hardened Roads	排水管道沟渠长度（公里）The Length of Drainage Pipelines and Canals (km)	#本年新增 Added This Year
全 国	**National Total**	**2500540.7**	**2331795.1**	**59267.0**	**70055.5**	**1365591.8**	**1325761.8**	**35344.3**
北 京	Beijing	15564.3	10869.0	101.2	571.7	8721.6	13567.2	203.6
天 津	Tianjin	14370.8	7674.7	10.0	144.1	6308.6	6951.2	6.6
河 北	Hebei	191416.5	124049.4	1703.3	3416.4	90003.2	60915.4	618.3
山 西	Shanxi	59508.3	61581.6	819.9	2619.6	41333.9	55330.7	830.4
内蒙古	Inner Mongolia	58534.7	46776.0	629.3	1047.3	29504.5	10053.6	122.7
辽 宁	Liaoning	51936.6	43672.1	700.8	1727.6	26519.7	32997.5	131.9
吉 林	Jilin	68671.4	42735.5	308.0	1544.9	31949.3	47340.9	584.7
黑龙江	Heilongjiang	51109.5	41584.6	443.6	550.5	22942.4	33746.0	180.0
上 海	Shanghai	8834.3	5746.5	23.4	222.1	4391.6	7128.4	25.7
江 苏	Jiangsu	118015.8	76870.1	1910.8	2480.2	59409.6	55260.8	1923.3
浙 江	Zhejiang	45714.7	72674.3	2334.5	3038.4	33597.9	45607.4	1148.3
安 徽	Anhui	118984.7	117945.8	2596.1	2397.3	67957.5	51810.4	1887.9
福 建	Fujian	52889.2	42642.7	1112.8	1111.8	28047.2	61539.6	909.3
江 西	Jiangxi	66417.8	88641.0	2764.8	4026.6	35825.1	53546.9	1974.6
山 东	Shandong	260200.2	209550.9	3490.3	7482.4	143370.5	231600.5	3753.9
河 南	Henan	164064.3	167487.5	4266.2	3852.1	93830.1	60865.3	2518.9
湖 北	Hubei	116170.6	190171.3	4562.8	7370.6	70031.3	64697.8	1562.9
湖 南	Hunan	103044.7	112712.7	3493.8	3378.6	61242.9	51678.5	1051.7
广 东	Guangdong	119216.7	123893.5	5365.7	4705.4	72624.5	71898.1	2924.0
广 西	Guangxi	98655.2	62956.6	1778.9	1692.6	47264.7	32741.5	835.6
海 南	Hainan	11659.1	16911.2	648.5	382.9	5922.0	5241.7	324.5
重 庆	Chongqing	34047.7	27780.6	2481.6	1510.5	20564.5	17000.1	531.0
四 川	Sichuan	230334.2	201267.5	5618.6	4366.1	119486.9	82072.5	2136.8
贵 州	Guizhou	76217.0	95535.8	2218.4	1077.5	43753.3	26860.1	989.0
云 南	Yunnan	116038.7	114078.8	3497.2	2672.9	65341.7	52401.4	3214.2
西 藏	Xizang	6634.6	14753.9	607.3	589.6	4951.1	3075.7	209.6
陕 西	Shaanxi	81174.2	55560.0	1840.1	1637.8	36624.8	37981.9	1270.1
甘 肃	Gansu	70406.6	55475.7	1475.0	1880.9	34625.1	23363.8	847.1
青 海	Qinghai	17060.5	14318.2	120.8	269.0	7929.3	5298.4	147.3
宁 夏	Ningxia	21786.9	20812.7	1150.9	771.2	14656.0	11215.3	184.0
新 疆	Xinjiang	46378.9	56832.2	1088.8	1267.2	32239.6	9915.5	2218.4
新疆兵团	Xinjiang Production and Construction Corps	5482.0	8232.6	103.8	249.8	4621.8	2057.9	78.1

8-11 互联网主要指标发展情况(年底数)
Main Indicators on Internet Development at Year-end

年份 地区	Year Region	域名数 (万个) Number of Domain Names (10 000 units)	网页数 (万个) Number of Webpages (10 000 pages)	IPv4地址数 (万个) IPv4 Addresses (10 000 pages)	互联网宽带接入端口 (万个) Broad Band Subscribers Port of Internet (10 000 ports)	移动互联网用户 (万户) Mobile Internet Subscribers (10 000 subscribers)
	2005	259.2		7439.1	4874.7	
	2006	410.9	447257.8	9801.6	6486.4	
	2007	1193.1	847108.5	13527.5	8539.3	
	2008	1682.6	1608637.0	18127.3	10890.4	
	2009	1681.8	3360173.2	23244.6	13835.7	
	2010	865.6	6000806.0	27763.7	18781.1	
	2011	774.8	8658229.8	33044.0	23239.4	
	2012	1341.2	12274681.7	33053.5	32108.4	
	2013	1843.6	15004076.3	33030.8	35945.3	
	2014	2059.6	18991864.9	33198.8	40546.1	87522.1
	2015	3101.4	21229622.4	33652.0	57709.4	96447.2
	2016	4227.6	23599758.4	33810.3	71276.9	109395.0
	2017	3848.0	26039903.0	33870.5	77599.1	127153.7
	2018	3792.8	28162240.6	33892.5	86752.3	127481.5
	2019	5094.2	29782991.5	33909.3	91578.0	131852.6
	2020	4197.8	31550109.8	34066.8	94604.7	134851.9
	2021	3593.1	33496371.3	34388.1	101784.7	141564.9
	2022	3440.0	35878144.3	34322.8	107104.2	145385.1
	2023	3159.6	38201004.1	34312.9	113589.7	152439.8
北　京	Beijing	589.9	14090056.7	8643.4	2112.3	3364.7
天　津	Tianjin	20.7	634426.7	356.9	1517.3	1644.7
河　北	Hebei	53.0	1468672.3	964.2	5480.5	7892.9
山　西	Shanxi	34.8	436562.0	432.3	2828.3	3721.2
内蒙古	Inner Mongolia	12.2	24420.2	264.2	1792.7	2661.5
辽　宁	Liaoning	36.3	349035.4	1128.9	3720.7	4475.9
吉　林	Jilin	16.8	210693.6	411.8	1923.9	2547.1
黑龙江	Heilongjiang	26.5	199769.5	408.3	2207.7	3229.4
上　海	Shanghai	121.2	2694852.8	1533.8	2560.5	3877.9
江　苏	Jiangsu	123.3	1676782.0	1612.7	8009.1	9386.5
浙　江	Zhejiang	120.1	4582769.1	2192.6	6952.9	8016.0
安　徽	Anhui	73.8	322125.2	559.3	4696.1	5763.1
福　建	Fujian	204.3	1160896.9	658.8	3833.2	4433.9
江　西	Jiangxi	44.9	297612.3	586.7	2834.5	4173.6
山　东	Shandong	151.5	742282.6	1657.3	7657.3	10421.4
河　南	Henan	91.9	2275317.8	892.1	6624.9	9729.6
湖　北	Hubei	67.7	335315.9	813.2	4431.3	5465.5
湖　南	Hunan	78.2	219464.9	799.5	4181.6	6692.6
广　东	Guangdong	769.3	4865059.9	3235.7	10395.2	15814.7
广　西	Guangxi	52.6	273983.0	466.7	4099.3	5450.6
海　南	Hainan	13.2	191580.7	161.3	1142.5	1094.0
重　庆	Chongqing	38.9	61855.7	569.6	2744.5	3686.1
四　川	Sichuan	97.1	651455.0	940.2	6732.5	8843.1
贵　州	Guizhou	175.2	14834.9	151.0	2622.4	4167.2
云　南	Yunnan	27.3	185706.2	329.4	3142.2	4497.4
西　藏	Xizang	1.2	537.7	44.6	311.9	317.8
陕　西	Shaanxi	39.1	198724.4	552.4	3277.1	4346.5
甘　肃	Gansu	19.6	20615.2	161.3	1958.6	2613.3
青　海	Qinghai	1.7	3677.2	58.3	463.0	686.2
宁　夏	Ningxia	4.1	2228.3	92.6	707.9	819.1
新　疆	Xinjiang	8.0	9690.3	205.9	2627.9	2606.4
不分地区	Not Classified by Region	45.3		3431.3		

注：1.各地区IPv4地址数是根据各地区占全国的比例推算数据。
　　2.自2023年起，移动互联网用户、移动互联网接入流量将中国广电数据纳入行业汇总数据。
　　3.家庭宽带接入用户、政企宽带接入用户分省数据为2022年数据。

a) The number of IPv4 addresses in each region is calculated according to the proportion of the regions in the whole country.
b) Since 2023, mobile phone subscribers and the flow accessed to mobile internet have include China Broadcast Network data in industry summary data.
c) The data for household broadband subscribers and government and enterprise broadband subscribers by region are in 2022.

8-11 续表 continued

年份 地区	Year Region	移动互联网接入流量(万GB) Flow Accessed to Mobile Internet (10 000 GB)	互联网宽带接入用户(万户) Broadband Subscribers of Internet (10 000 subscribers)	#城市宽带接入用户 Urban Broadband Subscribers	#农村宽带接入用户 Rural Broadband Subscribers
	2005		3735.0		
	2006		5085.3		
	2007		6641.4		
	2008		8287.9		
	2009		10397.8		
	2010		12629.1	9963.5	2475.7
	2011		15000.1	11691.4	3308.8
	2012		17518.3	13442.4	4075.9
	2013		18890.9	14153.6	4737.3
	2014	206193.6	20048.3	15174.6	4873.7
	2015	418753.3	25946.6	19547.2	6398.4
	2016	937863.5	29720.7	22266.6	7454.0
	2017	2459380.3	34854.0	25476.7	9377.3
	2018	7090039.3	40738.2	28996.5	11741.7
	2019	12199200.6	44927.9	31450.5	13477.3
	2020	16556817.2	48355.0	34165.3	14189.7
	2021	22163224.3	53578.7	37808.2	15770.5
	2022	26175867.1	58964.8	41332.6	17632.2
	2023	30253953.8	63630.6	44441.4	19189.2
北京	Beijing	668029.5	933.4	855.6	77.8
天津	Tianjin	324323.9	673.4	628.9	44.5
河北	Hebei	1205637.5	3179.7	1912.1	1267.6
山西	Shanxi	617431.8	1605.1	1320.3	284.9
内蒙古	Inner Mongolia	503971.3	948.5	826.7	121.8
辽宁	Liaoning	665842.9	1689.8	1472.6	217.2
吉林	Jilin	459703.8	850.8	687.1	163.7
黑龙江	Heilongjiang	472928.9	1211.0	952.4	258.6
上海	Shanghai	546309.7	1205.5	1173.2	32.3
江苏	Jiangsu	2003868.2	4754.6	3207.7	1546.9
浙江	Zhejiang	1868939.9	3608.5	2094.7	1513.8
安徽	Anhui	1122600.7	2947.1	1903.2	1043.9
福建	Fujian	791942.4	2261.2	1436.4	824.8
江西	Jiangxi	809621.3	2091.3	1440.8	650.5
山东	Shandong	1875046.5	4581.9	3403.4	1178.5
河南	Henan	1979683.0	4260.6	3044.1	1216.4
湖北	Hubei	999160.1	2494.2	1736.3	757.9
湖南	Hunan	1430400.0	2744.1	1846.7	897.4
广东	Guangdong	3431672.7	4824.0	3704.2	1119.7
广西	Guangxi	1070320.8	2315.4	1327.2	988.3
海南	Hainan	282405.3	578.1	344.6	233.5
重庆	Chongqing	736887.7	1552.8	1121.9	430.8
四川	Sichuan	1739903.7	3767.8	2190.8	1577.0
贵州	Guizhou	954356.9	1568.3	1055.8	512.5
云南	Yunnan	1118034.5	1778.3	1197.6	580.7
西藏	Xizang	99386.9	145.5	120.5	25.0
陕西	Shaanxi	876588.3	1921.3	1341.3	580.0
甘肃	Gansu	522490.1	1186.7	749.5	437.2
青海	Qinghai	202283.8	290.6	210.5	80.1
宁夏	Ningxia	208706.4	373.0	293.4	79.6
新疆	Xinjiang	665475.2	1288.3	841.9	446.4
不分地区	Not Classified by Region				

九、文化休闲
Culture and Leisure

9-1 主要文化机构情况
Statistics on Main Cultural Institutions

单位：个 (unit)

年 份 Year	公共图书馆 Public Libraries	文化馆(站) Cultural Centers	省级、地市级文化馆 Cultural Centers at Provincial & Prefecture Level	县市级文化馆 Cultural Centers at County & City Level	乡镇(街道)文化站 Township (sub-district) Cultural Centers	博物馆 Museums	艺术表演团体 Art Performance Troupes	艺术表演场馆 Art Performance Venues
1978	1218	6893	92	2748	4053	349	3150	1095
1980	1732	8739	218	2912	5609	365	3533	1444
1985	2344	8576	335	2960	5281	711	3317	1377
1986	2406	8913	337	2993	5583	777	3195	2058
1987	2440	8974	348	2973	5653	827	3094	2148
1988	2485	9045	358	2975	5712	903	2985	2081
1989	2512	9037	366	2955	5716	967	2850	2050
1990	2527	9216	366	2955	5895	1013	2805	1955
1991	2535	10507	371	2894	7242	1075	2772	2068
1992	2558	9564	372	2900	6292	1106	2753	2037
1993	2572	10155	370	2886	6899	1130	2707	2024
1994	2589	11276	374	2887	8015	1161	2698	1998
1995	2615	13487	373	2886	10228	1194	2682	1958
1996	2620	45253	392	2892	41969	1219	2664	1934
1997	2628	45449	385	2901	42163	1282	2663	1947
1998	2662	45834	386	2901	42547	1339	2652	1929
1999	2669	45837	389	2905	42543	1363	2632	1911
2000	2675	45321	390	2907	42024	1392	2619	1900
2001	2696	43379	399	2842	40138	1461	2605	1854
2002	2697	42516	389	2854	39273	1511	2587	1829
2003	2709	41816	382	2846	38588	1515	2601	1900
2004	2720	41402	380	2841	38181	1548	2759	1928
2005	2762	41588	375	2851	38362	1581	2805	1866
2006	2778	40088	395	2819	36874	1617	2866	1839
2007	2799	40601	411	2806	37384	1722	4512	1732
2008	2820	41156	389	2829	37938	1893	5114	1662
2009	2850	41959	361	2862	38736	2252	6139	1499
2010	2884	43382	374	2890	40118	2435	6864	1461
2011	2952	43675	379	2906	40390	2650	7055	1429
2012	3076	43876	382	2919	40575	3069	7321	1279
2013	3112	44260	385	2930	40945	3473	8180	1344
2014	3117	44423	385	2928	41110	3658	8769	1338
2015	3139	44291	386	2929	40976	3852	10787	2143
2016	3153	44497	389	2933	41175	4109	12301	2285
2017	3166	44521	390	2938	41193	4721	15742	2455
2018	3176	44464	390	2936	41138	4918	17123	2478
2019	3196	44073	390	2936	40747	5132	17795	2716
2020	3212	43687	390	2931	40366	5452	17581	2770
2021	3215	43531	390	2926	40215	5772	18370	3093
2022	3303	45623	404	3099	42120	6091	19739	3199
2023	3246	43752	404	3112	40236	4508	17781	3060

注：1.1996年以前文化站数据未包括其他部门所属乡镇文化站。1996-1998年包括其他部门所属文化站，1999年以后，其他部门所属文化站划归文化部门管理。

2.2007年以前艺术表演团体为系统内数据，2007年起含系统外单位。

3.2015年以前艺术表演场馆为公有制艺术表演场馆，2015年起含民营艺术表演场馆。

4.2023年起，博物馆相关指标使用国有博物馆数据(以下相关同)。

a) Culture stations did not include township culture stations of other departments before 1996. During 1996-1998, culture stations of other departments Since 1999, culture stations of other department were put under the management of culture departments.

b) Art performance troupes referred to those under the cultural departments before 2007, and expanded to cover those both under and outside the cultural departments starting from 2007.

c) Art performance venues refer to those of state-owned before 2015, and include those of non-state venues since 2015.

d) Since 2023, museums' related indicators use data from state-owned museums.The same applies to the relevant following tables.

9-2 分地区艺术表演团体、艺术表演场馆演出情况(2023年)
Statistics on Operation of Art Performance Troupes and Art Performance Venues by Region (2023)

地 区	Region	艺术表演团体 Art Performance Troupes				艺术表演场馆 Art Performance Venues		
		机构数 (个) Number of Institutions (unit)	演出场次 (万场次) Number of Performances (10 000 shows)	#国内演出 Domestic Performances	国内演出观众人次 (万人次) Number of Domestic Audience (10 000 person-times)	机构数 (个) Number of Institutions (unit)	艺术演出场次 (万场次) Number of Art Performances (10 000 shows)	艺术演出观众人次 (万人次) Number of Audience in Art Performances (10 000 person-times)
全 国	**National Total**	**17781**	**254.22**	**250.34**	**89654**	**3060**	**41.49**	**12273.29**
中 央	Central Level	11	0.30	0.29	218	6	0.12	51.44
北 京	Beijing	522	2.07	2.05	747	76	2.18	360.25
天 津	Tianjin	107	1.08	1.08	275	126	3.92	213.34
河 北	Hebei	819	9.41	9.39	3964	120	0.89	368.02
山 西	Shanxi	756	9.44	8.97	5241	130	1.31	196.27
内蒙古	Inner Mongolia	273	2.51	2.50	1405	36	0.19	129.10
辽 宁	Liaoning	111	0.63	0.60	300	68	0.42	128.85
吉 林	Jilin	177	0.77	0.75	341	124	0.19	41.59
黑龙江	Heilongjiang	93	0.94	0.93	312	57	0.34	78.10
上 海	Shanghai	261	2.05	2.05	906	59	0.95	556.71
江 苏	Jiangsu	651	12.34	12.26	3819	278	2.75	1049.96
浙 江	Zhejiang	1217	26.19	26.12	10656	256	3.35	2447.39
安 徽	Anhui	2898	26.75	26.66	6056	130	2.14	195.81
福 建	Fujian	486	7.40	7.34	1796	76	0.59	192.69
江 西	Jiangxi	329	3.76	3.70	1955	78	0.26	115.28
山 东	Shandong	1870	20.70	20.60	6419	240	5.14	519.90
河 南	Henan	2077	39.84	39.58	13977	245	4.10	1370.01
湖 北	Hubei	614	25.82	25.78	5627	141	1.07	933.60
湖 南	Hunan	586	7.16	6.25	3568	120	2.90	843.31
广 东	Guangdong	433	5.72	5.70	2481	127	2.22	633.58
广 西	Guangxi	73	0.87	0.84	456	23	0.12	11.65
海 南	Hainan	128	2.38	1.57	822	30	0.12	379.46
重 庆	Chongqing	1039	11.73	11.68	2067	68	1.26	315.72
四 川	Sichuan	662	5.53	5.48	1848	162	0.66	176.67
贵 州	Guizhou	107	1.58	1.24	929	21	0.18	49.97
云 南	Yunnan	239	13.42	13.38	3261	27	1.15	211.02
西 藏	Xizang	86	0.70	0.64	429	31	0.08	11.61
陕 西	Shaanxi	512	5.99	5.92	4279	76	1.23	319.02
甘 肃	Gansu	376	3.86	3.81	4047	52	0.72	260.63
青 海	Qinghai	124	0.67	0.65	231	51	0.77	45.48
宁 夏	Ningxia	12	0.32	0.28	195	2	0.03	16.52
新 疆	Xinjiang	132	2.31	2.28	1029	24	0.12	50.34

9-3 分地区公共图书馆基本情况(2023年)
Statistics on Public Libraries by Region (2023)

地 区	Region	公共图书馆 (个) Number of Public Library (unit)	总藏量 (万册件) Total Collections (10 000 copies)	少儿文献数 (万册) Number of Children's Literature (10 000 copies)	人均拥有公共图书馆藏量 (册) Collections of Public Libraries Per Person (copy)	实际持证读者数 (万个) Actual Number of Licensed Readers (10 000 units)	总流通人次 (万人次) Total Number of Circulation (10 000 person-times)	#书刊文献外借人次 Borrowing from Libraries of Books and Periodicals	书刊文献外借册次 (万册次) Number of Books and Periodicals Lent to Readers (10 000 copies-times)	阅览室座席数 (个) Seats of Reading Rooms (unit)
总 计	**National Total**	**3246**	**143609**	**20739.66**	**1.02**	**10707**	**116061**	**33044**	**78299**	**1680128**
北 京	Beijing	19	3675	526.03	1.68	298	1473	209	1015	21035
天 津	Tianjin	20	2445	332.18	1.79	167	1695	402	1250	22489
河 北	Hebei	181	4902	632.97	0.66	276	4822	1801	3859	88366
山 西	Shanxi	127	2658	337.33	0.77	198	2064	646	1260	48631
内蒙古	Inner Mongolia	117	2528	276.45	1.06	118	1565	356	831	39213
辽 宁	Liaoning	128	4757	556.41	1.14	222	2777	854	2743	47884
吉 林	Jilin	67	2627	289.36	1.12	127	812	203	610	26280
黑龙江	Heilongjiang	105	2622	242.01	0.86	130	624	189	439	29317
上 海	Shanghai	20	8307	532.98	3.34	208	1956	385	1888	28331
江 苏	Jiangsu	122	11980	1821.28	1.41	1223	15247	6420	10775	84677
浙 江	Zhejiang	102	12264	2803.42	1.85	1032	16236	2013	8786	119235
安 徽	Anhui	133	4498	722.74	0.73	391	6245	1653	3112	69624
福 建	Fujian	97	5960	1036.02	1.42	292	3523	1258	4022	55709
江 西	Jiangxi	114	4349	515.09	0.96	235	4368	996	2055	55837
山 东	Shandong	153	8555	1080.62	0.85	706	7248	2752	4450	104108
河 南	Henan	177	4822	779.94	0.49	282	4745	1721	2908	85107
湖 北	Hubei	119	5722	702.42	0.98	461	4125	1677	3089	68305
湖 南	Hunan	150	5769	890.95	0.88	472	5010	2041	3790	64325
广 东	Guangdong	150	15129	3503.94	1.19	1996	14817	2676	11422	172381
广 西	Guangxi	116	3262	405.89	0.65	188	2364	489	1089	45105
海 南	Hainan	24	760	117.34	0.73	23	594	99	287	10699
重 庆	Chongqing	43	2916	481.07	0.91	357	2535	675	1581	41165
四 川	Sichuan	209	5343	661.43	0.64	451	3348	1310	2381	91894
贵 州	Guizhou	99	2075	227.80	0.54	141	1348	400	810	36851
云 南	Yunnan	151	2686	223.31	0.57	99	1395	466	1194	40410
西 藏	Xizang	82	318	20.81	0.87	3	38	2	5	4213
陕 西	Shaanxi	119	2599	318.34	0.66	93	2073	501	1079	51020
甘 肃	Gansu	104	2128	263.46	0.86	62	1128	401	694	55092
青 海	Qinghai	50	680	53.61	1.14	10	174	26	61	9733
宁 夏	Ningxia	27	903	134.91	1.24	45	544	146	258	18224
新 疆	Xinjiang	120	1947	239.71	0.75	83	756	249	506	39529

9-3 续表 continued

地 区	Region	每万人拥有公共图书馆建筑面积（平方米）Floor Space of Public Libraries per 10 000 Population (sq.m)	组织各类讲座次数（次）Number of Lectures (time)	参加讲座人次（万人次）Participants to Lectures (10 000 person-times)	举办展览（个）Exhibitions Held (unit)	参观展览人次（万人次）Visitors to Exhibitions (10 000 person-times)	举办培训班（个）Training Classes Held (unit)	参加培训人次（万人次）Participants to Training Classes (10 000 person-times)	计算机（台）Computers (set)	#供读者使用的终端数 Terminals Available for Readers to Use
总 计	**National Total**	**160.3**	**120122**	**2258.38**	**67888**	**17954.86**	**105494**	**1167.17**	**216262**	**131576**
北 京	Beijing	192.1	1922	22.52	421	296.02	1527	6.34	4506	1789
天 津	Tianjin	342.5	1391	11.96	670	282.83	1385	4.53	4456	2733
河 北	Hebei	164.2	7829	151.09	4617	997.54	4976	50.71	8813	5941
山 西	Shanxi	176.5	2697	33.72	1447	408.27	2527	12.02	6646	3882
内蒙古	Inner Mongolia	220.5	1158	17.70	1102	196.52	840	5.80	6022	3535
辽 宁	Liaoning	158.8	2639	39.90	1820	470.72	1816	11.69	8947	5498
吉 林	Jilin	149.1	1173	11.28	991	135.49	595	3.72	4167	2521
黑龙江	Heilongjiang	127.8	1232	7.24	1292	79.74	1549	5.04	4734	2835
上 海	Shanghai	240.7	2163	20.02	455	807.15	1136	5.99	6397	2652
江 苏	Jiangsu	188.1	6067	70.11	3343	1888.23	7084	36.19	12138	6640
浙 江	Zhejiang	269.0	15551	475.50	10245	2927.33	16654	188.57	11488	6683
安 徽	Anhui	125.9	6383	415.74	4324	602.00	5847	38.02	7549	5035
福 建	Fujian	192.3	3228	38.55	1930	389.01	2892	17.80	7090	4446
江 西	Jiangxi	152.3	4131	40.87	1176	478.58	1850	416.29	6855	4658
山 东	Shandong	155.2	12575	186.34	5364	817.31	9826	89.35	11442	7222
河 南	Henan	100.0	7187	92.84	3058	568.51	4931	34.09	10182	6705
湖 北	Hubei	168.1	4524	118.69	3940	655.00	5219	49.02	7672	4604
湖 南	Hunan	141.8	5037	104.23	1811	538.41	6255	43.62	8164	5439
广 东	Guangdong	159.7	11814	123.12	4259	2699.39	11191	50.47	20460	11975
广 西	Guangxi	112.2	1951	33.58	1435	477.47	1753	10.42	6394	4216
海 南	Hainan	131.2	721	5.13	218	75.44	1127	4.93	1557	935
重 庆	Chongqing	129.7	2161	40.16	1526	360.93	2320	13.44	3702	2157
四 川	Sichuan	119.1	4308	49.96	2006	494.41	2035	12.11	10198	7050
贵 州	Guizhou	108.1	1638	31.18	1118	212.97	1481	7.90	5117	3473
云 南	Yunnan	97.0	2495	25.77	2086	289.85	1603	10.85	6997	4458
西 藏	Xizang	212.1	107	0.55	41	1.52	121	0.55	1545	1081
陕 西	Shaanxi	150.2	2592	33.82	2429	224.36	2813	13.34	5949	3893
甘 肃	Gansu	170.5	2265	21.25	1315	106.13	607	4.21	4816	2906
青 海	Qinghai	247.5	440	7.61	352	46.46	201	1.06	1976	1188
宁 夏	Ningxia	227.6	418	4.69	746	87.22	226	2.06	2066	1379
新 疆	Xinjiang	210.9	2180	20.32	2337	166.78	1786	12.30	4939	3537

9-4 分地区文化馆(站)基本情况(2023年)
Statistics on Cultural Centers by Region (2023)

单位：个 (unit)

地区	Region	文化馆(站) Cultural Centers (Stations)	文化馆 Cultural Centers	文化站 Cultural Stations
全国	**National Total**	**43752**	**3516**	**40236**
北京	Beijing	357	18	339
天津	Tianjin	274	17	257
河北	Hebei	2465	182	2283
山西	Shanxi	1428	129	1299
内蒙古	Inner Mongolia	1201	118	1083
辽宁	Liaoning	1478	123	1355
吉林	Jilin	996	80	916
黑龙江	Heilongjiang	1417	141	1276
上海	Shanghai	237	19	218
江苏	Jiangsu	1371	116	1255
浙江	Zhejiang	1469	102	1367
安徽	Anhui	1634	124	1510
福建	Fujian	1206	95	1111
江西	Jiangxi	1848	116	1732
山东	Shandong	1981	158	1823
河南	Henan	2702	202	2500
湖北	Hubei	1428	127	1301
湖南	Hunan	2283	150	2133
广东	Guangdong	1762	144	1618
广西	Guangxi	1302	124	1178
海南	Hainan	242	23	219
重庆	Chongqing	1072	41	1031
四川	Sichuan	4269	206	4063
贵州	Guizhou	1704	99	1605
云南	Yunnan	1607	150	1457
西藏	Xizang	783	82	701
陕西	Shaanxi	1475	121	1354
甘肃	Gansu	1460	106	1354
青海	Qinghai	453	54	399
宁夏	Ningxia	274	27	247
新疆	Xinjiang	1574	322	1252

9-5 分地区国有博物馆基本情况(2023年)

Statistics on State-owned Museums by Region (2023)

地区	Region	机构（个）Number of Institutions (unit)	从业人员（人）Number of Employed Persons (person)	#专业技术人员 Professional & Technical Staff	藏品（件/套）Number of Collections (piece/set)	基本陈列展览（个）Regular Exhibitions (unit)	参观人次（万人次）Visitors (10 000 person-times)	门票销售总额（万元）Revenue from Entrance Ticket (10 000 yuan)
总　计	**National Total**	**4508**	**122635**	**42516**	**41252855**	**28661**	**120045**	**651395**
中　央	Central Level	5	3009	1951	3531565	147	2785	77324
北　京	Beijing	69	4444	1576	3006267	472	2679	14820
天　津	Tianjin	53	1393	591	738139	291	1353	3924
河　北	Hebei	147	4848	1448	513796	1014	3872	2108
山　西	Shanxi	155	4386	1320	1465443	523	2242	8572
内蒙古	Inner Mongolia	128	3336	1443	1275564	608	1679	444
辽　宁	Liaoning	66	2527	1104	694290	475	2650	21392
吉　林	Jilin	94	1902	848	853790	618	1091	5884
黑龙江	Heilongjiang	132	2548	982	963509	1099	1873	91
上　海	Shanghai	85	4748	2051	4020027	661	2738	27045
江　苏	Jiangsu	330	7794	2835	1749415	2021	12993	45832
浙　江	Zhejiang	206	5837	2008	1376802	2111	5979	5692
安　徽	Anhui	181	3075	1024	806877	1250	2865	336
福　建	Fujian	102	2586	942	701714	1087	2756	143
江　西	Jiangxi	170	4331	1493	786438	1426	5120	3778
山　东	Shandong	348	8247	3019	3737692	2478	8823	22269
河　南	Henan	259	6996	1971	1162614	1210	7199	14698
湖　北	Hubei	172	4556	1760	2627010	1111	5084	4160
湖　南	Hunan	159	4017	1341	1262125	963	8970	5870
广　东	Guangdong	223	5812	2299	2513453	2105	7189	13556
广　西	Guangxi	119	2792	1191	484217	551	2623	55300
海　南	Hainan	33	686	270	179222	171	496	2000
重　庆	Chongqing	106	2987	1017	613742	787	3676	11240
四　川	Sichuan	272	6742	1840	1359230	1356	7718	56557
贵　州	Guizhou	122	2499	614	277499	441	2246	1032
云　南	Yunnan	143	2143	1014	1589343	842	2096	597
西　藏	Xizang	15	312	99	94168	57	0	
陕　西	Shaanxi	246	9854	2063	1566995	912	5640	204102
甘　肃	Gansu	194	5479	1515	574990	1171	3610	42628
青　海	Qinghai	24	346	158	75326	87	137	
宁　夏	Ningxia	52	809	238	355648	203	737	
新　疆	Xinjiang	98	1594	491	295945	413	1127	

9-6　全国文化和旅游事业费基本情况
Basic Statistics on Operating Expenses of Culture and Tourism

单位：亿元　(100 million yuan)

年　份 Year	文化和旅游事业费 Operating Expenses of Culture and Tourism	一般公共预算支出 General Public Budget Expenditure	文化和旅游事业费占一般公共预算支出的比重(%) Proportion of Operating Expenses of Culture and Tourism in General Public Budget Expenditure(%)
1978	4.44	1122.09	0.40
1979	5.84	1281.79	0.46
1980	5.61	1228.83	0.46
"六五"时期 6th Five-Year Period	**36.03**	**7483.18**	**0.48**
1985	9.32	2004.25	0.47
"七五"时期 7th Five-Year Period	**62.45**	**12865.67**	**0.49**
1986	10.74	2204.91	0.49
1987	10.77	2262.18	0.48
1988	12.18	2491.21	0.49
1989	13.57	2823.78	0.48
1990	15.19	3083.59	0.49
"八五"时期 8th Five-Year Period	**121.33**	**24387.47**	**0.50**
1991	17.28	3386.62	0.51
1992	19.46	3742.20	0.52
1993	22.37	4642.30	0.48
1994	28.83	5792.62	0.50
1995	33.39	6823.72	0.49
"九五"时期 9th Five-Year Period	**254.51**	**57043.46**	**0.45**
1996	38.77	7937.55	0.49
1997	46.19	9233.56	0.50
1998	50.78	10798.18	0.47
1999	55.61	13187.67	0.42
2000	63.16	15886.50	0.40
"十五"时期 10th Five-Year Period	**496.13**	**128022.85**	**0.39**
2001	70.99	18902.58	0.38
2002	83.66	22053.15	0.38
2003	94.03	24649.95	0.38
2004	113.63	28486.89	0.40
2005	133.82	33930.28	0.39
"十一五"时期 11th Five-Year Period	**1220.40**	**318672.05**	**0.38**
2006	158.03	40422.73	0.39
2007	198.96	49781.35	0.40
2008	248.04	62592.66	0.40
2009	292.31	76299.93	0.38
2010	323.06	89575.38	0.36
"十二五"时期 12th Five-Year Period	**2669.62**	**703076.19**	**0.38**
2011	392.62	109247.79	0.36
2012	480.10	125952.97	0.38
2013	530.49	140212.10	0.38
2014	583.44	151661.54	0.38
2015	682.97	175877.77	0.39
"十三五"时期 13th Five-Year Period	**4708.11**	**1096282.23**	**0.43**
2016	770.69	187755.21	0.41
2017	855.80	203085.49	0.42
2018	928.33	220904.13	0.42
2019	1065.02	238858.37	0.45
2020	1088.26	245679.03	0.44
"十四五"时期 14th Five-Year Period	**2335.78**	**506225.12**	**0.46**
2021	1132.88	245673.00	0.46
2022	1202.90	260552.12	0.46
2023	1280.35	274622.94	0.47

注：1.一般公共预算支出系决算数。
2.2019年以前，文化和旅游事业费系文化事业费。1953-1980年，文化事业费系国家财政决算数（"一五"至"四五"时期含文物、出版经费，"五五"时期不含文物、出版经费）；1981-2018年系文化事业统计年报数（不含文物、出版及科学研究费；不含基本建设的财政拨款和行政运行经费，以下相关表同）。

a) General public budget expenditure is final accounting.

b) Before 2019, Operating expenses of culture and tourism is of culture. 1953-1980, it is national financial final accounting (1st Five-Year Period to 4th Five-Year Period, includes expenditure of antique and publish, 5th Five-Year Period, exclusives expenditure of antique and publish), 1981-2018, is data from culture operating statistics annual report (exclusives expenditure of antique, publish and research, fiscal appropriation of capital construction and expenditure of administrative operation).The same applies to the relevant following tables.

9-7 分地区文化和旅游事业费情况
Operating Expenses of Culture and Tourism by Region

单位：万元 (10 000 yuan)

地 区	Region	2000	2005	2010	2015	2020	2023
全 国	**National Total**	**631591**	**1338193**	**3230646**	**6829708**	**10882645**	**12803547**
中 央	Central Level	55498	113028	152788	369620	252249	289152
北 京	Beijing	24008	64587	161693	275832	463029	450999
天 津	Tianjin	9796	31592	56348	153744	133272	116278
河 北	Hebei	18984	39626	70307	185348	353883	422458
山 西	Shanxi	12347	29832	78000	182007	274503	342236
内蒙古	Inner Mongolia	14515	30543	112982	228905	295807	423003
辽 宁	Liaoning	26790	47578	113430	165405	179199	193675
吉 林	Jilin	15711	26566	90327	156425	207929	200041
黑龙江	Heilongjiang	16598	33742	74631	152601	210064	253972
上 海	Shanghai	42608	79201	186266	365523	483672	599371
江 苏	Jiangsu	38527	77658	163123	403417	860604	886048
浙 江	Zhejiang	35334	110397	242002	488225	850347	1340619
安 徽	Anhui	15849	30541	76813	146252	225055	285170
福 建	Fujian	22174	42949	101855	187522	335728	373164
江 西	Jiangxi	10696	23398	73401	127094	230014	292294
山 东	Shandong	30944	61687	138876	299770	503101	565098
河 南	Henan	20948	37708	95143	206034	332758	334975
湖 北	Hubei	19367	43585	114389	235648	432862	473814
湖 南	Hunan	16564	34771	86133	193798	347866	520134
广 东	Guangdong	58321	128095	269940	539257	1107240	1074722
广 西	Guangxi	14608	28089	80097	172230	322285	290844
海 南	Hainan	3468	6007	27356	57512	82829	115365
重 庆	Chongqing	9151	17505	77350	169727	230720	240067
四 川	Sichuan	20500	44523	143902	395788	520403	566827
贵 州	Guizhou	9131	18731	53676	119936	246931	465839
云 南	Yunnan	23945	42036	86881	191211	353527	354165
西 藏	Xizang	4264	8003	21050	57816	112986	234874
陕 西	Shaanxi	13976	23462	89457	205168	265389	312427
甘 肃	Gansu	9130	20882	55563	113802	184417	200767
青 海	Qinghai	3696	7349	41114	65393	114591	110153
宁 夏	Ningxia	3625	9646	24483	58611	94306	127005
新 疆	Xinjiang	10518	24877	71273	160088	275083	347994

9-8 图书、期刊和报纸出版情况
Statistics on Books, Periodicals and Newspapers Published

年 份 Year	图 书 Books Published			期 刊 Magazines Published		报 纸 Newspapers Published	
	种 数 (种) Number of Publi-cations (kind)	#新出版 New Publi-cations	总印数 (亿册、亿张) Printed Copies (100 million copies)	种 数 (种) Number of Publi-cations (kind)	总印数 (亿册) Total Printed Copies (100 million copies)	种 数 (种) Number of Publi-cations (kind)	总印数 (亿份) Total Printed Copies (100 million copies)
1995	101381	59159	63.2	7583	23.4	2089	263.3
1996	112813	63647	71.6	7916	23.1	2163	274.3
1997	120106	66585	73.1	7918	24.4	2149	287.6
1998	130613	74719	72.4	7999	25.4	2053	300.4
1999	141831	83095	73.2	8187	28.5	2038	318.4
2000	143376	84235	62.7	8725	29.4	2007	329.3
2001	154526	91416	63.1	8889	28.9	2111	351.1
2002	170962	100693	68.7	9029	29.5	2137	367.8
2003	190391	110812	66.7	9074	29.5	2119	383.1
2004	208294	121597	64.1	9490	28.3	1922	402.4
2005	222473	128578	64.7	9468	27.6	1931	412.6
2006	233971	160757	64.1	9468	28.5	1938	424.5
2007	248283	136226	62.9	9468	30.4	1938	438.0
2008	274123	148978	70.6	9549	31.0	1943	442.9
2009	301719	168296	70.4	9851	31.5	1937	439.1
2010	328387	189295	71.7	9884	32.2	1939	452.1
2011	369523	207506	77.1	9849	32.9	1928	467.4
2012	414005	241986	79.2	9867	33.5	1918	482.3
2013	444427	255981	83.1	9877	32.7	1915	482.4
2014	448431	255890	81.8	9966	30.9	1912	463.9
2015	475768	260426	86.6	10014	28.8	1906	430.1
2016	499884	262415	90.4	10084	27.0	1894	390.1
2017	512487	255106	92.4	10130	24.9	1884	362.5
2018	519250	247108	100.1	10139	22.9	1871	337.3
2019	505979	224762	106.0	10171	21.9	1851	317.6
2020	489051	213636	103.7	10192	20.4	1810	289.1
2021	529197	225253	118.6	10185	20.1	1752	283.0
2022	502246	205261	114.0	10139	19.3	1709	271.0
2023	540274	217041	125.0	10157	18.5	1669	261.0

9-9 图书出版情况(2023年)
Statistics on Books Published by Categories (2023)

类　别	Category	种 数 (种) Number of Publications (item)	印 数 (万册、万张) Printed Copies (10 000 copies)
图书总计	**Total**	**540274**	**1249691**
使用“中国标准书号”部分合计	**Publications with "China Standard Book Numbering"**	**540045**	**1243134**
马列主义、毛泽东思想	Marxism-Leninism, Mao Zedong Thought	977	2452
哲学	Philosophy	9917	9268
社会科学总论	General Social Sciences	5310	3333
政治、法律	Politics and Law	18719	38365
军事	Military Affairs	1451	1681
经济	Economics	34476	12651
文化、科学、教育、体育	Culture, Science, Education and Sports	227126	988132
语言、文字	Languages	16732	21574
文学	Literature	54391	78169
艺术	Arts	23836	19663
历史、地理	History and Geography	20075	17527
自然科学总论	General Natural Sciences	1011	692
数理科学、化学	Mathematics and Chemistry	12390	7287
天文学、地球科学	Astronomy and Geology	4399	2188
生物科学	Biology	5071	3484
医学、卫生	Medicine and Health Care	24556	10182
农业科学	Agricultural Science	5434	1514
工业技术	Industrial Technology	57773	16449
交通运输	Transportation	6789	2269
航空、航天	Aeronautics and Aerospace	1353	488
环境科学	Environmental Science	3635	1060
综合性图书	General Books	4624	4706
不使用“中国标准书号”部分合计	**Publications without "China Standard Book Numbering"**	**229**	**6557**
图片	Pictures	229	383
国标(GB)、部标(BB)等标准类文件印品	Standards Publications such as National Standards, Ministry Standards		853
活页文选、活页歌篇、小件印品等	Loose-leaf Collectanea, Loose-leaf Song Collections and Prints of Small Volume		5321

9-10 课本出版情况(2023年)
Statistics on Publication of Textbooks (2023)

项　目	Item	种数 (种) Number of Publications (kind)	#新出版 New Publications	总印数 (万册) Printed Copies (10 000 copies)	总印张 (千印张) Printed Sheets (1 000 sheets)	定价总金额 (万元) Total Priced Value (10 000 yuan)
总　计	**Total**	**87922**	**20135**	**481528**	**37072319**	**5191011**
大专及以上课本	Textbooks for Colleges and Universities	67522	17219	31581	5608486	1491383
中专、技校课本	Textbooks for Secondary Technical Schools	6163	1072	9945	1519307	289372
中学课本	Textbooks for Secondary Schools	4178	376	215814	17994912	1882389
小学课本	Textbooks for Primary Schools	4236	359	220213	11230861	1320977
业余教育课本	Textbooks for Spare-time Education	2045	683	1287	274321	74987
扫盲课本	Textbooks for Eliminating Illiteracy	8		9	875	120
教学用书	Teaching Materials	3770	426	2679	443557	131783

9-11 图书、期刊、报纸进出口情况(2023年)
Statistics on Imports and Exports of Books, Periodicals and Newspapers (2023)

指　标	Item	出　口 Exports		进　口 Imports	
		数量 (万册、万份) Number (10 000 copies)	金额 (万美元) Value (10 000 USD)	数量 (万册、万份) Number (10 000 copies)	金额 (万美元) Value (10 000 USD)
总　计	**Total**	**624.99**	**3327.51**	**3976.67**	**34893.71**
图书	Books Published	541.94	3159.73	3345.80	23838.63
哲学、社会科学	Philosophy, Social Science	93.04	849.33	86.30	1755.39
文化、教育	Culture and Education	145.05	569.96	504.44	3687.06
文学、艺术	Literature and Art	92.86	627.69	1115.02	6437.66
自然、科学技术	Natural Science and S&T	26.49	205.47	133.87	3337.74
少儿读物	For Children	105.67	195.72	802.12	3225.27
综合性图书	General Books	78.83	711.56	704.05	5395.51
期刊	Magazines Published	76.07	165.61	194.98	10351.50
报纸	Newspapers Published	6.98	2.17	435.89	703.58

注：本表数据为全国有出版物进口经营许可证的出版物进出口经营单位数据。
a) Data are from national publication import and export units that have publication import business certificate.

9-12 分地区各类出版物情况(2023年)
Statistics on Publications Published by Region (2023)

地 区	Region	图书 Books Published 种数(种) Number of Publication (kind)	#新出版 New Publication	#少数民族 Minority	#盲文 Braille	总印数(万册、万张) Printed Copies (10 000 copies)	期刊 Magazines Published 种数(种) Number of Publication (kind)	#少数民族 Minority	总印数(万册) Total Printed Copies (10 000 copies)
全 国	**National Total**	**540274**	**217041**	**4879**	**667**	**1249691**	**10157**	**229**	**185141.4**
中 央	Central Level	217669	84439	312	667	351943	3232	16	69888.7
北 京	Beijing	13328	5718			26243	170		1497.5
天 津	Tianjin	8904	4181			12388	234		2211.4
河 北	Hebei	10830	3095			37447	217		3100.5
山 西	Shanxi	3298	2068			11748	198		1687.3
内蒙古	Inner Mongolia	2634	1278	1347		5942	149	44	940.0
辽 宁	Liaoning	12241	5349	106		17608	312		5028.7
吉 林	Jilin	28169	12519	361		32654	237	14	2477.3
黑龙江	Heilongjiang	8811	5619	48		11753	315	2	1989.5
上 海	Shanghai	28105	12467			44627	641		5145.6
江 苏	Jiangsu	26955	9027			74907	453		11111.0
浙 江	Zhejiang	17422	8069			52117	235		6077.0
安 徽	Anhui	11135	3265			35065	181		3050.2
福 建	Fujian	4955	2247			18431	174		1860.8
江 西	Jiangxi	10744	4050			35920	165		6500.4
山 东	Shandong	17284	5501			63847	269		6309.7
河 南	Henan	11174	4217			50655	244		5575.3
湖 北	Hubei	18255	6372			37966	416		6617.7
湖 南	Hunan	11971	4767			64269	253		7341.5
广 东	Guangdong	12082	5089			55342	380		7991.6
广 西	Guangxi	6933	2571	21		35898	177	1	3331.7
海 南	Hainan	4699	1487			8063	41		227.7
重 庆	Chongqing	5498	1931			13866	139		3571.6
四 川	Sichuan	13769	6709	490		43714	356	6	4591.4
贵 州	Guizhou	1266	748	23		12451	92		1373.0
云 南	Yunnan	6218	3327	53		21462	127	3	1675.7
西 藏	Xizang	663	318	434		1583	39	16	225.1
陕 西	Shaanxi	13365	5092			31155	270		3199.7
甘 肃	Gansu	4810	1903	137		13815	131	3	8964.7
青 海	Qinghai	746	451	376		1475	56	13	223.1
宁 夏	Ningxia	2319	1001			5469	36		322.6
新 疆	Xinjiang	4022	2166	1171		19868	218	111	1033.7

9-12 续表 continued

地 区	Region	报 纸 Newspapers Published		音像制品 Audio-Video Published		电子出版物 Electronic Published	
		种 数 (种) Number of Publi-cation (kind)	总印数 (万份) Total Printed Copies (10000 copies)	种 数 (种) Number of Publi-cation (kind)	出版数量 (万盒、万张) Total Printed Copies (10000 cassettes, 10000 discs)	种 数 (种) Number of Publi-cation (kind)	出版数量 (万张) Number of Electronic Publications (10000 discs)
全 国	**National Total**	**1669**	**2609979**	**6320**	**9113.8**	**10205**	**13904.9**
中 央	Central Level	197	745450	3023	6233.0	5154	10259.1
北 京	Beijing	30	24562	194	183.0	29	12.6
天 津	Tianjin	15	14967	21	0.3	41	1.1
河 北	Hebei	56	97131	68	811.9	104	56.7
山 西	Shanxi	53	208309	41	2.9	8	0.2
内蒙古	Inner Mongolia	51	18980	10	3.0	48	9.7
辽 宁	Liaoning	54	39743	192	145.3	692	143.2
吉 林	Jilin	44	51822	115	76.5	210	15.1
黑龙江	Heilongjiang	48	30372	17	3.3	104	122.2
上 海	Shanghai	63	57062	555	612.8	291	540.2
江 苏	Jiangsu	74	178061	63	37.7	352	1260.1
浙 江	Zhejiang	63	157467	38	157.6	233	311.2
安 徽	Anhui	48	48397	45	1.7	10	1.1
福 建	Fujian	42	62115	52	7.6	8	0.9
江 西	Jiangxi	37	56601	225	308.4	77	49.2
山 东	Shandong	76	124043	119	19.7	1051	156.6
河 南	Henan	77	120217	55	4.6	558	115.3
湖 北	Hubei	68	54526	38	3.2	211	21.2
湖 南	Hunan	44	49886	107	120.8	94	103.2
广 东	Guangdong	90	127418	965	319.6	369	672.7
广 西	Guangxi	42	43821	21	10.8	13	0.7
海 南	Hainan	13	14184	22	0.9	17	0.3
重 庆	Chongqing	27	13399	12	1.0	126	26.9
四 川	Sichuan	66	90530	48	5.5	232	16.0
贵 州	Guizhou	24	21143	1	0.8	6	1.8
云 南	Yunnan	39	30203	83	4.0	21	1.4
西 藏	Xizang	24	9425	11	2.1		
陕 西	Shaanxi	42	44136	69	6.1	98	2.2
甘 肃	Gansu	44	26369	26	1.8	9	0.2
青 海	Qinghai	25	6566	11	0.4	4	0.1
宁 夏	Ningxia	13	7850	5	0.2	4	0.1
新 疆	Xinjiang	80	35222	68	27.3	31	3.8

9-13 分地区少年儿童读物和课本出版情况(2023年)
Statistics on Juvenile and Children's Books, Textbooks by Region(2023)

地 区	Region	种数(种) Number of Publications (kind)		总印数（万册） Printed Copies (10 000 copies)		总印张(千印张) Printed Sheets (1 000 sheets)	
		少儿读物 Juvenile and Children's Books	课 本 Textbooks	少儿读物 Juvenile and Children's Books	课 本 Textbooks	少儿读物 Juvenile and Children's Books	课 本 Textbooks
全 国	**National Total**	**44575**	**87922**	**101382**	**481528**	**5369183**	**37072319**
中 央	Central Level	11251	56613	27909	144485	1377957	13301222
北 京	Beijing	2559	569	6352	2007	323837	205869
天 津	Tianjin	1047	440	1832	2102	94776	153074
河 北	Hebei	865	303	1275	18419	61833	1241424
山 西	Shanxi	190	124	157	5633	14474	401032
内蒙古	Inner Mongolia	335	549	113	4223	5182	306767
辽 宁	Liaoning	1101	2524	1508	6480	87098	541504
吉 林	Jilin	2237	372	2695	5875	156178	402870
黑龙江	Heilongjiang	531	1029	1084	3408	34991	250334
上 海	Shanghai	1637	5364	7202	14524	251850	1255178
江 苏	Jiangsu	1443	3574	2098	27620	147924	1893288
浙 江	Zhejiang	2353	1335	3549	18286	248437	1177124
安 徽	Anhui	1511	428	4357	13528	364778	984458
福 建	Fujian	697	415	3139	7130	88688	489831
江 西	Jiangxi	1908	266	5911	10000	362378	770888
山 东	Shandong	1976	1232	3491	25564	198763	1818461
河 南	Henan	496	989	862	28161	29501	1880847
湖 北	Hubei	2577	2654	5134	9817	320227	805269
湖 南	Hunan	1066	1024	2259	23949	156439	1468208
广 东	Guangdong	1044	1581	4228	30066	257283	2007228
广 西	Guangxi	1802	509	2555	12540	120512	874661
海 南	Hainan	255	21	653	2218	38336	141527
重 庆	Chongqing	152	1927	207	7077	8096	506702
四 川	Sichuan	2785	1530	7493	14482	399034	1072738
贵 州	Guizhou	315	72	1279	8246	37878	589085
云 南	Yunnan	611	128	1270	10060	77062	704099
西 藏	Xizang	63	43	42	1235	1704	88842
陕 西	Shaanxi	736	2075	1531	9484	47574	716051
甘 肃	Gansu	287	36	614	3946	32605	283236
青 海	Qinghai	49	124	15	1075	771	84123
宁 夏	Ningxia	55	9	212	1182	4896	89654
新 疆	Xinjiang	641	63	356	8706	18121	566725

9-14 国家综合档案馆基本情况
Basic Statistics on National Comprehensive Archives

年 份 Year	馆藏档案（万卷、万件）Number of Archives (10 000 volumes, 10 000 pieces)	照片档案（万张）Photos (10 000 sheets)	开放档案（万卷、万件）Archives Open to Public (10 000 volume, 10 000 pieces)	利用档案（万卷次、万件次）Utilized Archives (10 000 volume-times, 10 000 piece-times)	档案馆建筑面积（万平方米）Floor Space of Archive Institutions (10 000 sq.m)
1991	9637.4	371.0	2094.3	937.0	348.1
1992	10003.5	402.4	2018.7	773.8	255.7
1993	10726.8	435.5	2140.7	891.9	275.9
1994	10782.9	449.6	2454.6	674.4	268.3
1995	11318.3	485.5	2790.3	529.3	282.5
1996	11341.4	494.6	2939.2	485.4	297.5
1997	12222.9	553.0	3304.6	501.0	347.6
1998	12276.5	579.7	3556.5	446.5	310.7
1999	12866.8	584.5	3808.2	508.5	328.4
2000	13314.0	631.7	4072.0	494.4	336.2
2001	13756.6	642.8	4129.7	575.4	342.0
2002	14790.7	720.5	4301.1	548.8	351.0
2003	15945.9	797.4	4618.4	602.6	361.4
2004	17601.5	827.9	4868.3	813.9	376.8
2005	18688.7	908.8	5132.3	868.0	393.1
2006	21656.5	1277.2	5746.3	1166.4	406.1
2007	23675.3	1393.3	5875.5	1244.9	421.9
2008	25051.0	1505.3	6072.2	1257.4	465.4
2009	28089.2	1646.3	6687.4	1308.0	473.3
2010	32198.6	1809.2	7428.6	1417.3	504.4
2011	35445.5	1965.8	7828.4	1564.5	551.1
2012	40547.7	1827.4	8254.6	1521.1	627.1
2013	42454.5	1927.6	8900.5	1477.8	709.3
2014	53470.3	2041.8	9179.7	1688.8	736.0
2015	58641.7	2102.4	9266.3	1978.3	785.5
2016	65062.5	2228.2	9707.9	2033.7	859.8
2017	65371.1	2336.5	10151.7	2078.0	949.3
2018	75051.1	2056.0	11222.1	1819.1	1050.9
2019	82850.7	2203.8	13171.6	2140.0	1164.6
2020	91789.8	2401.0	14584.5	2064.4	1268.4
2021	104671.1	2676.6	17549.7	2407.4	1410.8
2022	117148.7	2737.7	20976.6	2283.0	1536.1
2023	126846.5	2862.0	22128.7	2844.0	1624.3

9-15 档案馆机构和人员情况
Statistics on Archive Institutions and Personnel

单位：个 (unit)

年份 Year	国家综合档案馆 National Comprehensive Archives		国家专门档案馆 National Special Archives		部门档案馆 Department Archives		企业档案馆数 Number of Archives of Enterprise	事业单位档案馆数 Number of Archives of Institutional Units	科技事业单位档案馆数 Number of Archives of Science and Technology Units
	馆数 Number of Institutions	专职人员(人) Full-time Personnel (person)	馆数 Number of Institutions	专职人员(人) Full-time Personnel (person)	馆数 Number of Institutions	专职人员(人) Full-time Personnel (person)			
1991	2957	21657	211	2038	128	2171	229	19	28
1992	2962	22226	206	2082	122	2258	231	19	28
1993	2980	23624	200	2245	122	1448	221	20	31
1994	2983	23568	205	2294	136	2160	209	20	36
1995	3024	24777	216	2484	144	2168	213	27	38
1996	3011	24542	226	2658	134	2072	232	23	44
1997	3021	24904	223	2578	162	2521	228	26	46
1998	3034	24197	232	3200	149	2411	245	27	46
1999	3046	23530	225	3436	142	2123	304	40	59
2000	3070	23701	234	3319	141	1865	307	53	80
2001	3100	23652	243	3448	142	2086	286	47	84
2002	3110	22825	253	3435	148	2109	299	75	93
2003	3121	23086	260	3514	141	1770	300	75	85
2004	3127	23401	258	3591	149	1932	300	79	99
2005	3142	23413	238	3452	145	2020	301	105	63
2006	3154	22689	239	3537	137	1699	216	110	95
2007	3161	21399	245	3737	146	1985	215	126	94
2008	3170	21414	240	3663	154	1886	241	141	87
2009	3191	20949	241	3626	149	1814	233	167	96
2010	3194	19750	252	3833	167	1747	223	160	111
2011	3196	19985	255	3843	170	2121	183	179	124
2012	3237	18009	238	3577	183	2161	204	260	
2013	3325	18106	240	3579	218	2182	189	274	
2014	3319	17863	247	3538	209	2129	169	252	
2015	3322	18386	234	3457	237	2263	176	224	
2016	3336	17511	236	3521	213	2021	180	272	
2017	3333	16799	234	3275	202	1939	167	274	
2018	3315	22584	211	3119	143	1739	158	309	
2019	3337	34349	256	3300	140	1566	181	320	
2020	3341	35028	260	3413	133	1584	177	322	
2021	3320	35833	256	3372	130	1573	118	312	
2022	3301	36582	261	3429	106	1338	135	351	
2023	3302	37152	259	3371	101	1375	128	384	

注：2012年以前的事业单位档案馆数指文化事业档案馆数，2012年新修订的《全国档案事业统计年报制度》不再细分事业单位的属性，统称“省部属事业单位档案馆”，包括文化事业档案馆和科技事业单位档案馆。

a) Institutional archives before 2012 referred to archives of cultural institutions. The revised Annual Report of National Archive Statistics in 2012 does not further subcategorize institutional archives by their attributes, but generally call them institutional archives affiliated to ministries or provincial governments, which include cultural archives and archives of science and technology units.

9-16 全国成年国民阅读情况

Statistics on Reading of Adult

年 份 year	综合阅读率(%) Comprehensive reading rate (%)	图书阅读率(%) Reading Rate of Book (%)	数字化阅读方式接触率(%) Contact Rate of Digital Reading (%)	人均纸质图书阅读量(本) Per Capital Reading Paper Books (book)
2010	77.1	52.3	32.8	4.25
2011	77.6	53.9	38.6	4.35
2012	76.3	54.9	40.3	4.39
2013	76.7	57.8	50.1	4.77
2014	78.6	58.0	58.1	4.56
2015	79.6	58.4	64.0	4.58
2016	79.9	58.8	68.2	4.65
2017	80.3	59.1	73.0	4.66
2018	80.8	59.0	76.2	4.67
2019	81.1	59.3	79.3	4.65
2020	81.3	59.5	79.4	4.70
2021	81.6	59.7	79.6	4.76
2022	81.8	59.8	80.1	4.78
2023	81.9	59.8	80.3	4.75

注：本表数据来自中国新闻出版研究院“全国国民阅读调查”结果。
a) Data resource is Chinese Academy of Press and Publication “National Reading Survey”.

9-17 广播电视电影事业发展情况

Statistics on Radio, Television and Films

指 标	Item	2010	2020	2022	2023
广播	**Radio**				
广播节目综合人口覆盖率（%）	Radio Coverage Rate of the Population (%)	96.78	99.38	99.65	99.71
#农村	Rural	95.64	99.17	99.49	99.59
公共广播节目套数（套）	Number of Public Radio Programs (set)	2549	2932	2927	2918
公共广播节目播出时间(万小时)	Length of Public Radio Programs Broadcasted(10 000 hours)	1266.0	1580.7	1602.2	1616.0
广播节目制作时间（万小时）	Length of Radio Programs Produced (10 000 hours)	681.4	821.0	787.7	759.2
电视	**Television**				
电视节目综合人口覆盖率（%）	TV Coverage Rate of the Population (%)	97.62	99.59	99.75	99.79
#农村	Rural	96.78	99.45	99.65	99.72
有线广播电视实际用户数(万户)	Actual Users of Cable Radio and TV (10 000 households)	18872	20745	19964	20182
#农村	Rural	7293	7055	6585	6493
#数字电视	Users of Digital TV	8870	19889	19199	19370
有线广播电视实际用户数占家庭总户数比重（%）	Actual Popularization Rate of Cable Radio and TV (%)	46.40	46.23	43.66	43.46
#农村有线广播电视实际用户数占农村家庭总户数比重	Actual Rural Popularization Rate of Cable Radio and TV	29.35	30.18	31.92	31.77
公共电视节目套数（套）	Number of Public TV Programs (set)	3272	3603	3559	3511
公共电视节目播出时间(万小时)	Length of Public TV Programs Broadcasted (10 000 hours)	1635.5	1988.3	2003.6	2001.6
电视剧播出数（万部）	Number of TV Plays Broadcasted (10 000 sets)	24.92	21.27	20.82	21.00
#进口电视剧播出数	Imported TV Plays	0.88	0.04	0.02	0.03
电视剧播出数（万集）	Number of TV Plays Broadcasted (10 000 parts)	635.86	739.38	734.28	762.64
#进口电视剧播出数	Imported TV Plays	19.51	1.18	0.71	0.81
电视动画播出时间（万小时）	Number of Cartoons Broadcasted (10 000 hours)		44.61	46.53	47.28
#进口电视动画播出时间	Imported Cartoons		0.71	0.28	0.16
电视节目制作时间（万小时）	Length of TV Programs Produced (10 000 hours)	274.3	328.2	285.2	260.0
电影	**Films**				
国有电影制片厂（个）	State-owned Movie Studios (unit)	38			
电影院线（条）	Movie Circuit (line)	37	51	51	49
银幕（块）	Movie Screen (unit)	6256	75581	83998	86310
全国电影票房收入（亿元）	Domestic Movie Box Office Revenue (100 million yuan)	157.21	204.17	300.67	549.15
国产电影票房收入	Chinese Movies		170.93	255.11	460.05
进口电影票房收入	Imported Movies		33.24	45.56	89.1

9-18 广播电视节目制作时间
Statistics on Production of Radio and Television Programs

单位：小时 (hour)

项 目	Item	2005	2010	2015	2020	2022	2023
广播节目制作	**Production of Radio Programs**	**6139227**	**6814226**	**7718163**	**8210448**	**7876547**	**7592428**
新闻资讯	News Programs	1066880	1216632	1436129	1452701	1427331	1382644
专题服务	Special Subject Programs	1822621	1955180	2072348	2241754	2167907	2116447
综艺	General Entertainment Programs	1937290	1942828	2078791	1977798	1890869	1776443
广播剧	Radio Play Programs	75456	80181	183124	218581	201393	194203
广告	Advertising Programs	671071	775931	752705	684014	654182	623772
其他	Others	565909	843474	1195065	1635600	1534865	1498919
电视节目制作	**Production of TV Programs**	**2553861**	**2742949**	**3520190**	**3282440**	**2852115**	**2600098**
新闻资讯	News Programs	637956	719680	978801	1097543	1091683	977654
专题服务	Special Subject Programs	525528	640857	930283	899825	743000	696695
综艺益智	General Entertainment Programs	382350	407849	511398	341886	279907	210686
影视剧	TV Play Programs	193771	93536	120604	95403	60738	67443
广告	Advertising Programs	524892	526839	481973	389655	346682	328353
其他	Others	289364	354188	497131	458128	330104	319267

9-19 公共广播电视节目播出时间
Statistics on Broadcasting of Public Radio and Television Programs

单位：小时 (hour)

年 份 Year	总 计 Total	新闻资讯类节目 News	专题服务类节目 Special Subject	综艺益智类节目 General Entertainment	广播(影视)剧类节目 Radio/TV Dramas	广告类节 目 Advertising	其他类节 目 Others
广播 Radio							
2015	14218253	2841836	3111009	3861989	823465	1224789	2355164
2016	14565058	2934010	3258408	3882453	831977	1218478	2439732
2017	14918863	2973289	3226312	3853327	948163	1330122	2587650
2018	15267407	2994363	3257941	3841622	971618	1359222	2842642
2019	15533983	3021475	3332910	3757602	1002209	1344945	3074842
2020	15807230	3135478	3338991	3642425	974411	1414110	3301814
2021	15894889	3133267	3364658	3543340	977790	1434397	3441435
2022	16021508	3185854	3349359	3584601	994278	1404904	3502513
2023	16159761	3213317	3419041	3504591	972490	1358182	3692140
电视 Television							
2015	17796010	2520624	2254774	1446914	7621202	1953734	1998761
2016	17924388	2601767	2286042	1445203	7651965	1923282	2016128
2017	18810197	2718463	2508151	1471166	7988062	2081640	2042715
2018	19250257	2789802	2561239	1421652	8220875	2136678	2120012
2019	19509935	2797166	2561957	1305022	8484507	2119710	2241573
2020	19883117	2855504	2619993	1159168	8731162	2249658	2267632
2021	20139917	2888358	2742201	1094621	8843308	2260300	2311129
2022	20036401	2904968	2771032	1042427	8789486	2191037	2337451
2023	20016309	2838011	2851110	978860	8824664	2168280	2355384

9-20 分地区广播电视节目播出情况(2023年)

Statistics on Broadcasting of Radio and TV Programs by Region (2023)

地 区	Region	公共广播节目套数(套) Number of Public Radio Programs (set)	公共电视节目套数(套) Number of TV Programs (set)	电视剧播出数(部) Number of TV Dramas Broadcasted (set)	#进口 Import	电视动画播出时间(小时) Number of Cartoons Broadcasted (hour)	#进口 Import
全 国	**National Total**	**2918**	**3511**	**210018**	**273**	**472768**	**1639**
中央广播电视总台	China Media Group	22	31	1105		5872	950
其他部门所属单位	Under other Depatment		5	82		357	50
北 京	Beijing	16	26	877		8496	
天 津	Tianjin	22	24	1511		1715	
河 北	Hebei	188	185	12508		12948	
山 西	Shanxi	123	135	6546	3	9017	180
内蒙古	Inner Mongolia	124	118	7023		19180	
辽 宁	Liaoning	108	101	7409		8335	
吉 林	Jilin	82	77	6581		3899	
黑龙江	Heilongjiang	99	99	4546	7	11762	
上 海	Shanghai	22	21	1060	6	17594	
江 苏	Jiangsu	122	122	6104		14732	
浙 江	Zhejiang	111	113	6446		24854	
安 徽	Anhui	111	133	9667		12713	
福 建	Fujian	92	98	5159	1	19526	
江 西	Jiangxi	94	121	6897	55	17726	373
山 东	Shandong	172	268	16741		29113	
河 南	Henan	166	172	12831	10	10644	20
湖 北	Hubei	102	110	10674		14468	
湖 南	Hunan	121	143	11465	6	24898	55
广 东	Guangdong	140	146	6998		38560	
广 西	Guangxi	76	116	6052	113	17120	
海 南	Hainan	26	16	594		7494	
重 庆	Chongqing	32	45	2288		10324	
四 川	Sichuan	146	209	14767	28	29820	
贵 州	Guizhou	49	111	5161		12815	
云 南	Yunnan	81	166	8810	13	21449	
西 藏	Xizang	30	81	1142	25	3797	
陕 西	Shaanxi	111	124	6794	6	6080	
甘 肃	Gansu	98	114	5052		13458	
青 海	Qinghai	49	50	2526		6663	
宁 夏	Ningxia	22	29	1687		6224	
新 疆	Xinjiang	161	202	12915		31115	10

9-21 分地区广播电视节目综合人口覆盖情况(2023年)
Statistics on Population Coverage of Radio and TV Programs by Region (2023)

单位：% (%)

地 区	Region	广播节目综合人口覆盖率 Population Coverage Rate of Radio Programs	#农村 Rural	电视节目综合人口覆盖率 Population Coverage Rate of TV Programs	#农村 Rural
全 国	**National Total**	**99.71**	**99.59**	**99.79**	**99.72**
北 京	Beijing	100.00	100.00	100.00	100.00
天 津	Tianjin	100.00	100.00	100.00	100.00
河 北	Hebei	99.83	99.74	99.88	99.84
山 西	Shanxi	98.99	98.43	99.31	99.02
内蒙古	Inner Mongolia	99.76	99.60	99.76	99.57
辽 宁	Liaoning	99.52	99.17	99.49	99.13
吉 林	Jilin	99.57	99.50	99.64	99.47
黑龙江	Heilongjiang	99.96	99.95	99.95	99.93
上 海	Shanghai	100.00	100.00	100.00	100.00
江 苏	Jiangsu	100.00	100.00	100.00	100.00
浙 江	Zhejiang	99.82	99.73	99.89	99.86
安 徽	Anhui	99.96	99.94	99.95	99.94
福 建	Fujian	99.89	99.85	99.90	99.87
江 西	Jiangxi	99.58	99.41	99.81	99.75
山 东	Shandong	99.69	99.61	99.73	99.73
河 南	Henan	99.73	99.70	99.72	99.69
湖 北	Hubei	99.90	99.86	99.88	99.83
湖 南	Hunan	99.43	99.01	99.77	99.61
广 东	Guangdong	99.98	99.96	99.98	99.98
广 西	Guangxi	99.28	99.19	99.62	99.56
海 南	Hainan	99.49	99.44	99.51	99.50
重 庆	Chongqing	99.57	99.39	99.69	99.59
四 川	Sichuan	99.53	99.37	99.77	99.70
贵 州	Guizhou	99.68	99.55	99.76	99.66
云 南	Yunnan	99.68	99.61	99.70	99.62
西 藏	Xizang	99.50	99.61	99.66	99.75
陕 西	Shaanxi	99.53	99.29	99.72	99.53
甘 肃	Gansu	99.48	99.26	99.54	99.35
青 海	Qinghai	99.20	98.96	99.23	98.92
宁 夏	Ningxia	99.93	99.86	99.99	99.97
新 疆	Xinjiang	99.23	99.02	99.36	99.25

9-22 分地区有线广播电视传输干线网络及实际用户情况(2023年)
Statistics on Transmission Trunk and Actual Users of Cable Radio and TV by Region (2023)

地区	Region	有线广播电视传输干线长度(万公里) Total Length of Transmission Trunk for Cable Radio and TV (10 000 km)	有线广播电视实际用户数(万户) Actual Users of Cable Radio and TV (10 000 households)	#农村有线广播电视 Rural Cable Radio and TV	#数字电视 Users of Digital TV	#增值业务 Value-Added Service	有线广播电视实际用户数占家庭总户数的比重(%) Actual Popularization Rate of Cable Radio and TV (%)	#农村 Rural
全国合计	**National Total**	**220.9**	**20182.3**	**6492.6**	**19369.9**	**6222.8**	**43.5**	**31.8**
北京	Beijing	22.5	617.5	98.4	576.0	62.1	117.7	
天津	Tianjin	0.4	359.4	45.8	359.4	0.8	83.0	63.3
河北	Hebei	2.8	702.9	125.9	674.9	468.1	26.7	11.8
山西	Shanxi	7.4	322.9	89.8	290.7	11.9	70.4	56.4
内蒙古	Inner Mongolia	1.3	245.5	42.7	245.5	148.0	26.7	13.2
辽宁	Liaoning	2.6	479.2	110.9	455.3	142.8	30.8	17.1
吉林	Jilin	2.3	630.2	211.4	630.2	237.5	61.6	42.2
黑龙江	Heilongjiang	9.9	519.4	92.8	514.5	174.8	38.1	17.1
上海	Shanghai	10.5	749.5		736.2	171.1	130.8	
江苏	Jiangsu	4.5	1215.6	470.8	1208.4	336.9	46.8	34.5
浙江	Zhejiang	6.2	1302.7	704.9	1282.9	344.2	73.3	99.2
安徽	Anhui	3.6	776.6	255.1	589.4	115.2	35.0	19.1
福建	Fujian	25.2	725.1	466.0	725.1	571.9	61.1	58.0
江西	Jiangxi	11.2	564.4	287.6	531.7	132.0	38.0	50.6
山东	Shandong	45.0	1430.9	756.4	1320.9	496.3	41.1	43.9
河南	Henan	6.3	613.9	134.6	587.1	164.0	18.5	8.7
湖北	Hubei	3.1	1285.5	573.2	1271.2	348.0	61.4	58.6
湖南	Hunan	10.3	584.0	90.2	570.5	156.0	24.6	9.6
广东	Guangdong	19.4	1733.5	316.3	1656.4	835.4	49.5	31.3
广西	Guangxi	1.3	793.8	310.2	793.8	176.1	47.1	39.7
海南	Hainan	0.3	123.2	37.6	114.8	44.9	45.4	25.3
重庆	Chongqing	0.7	621.5	164.7	556.8	216.5	48.1	28.1
四川	Sichuan	3.4	932.2	265.0	853.4	176.5	29.1	14.2
贵州	Guizhou	1.7	920.4	463.7	920.4	136.4	70.5	78.1
云南	Yunnan	3.6	345.8	96.3	324.1	105.8	22.7	13.5
西藏	Xizang	0.6	20.6	0.0	18.9		17.8	0.1
陕西	Shaanxi	4.1	754.8	247.2	754.8	294.5	55.2	60.9
甘肃	Gansu	1.7	294.6	27.2	294.6	96.6	33.6	6.8
青海	Qinghai	0.8	98.6	0.3	98.6	7.5	47.7	0.4
宁夏	Ningxia	0.5	124.5	6.4	124.5		47.2	8.0
新疆	Xinjiang	3.9	293.4	1.1	288.9	51.1	34.5	0.4

注：新疆有线广播电视实际用户数占家庭总户数的比重数据不含兵团。
a) Actual popularization rate of cable radio and TV in Xinjiang does not include the data of Xinjiang Production and Construction Corps.

9-23 电影综合情况
Statistics on Film Production

年 份 Year	电影故事片厂 (个) Number of Feature Film Studios (unit)	生产故事影片 (部) Feature Films (reel)	生产动画影片 (部) Cartoon Films (reel)	生产科教影片 (部) Popular Science Films (reel)	生产纪录影片 (部) Documentary Films (reel)	生产特种影片 (部) Special Films (reel)
1978	12	46	26	289	202	
1979	17	65	25	349	317	
1980	17	82	32	337	242	
1981	19	105	33	277	276	
1982	19	112	33	284	259	
1983	19	127	37	343	299	
1984	20	144	37	387	337	
1985	20	127	45	357	419	
1986	20	134	46	383	417	
1987	22	146	45	353	347	
1988	22	158	38	344	350	
1989	22	136	53	334	259	
1990	22	134	51	326	296	
1991	22	130	46	351	283	
1992	22	170	56	354	307	
1993	22	154	47	252	300	
1994	22	148	32	182	22	
1995	30	146	37	40	111	
1996	30	110	58	33	39	
1997	31	88	28	34	95	
1998	31	82	9	30	54	
1999	31	99	3	20	14	
2000	31	91	1	49	10	
2001	27	88	1	56	9	
2002	31	100	2	60	7	
2003	31	140	2	53	6	
2004	31	212	4	30	10	
2005	32	260	7	33	2	
2006	32	330	13	36	13	
2007	32	402	6	34	9	
2008	33	406	16	39	16	2
2009	31	456	27	52	19	4
2010	31	526	16	54	16	9
2011	31	558	24	76	26	5
2012	31	745	33	74	15	26
2013	31	638	29	121	18	18
2014	31	618	40	52	25	23
2015	31	686	51	96	38	17
2016	31	772	49	67	32	24
2017	31	798	32	68	44	28
2018		902	51	61	57	11
2019		850	51	74	47	15
2020		531	45	25	31	18
2021		565	47	54	55	19
2022		380	25	37	30	13
2023		792	34	64	63	18

注：1.本表电影故事片厂指国有电影故事片厂。
2.2005年及以前动画片数为美术片数。

a) Number of feature film studios in this table refers to state-owned film studios.

b) Cartoon films before 2005 referred to puppet films .

9-24 全国电影市场情况
Statistics on Films Market

项　　目	Item	2015	2016	2017	2018	2019	2020	2021	2022	2023
电影院线(条)	Film Circuit(line)	48	48	48	48	50	51	51	51	49
院线内影院(家)	Cinema(unit)	6395	8106	9293	10955	12408	13374	14480	14037	14395
银幕(块)	Film Screen(unit)	31627	41179	50776	60079	69787	75581	82248	83998	86310
院线观影人次 (亿人次)	Audience Person Times (100 million person times)	12.62	13.74	16.24	17.19	17.27	5.48	11.67	7.12	12.99
全国电影票房收入 (亿元)	Film Box Office Revenue (100 million yuan)	440.7	492.8	559.1	609.8	642.7	204.2	399.3	300.7	549.2

9-25 体育系统机构及人员情况(2023年)
Statistics on Sports-Related Institutions and Personnel (2023)

指　　标	Item	合计 Total		国家级 National Level		省级 Provincial Level	
		机构(个) Institutions (unit)	人员(人) Persons (person)	机构(个) Institutions (unit)	人员(人) Persons (person)	机构(个) Institutions (unit)	人员(人) Personnel (person)
总计	**Total**	**6590**	**182325**	**76**	**6675**	**551**	**65508**
体育行政机关	Administrative Agencies of Sports	3034	20852	1	220	38	1788
运动项目管理部门	Sports Events Management Departments	344	37801	19	994	202	31935
本科院校	Universities and Colleges	6	4887	1	1152	5	3632
职业、运动技术学院	Sports Technical Institutes	16	7792			15	6712
体育运动学校	Physical Education and Sports Schools	261	21868			18	3253
竞技体校	Competitive Sports Schools	27	1357			1	131
少儿体育运动学校(业余体校)	Spare-time Sports Schools	1050	30410			1	268
单项运动学校	Sport Event Schools	13	495			1	3
体育中学	Secondary Schools of Physical Education	30	2202			1	144
训练基地	Training Bases	69	7259	7	551	32	6006
体育场馆	Stadiums and Gymnasiums	492	12481		470	37	2270
体育科研机构	Sports Science Research Institute	45	1559	1	145	26	1094
其他事业单位	Other Institutions	1110	27475	13	722	157	7657
其他	Others	93	5887	34	2421	17	615

9-25 续表 continued

指 标	Item	地级 Prefectural Level		县级 County Level	
		机构（个）Institutions (unit)	人员（人）Personnel (person)	机构（个）Institutions (unit)	人员（人）Personnel (person)
总计	**Total**	**1383**	**52114**	**4580**	**58028**
体育行政机关	Administrative Agencies of Sports	360	5420	2635	13424
运动项目管理部门	Sports Events Management Departments	61	3346	62	1526
本科院校	Universities and Colleges		66		37
职业、运动技术学院	Sports Technical Institutes	1	1063		17
体育运动学校	Physical Education and Sports Schools	167	16801	76	1814
竞技体校	Competitive Sports Schools	4	209	22	1017
少儿体育运动学校（业余体校）	Spare-time Sports Schools	183	8433	866	21709
单项运动学校	Sport Event Schools	6	306	6	186
体育中学	Secondary Schools of Physical Education	16	1489	13	569
训练基地	Training Bases	25	410	5	292
体育场馆	Stadiums and Gymnasiums	216	4963	239	4778
体育科研机构	Sports Science Research Institute	14	211	4	109
其他事业单位	Other Institutions	316	8719	624	10377
其他	Others	14	678	28	2173

9-26 运动员获世界冠军情况
Statistics on World Championships Won by Chinese Athletes

年 份 Year	项 数 (项) Number of Events (item)	人 数 (人) Number of Persons (person)	个 数 (个) Number of Champions (time)
1978	4	4	4
1979	12	20	12
1980	3	3	3
1981	25	53	25
1982	12	31	13
1983	37	50	39
1984	33	46	37
1985	42	70	46
1986	26	56	26
1987	64	72	69
1988	54	59	54
1989	80	83	82
1990	54	61	54
1991	88	86	93
1992	86	68	89
1993	101	106	103
1994	79	86	79
1995	98	187	102
1996	72	58	75
1997	87	96	92
1998	75	89	83
1999	91	129	92
2000	92	109	110
2001	79	138	90
2002	99	123	110
2003	17	94	84
2004	27	175	101
2005	22	159	106
2006	24	169	141
2007	22	217	123
2008	24	151	120
2009	30	223	142
2010	22	180	108
2011	24	198	138
2012	24	140	107
2013	22	164	124
2014	22	206	98
2015	25	214	127
2016	23	154	107
2017	24	248	106
2018	27	222	118
2019	33	305	128
2020	3	4	4
2021	16	90	67
2022	21	117	93
2023	32	259	165

9-27 分地区按文化程度分在编专职教练员情况(2023年)
Statistics on Full-time Coaches on the Establishment by Educational Attainment by Region (2023)

单位：人 (person)

地 区	Region	合 计 Total	研究生及以上 Post- graduates and Above	本 科 Under- graduates	专 科 Junior College	高中及以下 High School Level and Below
全 国	**National Total**	**24932**	**1078**	**19645**	**3387**	**822**
中 央	Central	119	53	60	6	
北 京	Beijing	639	37	556	24	22
天 津	Tianjin	502	48	394	51	9
河 北	Hebei	976	32	831	76	37
山 西	Shanxi	642	21	492	111	18
内蒙古	Inner Mongolia	529	12	390	102	25
辽 宁	Liaoning	1136	70	896	150	20
吉 林	Jilin	646	32	507	98	9
黑龙江	Heilongjiang	1055	30	814	189	22
上 海	Shanghai	1158	47	1037	60	14
江 苏	Jiangsu	1355	103	1161	69	22
浙 江	Zhejiang	1122	26	999	84	13
安 徽	Anhui	594	22	431	130	11
福 建	Fujian	1087	14	884	161	28
江 西	Jiangxi	619	13	413	150	43
山 东	Shandong	2347	80	1942	237	88
河 南	Henan	831	45	681	90	15
湖 北	Hubei	853	67	570	138	78
湖 南	Hunan	946	19	656	207	64
广 东	Guangdong	1693	62	1412	156	63
广 西	Guangxi	841	35	611	162	33
海 南	Hainan	103	1	86	6	10
重 庆	Chongqing	276	10	225	38	3
四 川	Sichuan	1156	71	828	222	35
贵 州	Guizhou	485	16	370	84	15
云 南	Yunnan	939	14	729	164	32
西 藏	Xizang	61	8	32	21	
陕 西	Shaanxi	683	43	521	95	24
甘 肃	Gansu	646	30	490	113	13
青 海	Qinghai	152	4	118	26	4
宁 夏	Ningxia	155	6	115	32	2
新 疆	Xinjiang	586	7	394	135	50

9-28 分类型体育场地情况(截至2023年12月31日)
Statistics on Sports Ground By Type(by 2023.12.31)

类　型	Type	场地数量（万个）Number of Sports Ground (10 000 units)
全国体育场地	**Total Sports Grounds**	**459.27**
#基础大项场地	Basic Categories	
田径场地	Track and Field	20.76
游泳场地	Swimming	4.02
球类运动场地	**Ball Games**	
#足球场地	Football	14.87
篮球场地	Basketball	117.64
排球场地	Volleyball	11.04
乒乓球场地	TableTennis	101.49
羽毛球场地	Badminton	27.79
冰雪运动场地	**Winter Sports**	
滑冰场地	Skating	0.19
滑雪场地	Skiing	0.09
体育健身场地	**Physical Fitness**	
全民健身路径	Comprehensive Fitness Equipments	105.22
健身房	Gyms	15.55
健身步道	Fitness Trails	15.28

注：本表数据来自全国体育场地统计调查结果。
a) Data resource is national sports ground survey.

9-29 分机构类型体育场地面积情况(截至2023年12月31日)
Statistics on Sports Ground by Organization Type (by 2023.12.31)

机构类型	Organization Type	场地面积（亿平方米）Area of Sports Ground (100 million sq.m)
合　计	**Total**	**40.71**
事业单位	Government-affiliated Institutions	16.14
企业	Enterprises	6.75
村委会	Villager's Committees	8.80
居委会	Resident's Committees	5.28
机关	Institutional Units	1.65
民办非企业单位	Private Non-Enterprise Units	0.82
其他组织机构	Others	1.27

注：本表数据来自全国体育场地统计调查结果。
a) Data resource is national sports ground survey.

9-30 分年龄城乡居民参加体育锻炼情况
Statistics on Urban and Rural Residents Participating in Physical Exercises by Age

单位：% (%)

年 龄 Age	2007		2014		2020	
	参加过锻炼比例 Ever Participating in Physical Exercises	经常参加锻炼比例 Often Participating in Physical Exercises	参加过锻炼比例 Ever Participating in Physical Exercises	经常参加锻炼比例 Often Participating in Physical Exercises	参加过锻炼比例 Ever Participating in Physical Exercises	经常参加锻炼比例 Often Participating in Physical Exercises
30-39	33.1	6.1	41.7	12.4	69.9	28.4
40-49	31.5	8.0	41.1	14.9	66.7	31.7
50-59	29.9	10.8	40.0	18.0	60.0	31.6
60-69	28.4	11.7	36.2	18.2	52.4	29.5

注：本表数据来自全民健身活动状况调查结果。
a) Data resource is national fitness activities survey.

9-31 分年龄城乡居民接受体育健身指导情况
Statistics on Urban and Rural Residents Accepting Physical Fitness Guidance by Age

单位：% (%)

途 径	Way	2014		2020	
		成年人 Adult	老年人 The Aged	成年人 Adult	老年人 The Aged
获得过体育健身指导的比例	**Proportion of Accepting Physical Fitness Guidance**	**55.0**	**40.8**	**68.5**	**44.5**
专业人士指导	Guided by Professionals	16.3	11.9	19.6	11.1
同事、朋友相互指导	Guided by Friends or Colleagues	33.6	24.6	27.5	19.3
看体育健身指导相关资料	Guided by Relevant Information	5.1	4.3	21.4	14.0
未获得过体育健身指导的比例	**Proportion of Unaccepting Physical Fitness Guidance**	**45.0**	**59.2**	**31.5**	**55.5**

注：本表数据来自全民健身活动状况调查结果。
a) Data resource is national fitness activities survey.

9-32　旅游发展情况
Statistics on Tourism

指　　标	Indicator	2019	2020	2021	2022	2023
旅行社数(个)	**Number of Travel Agencies (unit)**	**38943**	**31074**	**31001**	**32603**	**39580**
星级饭店数(个)	**Number of Star-rated Hotels (unit)**	**10130**	**8430**	**7676**	**7337**	**7245**
入境游客(万人次)	**Number of Overseas Vistors Arrivals (10 000 person-times)**	**14530.78**				**8202.54**
外国人	Foreigners	3188.34				1378.38
港澳同胞	Chinese Compatrios from Hong Kong and Macao	10729.01				6627.05
台湾同胞	Chinese Compatrios from Taiwan Province	613.42				197.10
#入境过夜游客	Overnight Tourists	6572.52				3431.05
国内居民出境人数	**Number of Chinese Outbound Visitors**	**16920.54**				**10096.50**
(万人次)	**(10 000 person-times)**					
#因私出境人数	For Private Purpose	16211.43				9684.49
国内游客(亿人次)	**Number of Domestic Visitors (100 million person-times)**	**60.06**	**28.79**	**32.46**	**25.30**	**48.91**
旅游总花费	**Total Expenses of Tourism**					
入境游客总花费(亿美元)	Total Expenses of Inbound Tourists (100 million USD)	1312.54				529.60
国内游客出游总花费	Total Travel Expenses of Domestic Tourists	57250.92	22286.00	29190.75	20444.00	49133.10
(亿元)	(100 million yuan)					

9-33 城乡居民国内旅游情况
Statistics on Tourism of Urban and Rural Residents

年 份 Year	国内游客 (百万人次) Domestic Tourists (million person-times)	城镇居民 Urban Residents	农村居民 Rural Residents	旅游总花费 (亿元) Tourism Expenditure (100 million yuan)	城镇居民 Urban Residents	农村居民 Rural Residents	人均花费 (元) Per Capita Expenditure (yuan)	城镇居民 Urban Residents	农村居民 Rural Residents
1994	524	205	319	1023.5	848.2	175.3	195.3	414.7	54.9
1995	629	246	383	1375.7	1140.1	235.6	218.7	464.0	61.5
1996	639	256	383	1638.4	1368.4	270.0	256.2	534.1	70.5
1997	644	259	385	2112.7	1551.8	560.9	328.1	599.8	145.7
1998	694	250	445	2391.2	1515.1	876.1	345.0	607.0	197.0
1999	719	284	435	2831.9	1748.2	1083.7	394.0	614.8	249.5
2000	744	329	415	3175.5	2235.3	940.3	426.6	678.6	226.6
2001	784	375	409	3522.4	2651.7	870.7	449.5	708.3	212.7
2002	878	385	493	3878.4	2848.1	1030.3	441.8	739.7	209.1
2003	870	351	519	3442.3	2404.1	1038.2	395.7	684.9	200.0
2004	1102	459	643	4710.7	3359.0	1351.7	427.5	731.8	210.2
2005	1212	496	716	5285.9	3656.1	1629.7	436.1	737.1	227.6
2006	1394	576	818	6229.7	4414.7	1815.0	446.9	766.4	221.9
2007	1610	612	998	7770.6	5550.4	2220.2	482.6	906.9	222.5
2008	1712	703	1009	8749.3	5971.7	2777.6	511.0	849.4	275.3
2009	1902	903	999	10183.7	7233.8	2949.9	535.4	801.1	295.3
2010	2103	1065	1038	12579.8	9403.8	3176.0	598.2	883.0	306.0
2011	2641	1687	954	19305.4	14808.6	4496.8	731.0	877.8	471.4
2012	2957	1933	1024	22706.2	17678.0	5028.2	767.9	914.5	491.0
2013	3262	2186	1076	26276.1	20692.6	5583.5	805.5	946.6	518.9
2014	3611	2483	1128	30311.9	24219.8	6092.1	839.7	975.4	540.2
2015	3990	2802	1188	34195.1	27610.9	6584.2	857.0	985.5	554.2
2016	4435	3195	1240	39389.8	32241.9	7147.9	888.2	1009.1	576.4
2017	5001	3677	1324	45660.8	37673.0	7987.7	913.0	1024.6	603.3
2018	5539	4119	1420	51278.3	42590.0	8688.3	925.8	1034.0	611.9
2019	6006	4471	1535	57250.9	47509.0	9741.9	953.3	1062.6	634.7
2020	2879	2065	814	22286.3	17966.5	4319.8	774.1	870.3	530.5
2021	3246	2342	904	29190.7	23644.2	5546.6	899.3	1009.6	613.6
2022	2530	1928	601	20444.0	16881.3	3562.7	808.1	875.6	592.8
2023	4891	3758	1133	49133.1	41780.5	7352.6	1004.6	1111.8	649.0

9-34 全国居民主要活动领域时间利用情况(2024年)
Time Use of National Residents in Major Activity Fields(2024)

单位：分钟 (minutes)

主要活动领域	Major Activity Fields	居民每日平均时间 Residents' Daily Average Time	参与者每日平均时间 Participants' Daily Average Time	活动参与率 Activity Participation Rate (%)
一、个人生理必需活动领域	Field of Personal Physiological Necessities Activities	747	747	100.0
二、有酬劳动领域	Field of Paid Labor	207	383	54.1
三、无酬劳动领域	Field of Unpaid Labor	125	165	75.6
四、个人自由支配活动领域	Field of Personal Discretionary Activities	204	210	97.4
五、学习培训领域	Field of Learning and Training	107	429	25.1
六、交通活动领域	Field of Transportation Activities	50	62	80.5
互联网使用	Internet Use	337	363	92.9

注：1.数据来源于国家统计局2024年第三次全国时间利用调查。
2.居民每日平均时间、参与者每日平均时间均为按一周7天计算的平均时间，以下相关表同。
a) The data is sourced from the third national time use survey conducted by the National Bureau of Statistics in 2024.
b) Residents' daily average time and participants' daily average time calculated based on seven days a week. The following related tables are the same.

9-35 全国居民主要活动大类时间利用情况(2024年)
Time Use of National Residents in Major Activity Categories(2024)

单位：分钟 (minutes)

主要活动领域	Major Activity Fields	居民每日平均时间 Residents' Daily Average Time	参与者每日平均时间 Participants' Daily Average Time	活动参与率 Activity Participation Rate (%)
睡觉休息活动	Sleeping and Resting	586	586	100.0
个人卫生护理活动	Personal Hygiene and Care	56	56	99.1
用餐或其他饮食活动	Eating or Other Dietary	103	103	99.8
交通出行活动	Transportation	50	62	80.5
劳动就业活动	Employment	208	383	54.4
学习培训活动	Learning and Training	107	429	25.1
家务劳动活动	Housework	77	119	64.9
陪伴照料家人活动	Accompanying and Caring for Family Members	30	106	28.4
购买商品或服务活动	Purchasing Goods or Services	15	43	34.1
看病就医活动	Seeing a Doctor	2	87	2.7
运动健身活动	Sports and Fitness	35	70	49.6
文化休闲娱乐活动	Cultural and Leisure Entertainment	153	160	95.3
社会交往活动	Social Interaction	18	69	26.3

9-36 主要活动领域参与者每日平均时间(2024年)
Daily Average Time of Participants in Major Activity Fields (2024)

单位：分钟 (minutes)

主要活动领域	Major Activity Fields	合计 Total	按性别分 By Gender		按城乡分 By Urban and Rural Areas	
			男 Male	女 Female	城镇 Urban	农村 Rural
一、个人生理必需活动领域	Field of Personal Physiological Necessities Activities	747	743	751	746	749
二、有酬劳动领域	Field of Paid Labor	383	404	355	383	382
三、无酬劳动领域	Field of Unpaid Labor	165	112	209	164	166
四、个人自由支配活动领域	Field of Personal Discretionary Activities	210	217	202	214	200
五、学习培训领域	Field of Learning and Training	429	435	422	424	438
六、交通活动领域	Field of Transportation Activities	62	63	60	64	57
互联网使用	Internet Use	363	371	354	402	283

9-36 续表 continued

单位：分钟 (minutes)

主要活动领域	Major Activity Fields	主要年龄组分 By Age Groups		
		6-17周岁 Aged 6 - 17	18-59周岁 Aged 18 - 59	60周岁及以上 Aged 60 and above
一、个人生理必需活动领域	Field of Personal Physiological Necessities Activities	764	732	776
二、有酬劳动领域	Field of Paid Labor	261	392	330
三、无酬劳动领域	Field of Unpaid Labor	36	162	211
四、个人自由支配活动领域	Field of Personal Discretionary Activities	139	188	322
五、学习培训领域	Field of Learning and Training	492	302	87
六、交通活动领域	Field of Transportation Activities	50	66	59
互联网使用	Internet Use	135	439	292

9-37 主要活动领域活动参与率(2024年)
Participation Rate in Major Activity Fields (2024)

单位：% (%)

主要活动领域	Major Activity Fields	合计 Total	按性别分 By Gender		按城乡分 By Urban and Rural Areas	
			男 Male	女 Female	城镇 Urban	农村 Rural
一、个人生理必需活动领域	Field of Personal Physiological Necessities Activities	100.0	100.0	100.0	100.0	100.0
二、有酬劳动领域	Field of Paid Labor	54.1	60.2	47.7	52.1	57.9
三、无酬劳动领域	Field of Unpaid Labor	75.6	67.5	83.9	76.0	74.8
四、个人自由支配活动领域	Field of Personal Discretionary Activities	97.4	97.6	97.1	97.2	97.7
五、学习培训领域	Field of Learning and Training	25.1	26.1	23.9	25.3	24.6
六、交通活动领域	Field of Transportation Activities	80.5	81.9	79.1	84.0	73.7
互联网使用	Internet Use	92.9	93.5	92.4	94.3	90.2

9-37 续表 continued

单位：% (%)

主要活动领域	Major Activity Fields	主要年龄组分 By Age Groups		
		6-17周岁 Aged 6 - 17	18-59周岁 Aged 18 - 59	60周岁及以上 Aged 60 and above
一、个人生理必需活动领域	Field of Personal Physiological Necessities Activities	100.0	100.0	100.0
二、有酬劳动领域	Field of Paid Labor	1.2	75.6	36.3
三、无酬劳动领域	Field of Unpaid Labor	33.7	82.7	88.9
四、个人自由支配活动领域	Field of Personal Discretionary Activities	96.6	97.1	98.7
五、学习培训领域	Field of Learning and Training	98.4	12.8	1.2
六、交通活动领域	Field of Transportation Activities	84.9	84.9	65.2
互联网使用	Internet Use	82.4	98.7	85.2

十、资源环境

Resources and Environment

10-1 分地区土地利用情况(2023年)
Land Use by Region (2023)

单位：千公顷 (1 000 hectares)

地区	Region	耕地 Cultivated Land	园地 Garden Land	林地 Forest Land	草地 Grassland	湿地 Wetland	城镇村及工矿用地 Land for Urban, Rural, Industrial and Mining Activities	交通运输用地 Land Used for Transport	水域及水利设施用地 Land Used for Water and Water Conservancy Facilities
全国	**National Total**	**128608.8**	**19610.9**	**283695.7**	**263215.7**	**23519.8**	**36103.7**	**10429.1**	**36264.8**
北京	Beijing	130.7	105.3	963.2	16.1	3.0	295.8	52.2	63.7
天津	Tianjin	336.7	34.6	145.5	14.2	32.9	332.9	47.4	234.6
河北	Hebei	6088.4	955.3	6333.9	1916.6	135.9	2163.8	434.6	590.8
山西	Shanxi	3893.5	622.9	6099.0	3046.6	49.1	1029.6	297.3	177.9
内蒙古	Inner Mongolia	11617.4	49.2	24355.6	53939.6	3793.0	1556.8	829.8	1097.2
辽宁	Liaoning	5162.2	525.9	5985.5	475.1	294.0	1347.3	317.0	701.2
吉林	Jilin	7452.6	88.8	8804.8	619.7	221.4	864.3	277.2	631.6
黑龙江	Heilongjiang	17167.7	74.2	21611.3	1169.5	3474.7	1177.2	558.3	1721.5
上海	Shanghai	160.9	14.1	88.5	17.8	70.7	285.3	37.0	185.3
江苏	Jiangsu	4139.6	216.0	792.6	105.4	407.6	2059.9	392.1	2464.8
浙江	Zhejiang	1320.8	681.8	6079.0	79.8	156.8	1179.4	282.2	685.1
安徽	Anhui	5563.5	369.3	4047.2	66.1	40.3	1755.5	333.7	1709.1
福建	Fujian	926.3	922.0	8769.6	76.7	186.3	730.3	235.2	372.3
江西	Jiangxi	2718.3	586.2	10334.3	102.5	225.5	1133.7	372.0	1089.9
山东	Shandong	6539.3	1199.4	2443.7	243.7	245.5	2863.1	489.1	1346.1
河南	Henan	7579.6	385.5	4299.9	250.5	33.5	2470.7	415.0	868.5
湖北	Hubei	4752.0	474.4	9292.5	98.2	47.0	1428.3	364.4	1949.1
湖南	Hunan	3666.6	906.2	12612.5	141.5	230.9	1645.2	398.5	1250.2
广东	Guangdong	1914.7	1282.9	10698.5	244.0	176.3	1849.6	374.3	1322.7
广西	Guangxi	3286.7	1625.3	16025.4	287.0	125.6	1034.6	416.0	750.7
海南	Hainan	494.8	1220.6	1142.3	18.3	121.5	253.2	65.2	184.0
重庆	Chongqing	1869.6	280.2	4671.0	27.5	14.5	640.0	184.6	273.3
四川	Sichuan	5252.6	1185.4	25387.1	9607.1	1228.4	1872.1	567.0	1080.5
贵州	Guizhou	3415.2	563.3	11213.6	195.2	7.0	788.1	373.7	264.9
云南	Yunnan	5484.5	2517.1	24797.6	1311.8	35.0	1116.0	573.8	631.3
西藏	Xizang	445.3	14.0	17885.0	80038.7	4297.9	176.3	177.7	5941.3
陕西	Shaanxi	3040.6	1105.4	12436.5	2188.8	45.9	941.7	321.6	283.1
甘肃	Gansu	5220.3	413.4	8218.9	14039.3	1182.1	887.1	358.3	413.7
青海	Qinghai	570.0	59.2	4604.0	39432.9	5100.0	384.2	154.3	2455.3
宁夏	Ningxia	1207.3	89.2	981.3	1980.6	25.4	303.7	101.2	170.7
新疆	Xinjiang	7191.3	1044.1	12576.0	51465.0	1511.9	1538.0	628.4	5354.3

10-2 分地区自然保护基本情况(2023年)
Basic Statistics on Natural Protection by Region (2023)

地 区	Region	国家级自然保护区个数(个) Number of National Nature Reserves (unit)	国家级自然保护区面积(万公顷) Area of National Nature Reserves (10 000 hectares)
全 国	**National Total**	**449**	**9821.3**
北 京	Beijing	2	2.9
天 津	Tianjin	3	3.1
河 北	Hebei	14	27.1
山 西	Shanxi	8	14.1
内蒙古	Inner Mongolia	29	434.9
辽 宁	Liaoning	19	90.5
吉 林	Jilin	22	122.8
黑龙江	Heilongjiang	39	389.4
上 海	Shanghai	2	6.5
江 苏	Jiangsu	3	30.2
浙 江	Zhejiang	11	14.8
安 徽	Anhui	8	14.4
福 建	Fujian	16	22.7
江 西	Jiangxi	15	26.1
山 东	Shandong	7	22.1
河 南	Henan	13	44.2
湖 北	Hubei	22	54.6
湖 南	Hunan	23	60.6
广 东	Guangdong	15	33.9
广 西	Guangxi	23	37.2
海 南	Hainan	5	16.3
重 庆	Chongqing	7	25.5
四 川	Sichuan	22	304.9
贵 州	Guizhou	11	29.0
云 南	Yunnan	21	152.2
西 藏	Xizang	11	3712.3
陕 西	Shaanxi	25	62.8
甘 肃	Gansu	19	671.7
青 海	Qinghai	5	2116.2
宁 夏	Ningxia	9	46.6
新 疆	Xinjiang	15	1232.0
大兴安岭	Daxinganling	8	

注：国家级自然保护区面积为2021年数据。
a) The area of national nature reserves is based on data from 2021.

10-3 水资源情况
Statistics on Water Resources

年 份 Year	水资源总量（亿立方米） Total Amount of Water Resources (100 million cu.m)	地 表 水资源量 Surface Water Resources	地 下 水资源量 Groundwater Resources	地表水与地下水资源重复量 Duplicated Measurement Between Surface Water and Groundwater	人均水资源量（立方米/人） Per Capita Water Resources (cu.m/person)
2000	27700.8	26561.9	8501.9	7363.0	2193.9
2005	28053.1	26982.4	8091.1	7020.4	2151.8
2006	25330.1	24358.1	7642.9	6670.8	1932.1
2007	25255.2	24242.5	7617.2	6604.5	1916.3
2008	27434.3	26377.0	8122.0	7064.7	2071.1
2009	24180.2	23125.2	7267.0	6212.1	1816.3
2010	30906.4	29797.6	8417.0	7308.2	2310.4
2011	23256.7	22213.6	7214.5	6171.4	1729.1
2012	29528.8	28373.3	8296.4	7140.9	2180.5
2013	27957.9	26839.5	8081.1	6962.7	2050.8
2014	27266.9	26263.9	7745.0	6742.0	1987.6
2015	27962.6	26900.8	7797.0	6735.2	2026.5
2016	32466.4	31273.9	8854.8	7662.3	2339.4
2017	28761.2	27746.3	8309.6	7294.7	2059.9
2018	27462.5	26323.2	8246.5	7107.2	1957.7
2019	29041.0	27993.3	8191.5	7143.8	2062.9
2020	31605.2	30407.0	8553.5	7355.3	2239.8
2021	29638.2	28310.5	8195.7	6868.0	2098.5
2022	27088.1	25984.4	7924.4	6820.7	1918.2
2023	25782.5	24633.5	7807.1	6658.1	1827.6

10-4 分地区水资源情况(2023年)
Statistics on Water Resources by Region(2023)

地 区	Region	水资源总量(亿立方米) Total Amount of Water Resources (100 million cu.m)	地表水资源量 Surface Water Resources	地下水资源量 Groundwater Resources	地表水与地下水资源重复量 Duplicated Measurement Between Surface Water and Groundwater	人均水资源量(立方米/人) Per Capita Water Resources (cu.m/person)
全 国	**National Total**	**25782.5**	**24633.5**	**7807.1**	**6658.1**	**1827.6**
北 京	Beijing	41.5	21.9	28.5	8.9	189.9
天 津	Tianjin	17.8	12.2	7.0	1.3	130.5
河 北	Hebei	241.4	121.9	182.8	63.3	325.9
山 西	Shanxi	143.9	102.1	103.3	61.6	414.3
内蒙古	Inner Mongolia	491.9	357.0	215.1	80.2	2050.9
辽 宁	Liaoning	305.5	271.0	109.4	74.9	729.2
吉 林	Jilin	498.8	421.7	164.0	86.9	2128.4
黑龙江	Heilongjiang	1015.0	847.0	346.1	178.1	3294.9
上 海	Shanghai	41.5	34.8	9.8	3.1	167.3
江 苏	Jiangsu	422.1	369.7	122.7	70.4	495.4
浙 江	Zhejiang	730.1	715.5	187.7	173.0	1105.9
安 徽	Anhui	692.8	614.3	187.1	108.6	1131.3
福 建	Fujian	979.4	977.6	259.5	257.7	2340.0
江 西	Jiangxi	1409.5	1389.3	341.4	321.1	3117.3
山 东	Shandong	249.8	157.6	159.7	67.6	246.3
河 南	Henan	472.3	348.9	230.3	106.9	479.8
湖 北	Hubei	1094.2	1071.3	307.0	284.1	1873.3
湖 南	Hunan	1190.1	1183.2	312.8	305.9	1807.0
广 东	Guangdong	1956.0	1946.3	483.0	473.3	1542.4
广 西	Guangxi	1520.2	1517.7	409.5	407.0	3018.1
海 南	Hainan	326.1	319.1	88.7	81.7	3150.7
重 庆	Chongqing	698.4	698.4	117.7	117.7	2181.1
四 川	Sichuan	2166.8	2165.4	540.0	538.6	2588.5
贵 州	Guizhou	647.1	647.1	240.1	240.1	1676.2
云 南	Yunnan	1502.3	1502.3	533.1	533.1	3208.0
西 藏	Xizang	4427.3	4427.3	1001.7	1001.7	121462.3
陕 西	Shaanxi	546.3	508.7	167.2	129.6	1381.6
甘 肃	Gansu	222.6	213.7	107.9	98.9	898.1
青 海	Qinghai	855.4	837.9	361.7	344.2	14388.6
宁 夏	Ningxia	8.1	6.5	14.6	13.0	111.2
新 疆	Xinjiang	868.3	826.2	467.7	425.5	3349.3

10-5 供水用水情况
Statistics on Water Supply and Water Use

年 份 Year	供水总量（亿立方米） Water Supply (100 million cu.m)	地表水 Surface Water	地下水 Ground-water	其 他 Others	用水总量（亿立方米） Water Use (100 million cu.m)	农 业 Agricul-ture	工 业 Industry	生 活 Consump-tion	人工生态环境补水 Artificial Eco-Environment	人均用水量（立方米/人） Per Capita Water Use (cu.m/person)
2000	5530.7	4440.4	1069.2	21.1	5497.6	3783.5	1139.1	574.9		435.4
2005	5633.0	4572.2	1038.8	22.0	5633.0	3580.0	1285.2	675.1	92.7	432.1
2006	5795.0	4706.7	1065.5	22.7	5795.0	3664.4	1343.8	693.8	93.0	442.0
2007	5818.7	4723.9	1069.1	25.7	5818.7	3599.5	1403.0	710.4	105.7	441.5
2008	5910.0	4796.4	1084.8	28.7	5910.0	3663.5	1397.1	729.3	120.2	446.2
2009	5965.2	4839.5	1094.5	31.2	5965.2	3723.1	1390.9	748.2	103.0	448.1
2010	6022.0	4881.6	1107.3	33.1	6022.0	3689.1	1447.3	765.8	119.8	450.2
2011	6107.2	4953.3	1109.1	44.8	6107.2	3743.6	1461.8	789.9	111.9	454.1
2012	6131.2	4952.8	1133.8	44.6	6131.2	3902.5	1380.7	739.7	108.3	452.8
2013	6183.4	5007.3	1126.2	49.9	6183.4	3921.5	1406.4	750.1	105.4	453.6
2014	6094.9	4920.5	1116.9	57.5	6094.9	3869.0	1356.1	766.6	103.2	444.3
2015	6103.2	4969.5	1069.2	64.5	6103.2	3852.2	1334.8	793.5	122.7	442.3
2016	6040.2	4912.4	1057.0	70.8	6040.2	3768.0	1308.0	821.6	142.6	435.2
2017	6043.4	4945.5	1016.7	81.2	6043.4	3766.4	1277.0	838.1	161.9	432.8
2018	6015.5	4952.7	976.4	86.4	6015.5	3693.1	1261.6	859.9	200.9	428.8
2019	6021.2	4982.5	934.2	104.5	6021.2	3682.3	1217.6	871.7	249.6	427.7
2020	5812.9	4792.3	892.5	128.1	5812.9	3612.4	1030.4	863.1	307.0	411.9
2021	5920.2	4928.1	853.8	138.3	5920.2	3644.3	1049.6	909.4	316.9	419.2
2022	5998.2	4994.2	828.2	175.8	5998.2	3781.3	968.4	905.7	342.8	424.7
2023	5906.5	4874.7	819.5	212.3	5906.5	3672.4	970.2	909.8	354.1	418.7

注：2012年起，生活用水量中的牲畜用水量调整至农业用水量中。
a) Since 2012, water use for animal husbandry in water use for consumption is moved to rural water use.

10-6 分地区供水用水情况(2023年)

Statistics on Water Supply and Water Use by Region (2023)

地 区	Region	供水总量（亿立方米）Water Supply (100 million cu.m)	地表水 Surface Water	地下水 Ground-water	其 他 Others	用水总量（亿立方米）Water Use (100 million cu.m)	农 业 Agricul-ture	工 业 Industry	生 活 Consump-tion	人工生态环境补水 Artificial Eco-Environment	人均用水量（立方米/人）Per Capita Water Use (cu.m/person)
全 国	**National Total**	**5906.5**	**4874.7**	**819.5**	**212.3**	**5906.5**	**3672.4**	**970.2**	**909.8**	**354.1**	**418.7**
北 京	Beijing	40.7	15.5	12.4	12.8	40.7	2.5	2.8	19.0	16.4	186.3
天 津	Tianjin	32.7	23.9	2.6	6.2	32.7	9.4	4.6	7.6	11.2	239.8
河 北	Hebei	186.5	94.0	75.0	17.6	186.5	100.7	16.2	28.0	41.6	251.8
山 西	Shanxi	69.7	36.9	26.6	6.2	69.7	37.8	11.6	15.2	5.1	200.7
内蒙古	Inner Mongolia	202.9	86.8	108.2	7.9	202.9	154.1	14.8	11.2	22.8	845.9
辽 宁	Liaoning	126.1	75.7	43.0	7.5	126.1	74.6	14.7	26.4	10.4	301.0
吉 林	Jilin	105.4	71.1	31.0	3.3	105.4	77.4	8.6	13.1	6.2	449.8
黑龙江	Heilongjiang	288.9	186.4	99.5	3.1	288.9	259.4	11.6	14.7	3.2	937.8
上 海	Shanghai	104.8	103.9		0.9	104.8	13.7	66.0	24.2	1.0	422.4
江 苏	Jiangsu	571.4	553.9	2.5	15.0	571.4	240.0	251.9	66.0	13.4	670.6
浙 江	Zhejiang	169.6	163.7	0.1	5.8	169.6	73.1	36.3	53.6	6.7	256.9
安 徽	Anhui	273.7	243.8	22.2	7.8	273.7	148.2	79.9	36.5	9.1	446.9
福 建	Fujian	168.1	159.8	2.3	6.1	168.1	97.6	23.9	30.1	16.5	401.6
江 西	Jiangxi	240.6	234.7	2.6	3.4	240.6	169.2	37.9	29.5	4.0	532.1
山 东	Shandong	223.4	133.8	71.1	18.6	223.4	128.1	33.5	43.7	18.1	220.3
河 南	Henan	208.8	107.5	87.8	13.5	208.8	118.6	20.7	42.1	27.3	212.1
湖 北	Hubei	336.4	325.3	4.3	6.7	336.4	189.7	70.0	52.5	24.2	575.9
湖 南	Hunan	308.9	297.8	6.0	5.1	308.9	197.2	51.1	45.5	15.1	469.0
广 东	Guangdong	400.4	382.0	5.3	13.1	400.4	197.5	73.6	115.9	13.4	315.7
广 西	Guangxi	258.5	249.1	5.5	3.9	258.5	182.5	35.4	35.3	5.3	513.2
海 南	Hainan	45.6	43.7	1.4	0.5	45.6	32.1	1.7	9.7	2.1	440.6
重 庆	Chongqing	70.8	64.1	0.4	6.3	70.8	25.5	21.4	22.3	1.6	221.1
四 川	Sichuan	252.5	239.8	5.7	7.0	252.5	162.0	20.7	59.8	10.1	301.6
贵 州	Guizhou	93.2	90.8	1.0	1.4	93.2	60.3	11.0	20.8	1.2	241.4
云 南	Yunnan	162.3	155.2	3.0	4.1	162.3	113.9	13.1	26.4	8.8	346.6
西 藏	Xizang	32.2	29.7	2.3	0.2	32.2	27.6	1.2	3.0	0.3	883.4
陕 西	Shaanxi	93.6	59.2	27.3	7.1	93.6	55.0	10.5	20.7	7.4	236.7
甘 肃	Gansu	115.8	76.5	35.5	3.8	115.8	91.4	6.4	10.7	7.3	467.2
青 海	Qinghai	24.9	18.9	5.0	1.0	24.9	16.7	3.2	3.1	1.9	418.8
宁 夏	Ningxia	64.8	57.1	5.2	2.4	64.8	53.0	4.9	3.7	3.3	889.5
新 疆	Xinjiang	633.3	494.5	124.8	14.0	633.3	563.6	11.3	19.4	39.1	2442.8

10-7 分地区森林资源情况
Statistics on Forest Resources by Region

地 区	Region	林业用地面积（万公顷）Area of Afforested Land (10 000 hectares)	森林面积（万公顷）Forest Area (10 000 hectares)	#人工林 Man-made Forest	森林覆盖率(%) Forest Coverage Rate (%)	活立木总蓄积量（万立方米）Total Standing Forest Stock (10 000 cu.m)	森林蓄积量（万立方米）Stock Volume of Forest (10 000 cu.m)
全 国	**National Total**	**32368.55**	**22044.62**	**8003.10**	**22.96**	**1900713.20**	**1756022.99**
北 京	Beijing	107.10	71.82	43.48	43.77	3000.81	2437.36
天 津	Tianjin	20.39	13.64	12.98	12.07	620.56	460.27
河 北	Hebei	775.64	502.69	263.54	26.78	15920.34	13737.98
山 西	Shanxi	787.25	321.09	167.63	20.50	14778.65	12923.37
内蒙古	Inner Mongolia	4499.17	2614.85	600.01	22.10	166271.98	152704.12
辽 宁	Liaoning	735.92	571.83	315.32	39.24	30888.53	29749.18
吉 林	Jilin	904.79	784.87	175.94	41.49	105368.45	101295.77
黑龙江	Heilongjiang	2453.77	1990.46	243.26	43.78	199999.41	184704.09
上 海	Shanghai	10.19	8.90	8.90	14.04	664.32	449.59
江 苏	Jiangsu	174.98	155.99	150.83	15.20	9609.62	7044.48
浙 江	Zhejiang	659.77	604.99	244.65	59.43	31384.86	28114.67
安 徽	Anhui	449.33	395.85	232.91	28.65	26145.10	22186.55
福 建	Fujian	924.40	811.58	385.59	66.80	79711.29	72937.63
江 西	Jiangxi	1079.90	1021.02	368.70	61.16	57564.29	50665.83
山 东	Shandong	349.34	266.51	256.11	17.51	13040.49	9161.49
河 南	Henan	520.74	403.18	245.78	24.14	26564.48	20719.12
湖 北	Hubei	876.09	736.27	197.42	39.61	39579.82	36507.91
湖 南	Hunan	1257.59	1052.58	501.51	49.69	46141.03	40715.73
广 东	Guangdong	1080.29	945.98	615.51	53.52	50063.49	46755.09
广 西	Guangxi	1629.50	1429.65	733.53	60.17	74433.24	67752.45
海 南	Hainan	217.50	194.49	140.40	57.36	16347.14	15340.15
重 庆	Chongqing	421.71	354.97	95.93	43.11	24412.17	20678.18
四 川	Sichuan	2454.52	1839.77	502.22	38.03	197201.77	186099.00
贵 州	Guizhou	927.96	771.03	315.45	43.77	44464.57	39182.90
云 南	Yunnan	2599.44	2106.16	507.68	55.04	213244.99	197265.84
西 藏	Xizang	1798.19	1490.99	7.84	12.14	230519.15	228254.42
陕 西	Shaanxi	1236.79	886.84	310.53	43.06	51023.42	47866.70
甘 肃	Gansu	1046.35	509.73	126.56	11.33	28386.88	25188.89
青 海	Qinghai	819.16	419.75	19.10	5.82	5556.86	4864.15
宁 夏	Ningxia	179.52	65.60	43.55	12.63	1111.14	835.18
新 疆	Xinjiang	1371.26	802.23	121.42	4.87	46490.95	39221.50

注：1.本表为第九次全国森林资源清查（2014-2018)资料。
2.除林业用地面积外，其他指标全国总计数包括台湾省和香港、澳门特别行政区数据。

a) Data in the table are results of the Ninth National Forestry Survey (2014-2018).
b) Data of national total include forest resources in Taiwan province and Hong Kong SAR and Macao SAR except Area of Afforested Land.

10-8 分地区草原建设利用情况(2023年)
Statistics on Grassland Protection and Use by Region (2023)

单位：千公顷 (1 000 hectares)

地区	Region	种草面积 Grass Planting Area	草原鼠害 Rat Plague in Grassland		草原虫害 Insect Plague in Grassland		草原火灾受害草原面积(公顷) Area Affected by Fire (hectare)
			发生面积 Area of Occurrence	防治面积 Area of Prevention and Control	发生面积 Area of Occurrence	防治面积 Area of Prevention and Control	
全　国	**National Total**	**4378.4**	**28471.5**	**5375.2**	**6519.2**	**3430.3**	**143.4**
北　京	Beijing						
天　津	Tianjin						
河　北	Hebei	49.2	115.9	114.1	174.8	167.4	
山　西	Shanxi	76.7	253.5	70.0	302.1	160.0	
内蒙古	Inner Mongolia	586.2	3188.1	1987.4	2299.9	1444.6	143.1
辽　宁	Liaoning	21.9	51.9	23.0	74.0	46.9	
吉　林	Jilin	19.9	27.3	23.7	30.7	30.0	
黑龙江	Heilongjiang	18.4	2.2	2.0	45.6	44.7	
上　海	Shanghai						
江　苏	Jiangsu						
浙　江	Zhejiang						
安　徽	Anhui						
福　建	Fujian						
江　西	Jiangxi						
山　东	Shandong						
河　南	Henan	2.0					
湖　北	Hubei						
湖　南	Hunan	13.8					
广　东	Guangdong						
广　西	Guangxi	0.9					
海　南	Hainan						
重　庆	Chongqing						
四　川	Sichuan	254.2	1548.0	355.3	564.2	130.7	
贵　州	Guizhou	7.9					
云　南	Yunnan	36.7	26.0	24.0	35.2	35.2	
西　藏	Xizang	409.5	16052.1	342.2	572.0	205.9	
陕　西	Shaanxi	22.6	81.4	76.0	41.8	37.1	
甘　肃	Gansu	627.6	2413.3	513.3	655.3	220.0	0.1
青　海	Qinghai	1876.7	4064.8	1640.7	434.0	284.6	
宁　夏	Ningxia	21.4	100.3	37.2	85.3	34.2	
新　疆	Xinjiang	333.0	546.8	166.4	1204.2	589.1	0.1

10-9 主要城市气候情况(2023年)
Statistics on Climate of Major Cities (2023)

城市	City	年平均气温(摄氏度) Annual Average Temperature (℃)	年平均相对湿度(%) Annual Average Relative Humidity (%)	全年日照时数(小时) Annual Sunshine Hours (hour)	全年降水量(毫米) Annual Precipitation (millimeter)
北京	Beijing	14.3	51	2563.5	630.8
天津	Tianjin	14.2	57	2734.0	745.2
石家庄	Shijiazhuang	15.6	56	2565.6	770.4
太原	Taiyuan	11.4	58	2395.5	397.8
呼和浩特	Hohhot	7.9	46	2821.6	265.9
沈阳	Shenyang	9.8	61	2473.4	747.4
大连	Dalian	12.8	63	2602.5	724.6
长春	Changchun	7.8	59	2368.8	537.3
哈尔滨	Harbin	5.7	66	2455.1	776.4
上海	Shanghai	17.9	73	1962.9	1472.5
南京	Nanjing	17.1	70	2087.3	1276.9
杭州	Hangzhou	18.7	70	2101.3	1167.5
合肥	Hefei	16.6	77	2040.6	843.1
福州	Fuzhou	21.4	73	1752.1	2115.5
南昌	Nanchang	19.6	72	1688.3	1830.3
济南	Jinan	16.3	52	2568.3	774.4
青岛	Qingdao	14.5	69	2265.6	572.8
郑州	Zhengzhou	16.8	59	1921.7	854.9
武汉	Wuhan	17.9	75	1712.9	1220.4
长沙	Changsha	18.3	77	1522.3	1209.9
广州	Guangzhou	22.7	79	1683.4	1900.6
南宁	Nanning	22.5	78	1495.5	1101.2
桂林	Guilin	20.9	70	1448.4	1525.9
海口	Haikou	25.2	81	1680.7	1953.9
重庆(沙坪坝)	Chongqing(Shapingba)	20.1	74	1243.2	1232.9
成都(温江)	Chengdu(Wenjiang)	17.3	79	1162.3	1044.8
贵阳	Guiyang	16.0	77	1702.4	1062.6
昆明	Kunming	17.2	66	2110.3	972.5
拉萨	Lhasa	10.0	36	2955.3	439.6
西安(泾河)	Xi'an(Jinghe)	15.5	62	2097.3	759.1
兰州(皋兰)	Lanzhou(Gaolan)	8.4	51	2427.2	182.6
西宁	Xining	6.8	52	2551.4	421.2
银川	Yinchuan	11.2	50	2663.7	104.5
乌鲁木齐	Urumqi	9.0	53	2631.3	222.0

注：数据来自中国气象局。
a) Data source is China Meteorological Administration.

10-10 主要城市空气质量情况(2023年)

Statistics on Ambient Air Quality in Key Cities of Environmental Protection (2023)

城市	City	二氧化硫年平均浓度(微克/立方米) Annual Average Concentration of SO_2 ($\mu g/m^3$)	二氧化氮年平均浓度(微克/立方米) Annual Average Concentration of NO_2 ($\mu g/m^3$)	可吸入颗粒物(PM_{10})年平均浓度(微克/立方米) Annual Average Concentration of PM_{10} ($\mu g/m^3$)	一氧化碳日均值第95百分位浓度(毫克/立方米) 95th Percentile Daily Average Concentration of CO (mg/m^3)	臭氧(O_3)日最大8小时第90百分位浓度(微克/立方米) 90th Percentile Daily Maximum 8 Hours Average Concentration of O_3($\mu g/m^3$)	细颗粒物($PM_{2.5}$)年平均浓度(微克/立方米) Annual Average Concentration of $PM_{2.5}$ ($\mu g/m^3$)	空气质量达到或好于二级的天数(天) Days of Air Quality Reaching or Better than Lever 2 (day)
北京	Beijing	3	26	61	0.9	175	32	271
天津	Tianjin	8	35	74	1.2	190	41	232
石家庄	Shijiazhuang	7	32	78	1.4	184	44	225
太原	Taiyuan	11	40	78	1.5	178	41	235
呼和浩特	Hohhot	11	33	62	1.1	148	29	292
沈阳	Shenyang	14	32	59	1.4	155	33	302
长春	Changchun	9	29	53	0.9	132	32	314
哈尔滨	Harbin	11	29	59	1.0	121	36	304
上海	Shanghai	7	31	48	1.0	158	28	320
南京	Nanjing	6	27	52	0.9	170	29	299
杭州	Hangzhou	6	30	51	0.9	165	31	308
合肥	Hefei	7	31	62	0.9	150	34	314
福州	Fuzhou	4	16	35	0.7	130	19	358
南昌	Nanchang	8	26	57	1.0	142	33	337
济南	Jinan	9	33	73	1.1	193	38	214
郑州	Zhengzhou	7	29	73	1.1	182	43	226
武汉	Wuhan	8	35	58	1.3	161	38	289
长沙	Changsha	6	26	76	1.2	163	55	292
广州	Guangzhou	6	29	41	0.9	159	23	330
南宁	Nanning	8	21	42	1.0	126	25	361
海口	Haikou	6	11	29	0.7	127	16	356
重庆	Chongqing	9	29	54	1.0	142	37	325
成都	Chengdu	3	28	60	1.0	168	39	285
贵阳	Guiyang	7	17	38	0.8	116	24	363
昆明	Kunming	8	19	36	0.9	138	23	356
拉萨	Lhasa	8	16	21	0.8	148	10	355
西安	Xi'an	7	37	81	1.4	172	48	228
兰州	Lanzhou	13	41	71	1.8	156	37	282
西宁	Xining	17	32	53	1.6	133	30	346
银川	Yinchuan	14	33	71	1.4	162	32	281
乌鲁木齐	Urumqi	6	34	74	1.6	138	38	299

10-11 自然灾害和救灾情况
Statistics on Natural Disasters and Disaster Relief

年 份 Year	受灾人口 (万人次) Population Affected (10 000 person-times)	因灾死亡人口(含失踪) (人) Deaths (Including Missing) (person)	紧急转移人口 (万人) Population Evacuated in Emergency (10 000 persons)	直接经济损失 (亿元) Direct Economic Losses (100 million yuan)	倒塌房屋 (万间) Collapsed Houses (10 000 rooms)	农作物受灾面积 (万公顷) Crops Areas Affected (10 000 hectares)
1978		4965			73.1	4844.0
1979		6962			152.1	3937.0
1980		6821			137.3	5003.0
1981	26710.0	7422			261.5	3979.0
1982	22900.7	7935			320.3	3313.0
1983	22439.0	10952		260.9	345.4	3471.0
1984	20894.0	6927			274.7	3189.0
1985	26446.0	4394	290.5	410.4	224.9	4437.0
1986	29928.0	5410	345.8		209.7	4714.0
1987	23512.0	5495	348.0	326.3	180.0	4207.0
1988	36169.0	7306	582.9		258.0	5087.0
1989	34569.0	5952	365.3	525.0	194.1	4699.0
1990	29348.0	7338	579.2	616.0	247.4	3847.0
1991	41941.0	7315	1308.5	1215.1	581.5	5547.0
1992	37174.0	5741	303.6	853.9	196.6	5133.0
1993	37541.0	6125	307.7	933.2	271.6	4867.0
1994	43799.0	8549	1054.0	1876.0	512.1	5504.0
1995	24215.0	5561	1064.0	1863.0	439.3	4587.0
1996	32305.0	7273	1216.0	2882.0	809.0	5975.0
1997	47886.0	3212	511.3	1975.0	288.0	5343.0
1998	35216.0	5511	2082.4	3007.4	821.4	2229.0
1999	35319.0	2966	664.8	1962.4	174.5	4998.0
2000	45652.3	3014	467.1	2045.3	147.3	5469.0
2001	37255.9	2583	211.1	1942.0	92.2	5215.0
2002	37841.8	2840	471.8	1717.4	175.7	4711.9
2003	49745.9	2259	707.3	1884.2	343.0	5438.6
2004	33920.6	2250	563.2	1602.3	155.0	3710.6
2005	40653.7	2475	1570.3	2042.1	226.4	3881.8
2006	43453.3	3186	1384.5	2528.1	193.3	4109.1
2007	39777.9	2325	1499.1	2363.0	146.7	4899.0
2008	47795.0	88928	2682.2	11752.4	1097.8	3999.0
2009	47933.5	1528	709.9	2523.7	83.8	4721.4
2010	42610.2	7844	1858.4	5339.9	273.3	3742.6
2011	43290.0	1126	939.4	3096.4	93.5	3247.1
2012	29421.7	1530	1109.6	4185.5	90.6	2496.2
2013	38818.7	2284	1215.0	5808.4	87.5	3135.0
2014	24353.7	1818	601.7	3373.8	45.0	2489.1
2015	18620.3	819	644.4	2704.1	24.8	2177.0
2016	18911.7	1432	910.1	5032.9	52.1	2622.1
2017	14448.0	881	525.3	3018.7	15.3	1847.8
2018	13553.9	589	524.5	2644.6	9.7	2081.4
2019	13759.0	909	528.6	3270.9	12.6	1925.7
2020	13829.7	591	589.1	3701.5	10.0	1995.8
2021	10731.0	867	573.9	3340.2	16.2	1173.9
2022	11267.8	554	242.8	2386.5	4.7	1207.2
2023	9544.4	691	334.4	3454.5	20.9	1053.9

10-12 分地区自然灾害损失情况(2023年)
Statistics on Loss Caused by Natural Disasters by Region (2023)

地 区	Region	农作物受灾面积(千公顷) Total Areas Affected of Farm Crops (1 000 hectares)	旱灾 Drought	洪涝和地质灾害 Flood and Geological Disasters	台风灾害 Typhoon Disasters	风雹灾害 Wind and Hail Disasters
全 国	**National Total**	**10539.3**	**3803.7**	**4634.6**	**347.6**	**1174.5**
北 京	Beijing	15.1		14.5		0.6
天 津	Tianjin	26.3		26.2		
河 北	Hebei	643.8	225.1	375.9		35.3
山 西	Shanxi	440.4	175.4	67.0		75.1
内蒙古	Inner Mongolia	2223.8	1526.9	389.5		302.4
辽 宁	Liaoning	328.4	256.1	32.5		38.3
吉 林	Jilin	260.8		227.8		33.0
黑龙江	Heilongjiang	410.1		396.1		14.0
上 海	Shanghai	0.4				
江 苏	Jiangsu	29.6		23.8		5.8
浙 江	Zhejiang	9.8	0.7	2.9	6.1	0.2
安 徽	Anhui	28.8		27.3	1.5	
福 建	Fujian	83.4		18.7	57.7	6.2
江 西	Jiangxi	201.8		176.9	1.9	17.7
山 东	Shandong	17.4		10.7		6.6
河 南	Henan	1987.6		1943.8		16.4
湖 北	Hubei	359.2	38.7	288.3		32.2
湖 南	Hunan	276.0	151.2	103.5		21.3
广 东	Guangdong	217.5		5.6	211.8	
广 西	Guangxi	219.8	107.2	40.8	68.3	2.7
海 南	Hainan	1.0		0.8	0.3	
重 庆	Chongqing	98.0	12.6	81.1		3.7
四 川	Sichuan	228.0	126.6	97.0		4.4
贵 州	Guizhou	242.7	106.0	39.2		96.8
云 南	Yunnan	672.5	503.0	75.1		75.2
西 藏	Xizang	6.8		4.2		2.5
陕 西	Shaanxi	517.8	310.2	134.4		57.9
甘 肃	Gansu	375.3	211.0	26.2		36.9
青 海	Qinghai	41.0	14.4	3.2		20.7
宁 夏	Ningxia	163.6	37.9			40.7
新 疆	Xinjiang	413.0	0.8	1.7		228.0

注：农作物受灾面积合计、受灾人口、死亡人口(含失踪)和直接经济损失含地震、森林、海洋等灾害。
a) Total areas affected of farm crops, population affected, deaths (including missing) and direct economic loss include earthquake, forest disasters and ı

10-12 续表 continued

地 区	Region	低温冷冻和雪灾 Low-temperature, Freezing and Snow Disasters	受灾人口 (万人次) Population Affected (10 000 person-times)	死亡失踪人口 (人) Deaths and Missing (person)	倒塌房屋间数 (万间) Collapsed Houses (10 000 rooms)	直接经济损失 (亿元) Direct Economic Losses (100 million yuan)
全 国	**National Total**	**519.2**	**9544.4**	**691**	**20.91**	**3454.5**
北 京	Beijing		132.0	61	1.60	637.7
天 津	Tianjin	0.0	13.2		0.03	52.3
河 北	Hebei	7.5	598.2	51	8.73	994.6
山 西	Shanxi	122.8	276.8	12	0.06	68.8
内蒙古	Inner Mongolia	4.8	253.5	5		114.3
辽 宁	Liaoning	1.5	199.2	1	0.01	33.5
吉 林	Jilin	0.0	75.6	23	0.27	77.8
黑龙江	Heilongjiang		74.9	25	1.51	146.5
上 海	Shanghai	0.4	0.0			0.2
江 苏	Jiangsu		7.4	16	0.07	6.1
浙 江	Zhejiang		20.2	10		9.1
安 徽	Anhui		35.9	4		4.0
福 建	Fujian	0.8	561.2	12	0.58	301.2
江 西	Jiangxi	5.3	200.4	4	0.01	22.9
山 东	Shandong	0.1	15.3			4.8
河 南	Henan	27.5	2464.3	5	0.01	118.5
湖 北	Hubei		386.9	25	0.05	38.0
湖 南	Hunan		341.0	10	0.14	48.1
广 东	Guangdong	0.0	448.6	5	0.15	170.2
广 西	Guangxi	0.8	441.7	22	0.15	73.1
海 南	Hainan		9.9			0.6
重 庆	Chongqing	0.6	169.3	25	0.23	45.7
四 川	Sichuan	0.0	741.3	79	0.15	81.1
贵 州	Guizhou	0.8	426.3	11	0.03	27.5
云 南	Yunnan	19.2	723.2	29	0.02	76.8
西 藏	Xizang	0.1	19.7	40	0.05	4.4
陕 西	Shaanxi	15.3	388.3	36	0.06	63.2
甘 肃	Gansu	85.7	358.4	135	5.88	145.6
青 海	Qinghai	2.6	56.5	41	1.12	50.0
宁 夏	Ningxia	84.5	50.3			11.8
新 疆	Xinjiang	139.0	55.1	4		26.4

10-13 森林火灾情况(2023年)
Statistics on Forest Fires (2023)

地区	Region	森林火灾次数(次) Forest Fires (time)	一般火灾 Ordinary Fires	较大火灾 Major Fires	重大火灾 Severe Fires	特别重大火灾 Especially Severe Fires	火场总面积(公顷) Total Area of Fires (hectare)	受害森林面积(公顷) Destructed Forest Area (hectare)	伤亡人数(人) Casualties (person)	其他损失折款(万元) Economic Loss (10 000 yuan)
全　国	**National Total**	**328**	**189**	**136**	**3**		**10349**	**4135**	**5**	**4260.5**
北　京	Beijing	7	7				4	3		6.0
天　津	Tianjin									
河　北	Hebei	5	2	3			2239	104	4	
山　西	Shanxi	3	2	1			261	99		687.8
内蒙古	Inner Mongolia	42	10	29	3		2656	2274		149.1
辽　宁	Liaoning	8	2	6			198	93		71.2
吉　林	Jilin	1	1				3	1		1.1
黑龙江	Heilongjiang	35	35				100	15		
上　海	Shanghai									
江　苏	Jiangsu	2	2				2			
浙　江	Zhejiang	13	6	7			222	57		50.8
安　徽	Anhui	4	4				20	1		9.2
福　建	Fujian	7	2	5			47	37		
江　西	Jiangxi	5	2	3			56	22		15.4
山　东	Shandong	7	6	1			49	9		146.0
河　南	Henan	21	13	8			93	66		1.0
湖　北	Hubei	16	13	3			130	52		131.6
湖　南	Hunan	16	13	3			124	23		12.2
广　东	Guangdong	11	3	8			226	110		110.5
广　西	Guangxi	37	18	19			612	216		220.1
海　南	Hainan	11	9	2			23	9		0.8
重　庆	Chongqing	2	2				1	1		1.1
四　川	Sichuan	10	6	4			447	166		2184.8
贵　州	Guizhou	15	5	10			512	75	1	9.9
云　南	Yunnan	34	11	23			2171	699		448.2
西　藏	Xizang	4	3	1			8			
陕　西	Shaanxi	5	5				126	2		3.9
甘　肃	Gansu	2	2				15	1		
青　海	Qinghai									
宁　夏	Ningxia									
新　疆	Xinjiang	5	5				4	1		

10-14 分地区火灾事故情况(2023年)
Basic Statistics on Fire Accidents by Region (2023)

地 区	Region	发生数(起) Number of Fire Accidents (case)	死亡人数(人) Number of Deaths (person)	受伤人数(人) Number of Injuries (person)	直接经济损失(万元) Direct Economic Loss (10 000 yuan)	人口火灾发生率(1/10万人) Population Fire Rate (1/100 000 persons)	平均每起事故损失(元) Average Loss per Accident (yuan)
全 国	**National Total**	**884576**	**1844**	**2607**	**827091.3**	**62.8**	**9350**
北 京	Beijing	5856	89	155	8511.7	26.8	14535
天 津	Tianjin	30599	51	71	10022.5	224.3	3275
河 北	Hebei	62368	105	87	46072.5	84.4	7387
山 西	Shanxi	25957	58	103	15516.5	74.9	5978
内蒙古	Inner Mongolia	15237	27	29	18208.4	63.6	11950
辽 宁	Liaoning	26042	63	150	41578.6	62.3	15966
吉 林	Jilin	14243	25	37	11631.1	60.9	8166
黑龙江	Heilongjiang	13065	38	50	15872.9	42.7	12149
上 海	Shanghai	16620	69	91	15524.7	66.8	9341
江 苏	Jiangsu	56662	61	167	64545.2	66.5	11391
浙 江	Zhejiang	38118	59	52	44925.7	57.5	11786
安 徽	Anhui	51138	73	61	36482.2	83.6	7134
福 建	Fujian	24774	63	92	29758.2	59.2	12012
江 西	Jiangxi	31223	42	68	33913.8	69.2	10862
山 东	Shandong	90187	91	188	97938.6	89.1	10860
河 南	Henan	66519	71	148	34989.2	67.8	5260
湖 北	Hubei	36524	57	61	20984.5	62.6	5745
湖 南	Hunan	34238	118	134	26606.9	52.1	7771
广 东	Guangdong	57784	118	294	71742.3	45.5	12416
广 西	Guangxi	17296	43	65	16494.4	34.4	9537
海 南	Hainan	5519	15	33	7472.1	52.9	13539
重 庆	Chongqing	17702	71	77	14615.5	55.5	8256
四 川	Sichuan	47248	114	114	28069.2	56.5	5941
贵 州	Guizhou	16431	55	46	14979.9	42.5	9117
云 南	Yunnan	16736	114	91	19429.5	35.8	11609
西 藏	Xizang	405		8	3070.2	11.1	75808
陕 西	Shaanxi	29049	28	43	21414.3	73.5	7372
甘 肃	Gansu	13836	16	27	12222.4	56.1	8834
青 海	Qinghai	2136	6	9	3923.8	36.0	18370
宁 夏	Ningxia	7481	48	26	12817.4	102.6	17133
新 疆	Xinjiang	13583	56	30	27757.1	52.3	20435

10-15 突发环境事件情况(2023年)
Statistics on Environmental Emergencies (2023)

单位：次 (time)

地 区	Region	突发环境事件次数 Number of Environmental Emergencies	特别重大环境事件 Extraordinarily Serious Environmental Emergencies	重大环境事件 Serious Environmental Emergencies	较大环境事件 Comparatively Serious Environmental Emergencies	一般环境事件 Ordinary Environmental Emergencies
全 国	**National Total**	**130**			**3**	**127**
北 京	Beijing	1				1
天 津	Tianjin					
河 北	Hebei	4				4
山 西	Shanxi	20			1	19
内蒙古	Inner Mongolia	1				1
辽 宁	Liaoning	3				3
吉 林	Jilin					
黑龙江	Heilongjiang					
上 海	Shanghai					
江 苏	Jiangsu	9				9
浙 江	Zhejiang					
安 徽	Anhui	15				15
福 建	Fujian	2				2
江 西	Jiangxi	10				10
山 东	Shandong	5				5
河 南	Henan	6				6
湖 北	Hubei	4				4
湖 南	Hunan	5				5
广 东	Guangdong	9				9
广 西	Guangxi	4				4
海 南	Hainan	1				1
重 庆	Chongqing	3				3
四 川	Sichuan	4				4
贵 州	Guizhou	2			1	1
云 南	Yunnan	2				2
西 藏	Xizang	1				1
陕 西	Shaanxi	6			1	5
甘 肃	Gansu					
青 海	Qinghai	2				2
宁 夏	Ningxia	5				5
新 疆	Xinjiang	6				6

10-16 分地区工业污染治理投资完成情况(2023年)

Statistics on Investment Completed in the Treatment of Industrial Pollution by Region(2023)

单位：万元 (10 000 yuan)

地 区	Region	工业污染治理完成投资 Investment Completed in the Treatment of Industrial Pollution	治理废水 Treatment of Wastewater	治理废气 Treatment of Waste Gas	治理固体废物 Treatment of Solid Waste	治理噪声 Treatment of Noise Pollution	治理其他 Treatment of Other Pollution
全 国	**National Total**	**3624239**	**809614**	**2043227**	**118405**	**5319**	**647674**
北 京	Beijing	11419	716	10165	2		536
天 津	Tianjin	141383	11669	100074	113	50	29477
河 北	Hebei	228001	38726	131613	1931	54	55677
山 西	Shanxi	213171	24367	127285	6886	270	54363
内蒙古	Inner Mongolia	160052	44939	104280	895		9938
辽 宁	Liaoning	61548	12910	27882	17911	706	2139
吉 林	Jilin	21554	2016	19318	2		218
黑龙江	Heilongjiang	69009	3192	45281	3877		16659
上 海	Shanghai	80711	8461	42384	307	85	29474
江 苏	Jiangsu	194809	37446	133549	2076	185	21553
浙 江	Zhejiang	213561	62056	127607	2178	47	21673
安 徽	Anhui	125112	13647	79465	324	50	31627
福 建	Fujian	130992	35172	65415	6695	382	23327
江 西	Jiangxi	79371	12277	35867	17	60	31151
山 东	Shandong	281548	74729	157035	16498	72	33215
河 南	Henan	128914	31153	65688	2202		29871
湖 北	Hubei	265884	97214	135445	2830	2000	28395
湖 南	Hunan	78664	6825	46938	5710		19191
广 东	Guangdong	217325	40404	128035	1629	90	47168
广 西	Guangxi	70588	44071	26218	261		38
海 南	Hainan	1497	60	1411			26
重 庆	Chongqing	77503	28542	37786	6	1	11168
四 川	Sichuan	144298	38730	84660	4528	46	16335
贵 州	Guizhou	48809	8876	16215	19396	610	3712
云 南	Yunnan	103109	17992	55682	1744	387	27304
西 藏	Xizang	648	648				
陕 西	Shaanxi	56083	29152	16801	180	205	9745
甘 肃	Gansu	64480	10359	47850	3831		2440
青 海	Qinghai	32293	3021	4938			24334
宁 夏	Ningxia	107027	41519	54730	9100		1678
新 疆	Xinjiang	214876	28727	113608	7280	20	64390

注：本表数据为初步数。
a) The data in this table is preliminary.

十一、公共安全
Public Safety

11-1 公安机关立案的刑事案件和构成
Criminal Cases Registered in Public Security Organs and Composition

案件类别	Category of Cases	立案(起) Number of Cases Registered (case)		构成(%) Composition (%)	
		2022	2023	2022	2023
合计	**Total**	**4423259**	**4496359**	**100.00**	**100.00**
杀人	Homicide	5293	5443	0.12	0.12
伤害	Injury	73212	88510	1.66	1.97
抢劫	Robbery	6797	6751	0.15	0.15
强奸	Rape	39693	42458	0.90	0.94
拐卖妇女儿童	Abducting Women or Children	2887	1705	0.07	0.04
盗窃	Larceny	1203989	981771	27.22	21.83
诈骗	Fraud	1599914	1694757	36.17	37.69
走私	Smuggling	4518	6033	0.10	0.13
伪造、变造货币，出售、购买、运输、持有、使用假币	Forging Currency, Selling, Buying, Transporting, Holding and Using Counterfeit Currency	785	987	0.02	0.02
其他	Others	1486171	1667944	33.60	37.10

11-2 公安机关受理和查处治安案件数(2023年)
Cases of Offence Against Public Order Handled by Public Security Organs (2023)

单位：起 (case)

案件类别	Category of Cases	受理 Number of Cases Accepted	查处 Number of Cases Investigated and Treated	每万人口受理案件数 Number of Cases Accepted per 10 000 Population
合计	**Total**	**8685252**	**7880992**	**61.6**
扰乱单位秩序	Disturbing Business Orders	57513	54978	0.4
扰乱公共场所秩序	Disturbing Orders in Public Venues	151070	149635	1.1
寻衅滋事	Causing Quarrels and Making Troubles	125511	120273	0.9
阻碍执行职务	Obstructing Government Officials in Performing Their Duties	29418	28341	0.2
非法携带枪支、弹药、管制器具	Violation of Firearms Control Regulations	21866	21163	0.2
违反危险物质管理规定	Violation of Explosives Control Regulations	52311	51206	0.4
殴打他人	Battering Other Persons	2215010	2042382	15.7
故意伤害	Intentional Injury to Others	103236	93185	0.7
盗窃	Stealing Property	2245846	1921568	15.9
敲诈勒索	Extortion and Blackmail	56887	50350	0.4
抢夺	Robbery and Snatch	4562	3986	0.0
盗窃、损毁公共设施	Stealing and Damaging Public Facilities	10333	8497	0.1
伪造、变造、倒卖有价票证、凭证	Forge/Alter/Scalp Valuable Coupons or Certificates	1329	1284	0.0
违反旅馆业管理	Violating Hotel Management Regulations	101199	99611	0.7
违反房屋出租管理	Violating House Renting Control Regulations	128613	127428	0.9
诈骗	Swindling, Seizing and Extorting Property	568830	477204	4.0
卖淫、嫖娼	Prostitution or Soliciting Prostitutes	184827	182321	1.3
赌博、为赌博提供条件	Gambling, Providing Conditions for Gambling	388901	382122	2.8
毒品违法活动	Illegal Drug Related Activities	169530	167166	1.2
其他	Others	2068460	1898292	14.7

11-3 道路交通事故情况(2023年)
Statistics on Road Traffic Accidents (2023)

类　别	Type	发生数 (起) Number of Traffic Accidents (case)	死亡人数 (人) Number of Deaths (person)	受伤人数 (人) Number of Injuries (person)	直接财产损失 (万元) Direct Property Losses (10 000 yuan)
总计	**Total**	**254738**	**60028**	**253895**	**117933.4**
机动车	Motor Vehicles	211974	53361	206610	107752.5
#汽车	Automobiles	155158	42164	142318	94275.9
摩托车	Motorcycles	47330	9034	54518	10699.5
拖拉机	Tractors	998	313	950	252.2
非机动车	Non-motor Vehicles	38685	5252	44099	7803.0
#自行车	Bicycles	3119	554	3090	681.8
行人乘车人	Pedestrians and Passengers	3913	1390	3024	2288.9
其他	Others	166	25	162	89.0

11-4 分地区道路交通事故情况(2023年)
Statistics on Road Traffic Accidents by Region (2023)

地 区	Region	发生数(起) Number of Traffic Accidents (case)	死亡人数(人) Number of Deaths (person)	受伤人数(人) Number of Injuries (person)	直接财产损失(万元) Direct Property Losses (10 000 yuan)
全 国	**National Total**	**254738**	**60028**	**253895**	**117933.4**
北 京	Beijing	6472	1001	5419	3566.1
天 津	Tianjin	6254	927	5907	3199.0
河 北	Hebei	3871	2181	2757	2214.8
山 西	Shanxi	7778	2226	7430	5154.4
内蒙古	Inner Mongolia	3692	784	3846	2226.6
辽 宁	Liaoning	4778	1805	4149	1761.7
吉 林	Jilin	6745	1482	7257	1717.2
黑龙江	Heilongjiang	3438	819	3684	1736.6
上 海	Shanghai	1169	811	560	464.4
江 苏	Jiangsu	9349	3645	7113	4337.2
浙 江	Zhejiang	9690	2678	8223	4585.1
安 徽	Anhui	9400	2356	9646	3478.1
福 建	Fujian	7983	1594	7652	2415.7
江 西	Jiangxi	3695	1474	3542	6079.9
山 东	Shandong	11589	3009	10569	3955.6
河 南	Henan	20919	2652	23466	9645.8
湖 北	Hubei	28492	4287	32508	13395.2
湖 南	Hunan	7722	3270	6935	7541.6
广 东	Guangdong	34353	7246	33056	9301.9
广 西	Guangxi	15644	2677	17180	4863.2
海 南	Hainan	2994	604	3186	1488.0
重 庆	Chongqing	4227	936	4266	3878.3
四 川	Sichuan	7113	2273	7325	7441.6
贵 州	Guizhou	13965	2655	14988	5093.3
云 南	Yunnan	5533	1908	4625	1658.8
西 藏	Xizang	785	278	983	1347.9
陕 西	Shaanxi	5109	917	5325	2716.9
甘 肃	Gansu	3791	1307	3990	709.4
青 海	Qinghai	1699	463	1632	773.2
宁 夏	Ningxia	1450	447	1359	263.4
新 疆	Xinjiang	5039	1316	5317	922.5

11-5 人民检察院审查逮捕、审查起诉情况(2023年)
Arrests and Prosecution Approved by People's Procuratorate (2023)

单位：人 (person)

案件分类	Category of Cases	批捕、决定逮捕 Arrests	决定起诉 Prosecutions
合计	**Total**	**726210**	**1687689**
危害公共安全案	Offences Against Public Security	32711	407677
破坏社会主义市场经济秩序案	Offences Against Socialist Market Economic Order	58091	121039
侵犯公民人身、民主权利案	Offences Against Citizens' Personal and Democratic Rights	102187	146831
侵犯财产案	Offences Against Properties	232960	344431
妨害社会管理秩序案	Offences Against Social Management of Order	290361	648752
贪污贿赂案	Offences Against Corruption and Bribery	8469	16096
渎职侵权案	Offences Against Dereliction of Duty and Infringement of Rights	776	1911
其他	Others	655	952

11-6 人民检察院办理刑事申诉案件情况(2023年)
Statistics on Criminal Appeals Cases Handled by People's Procuratorate (2023)

单位：件 (case)

案件分类	Category of Cases	刑事检察部门办理 Cases Handled Criminal Prosecution Department	复查结案结果 Result of Reviewing Cases Settled		提出抗诉 Presenting Protest Appeal	提出再审检察建议 Giving Retrial Procuratorate Suggestion
			改变原决定 Original Decision Changed	维持原决定 Original Decision Maintained		
合计	**Total**	**5267**	**59**	**1218**	**9**	**135**
不服检察机关处理决定	Appeals against Decision of Procuratorate's Offices	2830	59	1218		
不服不批捕	Appeals against Rejection of Arrest	37	2	11		
不服不起诉	Appeals against Rejection of Prosecuting	2734	54	1197		
不服撤案	Appeals against Withdrawal of the Case	3				
不服其他诉讼终结的刑事处理决定	Appeals against Other Criminal Decisions	56	3	10		
不服法院刑事判决裁定	Appeals against Judgment of Criminal Cases	2437			9	135

11-7 人民检察院办理刑事抗诉案件情况(2023年)
Statistics on Criminal Appeals Handled by People's Procuratorate (2023)

案件类别	Category of Cases	提出抗诉 Presenting Protest Appeal (件) (case)	审判结果 合计 Total Result of Judgement (件) (case)	改判 Revising Judgment (件) (case)	改判 Revising Judgment (人) (person)	维持原判 Affirming Original Judgment (件) (case)	发回重审 Remanding for Retrial (件) (case)
合 计	**Total**	**7876**	**5115**	**4026**	**5274**	**230**	**859**
危害公共安全案	Cases of Endangering Public Safety	824	540	454	472	15	71
破坏社会主义市场经济秩序案	Cases of Disrupting the Order of Socialist Market Economy	964	564	415	735	26	123
侵犯公民人身、民主权利案	Cases of Infringement of Citizens' Personal and Democratic Rights	1213	779	632	747	29	118
侵犯财产案	Property Infringement Cases	1633	1055	822	1028	44	189
妨害社会管理秩序案	Cases of Disrupting Social Management Order	2640	1745	1382	1954	90	273
贪污贿赂案	Corruption and Bribery Cases	271	172	133	146	5	34
渎职侵权案	Dereliction of Duty and Infringement of Right Cases	77	42	26	40	6	10
其他刑事案	Other Criminal Cases	254	218	162	152	15	41

11-8 人民检察院办理民事、行政判决裁定调解书监督情况(2023年)
Civil and Administrative Judgments, Rulings, and Mediation Statements Supervised by People's Procuratorate (2023)

单位：件 (case)

项 目	Item	合计 Total	民事案件 Civil Cases	行政案件 Administrative Cases
提出抗诉	Presenting Protest	3999	3807	192
抗诉案件再审	Retrial of Protested Cases	3497	3368	129
改 判	Revising Judgment	2422	2372	50
调 解	Mediation	204	200	4
发回重审	Remanding for Retrial	337	306	31
和解撤诉	Reconciliation and Withdrawal	258	237	21
维持原判	Affirming Original Judgment	195	175	20
其 他	Others	81	78	3
提出再审检察建议	Giving Retrial Procuratorate Suggestion	10957	10525	432
采纳再审检察建议再审情况	Retrial after Adopting Procuratorate Suggestion	5345	5169	176
改 判	Revising Judgment	3812	3745	67
调 解	Mediation	350	337	13
发回重审	Remanding for Retrial	86	81	5
和解撤诉	Reconciliation and Withdrawal	311	271	40
维持原判	Affirming Original Judgment	111	107	4
其 他	Others	675	628	47

11-9 人民检察院刑事诉讼监督和刑事执行检察情况
Supervision of Criminal Proceedings and Procuratorial Work of Criminal Execution by People's Procuratorate

项　目	Item	2022	2023
立案监督小计(件)	Sub-total of Supervision of Cases Registered (case)	82932	139480
监督立案	Supervision of Cases Filing	36951	96756
监督撤案	Supervision of Cases Withdrawn	45981	42724
建议行政执法机关移送案件(件)	Cases recommended for transfer by administrative law enforcement agencies (case)	8779	5869
已纠正漏捕漏诉小计(人)	Sub-total of Supervision of Investigation (person)	76689	118115
纠正漏捕	Rectified of Missed Arrests	17273	19485
纠正漏诉	Rectified of Missed Appeals	59416	98630
已纠正侦查活动违法小计(件次)	Sub-total of Rectified of Illegal Investigation (case-time)	201315	247592
提出检察建议合计(件次)	Number of Procuratorial Recommendations (case-time)	53324	53976
纠正违法类检察建议	Rectified of Legal Violations	23149	30641
社会治理类检察建议	Rectified of Social Governance	23810	19294
其他问题	Others	6365	4041
减刑、假释、暂予监外执行检察小计(人)	Sub-total of Commutation of Sentence, Parole and Temporary Execution Outside Prison (person)	58039	25517
监外执行和社区矫正监管活动检察(人)	Prosecution of Outside Prison Execution and Community Correction (person)	102083	130315

11-10 人民法院审理一审案件情况
First Trial Cases by People's Courts

单位：件 (case)

年份 Year	收案 Cases Accepted	刑事 Criminal	民事 Civil	行政 Administrative	行政赔偿 Administrative Compensation
1978	447755	146968	300787		
1980	763535	197856	565679		
1985	1319741	246655	846391	916	
1986	1611282	299720	989409	632	
1987	1875229	289614	1213219	5940	
1988	2290624	313306	1455130	8573	
1989	2913515	392564	1815385	9934	
1990	2916774	459656	1851897	13006	
1991	2901685	427840	1880635	25667	
1992	3051157	422991	1948786	27125	
1993	3414845	403267	2089257	27911	
1994	3955475	482927	2383764	35083	
1995	4545676	495741	2718533	52596	
1996	5312580	618826	3093995	79966	
1997	5288379	436894	3277572	90557	
1998	5410798	482164	3375069	98350	
1999	5692434	540008	3519244	97569	
2000	5356294	560432	3412259	85760	
2001	5344934	628996	3459025	100921	
2002	5132199	631348	4420123	80728	
2003	5130760	632605	4410236	87919	
2004	5072881	647541	4332727	92613	
2005	5161170	684897	4380095	96178	
2006	5183794	702445	4385732	95617	
2007	5550062	724112	4724440	101510	
2008	6288831	767842	5412591	108398	
2009	6688963	768507	5800144	120312	
2010	6999350	779595	6090622	129133	
2011	7596116	845714	6614049	136353	
2012	8442657	996611	7316463	129583	
2013	8876733	971567	7781972	123194	
2014	9489787	1040457	8307450	141880	
2015	11444950	1126748	10097804	220398	
2016	12088800	1101191	10762124	225485	
2017	12907729	1294377	11373753	230432	9167
2018	13920964	1203055	12449685	256656	11568
2019	15439600	1293911	13852052	279574	14063
2020	14518468	1107610	13136436	260220	14202
2021	18226928	1277197	16612893	319977	16861
2022	17158605	1039612	15827199	278304	13490
2023	19070779	1229811	17530542	298711	11715

注：1.一审案件指人民法院按照诉讼级别管辖按第一审程序审理的案件。
2.2002年起，经济纠纷和海事海商并入民事案件中。
3.2017年起，行政赔偿案件从行政案件中分离出来。

a) First trial cases refer to cases accepted by people's courts according to the first trial proceedings.
b) Data of civil cases include cases of economic disputes and maritime disputes since 2002.
c) Data of administrative compensation cases are separated from administrative cases since 2017.

11-11 人民法院审理刑事一审案件收结案情况(2023年)
First Trial Criminal Cases Accepted and Settled by People's Courts (2023)

单位：件 (case)

项目	Item	收案 Cases Accepted	结案 Cases Settled
合计	**Total**	**1229811**	**1243255**
危害公共安全罪	Offences Against Public Security	395664	397184
破坏社会主义市场经济秩序罪	Offences Against Socialist Market Economic Order	61634	62518
侵犯公民人身权利民主权利罪	Offences Against Citizens' Personal and Democratic Rights	128228	131990
侵犯财产罪	Offences Against Properties	249224	251267
妨害社会管理秩序罪	Offences Against Social Management of Order	378904	383773
危害国防利益罪	Offences Against National Defense	273	285
贪污贿赂罪	Offences on Corruption and Bribery	14000	14238
渎职罪	Offences on Dereliction of Duty	1564	1647
其他	Others	320	353
合计中含自诉案件	Private Prosecution Among the Total	9579	9666

注：结案中含上年旧存(以下相关表同)。
a) Data of cases settled include cases turned over from previous year. The same applies to the following tables.

11-12 人民法院审理刑事案件罪犯情况
Statistics on Criminal Offenders Heard by People's Courts

年份 Year	刑事罪犯总数(人) Number of Offenders (person)	#青少年罪犯 Juvenile Offenders	不满18岁 Less Than 18 Years	18岁至25岁 Between 18 and 25 Years	青少年罪犯占刑事罪犯比重(%) Proportion of Juvenile Offenders in the Total (%)
1997	526312	199212	30446	168766	37.9
1998	528301	208076	33612	174464	39.4
1999	602380	221153	40014	181139	36.7
2000	639814	220981	41709	179272	34.5
2001	746328	253465	49883	203582	34.0
2002	701858	217909	50030	167879	31.0
2003	742261	231715	58870	172845	31.2
2004	764441	248834	70086	178748	32.6
2005	842545	285801	82692	203109	33.9
2006	889042	303631	83697	219934	34.2
2007	931745	316298	87506	228792	33.9
2008	1007304	322061	88891	233170	32.0
2009	996666	302023	77604	224419	30.3
2010	1006420	287978	68193	219785	28.6
2011	1050747	282429	67280	215149	26.9
2012	1173406	282990	63782	219208	24.1
2013	1157784	265439	55817	209622	22.9
2014	1183784	249576	50415	199161	21.1
2015	1231656	236341	43839	192502	19.2
2016	1219569	204657	35743	168914	16.8
2017	1268985	183471	32778	150693	14.5
2018	1428772	243275	34365	208910	17.0
2019	1659550	281860	43038	238822	17.0
2020	1526811	245074	33768	211306	16.1
2021	1714942	283565	34616	248949	16.5
2022	1430865	247785	27757	220028	17.3
2023	1659396	284558	36037	248521	17.1

11-13 人民法院审理民事一审案件收结案情况(2023年)
Statistics on First Trial Civil Cases Accepted and Settled People's Courts (2023)

单位：件 (case)

项 目	Item	收 案 Cases Accepted	结 案 Cases Settled	判 决 Judgment	不予受理 Dismiss	驳回起诉 Reject	撤 诉 With-drawal	调 解 Mediation	其 他 Other
合计	**Total**	**17530542**	**17477181**	**8271078**	**45398**	**352538**	**4370071**	**4233922**	**204174**
人格权纠纷	Personality Disputes	192977	191590	101263	447	3053	45098	40593	1136
婚姻家庭、继承纠纷	Disputes of Marriage, Family and Inheritance	2174936	2170042	722572	1928	17408	376995	1033392	17747
物权纠纷	Property Rights Disputes	349681	350600	159782	2645	24669	106766	53413	3325
合同、无因管理、不当得利纠纷	Contract, Non-cause Management, Improper Profit Disputes	11936754	11869516	5802094	34584	252736	3102208	2565458	112436
知识产权与竞争纠纷	Intellectual Property Rights and Competition Disputes	462176	460306	127911	558	3589	270109	50753	7386
劳动争议、人事争议	Labor Disputes, Personnel Disputes	608529	594894	319497	1979	18852	95230	134711	24625
海事海商纠纷	Maritime Disputes	16117	16238	6340	95	175	4799	3665	1164
与公司、证券、保险、票据等有关的民事纠纷	Civil Disputes Relating to Companies, Securities, Insurance, Bills, etc	599395	632177	360597	1603	13862	134788	90276	31051
侵权责任纠纷	Tort Liability Dispute	1091165	1097538	607116	1267	12668	212665	259318	4504
其他	Others	98812	94280	63906	292	5526	21413	2343	800

11-14 人民法院审理婚姻家庭、继承一审案件收结案情况(2023年)
Statistics on First Trial Civil Cases of Marriage, Family Affairs and Inheritance Accepted and Settled by People's Courts (2023)

单位：件 (case)

项 目	Item	收 案 Cases Accepted	结 案 Cases Settled	判 决 Judgment	不予受理 Dismiss	驳回起诉 Reject	撤 诉 With-drawal	调 解 Mediation	其 他 Other
合计	**Total**	**2174936**	**2170042**	**722572**	**1928**	**17408**	**376995**	**1033392**	**17747**
婚姻家庭纠纷	Marriage and Family Disputes	2034502	2032771	681705	1727	14456	353211	965266	16406
离婚纠纷	Divorce Disputes	1713177	1713663	560022	1096	9782	282659	848663	11441
抚养纠纷	Upbringing Disputes	138219	136993	49845	158	1502	27976	55962	1550
扶养纠纷	Maintenance Disputes	3310	3255	1296	4	45	866	989	55
赡养纠纷	Support Disputes	23738	23666	9014	23	286	5823	7985	535
收养关系纠纷	Adoption Relation Disputes	1663	1639	619	5	40	288	669	18
监护权纠纷	Guardianship Disputes	708	707	216	9	35	283	150	14
探望权纠纷	Visitation Disputes	7404	7345	2762	14	96	1589	2727	157
其他	Others	146283	145503	57931	418	2670	33727	48121	2636
继承纠纷	Inheritance	138372	134892	40165	197	2921	23340	66949	1320
法定继承纠纷	Legal Inheritance	54234	52781	10229	54	711	7934	33515	338
遗嘱继承纠纷	Testament Inheritance	9012	8610	3461	5	152	1581	3325	86
其他	Others	75126	73501	26475	138	2058	13825	30109	896
其他	Others	2062	2379	702	4	31	444	1177	21

11-15 人民法院审理行政一审案件收结案情况(2023年)
First Trial Administrative Cases Accepted and Settled by People's Courts(2023)

单位：件 (case)

项目	Item	收案 Cases Accepted	结案 Cases Settled	判决 Judgment	不予立案 Not to Put on Record	驳回起诉 Reject	撤诉 With-drawal	调解 Mediation	其他 Other
合计	**Total**	**298711**	**295965**	**145081**	**13647**	**52728**	**71963**	**3556**	**8990**
公安	Public Security	35541	34494	16745	1741	4580	10706	69	653
资源	Resource	38754	38403	16611	1981	9391	8518	451	1451
城乡建设	Urban and Rural Construction	49172	48633	20760	2193	11731	10894	910	2145
计划生育	Family Planning	91	85	31	6	18	29	1	
工商	Industry and Commerce	6326	6215	2095	348	1381	2160	86	145
卫生	Health	1546	1529	561	108	438	367	27	28
环境保护	Environment Protection	1655	1824	1003	38	174	496	50	63
交通运输	Traffic and Transport	1632	1636	624	80	208	677	24	23
税务	Tax	1253	1222	443	98	283	352	6	40
劳动和社会保障	Labour and Social Security	28882	28004	17949	504	1928	7196	79	348
乡政府	Townships Government	21640	21917	9991	1012	4805	4679	298	1132
其他	Other	112219	112003	58268	5538	17791	25889	1555	2962

11-16 律师、公证和调解工作基本情况
Basic Statistics on Lawyers, Notarization and Mediation

项目	Item	2018	2019	2020	2021	2022	2023
律师工作	**Lawyers**						
律师事务所(家)	Number of Law Offices (unit)	30647	32621	34441	36504	38547	41132
律师人数(人)	Number of Lawyers (person)	423758	473036	522510	574042	650312	731637
#专职律师	Full-time Lawyers	364345	397329	424475	457378	503638	557068
兼职律师	Part-time Lawyers	12002	12589	13515	14400	15462	14790
#女	Female	152816	176120	200239	208783	249903	305574
担任法律顾问(家)	Number of Units with Legal Advisors (unit)	700027	736917	779760	846336	876338	909949
民事案件代理(件)	Agent of Civil Cases (case)	3969240	4792176	5327052	6601598	6975417	8244294
刑事案件辩护及代理(件)	Agent and Defender of Criminal Cases (case)	814570	1094423	1049632	1228117	990440	1287744
行政案件代理(件)	Agent of Administrative Action (case)	165840	189342	208030	262246	254756	299820
非诉讼法律事务(件)	Non-Litigious Legal Affairs (case)	1058594	1336860	1233002	1679879	1416481	1503755
咨询和代书(万件)	Legal Consulting and Writing (10 000 cases)	322.6	309.8	253.7	249.2	229.8	235.6
公证工作	**Notarization**						
公证机构(家)	Number of Notary Offices (unit)	2956	2956	2942	2947	2948	2941
公证员(人)	Notaries (person)	13335	13428	13620	14600	14869	15292
办理公证(出证)总数(万件)	Number of Notarized Documents (10 000 cases)	1337.3	1374.3	1173.8	1210.0	1104.5	1365.2
人民调解工作	**People's Mediation**						
人民调解委员会(万个)	Number of People's Mediation Committees (10 000 units)	75.2	73.5	70.8	68.9	69.3	69.8
调解人员(万人)	Number of Mediators (10 000 persons)	349.7	337.8	320.9	316.2	317.6	307.8
调解案件总数(万件)	Number of Civil Disputes Mediated (10 000 cases)	953.2	931.5	819.6	874.4	892.3	1720.0

注：1.全国律师人数中包括各省(区、市)和新疆兵团律师以及司法部批准的公职律师、公司律师、中国法律律师事务所律师和军队律师。
2.2023年，调解案件总数含法院委托移送调解案件数。

a) The number of lawyers nationwide includes lawyers from all provinces (autonomous regions and municipalities) and Xinjiang corps, as well as public lawyers, corporate lawyers, lawyers from Chinese law firms and military lawyers approved by the Ministry of Justice.

b) In 2023, the total number of civil disputes mediated includes the number of mediation cases transferred by the court.

11-17 分地区律师和公证员情况(2023年)

Statistics on Lawyers and Notaries by Region (2023)

单位：人 (person)

地 区	Region	律师人数 Number of Lawyers	#女 Female	#专职律师 Full-time Lawyers	公证员 Notaries	#女 Female
全 国	**National Total**	**731637**	**305574**	**557068**	**15292**	**8624**
北 京	Beijing	52859	26559	46385	449	267
天 津	Tianjin	12304	6049	9185	228	140
河 北	Hebei	25401	10353	18405	818	490
山 西	Shanxi	15315	6936	11330	379	223
内蒙古	Inner Mongolia	14271	6445	9901	556	314
辽 宁	Liaoning	21900	9865	16406	400	198
吉 林	Jilin	8631	3588	6072	459	256
黑龙江	Heilongjiang	9357	3926	6663	434	260
上 海	Shanghai	41243	18765	35353	564	311
江 苏	Jiangsu	49038	19063	37574	832	479
浙 江	Zhejiang	41945	17929	29884	640	351
安 徽	Anhui	23561	7230	16249	427	199
福 建	Fujian	20887	8624	15487	530	281
江 西	Jiangxi	13228	4175	8851	351	174
山 东	Shandong	46617	17714	35335	1021	549
河 南	Henan	38589	14135	31410	755	416
湖 北	Hubei	22028	8151	17134	411	209
湖 南	Hunan	25894	10398	19106	451	253
广 东	Guangdong	79294	35171	66319	1210	688
广 西	Guangxi	16808	6125	11228	371	199
海 南	Hainan	7494	3280	5674	127	76
重 庆	Chongqing	17741	7310	13603	297	165
四 川	Sichuan	37943	16066	29404	1031	623
贵 州	Guizhou	17478	6569	12528	327	177
云 南	Yunnan	17621	7619	13654	671	391
西 藏	Xizang	1055	462	660	50	26
陕 西	Shaanxi	19028	8570	14750	539	323
甘 肃	Gansu	8519	3400	6031	322	168
青 海	Qinghai	2080	923	1489	96	56
宁 夏	Ningxia	4745	2252	3416	140	100
新 疆	Xinjiang	10225	4646	7571	406	262

注：全国律师人数中包含其他律师数8538人。

a) Total number of layers included other layers 8538 person.

11-18 公证业务分类(2023年)
Notarial Services by Type (2023)

分 类	Item	办证件数(件) Number of Notarial Documents Issued (case)	比 重 (%) Percentage (%)
合计	**Total**	**13651594**	**100.00**
合同(协议)	Contracts (Agreements)	640222	4.69
继承	Inheritance	1701487	12.46
#小额继承	Small Amount Inheritance	170126	1.25
委托	Power of Attorney	2714600	19.88
声明	Declaration	1483931	10.87
赠与	Gift	47931	0.35
遗嘱	Testament	154444	1.13
现场监督	Field Supervision	144118	1.06
婚姻状况、亲属关系、收养关系	Marital Status, Kinship Confirmation, Adoptive Relationship	546158	4.00
出生、生存、死亡	Births, Survival, Deaths	373905	2.74
身份、经历、学历、学位、职务、职称	Identity, Resume, Education Background, Academic Degree, Professional Titles	142475	1.04
有无违法犯罪记录	Illegal and Criminal Record Check	495668	3.63
公司章程	Corporation Constitutions	1792	0.01
保全证据	Evidence Preservation	652494	4.78
证书、执照	Certificate, Licence	1189202	8.71
签名、印鉴	Signature, Seal	267082	1.96
文本相符	Conformity of Documentation	897471	6.57
赋予强制执行效力	Executor Force	1728368	12.66
执行证书	Certificate of Execution	55024	0.40
抵押登记	Mortgage Registration	5968	0.04
提存	Drawing	21203	0.16
保管	Storage	3379	0.02
其他	Others	384672	2.82

11-19 调解民间纠纷分类情况
Civil Disputes Mediated by Type

项　目	Item	调 解 纠 纷 (万件) Civil Disputes Mediated (10 000 cases)		各类纠纷所占比重 (%) Percentage (%)	
		2022	2023	2022	2023
合　计	**Total**	**892.3**	**1720.0**	**100.0**	**100.0**
#婚姻家庭	Marriage and Family Disputes	123.0	147.5	13.8	8.6
房屋、宅基地	Housing and Housing Sites	30.4	32.2	3.4	1.9
邻　里	Neighbor Disputes	225.9	285.3	25.3	16.6
损害赔偿	Compensation for Damages	73.4	85.2	8.2	5.0
医　疗	Health Care	6.5	7.6	0.7	0.4
道路交通事故	Traffic Accidents	69.9	83.7	7.8	4.9

注：2023年，调解纠纷合计数含法院委托移送调解案件数。
a) In 2023, the total number of civil disputes mediated includes the number of mediation cases transferred by the court.

11-20 劳动人事争议仲裁情况
Arbitration of Labor and Personnel Disputes

项　目	Item	2018	2019	2020	2021	2022	2023
上期未结案数(件)	**Number of Cases Left Over from Last Period(case)**	**35506**	**48687**	**49723**	**43525**	**40745**	**43661**
案件受理情况	**Cases Accepted**						
当期案件受理数(件)	Number of Current Cases(case)	894053	1069638	1094788	1252045	1473145	1629445
#集体劳动争议案件数	Number of Collective Labour Disputes	8699	9235	8321	7446	8148	8484
劳动者申诉案件数	Number of Cases Appealed by Laborers	869421	1021334	1041567	1199847	1421670	1581748
按争议原因分(件)	By Cause of the Disputes(case)						
#劳动报酬	Labour Remuneration	380751	446572	462729	524473	593024	638503
社会保险	Social Insurances	144533	149966	136496	164102	187186	227063
解除、终止劳动合同	Dissolution or Termination of Labour Contract	195063	259550	280058	293924	382297	428270
劳动者当事人数(人)	Number of Laborers Involved(person)	1110175	1274124	1283491	1404754	1636418	1803057
#集体劳动争议	Collective Labour Disputes	234943	220174	200824	159898	177821	175402
案件处理情况	**Cases Settled**						
结案数(件)	Number of Cases Settled(case)	884223	1068413	1100681	1256162	1466857	1641106
按处理方式分	By Manners of Settlement						
仲裁调解	By Mediation	458353	552584	599797	703373	847132	951055
仲裁裁决	By Arbitrition Lawsuit	357666	430309	430863	471819	542709	603393
其他方式	Others	68204	85520	70021	80970	77016	86658
按处理结果分	By Result of Settlement						
用人单位胜诉	Lawsuit Won by Employers	93823	112747	112053	127910	150606	165385
劳动者胜诉	Lawsuit Won by Laborers	276642	314097	310819	341245	370243	398015
双方部分胜诉及其他	Lawsuit Partly Won by Both Parties and Others	513758	641569	677809	787007	946008	1077706
案外调解案件数(件)	**Cases Mediated(case)**	**214288**	**242479**	**255328**	**320621**	**381693**	**469647**

11-21 全国生产安全事故情况
Statistics on Production Safety Accident Nation Wide

项 目	Item	总计 Total				#较大事故 Larger Accident			
		2022		2023		2022		2023	
		发生数（起） Case (case)	死亡人数（人） Death (person)	发生数（起） Case (case)	死亡人数（人） Death (person)	发生数（起） Case (case)	死亡人数（人） Death (person)	发生数（起） Case (case)	死亡人数（人） Death (person)
合 计	**Total**	**27675**	**22287**	**24494**	**21242**	**366**	**1365**	**436**	**1651**
农林牧渔业	Agriculture, Forestry, Animal Husbandry and Fishery	171	256	227	282	26	107	16	59
农业机械	Agricultural Machinery	26	21	35	33				
渔业船舶	Fishery Vessel	60	124	55	92	15	72	11	43
其 他	Others	85	111	137	157	11	35	5	16
采矿业	Mining and Quarrying	743	701	718	780	23	97	25	106
煤矿	Coal Mine	460	339	434	436	11	54	10	43
金属非金属矿山	Metal Mine and Non-Metallic Mine	237	309	243	306	11	39	15	63
其 他	Others	46	53	41	38	1	4		
商贸制造业	Trading Manufacturing	2012	2083	1935	2052	41	152	58	229
化工	Chemical Industry	138	154	123	165	7	24	8	30
烟花爆竹	Fireworks and Crackers	11	16	13	19	1	4	1	7
冶金机械八行业	Metallurgical Machinery and Mther 8 Industries	1576	1618	1505	1533	32	121	37	141
其 他	Others	287	295	294	335	1	3	12	51
建筑业	Construction	2761	2868	2741	2928	38	141	49	181
房屋建筑业	Building Construction	913	980	772	784	8	31	8	31
土木工程建筑业	Engineering Construction	726	799	761	887	20	74	27	100
其 他	Others	1122	1089	1208	1257	10	36	14	50
交通运输业	Transportation Industry	21072	15381	17802	14047	207	748	265	988
铁路运输业	Rail Transportation	432	361	358	306	2	3	2	
道路运输业	Road Transportation	20394	14718	17235	13493	186	681	252	929
水上运输业	Water Transportation	86	138	62	103	9	39	8	49
航空运输业	Air Transportation	13	10	14	14	1		1	3
其 他	Others	147	154	133	131	9	25	2	7
其他行业	Others	916	998	1071	1153	31	120	23	88

11-21 续表 continued

项 目	Item	#重大事故 Serious and Major Accidents 2022 发生数(起) Case (case)	2022 死亡人数(人) Death (person)	2023 发生数(起) Case (case)	2023 死亡人数(人) Death (person)	#特别重大事故 Extraordinarily Serious Accident 2022 发生数(起) Case (case)	2022 死亡人数(人) Death (person)	2023 发生数(起) Case (case)	2023 死亡人数(人) Death (person)
合 计	**Total**	**9**	**120**	**14**	**207**	**2**	**96**	**2**	**84**
农林牧渔业	Agriculture, Forestry, Animal Husbandry and Fishery	1	10						
农业机械	Agricultural Machinery								
渔业船舶	Fishery Vessel	1	10						
其 他	Others								
采矿业	Mining and Quarrying	4	57	5	76			1	53
煤矿	Coal Mine	2	24	5	76			1	53
金属非金属矿山	Metal Mine and Non-Metallic Mine	2	33						
其 他	Others								
商贸制造业	Trading Manufacturing	1	17	4	44	1	42	1	31
化工	Chemical Industry			3	33				
烟花爆竹	Fireworks and Crackers								
冶金机械八行业	Metallurgical Machinery and Mther 8 Industries	1	17	1	11	1	42	1	31
其 他	Others								
建筑业	Construction	1	14	4	67	1	54		
房屋建筑业	Building Construction	1	14	1	11	1	54		
土木工程建筑业	Engineering Construction			1	16				
其 他	Others			2	40				
交通运输业	Transportation Industry	2	22	1	20				
铁路运输业	Rail Transportation								
道路运输业	Road Transportation			1	20				
水上运输业	Water Transportation	2	22						
航空运输业	Air Transportation								
其 他	Others								
其他行业	Others								

11-22 按投诉性质分全国消协组织受理投诉情况
Statistics on Complaints Accepted by Consumer Society Nationwide by Nature of Complaints

项 目	Item	2022		2023	
		投诉件数 (件) Complaint Case (case)	比 重 (%) Percentage (%)	投诉件数 (件) Complaint Case (case)	比 重 (%) Percentage (%)
合 计	**Total**	**1151912**	**100.00**	**1328496**	**100.00**
售后服务	After-sales Service	388492	33.73	460513	34.66
合同	Contract	306003	26.56	327418	24.65
质量	Quality	228228	19.81	265465	19.98
虚假宣传	False Propaganda	44524	3.87	63266	4.76
价格	Price	52242	4.54	60852	4.58
安全	Safety	32074	2.78	44005	3.31
假冒	Case of Counterfeit	14924	1.30	20625	1.55
人格尊严	Personal Dignity	10312	0.90	13957	1.05
计量	Case of Weighing	7988	0.69	9941	0.75
其他	Others	67125	5.82	62454	4.71

注：资料来自《全国消协组织受理投诉情况分析报告》(以下相关表同)。
a) Data source is Analysis Report of Statistics on Complaints Accepted by Consumer Society. The same applies to the relevant following tables.

11-23 按商品大类分全国消协组织受理投诉情况
Statistics on Complaints Accepted by Consumer Society Nationwide by Merchandise Type Accepted

项 目	Item	2022		2023	
		投诉件数 (件) Complaint Case (case)	比 重 (%) Percentage (%)	投诉件数 (件) Complaint Case (case)	比 重 (%) Percentage (%)
合 计	**Total**	**1151912**	**100.00**	**1328496**	**100.00**
#家用电子电器类	Household Electrical Appliance	121524	10.55	158107	11.90
日用商品类	Commodity	121122	10.51	151431	11.40
服装鞋帽类	Clothing Shoes and Hats	89864	7.80	110396	8.31
食品类	Food	93478	8.12	106429	8.01
交通工具类	Vehicle	66188	5.75	64992	4.89
首饰及文体用品类	Jewelry and Stationery and Sporting Goods	26609	2.31	34500	2.60
房屋及建材类	Building Materials	35513	3.08	31351	2.36
医药及医疗用品类	Medicine and Medical Supplies	16020	1.39	24267	1.83
烟、酒和饮料类	Tobacco and Beverages	18287	1.59	16929	1.27
农用生产资料类	Agricultural Production Material	3998	0.35	6099	0.46

11-24 按服务大类分全国消协组织受理投诉情况
Statistics on Complaints Accepted by Consumer Society Nationwide by Service Type

项　目	Item	2022		2023	
		投诉件数 (件) Complaint Case (case)	比　重 (%) Percentage (%)	投诉件数 (件) Complaint Case (case)	比　重 (%) Percentage (%)
合　计	**Total**	**1151912**	**100.00**	**1328496**	**100.00**
#生活、社会服务类	Life and Social Services	152057	13.20	175356	13.20
互联网服务	Internet	106774	9.27	122905	9.25
教育培训服务	Education and Training	69164	6.00	64302	4.84
文化、娱乐、体育服务	Culture, Entertainment and Sports	39441	3.42	58413	4.40
销售服务	Sales	38977	3.38	49663	3.74
电信服务	Telecommunication	24133	2.10	34560	2.60
公共设施服务	Public Facilities	34674	3.01	28863	2.17
房屋装修及物业服务	House Decoration and Property Services	22752	1.98	21067	1.59
旅游服务	Tourism	4523	0.39	15014	1.13
邮政业服务	Postal	21779	1.89	14468	1.09
金融服务	Finance	4273	0.37	5124	0.39
卫生保健服务	Health care	3966	0.34	4833	0.36
保险服务	Insurance	2575	0.22	4645	0.35

11-25 全国查处“两品一械”案件情况
Statistics on Investigate and Treat Case of Medicine, Cosmetics and Medical Equipment

单位：件　(case)

项　目	Item	2018	2019	2020	2021	2022
查处药品案件	Investigate and Treat Medicine Case	96229	77093	61697	80355	91680
查处化妆品案件	Investigate and Treat Cosmetics Case	10465	8703	14316	22839	28289
查处医疗器械案件	Investigate and Treat Medical Equipment Case	18420	15373	26695	27336	33594

十二、社会参与
Social Participation

12-1 历届全国人民代表大会代表人数
Number of Deputies to Previous National People's Congresses

单位：人 (person)

届别	Congress	年份 Year	代表总数 Total Number of Deputies	#女代表 Female Deputies	#少数民族代表 Ethnic Minority Deputies	占代表总数比重(%) As Percentage to Total Deputies (%) 女代表 Female Deputies	少数民族代表 Ethnic Minority Deputies
一届	First Congress	1954	1226	147	177	12.0	14.4
二届	Second Congress	1959	1226	150	180	12.2	14.7
三届	Third Congress	1964	3040	542	373	17.8	12.3
四届	Fourth Congress	1975	2885	653	270	22.6	9.4
五届	Fifth Congress	1978	3497	740	381	21.2	10.9
六届	Sixth Congress	1983	2978	632	404	21.2	13.6
七届	Seventh Congress	1988	2970	634	445	21.3	15.0
八届	Eighth Congress	1993	2978	626	439	21.0	14.7
九届	Ninth Congress	1998	2979	650	428	21.8	14.4
十届	Tenth Congress	2003	2984	604	415	20.2	13.9
十一届	Eleventh Congress	2008	2987	637	411	21.3	13.8
十二届	Twelfth Congress	2013	2987	699	409	23.4	13.7
十三届	Thirteenth Congress	2018	2980	742	438	24.9	14.7
十四届	Fourteenth Congress	2023	2977	790	442	26.5	14.8

12-2 历届全国政治协商会议委员人数
Number of Members of Previous Chinese People's Political Consultative Conferences

单位：人 (person)

届别	Congress	年份 Year	委员总数 Total Number of Deputies	#中国共产党委员 Deputies from the Communist Party of China	#少数民族委员 Ethnic Minority Deputies	占委员总数比重(%) As Percentage to Total Deputies (%) 中国共产党委员 Deputies from the Communist Party of China	少数民族委员 Ethnic Minority Deputies
一届	First Congress	1949	180	59	19	32.8	10.6
二届	Second Congress	1954	559	150	61	26.8	10.9
三届	Third Congress	1959	1071	378	78	35.3	7.3
四届	Fourth Congress	1965	1199	502	81	41.9	6.8
五届	Fifth Congress	1978	1988	972	143	48.9	7.2
六届	Sixth Congress	1983	2039	816	179	40.0	8.8
七届	Seventh Congress	1988	2081	832	221	40.0	10.6
八届	Eighth Congress	1993	2093	831	241	39.7	11.5
九届	Ninth Congress	1998	2196	877	257	39.9	11.7
十届	Tenth Congress	2003	2238	895	262	40.0	11.7
十一届	Eleventh Congress	2008	2237	892	250	39.9	11.2
十二届	Twelfth Congress	2013	2237	893	258	39.9	11.5
十三届	Thirteenth Congress	2018	2158	859	245	39.8	11.4
十四届	Fourteenth Congress	2023	2169	852	243	39.3	11.2

注：本表统计的是每届全国政协届初时的情况。
a) Statistics in this table are given at the beginning of each CPPCC congress.

12-3 分地区社区养老服务机构和设施情况
Statistics on Community Elderly-care Service Agencies and Facilities by Region

地 区	Region	2022	2023
全 国	**National Total**	**346823**	**362843**
北 京	Beijing	1534	1681
天 津	Tianjin	1430	1516
河 北	Hebei	30706	33162
山 西	Shanxi	7360	7838
内蒙古	Inner Mongolia	2845	3140
辽 宁	Liaoning	8345	8324
吉 林	Jilin	3941	3985
黑龙江	Heilongjiang	3944	4555
上 海	Shanghai	13328	13623
江 苏	Jiangsu	17755	17856
浙 江	Zhejiang	27794	28733
安 徽	Anhui	8021	8484
福 建	Fujian	17695	18528
江 西	Jiangxi	22265	22259
山 东	Shandong	26674	32823
河 南	Henan	14539	14942
湖 北	Hubei	20442	23126
湖 南	Hunan	28979	29337
广 东	Guangdong	21808	21414
广 西	Guangxi	12127	12193
海 南	Hainan	273	436
重 庆	Chongqing	5623	5823
四 川	Sichuan	12117	10904
贵 州	Guizhou	9325	8528
云 南	Yunnan	3934	4952
西 藏	Xizang	15	18
陕 西	Shaanxi	10447	10716
甘 肃	Gansu	9486	9511
青 海	Qinghai	1318	1518
宁 夏	Ningxia	1496	1600
新 疆	Xinjiang	1257	1318

12-4 社会组织情况
Statistics on NGOs

单位：个 (unit)

年 份 Year	社会组织合计 Total Number of NGOs	社会团体 Social Organizations	民办非企业 Non-enterprise Units Run by NGO	基金会 Foundations
1988	4446	4446		
1989	4544	4544		
1990	10855	10855		
1991	82814	82814		
1992	154502	154502		
1993	167506	167506		
1994	174060	174060		
1995	180583	180583		
1996	184821	184821		
1997	181318	181318		
1998	165600	165600		
1999	142665	136764	5901	
2000	153322	130668	22654	
2001	210939	128805	82134	
2002	244509	133297	111212	
2003	266612	141167	124491	954
2004	289432	153359	135181	892
2005	319762	171150	147637	975
2006	354393	191946	161303	1144
2007	386916	211661	173915	1340
2008	413660	229681	182382	1597
2009	431069	238747	190479	1843
2010	445631	245256	198175	2202
2011	461971	254969	204388	2614
2012	499268	271131	225108	3029
2013	547245	289026	254670	3549
2014	606048	309736	292195	4117
2015	662425	328500	329141	4784
2016	702405	335932	360914	5559
2017	761539	354794	400438	6307
2018	817360	366234	444092	7034
2019	866335	371638	487112	7585
2020	894162	374771	510959	8432
2021	901870	371110	521883	8877
2022	891267	370093	511855	9319
2023	881574	372662	499295	9617

注：2001年以前的基金会含在社会团体内。
a) Data of social organizations included foundations before 2001.

12-5 分地区社会组织情况(2023年)
Statistics on Social Organizations by Region(2023)

单位：个 (unit)

地区	Region	单位数 Number of Social Organizations	社会团体 Social Organi-zation	#省级 Provincial Level	#地级 Prefecture-level	#县级 County Level	基金会 Fund Organi-zation
全国	**National Total**	**881574**	**372662**	**32415**	**91483**	**246768**	**9617**
中央级	Central-level	2295	1996				213
北京	Beijing	12407	4306	2092		2214	839
天津	Tianjin	6571	2658	1064		1594	113
河北	Hebei	38635	12923	1122	3299	8502	527
山西	Shanxi	18940	8101	898	2438	4765	169
内蒙古	Inner Mongolia	16840	7717	983	2910	3824	194
辽宁	Liaoning	26812	6853	701	3280	2872	106
吉林	Jilin	12741	5584	973	1687	2924	121
黑龙江	Heilongjiang	19719	6876	1205	2630	3041	121
上海	Shanghai	17283	4307	1464		2843	627
江苏	Jiangsu	75771	29644	1044	6697	21903	809
浙江	Zhejiang	68787	26395	1188	5325	19882	1179
安徽	Anhui	38736	18908	998	4252	13658	207
福建	Fujian	33358	18701	1304	3534	13863	527
江西	Jiangxi	28652	13411	859	3245	9307	110
山东	Shandong	67680	22625	1147	6653	14825	334
河南	Henan	50117	14663	1120	4598	8945	154
湖北	Hubei	31173	12849	936	3153	8760	213
湖南	Hunan	36842	16042	1003	4506	10533	427
广东	Guangdong	71358	32713	2173	12131	18409	1451
广西	Guangxi	28368	12191	1050	3199	7942	117
海南	Hainan	8993	3697	1262	808	1627	131
重庆	Chongqing	17955	8313	1130		7183	100
四川	Sichuan	44692	20880	1248	4842	14790	204
贵州	Guizhou	15411	7481	866	1800	4815	75
云南	Yunnan	22417	12294	867	2741	8686	112
西藏	Xizang	745	644	333	150	161	22
陕西	Shaanxi	30688	16854	1067	2952	12835	187
甘肃	Gansu	19034	11855	651	1816	9388	91
青海	Qinghai	5745	3991	507	528	2956	35
宁夏	Ningxia	4439	2565	596	743	1226	62
新疆	Xinjiang	8370	4625	564	1566	2495	40

12-5 续表 continued

单位：个 (unit)

地 区	Region	具有公开募捐资格的基金会 With Public Fundraising Qualifications	不具有公开募捐资格的基金会 Without Public Fundraising Qualifications	民办非企业单位 Non-enterprise Units Run by NGO	法人 League Person	合伙 Partnership	个体 Individual
全 国	**National Total**	**2152**	**7465**	**499295**	**455375**	**5283**	**38637**
中央级	Central-level	78	135	86	85	1	
北 京	Beijing	49	790	7262	6462	47	753
天 津	Tianjin	20	93	3800	3753	3	44
河 北	Hebei	508	19	25185	19753	203	5229
山 西	Shanxi	24	145	10670	10091	83	496
内蒙古	Inner Mongolia	111	83	8929	7842	49	1038
辽 宁	Liaoning	13	93	19853	16924	162	2767
吉 林	Jilin	25	96	7036	4778	13	2245
黑龙江	Heilongjiang	42	79	12722	10275	297	2150
上 海	Shanghai	35	592	12349	12330	6	13
江 苏	Jiangsu	228	581	45318	42779	321	2218
浙 江	Zhejiang	174	1005	41213	41180	8	25
安 徽	Anhui	29	178	19621	16997	307	2317
福 建	Fujian	43	484	14130	13155	256	719
江 西	Jiangxi	69	41	15131	13996	168	967
山 东	Shandong	45	289	44721	41994	192	2535
河 南	Henan	25	129	35300	29875	1229	4196
湖 北	Hubei	25	188	18111	17066	246	799
湖 南	Hunan	136	291	20373	20239	5	129
广 东	Guangdong	193	1258	37194	36212	120	862
广 西	Guangxi	24	93	16060	15753	34	273
海 南	Hainan	22	109	5165	4619	26	520
重 庆	Chongqing	25	75	9542	9340	13	189
四 川	Sichuan	59	145	23608	20944	592	2072
贵 州	Guizhou	30	45	7855	5598	197	2060
云 南	Yunnan	3	109	10011	8590	448	973
西 藏	Xizang	10	12	79	75	2	2
陕 西	Shaanxi	36	151	13647	12078	89	1480
甘 肃	Gansu	8	83	7088	6040	77	971
青 海	Qinghai	18	17	1719	1673	14	32
宁 夏	Ningxia	26	36	1812	1300	23	489
新 疆	Xinjiang	19	21	3705	3579	52	74

12-6 分地区工会组织情况(2023年)
Statistics on Trade Unions by Region (2023)

地 区	Region	工会基层组织数(万个) Number of Grassroot Trade Unions (10 000 units)	全国已建工会组织的基层单位的职工与会员人数（万人） Staff and Workers and Membership of Grassroot Units with Established Trade Unions (10 000 persons) 职工人数 Staff and Workers	#女性 Female	会员人数 Membership	#女性 Female	工会专职工作人员人数(万人) Number of Full-time Personnel of Trade Unions (10 000 persons)
全 国	**National Total**	**222.8**	**27077.2**	**10581.3**	**25894.9**	**10201.0**	**81.7**
北 京	Beijing	3.4	807.6	268.7	644.1	233.4	1.4
天 津	Tianjin	1.7	298.1	113.4	294.2	112.8	0.5
河 北	Hebei	12.5	1436.9	479.4	1413.5	473.8	4.7
山 西	Shanxi	5.1	695.2	248.1	665.4	235.8	3.9
内蒙古	Inner Mongolia	4.5	389.6	141.1	371.3	135.4	1.6
辽 宁	Liaoning	6.1	1115.0	434.4	1069.3	420.4	2.5
吉 林	Jilin	3.1	430.2	167.3	423.1	165.2	1.4
黑龙江	Heilongjiang	4.1	476.1	167.3	448.6	160.1	2.5
上 海	Shanghai	4.9	768.6	291.2	728.6	277.7	1.1
江 苏	Jiangsu	14.5	2096.5	885.6	2004.8	848.1	3.1
浙 江	Zhejiang	13.6	1875.5	801.0	1817.7	782.4	2.9
安 徽	Anhui	12.1	1109.2	409.8	1061.4	395.6	3.9
福 建	Fujian	9.5	785.2	341.1	764.5	334.0	1.3
江 西	Jiangxi	7.8	849.4	308.0	825.7	301.6	5.2
山 东	Shandong	11.0	1488.8	581.1	1429.7	561.6	6.5
河 南	Henan	13.0	1430.3	552.1	1367.9	533.9	9.5
湖 北	Hubei	10.4	1159.4	446.3	1109.1	429.0	2.7
湖 南	Hunan	10.7	1033.1	382.2	1005.3	371.9	5.4
广 东	Guangdong	15.0	2356.9	1014.7	2179.8	947.6	6.0
广 西	Guangxi	5.8	563.2	246.7	539.3	237.6	1.7
海 南	Hainan	1.6	162.1	67.2	152.4	63.3	0.3
重 庆	Chongqing	4.4	561.1	219.3	540.6	211.9	1.7
四 川	Sichuan	14.1	1911.0	751.9	1860.0	736.2	3.1
贵 州	Guizhou	5.6	702.4	265.4	684.5	261.7	1.4
云 南	Yunnan	6.2	440.3	189.5	419.0	181.3	1.1
西 藏	Xizang	0.9	73.7	30.4	65.3	26.3	0.4
陕 西	Shaanxi	10.8	913.1	329.0	893.3	323.3	3.4
甘 肃	Gansu	3.6	358.0	136.3	349.6	133.6	0.8
青 海	Qinghai	1.4	124.4	49.8	121.3	49.2	0.3
宁 夏	Ningxia	1.3	132.6	54.5	128.5	53.2	0.3
新 疆	Xinjiang	4.2	490.6	188.2	475.1	183.4	1.2
中央和国家机关	Central and State Organs	0.2	43.2	20.5	41.9	19.8	0.1

十三、国际资料
International Statistical Indicators

13-1 人类发展指数(2022年)
Human Development Index (2022)

人类发展指数排名 HDI Rank	国家和地区	Country or Area	人类发展指数 Human Development Index	预期寿命(年) Life expectancy at birth (year)	预期受教育年限(年) Expected years of schooling (year)
	极高人类发展水平	Very high human development	0.90	79.31	16.63
	高人类发展水平	High human development	0.76	75.20	14.49
	中等人类发展水平	Medium human development	0.64	67.95	12.32
	低人类发展水平	Low human development	0.52	61.65	9.25
	极高人类发展水平	**Very high human development**			
1	瑞士	Switzerland	0.97	84.26	16.58
2	挪威	Norway	0.97	83.39	18.64
3	冰岛	Iceland	0.96	82.82	19.11
4	中国香港特别行政区	Hong Kong, China (SAR)	0.96	84.32	17.85
5	丹麦	Denmark	0.95	81.88	18.77
5	瑞典	Sweden	0.95	83.51	19.04
7	德国	Germany	0.95	80.99	17.34
7	爱尔兰	Ireland	0.95	82.72	19.13
9	新加坡	Singapore	0.95	84.13	16.90
10	澳大利亚	Australia	0.95	83.58	21.08
10	荷兰	Netherlands	0.95	82.45	18.58
12	比利时	Belgium	0.94	82.29	18.95
12	芬兰	Finland	0.94	82.35	19.23
12	列支敦士登	Liechtenstein	0.94	84.66	15.47
15	大不列颠联合王国	United Kingdom	0.94	82.16	17.63
16	新西兰	New Zealand	0.94	83.01	19.68
17	阿拉伯联合酋长国	United Arab Emirates	0.94	79.20	17.21
18	加拿大	Canada	0.94	82.85	15.96
19	韩国	Korea (Republic of)	0.93	84.02	16.51
20	卢森堡	Luxembourg	0.93	82.59	14.20
20	美国	United States	0.93	78.20	16.41
22	奥地利	Austria	0.93	82.41	16.37
22	斯洛文尼亚	Slovenia	0.93	82.13	17.41
24	日本	Japan	0.92	84.82	15.46
25	以色列	Israel	0.92	82.60	15.03
25	马耳他	Malta	0.92	83.70	15.86
27	西班牙	Spain	0.91	83.91	17.81
28	法国	France	0.91	83.23	15.99
29	塞浦路斯	Cyprus	0.91	81.89	16.24
30	意大利	Italy	0.91	84.06	16.66
31	爱沙尼亚	Estonia	0.90	79.16	15.94
32	捷克	Czechia	0.90	78.13	16.35
33	希腊	Greece	0.89	80.61	20.03
34	巴林	Bahrain	0.89	79.25	16.30

资料来源(Source)：https://hdr.undp.org/data-center/human-development-index#/indicies/HDI

13-1　续表 1　continued

人类发展指数排名 HDI Rank	国家和地区	Country or Area	人类发展指数 Human Development Index	预期寿命（年） Life expectancy at birth (year)	预期受教育年限（年） Expected years of schooling (year)
35	安道尔	Andorra	0.88	83.55	12.78
36	波兰	Poland	0.88	77.00	15.93
37	拉脱维亚	Latvia	0.88	75.93	16.56
37	立陶宛	Lithuania	0.88	74.29	16.40
39	克罗地亚	Croatia	0.88	79.24	15.57
40	卡塔尔	Qatar	0.88	81.56	13.26
40	沙特阿拉伯	Saudi Arabia	0.88	77.91	15.17
42	葡萄牙	Portugal	0.87	82.24	16.82
43	圣马力诺	San Marino	0.87	83.43	12.40
44	智利	Chile	0.86	79.52	16.77
45	斯洛伐克	Slovakia	0.86	75.33	14.72
45	土耳其	Türkiye	0.86	78.48	19.68
47	匈牙利	Hungary	0.85	74.96	15.07
48	阿根廷	Argentina	0.85	76.06	18.98
49	科威特	Kuwait	0.85	80.26	15.69
50	黑山	Montenegro	0.84	76.85	15.08
51	圣基茨和尼维斯	Saint Kitts and Nevis	0.84	72.03	18.41
52	乌拉圭	Uruguay	0.83	78.00	17.35
53	罗马尼亚	Romania	0.83	74.12	14.51
54	安提瓜和巴布达	Antigua and Barbuda	0.83	79.24	15.51
55	文莱达鲁萨兰国	Brunei Darussalam	0.82	74.55	13.70
56	俄罗斯联邦	Russian Federation	0.82	70.12	15.66
57	巴哈马	Bahamas	0.82	74.36	11.89
57	巴拿马	Panama	0.82	76.83	13.21
59	阿曼	Oman	0.82	73.94	12.96
60	佐治亚州	Georgia	0.81	71.59	16.73
60	特立尼达和多巴哥	Trinidad and Tobago	0.81	74.71	14.10
62	巴巴多斯	Barbados	0.81	77.71	16.53
63	马来西亚	Malaysia	0.81	76.26	12.93
64	哥斯达黎加	Costa Rica	0.81	77.32	16.09
65	塞尔维亚	Serbia	0.81	74.14	14.50
66	泰国	Thailand	0.80	79.68	15.58
67	哈萨克斯坦	Kazakhstan	0.80	69.49	14.82
67	塞舌尔	Seychelles	0.80	71.74	13.89
69	白俄罗斯	Belarus	0.80	73.25	13.98
	高人类发展水平	**High human development**			
70	保加利亚	Bulgaria	0.80	71.53	13.87
71	帕劳	Palau	0.80	65.36	17.22
72	毛里求斯	Mauritius	0.80	73.98	14.61
73	格林纳达	Grenada	0.79	75.34	16.58
74	阿尔巴尼亚	Albania	0.79	76.83	14.49

13-1 续表 2 continued

人类发展指数排名 HDI Rank	国家和地区	Country or Area	人类发展指数 Human Development Index	预期寿命（年） Life expectancy at birth (year)	预期受教育年限（年） Expected years of schooling (year)
75	中国	China	0.79	78.59	15.22
76	亚美尼亚	Armenia	0.79	73.37	14.41
77	墨西哥	Mexico	0.78	74.83	14.51
78	伊朗	Iran (Islamic Republic of)	0.78	74.56	14.12
78	斯里兰卡	Sri Lanka	0.78	76.61	13.64
80	波斯尼亚和黑塞哥维那	Bosnia and Herzegovina	0.78	75.29	13.28
81	圣文森特和格林纳丁斯	Saint Vincent and the Grenadines	0.77	68.97	16.25
82	多米尼加共和国	Dominican Republic	0.77	74.17	13.56
83	厄瓜多尔	Ecuador	0.77	77.89	14.86
83	北马其顿	North Macedonia	0.77	73.89	13.00
85	古巴	Cuba	0.76	78.16	14.47
86	摩尔多瓦共和国	Moldova (Republic of)	0.76	68.62	14.91
87	马尔代夫	Maldives	0.76	80.84	12.18
87	秘鲁	Peru	0.76	73.39	14.80
89	阿塞拜疆	Azerbaijan	0.76	73.49	12.71
89	巴西	Brazil	0.76	73.43	15.58
91	哥伦比亚	Colombia	0.76	73.66	14.44
92	利比亚	Libya	0.75	72.15	13.98
93	阿尔及利亚	Algeria	0.75	77.13	15.49
94	土库曼斯坦	Turkmenistan	0.74	69.41	13.24
95	圭亚那	Guyana	0.74	65.99	13.02
96	蒙古	Mongolia	0.74	72.67	14.52
97	多米尼加	Dominica	0.74	72.98	13.55
98	汤加	Tonga	0.74	71.27	16.29
99	约旦	Jordan	0.74	74.22	12.63
100	乌克兰	Ukraine	0.73	68.56	13.33
101	突尼斯	Tunisia	0.73	74.26	14.62
102	马绍尔群岛	Marshall Islands	0.73	65.15	16.39
102	巴拉圭	Paraguay	0.73	70.48	13.91
104	斐济	Fiji	0.73	68.31	13.85
105	埃及	Egypt	0.73	70.16	12.91
106	乌兹别克斯坦	Uzbekistan	0.73	71.67	11.99
107	越南	Viet Nam	0.73	74.58	13.05
108	圣卢西亚	Saint Lucia	0.73	71.29	12.71
109	黎巴嫩	Lebanon	0.72	74.42	12.05
110	南非	South Africa	0.72	61.48	14.26
111	巴勒斯坦国	Palestine, State of	0.72	73.44	13.15
112	印度尼西亚	Indonesia	0.71	68.25	13.98
113	菲律宾	Philippines	0.71	72.19	12.78
114	博茨瓦纳	Botswana	0.71	65.91	11.43
115	牙买加	Jamaica	0.71	70.63	12.46

13-1 续表 3 continued

人类发展指数排名 HDI Rank	国家和地区	Country or Area	人类发展指数 Human Development Index	预期寿命（年） Life expectancy at birth (year)	预期受教育年限（年） Expected years of schooling (year)
116	萨摩亚	Samoa	0.70	72.60	12.44
117	吉尔吉斯斯坦	Kyrgyzstan	0.70	70.48	12.99
118	伯利兹	Belize	0.70	70.96	12.43
	中等人类发展水平	**Medium human development**			
119	委内瑞拉玻利瓦尔共和国	Venezuela (Bolivarian Republic of)	0.70	71.11	13.50
120	玻利维亚	Bolivia (Plurinational State of)	0.70	64.93	15.02
120	摩洛哥	Morocco	0.70	74.97	14.59
122	瑙鲁	Nauru	0.70	64.01	12.56
123	加蓬	Gabon	0.69	65.69	12.43
124	苏里南	Suriname	0.69	70.29	10.96
125	不丹	Bhutan	0.68	72.23	13.06
126	塔吉克斯坦	Tajikistan	0.68	71.29	10.86
127	萨尔瓦多	El Salvador	0.67	71.48	11.91
128	伊拉克	Iraq	0.67	71.34	12.22
129	孟加拉国	Bangladesh	0.67	73.70	11.95
130	尼加拉瓜	Nicaragua	0.67	74.62	12.58
131	佛得角	Cabo Verde	0.66	74.72	11.53
132	图瓦卢	Tuvalu	0.65	64.85	12.10
133	赤道几内亚	Equatorial Guinea	0.65	61.19	12.13
134	印度	India	0.64	67.74	12.58
135	密克罗尼西亚联邦	Micronesia (Federated States of)	0.63	70.93	12.62
136	危地马拉	Guatemala	0.63	68.67	10.77
137	基里巴斯	Kiribati	0.63	67.66	11.80
138	洪都拉斯	Honduras	0.62	70.73	9.96
139	老挝	Lao People's Democratic Republic	0.62	69.00	10.19
140	瓦努阿图	Vanuatu	0.61	70.49	11.81
141	圣多美和普林西比	Sao Tome and Principe	0.61	68.79	12.66
142	斯威士兰	Eswatini (Kingdom of)	0.61	56.36	14.93
142	纳米比亚	Namibia	0.61	58.06	11.76
144	缅甸	Myanmar	0.61	67.26	12.06
145	加纳	Ghana	0.60	63.95	11.59
146	肯尼亚	Kenya	0.60	62.06	11.38
146	尼泊尔	Nepal	0.60	70.48	12.64
148	柬埔寨	Cambodia	0.60	69.90	11.56
149	刚果	Congo	0.59	63.05	12.42
150	安哥拉	Angola	0.59	61.93	12.17
151	喀麦隆	Cameroon	0.59	60.96	13.38
152	科摩罗	Comoros	0.59	63.68	13.04
153	赞比亚	Zambia	0.57	61.80	11.02
154	巴布亚新几内亚	Papua New Guinea	0.57	65.96	11.13
155	东帝汶	Timor-Leste	0.57	69.06	13.24

13-1 续表 4 continued

人类发展指数排名 HDI Rank	国家和地区	Country or Area	人类发展指数 Human Development Index	预期寿命（年） Life expectancy at birth (year)	预期受教育年限（年） Expected years of schooling (year)
156	所罗门群岛	Solomon Islands	0.56	70.74	10.30
157	阿拉伯叙利亚共和国	Syrian Arab Republic	0.56	72.30	7.42
158	海地	Haiti	0.55	63.73	11.14
159	乌干达	Uganda	0.55	63.64	11.50
159	津巴布韦	Zimbabwe	0.55	59.39	11.03
	低人类发展水平	**Low human development**			
161	尼日利亚	Nigeria	0.55	53.63	10.51
161	卢旺达	Rwanda	0.55	67.13	11.38
163	多哥	Togo	0.55	61.59	12.96
164	毛里塔尼亚	Mauritania	0.54	64.69	8.05
164	巴基斯坦	Pakistan	0.54	66.43	7.90
166	科特迪瓦	Côte d'Ivoire	0.53	58.92	10.10
167	坦桑尼亚	Tanzania (United Republic of)	0.53	66.78	8.59
168	莱索托	Lesotho	0.52	53.04	11.07
169	塞内加尔	Senegal	0.52	67.91	9.14
170	苏丹	Sudan	0.52	65.58	8.50
171	吉布提	Djibouti	0.52	62.86	8.03
172	马拉维	Malawi	0.51	62.90	11.50
173	贝宁	Benin	0.50	59.95	10.30
174	冈比亚	Gambia	0.50	62.91	8.98
175	厄立特里亚	Eritrea	0.49	66.60	7.32
176	埃塞俄比亚	Ethiopia	0.49	65.65	9.94
177	利比里亚	Liberia	0.49	61.10	10.47
177	马达加斯加	Madagascar	0.49	65.23	9.21
179	几内亚比绍	Guinea-Bissau	0.48	59.86	10.53
180	刚果	Congo (Democratic Republic of the)	0.48	59.74	9.58
181	几尼	Guinea	0.47	58.99	10.20
182	阿富汗	Afghanistan	0.46	62.88	10.71
183	莫桑比克	Mozambique	0.46	59.63	10.73
184	塞拉利昂	Sierra Leone	0.46	60.41	9.02
185	布基纳法索	Burkina Faso	0.44	59.77	8.09
186	也门	Yemen	0.42	63.72	7.94
187	布隆迪	Burundi	0.42	61.98	9.97
188	马里	Mali	0.41	59.42	7.04
189	乍得	Chad	0.39	53.00	8.19
189	尼日尔	Niger	0.39	62.08	7.19
191	中非共和国	Central African Republic	0.39	54.48	7.29
192	南苏丹	South Sudan	0.38	55.57	5.63
193	索马里	Somalia	0.38	56.11	7.65

13-1 续表 5 continued

人类发展指数排名 HDI Rank	国家和地区	Country or Area	平均受教育年限（年） Mean years of schooling (year)	人均国民总收入 (2017 PPP $) GNI per capita (2017 PPP $)	2021年人类发展指数排名 HDI rank 2021
	极高人类发展水平	Very high human development	12.25	44957.62	
	高人类发展水平	High human development	8.64	15483.82	
	中等人类发展水平	Medium human development	6.68	6444.26	
	低人类发展水平	Low human development	4.67	3185.93	
	极高人类发展水平	**Very high human development**			
1	瑞士	Switzerland	13.90	69432.79	1
2	挪威	Norway	13.06	69189.76	2
3	冰岛	Iceland	13.77	54688.38	4
4	中国香港特别行政区	Hong Kong, China (SAR)	12.35	62485.51	3
5	丹麦	Denmark	12.96	62018.96	8
5	瑞典	Sweden	12.67	56995.85	5
7	德国	Germany	14.26	55340.20	7
7	爱尔兰	Ireland	11.66	87467.51	9
9	新加坡	Singapore	11.92	88761.15	10
10	澳大利亚	Australia	12.73	49257.14	5
10	荷兰	Netherlands	12.58	57278.31	11
12	比利时	Belgium	12.53	53644.04	13
12	芬兰	Finland	12.93	49522.10	11
12	列支敦士登	Liechtenstein	12.35	146673.24	14
15	大不列颠联合王国	United Kingdom	13.41	46623.90	17
16	新西兰	New Zealand	12.94	43665.50	14
17	阿拉伯联合酋长国	United Arab Emirates	12.77	74103.71	17
18	加拿大	Canada	13.87	48444.39	16
19	韩国	Korea (Republic of)	12.61	46026.45	20
20	卢森堡	Luxembourg	12.96	78554.24	19
20	美国	United States	13.58	65564.94	21
22	奥地利	Austria	12.31	56529.66	22
22	斯洛文尼亚	Slovenia	12.88	41586.90	24
24	日本	Japan	12.67	43643.86	22
25	以色列	Israel	13.44	43588.26	26
25	马耳他	Malta	12.21	44464.03	25
27	西班牙	Spain	10.61	40043.34	28
28	法国	France	11.69	47378.74	27
29	塞浦路斯	Cyprus	12.44	40136.89	29
30	意大利	Italy	10.74	44284.16	30
31	爱沙尼亚	Estonia	13.55	37151.63	32
32	捷克	Czechia	12.92	39944.67	31
33	希腊	Greece	11.41	31381.67	33
34	巴林	Bahrain	11.05	48731.45	34

13-1 续表 6 continued

人类发展指数排名 HDI Rank	国家和地区	Country or Area	平均受教育年限（年） Mean years of schooling (year)	人均国民总收入 (2017 PPP $) GNI per capita (2017 PPP $)	2021年人类发展指数排名 HDI rank 2021
35	安道尔	Andorra	11.61	54233.45	43
36	波兰	Poland	13.16	35150.95	35
37	拉脱维亚	Latvia	13.33	32082.98	39
37	立陶宛	Lithuania	13.50	38131.24	36
39	克罗地亚	Croatia	12.33	34323.81	37
40	卡塔尔	Qatar	10.13	95944.38	41
40	沙特阿拉伯	Saudi Arabia	11.31	50620.44	37
42	葡萄牙	Portugal	9.58	35315.00	39
43	圣马力诺	San Marino	10.52	57686.54	44
44	智利	Chile	11.11	24431.00	42
45	斯洛伐克	Slovakia	13.01	32171.25	45
45	土耳其	Türkiye	8.81	32833.54	48
47	匈牙利	Hungary	12.25	34195.54	46
48	阿根廷	Argentina	11.14	22047.97	47
49	科威特	Kuwait	7.44	56729.18	50
50	黑山	Montenegro	12.62	22513.26	49
51	圣基茨和尼维斯	Saint Kitts and Nevis	10.85	28441.68	51
52	乌拉圭	Uruguay	9.06	22206.99	56
53	罗马尼亚	Romania	11.36	31641.38	52
54	安提瓜和巴布达	Antigua and Barbuda	10.55	18783.97	54
55	文莱达鲁萨兰国	Brunei Darussalam	9.22	59245.63	53
56	俄罗斯联邦	Russian Federation	12.41	26991.85	55
57	巴哈马	Bahamas	12.73	32534.89	67
57	巴拿马	Panama	10.69	32029.36	57
59	阿曼	Oman	11.89	32967.44	58
60	佐治亚州	Georgia	12.70	15952.02	59
60	特立尼达和多巴哥	Trinidad and Tobago	11.74	22473.04	60
62	巴巴多斯	Barbados	9.89	14810.24	63
63	马来西亚	Malaysia	10.75	27295.41	68
64	哥斯达黎加	Costa Rica	8.80	20248.38	60
65	塞尔维亚	Serbia	11.50	19494.01	60
66	泰国	Thailand	8.83	16886.51	69
67	哈萨克斯坦	Kazakhstan	12.43	22586.80	65
67	塞舌尔	Seychelles	11.20	28385.75	71
69	白俄罗斯	Belarus	12.24	18425.01	65
	高人类发展水平	**High human development**			
70	保加利亚	Bulgaria	11.41	25920.80	70
71	帕劳	Palau	13.05	19343.81	64
72	毛里求斯	Mauritius	9.99	23251.62	72
73	格林纳达	Grenada	9.86	13593.25	73
74	阿尔巴尼亚	Albania	10.12	15293.33	74

13-1 续表 7 continued

人类发展指数排名 HDI Rank	国家和地区	Country or Area	平均受教育年限（年） Mean years of schooling (year)	人均国民总收入（2017 PPP $） GNI per capita (2017 PPP $)	2021年人类发展指数排名 HDI rank 2021
75	中国	China	8.11	18024.89	74
76	亚美尼亚	Armenia	11.33	15388.30	79
77	墨西哥	Mexico	9.22	19138.01	83
78	伊朗	Iran (Islamic Republic of)	10.75	14770.32	77
78	斯里兰卡	Sri Lanka	11.25	11899.50	76
80	波斯尼亚和黑塞哥维那	Bosnia and Herzegovina	10.54	16571.41	77
81	圣文森特和格林纳丁斯	Saint Vincent and the Grenadines	11.00	14049.15	80
82	多米尼加共和国	Dominican Republic	9.15	18653.27	84
83	厄瓜多尔	Ecuador	8.97	10693.23	90
83	北马其顿	North Macedonia	10.23	16395.75	82
85	古巴	Cuba	10.55	7953.45	92
86	摩尔多瓦共和国	Moldova (Republic of)	11.83	12963.62	81
87	马尔代夫	Maldives	7.76	18846.79	88
87	秘鲁	Peru	10.02	11916.36	86
89	阿塞拜疆	Azerbaijan	10.56	15018.05	95
89	巴西	Brazil	8.28	14615.89	84
91	哥伦比亚	Colombia	8.86	15013.93	89
92	利比亚	Libya	7.78	19751.57	90
93	阿尔及利亚	Algeria	6.99	10978.41	93
94	土库曼斯坦	Turkmenistan	11.14	12859.87	93
95	圭亚那	Guyana	8.63	35782.91	105
96	蒙古	Mongolia	9.42	10350.86	99
97	多米尼加	Dominica	9.19	12467.86	97
98	汤加	Tonga	10.88	6360.18	95
99	约旦	Jordan	10.45	9294.80	98
100	乌克兰	Ukraine	11.12	11416.22	86
101	突尼斯	Tunisia	7.95	10296.65	101
102	马绍尔群岛	Marshall Islands	12.82	6855.23	101
102	巴拉圭	Paraguay	8.86	13161.08	99
104	斐济	Fiji	10.37	11233.66	110
105	埃及	Egypt	9.85	12360.82	103
106	乌兹别克斯坦	Uzbekistan	11.91	8055.91	105
107	越南	Viet Nam	8.46	10813.98	108
108	圣卢西亚	Saint Lucia	8.58	14778.35	109
109	黎巴嫩	Lebanon	8.60	12313.42	104
110	南非	South Africa	11.61	13185.56	105
111	巴勒斯坦国	Palestine, State of	9.94	6936.26	110
112	印度尼西亚	Indonesia	8.56	12045.57	113
113	菲律宾	Philippines	8.97	9058.84	118
114	博茨瓦纳	Botswana	10.42	14841.58	124
115	牙买加	Jamaica	9.25	9694.52	114

13-1 续表 8 continued

人类发展指数排名 HDI Rank	国家和地区	Country or Area	平均受教育年限（年） Mean years of schooling (year)	人均国民总收入 (2017 PPP $) GNI per capita (2017 PPP $)	2021年人类发展指数排名 HDI rank 2021
116	萨摩亚	Samoa	11.37	4970.23	112
117	吉尔吉斯斯坦	Kyrgyzstan	11.96	4781.69	116
118	伯利兹	Belize	8.85	9242.08	115
	中等人类发展水平	**Medium human development**			
119	委内瑞拉玻利瓦尔共和国	Venezuela (Bolivarian Republic of)	9.63	6184.14	120
120	玻利维亚	Bolivia (Plurinational State of)	9.83	7987.84	119
120	摩洛哥	Morocco	6.05	7954.52	122
122	瑙鲁	Nauru	9.25	14938.56	117
123	加蓬	Gabon	9.55	11194.22	123
124	苏里南	Suriname	8.39	12310.00	121
125	不丹	Bhutan	5.84	10624.87	125
126	塔吉克斯坦	Tajikistan	11.29	4807.21	125
127	萨尔瓦多	El Salvador	7.15	8886.17	127
128	伊拉克	Iraq	6.81	9091.87	128
129	孟加拉国	Bangladesh	7.38	6511.12	130
130	尼加拉瓜	Nicaragua	7.26	5426.51	129
131	佛得角	Cabo Verde	6.09	7601.09	132
132	图瓦卢	Tuvalu	10.64	4754.45	131
133	赤道几内亚	Equatorial Guinea	8.28	10662.66	133
134	印度	India	6.57	6950.53	135
135	密克罗尼西亚联邦	Micronesia (Federated States of)	7.33	3709.15	134
136	危地马拉	Guatemala	5.67	8996.42	136
137	基里巴斯	Kiribati	9.13	3440.42	137
138	洪都拉斯	Honduras	7.30	5271.60	138
139	老挝	Lao People's Democratic Republic	5.95	7744.84	140
140	瓦努阿图	Vanuatu	7.18	3243.98	141
141	圣多美和普林西比	Sao Tome and Principe	5.92	4054.11	143
142	斯威士兰	Eswatini (Kingdom of)	5.73	8391.86	142
142	纳米比亚	Namibia	7.24	9200.03	139
144	缅甸	Myanmar	6.52	4037.71	145
145	加纳	Ghana	6.43	5380.27	144
146	肯尼亚	Kenya	7.69	4807.72	147
146	尼泊尔	Nepal	4.49	4025.55	149
148	柬埔寨	Cambodia	5.20	4291.11	147
149	刚果	Congo	8.25	2902.81	146
150	安哥拉	Angola	5.84	5327.79	150
151	喀麦隆	Cameroon	6.54	3681.47	152
152	科摩罗	Comoros	6.21	3260.56	151
153	赞比亚	Zambia	7.28	3157.36	154
154	巴布亚新几内亚	Papua New Guinea	4.93	3710.33	155
155	东帝汶	Timor-Leste	6.02	1629.16	153

13-1 续表 9 continued

人类发展指数排名 HDI Rank	国家和地区	Country or Area	平均受教育年限（年） Mean years of schooling (year)	人均国民总收入 (2017 PPP $) GNI per capita (2017 PPP $)	2021年人类发展指数排名 HDI rank 2021
156	所罗门群岛	Solomon Islands	5.88	2273.31	155
157	阿拉伯叙利亚共和国	Syrian Arab Republic	5.74	3594.11	157
158	海地	Haiti	5.61	2801.71	158
159	乌干达	Uganda	6.24	2240.59	160
159	津巴布韦	Zimbabwe	8.81	2078.92	159
	低人类发展水平	**Low human development**			
161	尼日利亚	Nigeria	7.59	4754.84	162
161	卢旺达	Rwanda	4.88	2316.81	163
163	多哥	Togo	5.59	2214.23	160
164	毛里塔尼亚	Mauritania	4.75	5343.56	164
164	巴基斯坦	Pakistan	4.42	5374.27	165
166	科特迪瓦	Côte d'Ivoire	4.24	5376.40	166
167	坦桑尼亚	Tanzania (United Republic of)	5.64	2578.16	167
168	莱索托	Lesotho	7.55	2708.73	168
169	塞内加尔	Senegal	2.89	3463.81	170
170	苏丹	Sudan	3.87	3514.77	169
171	吉布提	Djibouti	3.89	4874.52	170
172	马拉维	Malawi	5.24	1432.47	172
173	贝宁	Benin	3.14	3406.07	173
174	冈比亚	Gambia	4.51	2089.63	174
175	厄立特里亚	Eritrea	5.09	1957.05	174
176	埃塞俄比亚	Ethiopia	2.39	2368.76	176
177	利比里亚	Liberia	5.32	1330.42	177
177	马达加斯加	Madagascar	4.59	1463.55	177
179	几内亚比绍	Guinea-Bissau	3.67	1879.85	179
180	刚果	Congo (Democratic Republic of the)	7.21	1080.14	180
181	几尼	Guinea	2.36	2404.17	182
182	阿富汗	Afghanistan	2.51	1335.21	181
183	莫桑比克	Mozambique	3.86	1219.24	183
184	塞拉利昂	Sierra Leone	3.52	1612.67	184
185	布基纳法索	Burkina Faso	2.32	2037.00	185
186	也门	Yemen	2.78	1105.76	186
187	布隆迪	Burundi	3.31	712.03	187
188	马里	Mali	1.63	2043.67	188
189	乍得	Chad	2.28	1388.90	189
189	尼日尔	Niger	1.34	1283.31	190
191	中非共和国	Central African Republic	3.95	869.11	191
192	南苏丹	South Sudan	5.73	690.66	192
193	索马里	Somalia	1.90	1072.20	..

13-2 国土面积和人口(2023年)
Surface Area and Population (2023)

国家和地区	Country or Area	国土面积① (万平方公里) Surface Area① (10 000 sq.km)	年中人口数 (万人) Mid-year Population (10 000 persons)	人口年增长率 (%) Population Growth (annual %)	人口密度① (人/平方公里) Population Density① (persons/sq.km)
世界	**World**	**14048.7**	**802500**	**0.92**	**61**
中国	China	960.0	141071	-0.10	150
孟加拉国	Bangladesh	14.8	17295	1.03	1301
文莱	Brunei Darussalam	0.6	45	0.78	85
柬埔寨	Cambodia	18.1	1694	1.05	94
印度	India	298.0	142863	0.81	473
印度尼西亚	Indonesia	191.7	27753	0.74	145
伊朗	Iran, Islamic Rep.	174.5	8917	0.70	54
以色列	Israel	2.2	976	2.06	433
日本	Japan	37.8	12452	-0.49	345
哈萨克斯坦	Kazakhstan	272.5	1990	1.34	7
韩国	Korea, Rep.	10.0	5171	0.08	530
老挝	Lao PDR	23.7	763	1.38	32
马来西亚	Malaysia	33.0	3431	1.09	102
蒙古	Mongolia	156.4	345	1.43	2
缅甸	Myanmar	67.7	5458	0.73	82
巴基斯坦	Pakistan	79.6	24049	1.96	300
菲律宾	Philippines	30.0	11734	1.53	382
新加坡	Singapore	0.1	592	4.86	7595
斯里兰卡	Sri Lanka	6.6	2204	-0.65	358
泰国	Thailand	51.3	7180	0.15	140
越南	Vietnam	33.1	9886	0.68	311
埃及	Egypt, Arab Rep.	100.1	11272	1.54	110
尼日利亚	Nigeria	92.4	22380	2.38	234
南非	South Africa	121.9	6041	0.87	49
加拿大	Canada	988.0	4010	2.93	4
墨西哥	Mexico	196.4	12846	0.74	65
美国	United States	983.2	33491	0.49	36
阿根廷	Argentina	278.0	4665	0.90	17
巴西	Brazil	851.6	21642	0.51	26
委内瑞拉	Venezuela, RB	91.2	2884	1.88	32
捷克	Czechia	7.9	1087	1.87	136
法国	France	54.9	6817	0.29	124
德国	Germany	35.8	8448	0.81	238
意大利	Italy	30.2	5876	-0.30	200
荷兰	Netherlands	4.2	1788	1.00	521
波兰	Poland	31.3	3669	-0.37	123
俄罗斯	Russian Federation	1709.8	14383	-0.29	9
西班牙	Spain	50.6	4837	1.24	95
土耳其	Türkiye	78.5	8533	0.41	109
乌克兰	Ukraine	60.4	3700	-2.67	76
英国	United Kingdom	24.4	6835	0.82	277
澳大利亚	Australia	774.1	2664	2.37	3
新西兰	New Zealand	26.8	522	2.05	19

注：①2021年数据。
资料来源：世界银行数据库，更新时间2024年10月24日(以下相关表同)。
Note: ①Data refer to 2021.
Source: World Bank Database, last updated date 2024/10/24. The same applies to the relevant following tables.

13-3 人口粗出生率和粗死亡率
Crude Birth Rate and Crude Death Rate

单位：‰ (‰)

国家和地区	Country or Area	粗出生率 Crude Birth Rate			粗死亡率 Crude Death Rate		
		2010	2020	2022	2010	2020	2022
世界	**World**	**20.0**	**17.2**	**16.6**	**7.9**	**8.0**	**8.4**
中国	China	11.9	8.5	6.8	7.1	7.1	7.4
中国香港	Hong Kong SAR, China	12.6	5.8	4.4	6.0	6.8	8.7
中国澳门	Macao SAR, China	9.6	10.1	10.0	3.7	4.0	4.3
孟加拉国	Bangladesh	21.4	18.1	17.5	6.1	5.8	5.3
文莱	Brunei Darussalam	17.1	14.2	13.5	3.8	5.0	5.4
柬埔寨	Cambodia	23.7	19.8	19.0	6.1	6.2	6.8
印度	India	21.4	16.6	16.3	7.4	7.4	9.1
印度尼西亚	Indonesia	20.2	16.6	16.2	7.4	9.0	9.6
伊朗	Iran, Islamic Rep.	17.8	14.2	13.2	5.1	5.6	6.2
以色列	Israel	21.8	19.2	19.0	5.2	5.3	5.4
日本	Japan	8.5	6.8	6.3	9.5	11.1	12.9
哈萨克斯坦	Kazakhstan	22.5	22.8	20.6	9.0	8.6	6.8
韩国	Korea, Rep.	9.4	5.3	4.9	5.1	5.9	7.3
老挝	Lao PDR	27.0	22.4	21.5	8.0	6.4	6.2
马来西亚	Malaysia	17.0	15.4	15.0	5.0	5.3	5.4
蒙古	Mongolia	23.3	22.4	20.4	6.7	5.5	5.5
缅甸	Myanmar	19.4	17.4	16.8	9.2	8.8	8.7
巴基斯坦	Pakistan	32.1	28.0	27.2	7.6	7.1	7.0
菲律宾	Philippines	25.5	22.0	21.6	5.6	5.6	5.6
新加坡	Singapore	9.3	8.5	7.9	4.4	5.2	6.3
斯里兰卡	Sri Lanka	17.6	14.2	13.8	7.4	7.1	7.3
泰国	Thailand	11.9	9.2	8.8	6.3	7.3	7.5
越南	Vietnam	16.9	15.4	14.7	6.2	6.2	6.8
埃及	Egypt, Arab Rep.	27.2	23.1	22.1	6.0	5.9	6.4
尼日利亚	Nigeria	42.1	37.5	36.6	14.6	13.0	12.4
南非	South Africa	22.3	20.3	19.3	11.3	9.4	12.0
加拿大	Canada	11.2	9.5	9.0	7.0	8.1	8.6
墨西哥	Mexico	20.2	15.6	14.6	5.6	9.3	6.7
美国	United States	13.0	10.9	11.0	8.0	10.3	9.8
阿根廷	Argentina	17.9	14.1	13.8	7.7	8.5	8.6
巴西	Brazil	15.5	13.1	12.6	6.2	7.4	8.1
委内瑞拉	Venezuela, RB	20.8	16.2	15.6	5.6	7.6	8.1
捷克	Czechia	11.2	10.3	9.5	10.2	12.1	11.3
法国	France	12.9	10.9	10.6	8.5	9.9	9.8
德国	Germany	8.3	9.3	8.8	10.5	11.9	12.7
意大利	Italy	9.5	6.8	6.7	9.9	12.5	12.1
荷兰	Netherlands	11.1	9.7	9.5	8.2	9.7	9.6
波兰	Poland	10.9	9.4	8.3	9.9	12.6	12.2
俄罗斯	Russian Federation	12.5	9.8	8.9	14.2	14.6	12.9
西班牙	Spain	10.4	7.2	6.9	8.2	10.4	9.7
土耳其	Türkiye	17.7	15.0	14.5	5.3	6.4	5.1
乌克兰	Ukraine	10.8	7.8	7.7	15.2	15.9	21.4
英国	United Kingdom	12.9	10.1	10.0	8.9	10.1	9.1
澳大利亚	Australia	13.7	11.5	11.6	6.5	6.3	7.3
新西兰	New Zealand	14.7	11.3	11.5	6.5	6.4	7.5

资料来源：世界银行数据库。
Source: World Bank Database.

13-4 人口出生时预期寿命
Life Expectancy at Birth

单位：岁 (years)

国家和地区	Country or Area	总体 Total		男性 Male		女性 Femal	
		2010	2022	2010	2022	2010	2022
世界	**World**	**70.7**	**72.0**	**68.3**	**69.6**	**73.2**	**74.5**
中国	China	75.6	78.6	73.1	76.0	78.3	81.3
中国香港	Hong Kong SAR, China	83.0	83.7	80.1	80.7	86.0	86.8
中国澳门	Macao SAR, China	83.1	85.4	80.0	82.8	86.2	88.0
孟加拉国	Bangladesh	68.6	73.7	67.2	71.5	70.3	76.0
文莱	Brunei Darussalam	74.8	74.6	72.8	72.5	77.1	76.8
柬埔寨	Cambodia	67.7	69.9	65.4	67.1	69.8	72.6
印度	India	66.9	67.7	65.3	66.3	68.6	69.4
印度尼西亚	Indonesia	68.7	68.3	66.9	66.2	70.4	70.4
伊朗	Iran, Islamic Rep.	73.1	74.6	70.6	71.9	75.7	77.5
以色列	Israel	81.6	82.7	79.7	80.7	83.6	84.8
日本	Japan	82.8	84.0	79.6	81.1	86.3	87.1
哈萨克斯坦	Kazakhstan	68.5	74.4	63.6	70.3	73.4	78.4
韩国	Korea, Rep.	80.1	82.7	76.8	79.9	83.6	85.6
老挝	Lao PDR	64.0	69.0	61.9	66.9	66.2	71.2
马来西亚	Malaysia	74.4	76.3	72.1	74.0	77.1	78.8
蒙古	Mongolia	67.2	72.7	63.0	68.1	71.8	77.4
缅甸	Myanmar	63.3	67.3	60.6	64.2	66.2	70.5
巴基斯坦	Pakistan	64.4	66.4	62.3	64.1	66.9	68.9
菲律宾	Philippines	70.8	72.2	69.1	70.2	72.4	74.2
新加坡	Singapore	81.5	82.9	79.2	80.7	84.0	85.2
斯里兰卡	Sri Lanka	73.2	76.6	69.2	72.9	77.6	80.2
泰国	Thailand	76.1	79.7	72.1	75.5	80.4	83.9
越南	Vietnam	73.5	74.6	68.8	69.9	78.3	79.3
埃及	Egypt, Arab Rep.	69.7	70.2	67.1	67.9	72.3	72.6
尼日利亚	Nigeria	50.9	53.6	50.5	53.3	51.4	54.0
南非	South Africa	58.9	61.5	56.1	58.6	61.3	64.2
加拿大	Canada	81.3	81.3	79.2	79.1	83.5	83.6
墨西哥	Mexico	74.2	74.8	71.3	71.5	77.1	78.2
美国	United States	78.5	77.4	76.2	74.8	81.0	80.2
阿根廷	Argentina	75.7	76.1	72.5	72.9	78.8	79.3
巴西	Brazil	73.2	73.4	69.8	70.3	76.6	76.6
委内瑞拉	Venezuela, RB	72.9	71.1	68.9	66.9	77.1	75.7
捷克	Czechia	77.4	79.0	74.4	76.2	80.6	82.0
法国	France	81.7	82.2	78.2	79.4	85.3	85.2
德国	Germany	80.0	80.7	77.5	78.3	82.6	83.2
意大利	Italy	82.0	82.9	79.5	80.9	84.7	85.0
荷兰	Netherlands	80.7	81.7	78.8	80.3	82.7	83.2
波兰	Poland	76.2	77.3	72.1	73.5	80.6	81.3
俄罗斯	Russian Federation	68.8	72.5	63.1	67.6	74.9	77.8
西班牙	Spain	81.6	83.1	78.7	80.4	84.7	85.9
土耳其	Türkiye	75.1	78.5	71.9	75.4	78.2	81.5
乌克兰	Ukraine	70.3	68.6	65.3	63.5	75.5	73.9
英国	United Kingdom	80.4	82.1	78.5	80.4	82.4	83.8
澳大利亚	Australia	81.7	83.2	79.5	81.2	84.0	85.3
新西兰	New Zealand	80.9	82.8	79.1	81.2	82.8	84.4

资料来源：世界银行数据库。
Source: World Bank Database.

13-5 人口构成(2023年)
Population Composition(2023)

单位：% (%)

国家和地区	Country or Area	年龄构成 Age Composition 0-14岁人口占比 Population ages 14 and below	15-64岁人口占比 Population ages 15 to 64	65岁以上人口占比 Population ages 65 and above	女性人口比重 Female Population as Percentage of Tatal	城市人口比重 Urban Population as Percentage of Tatal
世界	**World**	**25.0**	**64.9**	**10.0**	**49.7**	**57.3**
中国	China	16.8	68.9	14.3	49.0	64.6
中国香港	Hong Kong SAR, China	11.9	66.8	21.4	54.0	100.0
中国澳门	Macao SAR, China	15.0	71.3	13.7	53.1	100.0
孟加拉国	Bangladesh	25.5	68.2	6.3	50.5	40.5
文莱	Brunei Darussalam	21.8	71.7	6.6	48.3	79.1
柬埔寨	Cambodia	28.6	65.3	6.1	50.5	25.6
印度	India	24.9	68.0	7.1	48.4	36.4
印度尼西亚	Indonesia	24.9	68.1	7.0	49.7	58.6
伊朗	Iran, Islamic Rep.	23.3	68.8	7.9	49.5	77.3
以色列	Israel	27.9	59.9	12.2	50.1	92.9
日本	Japan	11.5	58.5	30.1	51.4	92.0
哈萨克斯坦	Kazakhstan	29.6	62.2	8.2	51.8	58.2
韩国	Korea, Rep.	11.2	70.4	18.4	50.1	81.5
老挝	Lao PDR	30.3	65.2	4.6	49.6	38.2
马来西亚	Malaysia	22.4	69.8	7.8	48.9	78.7
蒙古	Mongolia	32.3	62.9	4.8	50.4	69.1
缅甸	Myanmar	24.4	68.6	7.0	50.2	32.1
巴基斯坦	Pakistan	36.1	59.5	4.3	49.6	38.0
菲律宾	Philippines	30.0	64.4	5.6	49.2	48.3
新加坡	Singapore	11.7	72.2	16.1	47.7	100.0
斯里兰卡	Sri Lanka	22.4	65.7	11.9	51.9	19.2
泰国	Thailand	15.2	68.8	16.0	51.5	53.6
越南	Vietnam	22.2	68.3	9.5	50.6	39.5
埃及	Egypt, Arab Rep.	32.6	62.5	4.9	49.4	43.1
尼日利亚	Nigeria	42.8	54.3	3.0	49.5	54.3
南非	South Africa	28.3	65.8	5.9	51.3	68.8
加拿大	Canada	15.4	65.0	19.5	50.3	81.9
墨西哥	Mexico	24.0	67.4	8.6	51.2	81.6
美国	United States	17.7	64.7	17.6	50.5	83.3
阿根廷	Argentina	22.7	65.2	12.1	50.5	92.5
巴西	Brazil	20.0	69.8	10.2	50.9	87.8
委内瑞拉	Venezuela, RB	26.7	64.4	8.8	50.6	88.4
捷克	Czechia	15.8	63.4	20.8	50.7	74.6
法国	France	17.0	61.0	22.0	51.7	81.8
德国	Germany	14.0	63.3	22.7	50.6	77.8
意大利	Italy	12.2	63.3	24.5	51.2	72.0
荷兰	Netherlands	15.3	63.9	20.7	50.3	93.2
波兰	Poland	14.9	66.5	18.5	51.5	60.2
俄罗斯	Russian Federation	17.6	66.3	16.2	53.6	75.3
西班牙	Spain	13.5	65.8	20.7	51.0	81.6
土耳其	Türkiye	23.0	68.1	8.9	49.9	77.5
乌克兰	Ukraine	15.4	64.4	20.2	54.4	70.1
英国	United Kingdom	17.2	63.3	19.5	50.6	84.6
澳大利亚	Australia	18.0	64.8	17.2	50.3	86.6
新西兰	New Zealand	18.5	64.8	16.7	50.4	87.0

资料来源：世界银行数据库。
Source: World Bank Database.

13-6 按三次产业分就业人员构成
Employment by Type of Industry

单位：% (%)

国家和地区	Country or Area	第一产业 Primary Industry 2021	2022	第二产业 Secondary Industry 2021	2022	第三产业 Tertiary Industry 2021	2022
中　国	China	23.2	22.6	32.1	32.2	44.8	45.3
孟加拉国	Bangladesh	37.5	36.9	21.8	21.9	40.7	41.3
文　莱	Brunei Darussalam	1.4	1.4	23.6	24.2	75.0	74.4
柬 埔 寨	Cambodia	37.1	36.6	26.4	26.6	36.5	36.8
印　度	India	44.1	42.9	24.5	26.1	31.5	31.0
印度尼西亚	Indonesia	29.0	29.3	21.8	21.9	49.3	48.8
伊　朗	Iran	15.5	15.1	34.1	34.2	50.3	50.7
以 色 列	Israel	0.8	0.8	16.0	15.7	83.3	83.5
日　本	Japan	3.2	3.1	23.7	23.6	73.1	73.3
哈萨克斯坦	Kazakhstan	13.2	12.9	21.5	21.5	65.3	65.6
韩　国	Korea, Rep.	5.3	5.4	24.6	24.5	70.0	70.1
老　挝	Laos	67.8	69.6	7.7	7.2	24.5	23.3
马来西亚	Malaysia	10.3	10.0	28.2	28.1	61.5	61.9
蒙　古	Mongolia	26.9	26.3	21.8	22.1	51.3	51.6
缅　甸	Myanmar	46.1	45.5	18.6	18.8	35.2	35.7
巴基斯坦	Pakistan	37.1	36.4	25.4	25.5	37.5	38.1
菲 律 宾	Philippines	24.3	23.7	18.9	18.9	56.8	57.4
新 加 坡	Singapore	0.1	0.1	14.4	14.2	85.4	85.7
斯里兰卡	Sri Lanka	26.9	26.4	27.1	27.0	46.0	46.5
泰　国	Thailand	31.9	30.4	22.3	22.2	45.8	47.3
越　南	Viet Nam	29.0	33.6	33.1	30.6	37.8	35.8
埃　及	Egypt	19.3	18.7	28.4	28.4	52.4	53.0
尼日利亚	Nigeria	38.6	38.0	14.4	14.6	47.0	47.5
南　非	South Africa	21.3	19.3	17.2	18.1	61.5	62.7
加 拿 大	Canada	1.3	1.3	19.3	19.2	79.4	79.6
墨 西 哥	Mexico	13.1	12.6	24.5	25.0	62.4	62.3
美　国	United States	1.7	1.6	19.2	19.3	79.2	79.1
阿 根 廷	Argentina	7.3	7.2	20.1	20.0	72.6	72.8
巴　西	Brazil	9.5	8.7	20.7	20.5	69.8	70.8
委内瑞拉	Venezuela	11.8	11.5	18.0	17.9	70.2	70.6
捷　克	Czech Rep.	2.5	2.5	36.8	36.4	60.6	61.0
法　国	France	2.5	2.6	19.4	19.3	78.1	78.2
德　国	Germany	1.3	1.2	27.6	26.9	71.1	71.9
意 大 利	Italy	4.1	3.8	26.6	26.9	69.3	69.3
荷　兰	Netherlands	2.3	1.9	13.9	14.0	83.8	84.1
波　兰	Poland	8.4	8.3	30.9	30.8	60.7	60.9
俄 罗 斯	Russia	5.9	5.7	26.6	26.6	67.5	67.8
西 班 牙	Spain	4.1	3.8	20.2	20.1	75.8	76.1
土 耳 其	Türkiye	17.2	16.7	27.5	27.7	55.3	55.6
乌 克 兰	Ukraine	15.1		24.1		60.8	
英　国	United Kingdom	1.0	1.0	18.2	18.1	80.8	80.9
澳大利亚	Australia	2.5	2.2	18.9	18.6	78.6	79.2
新 西 兰	New Zealand	6.1	6.0	20.0	20.8	73.9	73.2

资料来源：世界银行数据库。
Source: World Bank Database.

13-7 享有安全卫生设施服务人口比重
Percentage of People Using Safely Managed Sanitation Services

单位：% (%)

国家和地区	Country or Area	享有安全卫生设施服务人口比重 Percentage of People Using Safely Managed Sanitation Services		享有安全卫生设施服务城市人口比重 Percentage of People Using Safely Managed Sanitation Services in Urban Areas		享有安全卫生设施服务农村人口比重 Percentage of People Using Safely Managed Sanitation Services in Rural Areas	
		2010	2022	2010	2022	2010	2022
世界	**World**	**42.2**	**56.6**	**55.3**	**64.8**	**28.4**	**45.9**
高收入国家	**High Income**	**88.7**	**91.2**	**91.1**	**93.2**	**79.3**	**82.4**
中等收入国家	**Middle Income**	**34.4**	**55.0**	**44.9**	**60.8**	**23.9**	**47.1**
低收入国家	**Low Income**	**18.2**	**24.4**	**29.5**	**33.0**	**13.3**	**19.8**
中国	China	34.0	67.2	53.4	84.7	15.3	36.7
中国香港	Hong Kong SAR, China	75.1	96.5	75.1	96.5		
中国澳门	Macao SAR, China	56.0	68.1	56.0	68.1		
孟加拉国	Bangladesh	18.2	31.0	26.2	28.8	14.7	32.4
柬埔寨	Cambodia	19.5	36.7	35.5	44.7	15.4	34.1
印度	India	25.6	52.1	29.7	42.7	23.8	57.4
伊朗	Iran, Islamic Rep.			80.9	76.2		
以色列	Israel	87.4	96.3	87.5	96.4	85.7	93.8
日本	Japan	97.9	99.1				
哈萨克斯坦	Kazakhstan			86.9	84.3		
韩国	Korea, Rep.	93.5	99.4				
老挝	Lao PDR	44.0	61.1	55.5	63.3	39.1	59.8
马来西亚	Malaysia	78.6	86.0				
蒙古	Mongolia	53.5	66.0	62.0	70.3	35.9	56.3
缅甸	Myanmar	61.0	60.6	60.8	52.7	61.1	64.3
巴基斯坦	Pakistan					19.6	40.2
菲律宾	Philippines	51.0	62.7	49.4	56.2	52.3	68.8
新加坡	Singapore	100.0	100.0	100.0	100.0		
泰国	Thailand	22.6	26.3	25.9	30.0	20.0	22.2
越南	Vietnam	37.8	43.7	40.2	40.8	36.8	45.4
埃及	Egypt, Arab Rep.	59.2	67.2	67.6	72.6	52.9	63.1
尼日利亚	Nigeria	24.7	32.0	25.6	36.6	24.1	26.6
南非	South Africa	62.7	71.7	69.3	73.1		
加拿大	Canada	80.7	83.9	80.8	84.0	80.1	83.5
墨西哥	Mexico	34.2	62.5	35.5	65.1		
美国	United States	97.1	97.0	97.0	97.2		
阿根廷	Argentina	45.6		45.4	46.2		
巴西	Brazil	39.9	49.6	42.2	51.4		
委内瑞拉	Venezuela, RB	25.1	27.1				
捷克	Czechia	86.1	89.7				
法国	France	88.8	89.7				
德国	Germany	96.4	96.9	98.0	98.5	91.0	91.4
意大利	Italy	79.0	79.0	79.4	79.4	78.1	78.1
荷兰	Netherlands	97.5	97.5	97.5	97.5	97.4	97.5
波兰	Poland	92.8	97.9				
俄罗斯	Russian Federation	58.2	61.2	62.4	64.2		
西班牙	Spain	90.4	90.0				
土耳其	Türkiye	55.5	78.7	54.2	78.0	58.7	81.1
乌克兰	Ukraine	51.4	71.9	46.1	68.9		
英国	United Kingdom	97.9	98.1	98.9	99.0	93.6	93.6
澳大利亚	Australia	94.6	95.8				
新西兰	New Zealand	86.3	88.7				

资料来源：世界银行数据库。
Source: World Bank Database.

13-8 享有安全饮用水服务人口比重
Percentage of People Using Safely Managed Drinking Water Services

单位：% (%)

国家和地区	Country or Area	享有安全饮用水服务人口比重 Percentage of People Using Safely Managed Drinking Water Services		城市享有清洁饮用水源人口占总人口比重 Percentage of People Using Safely Managed Drinking Water Services in Urban Areas		农村享有清洁饮用水源人口占总人口比重 Percentage of People Using Safely Managed Drinking Water Services in Rural Areas	
		2010	2022	2010	2022	2010	2022
世界	**World**	**65.9**	**72.9**	**79.7**	**81.1**	**51.3**	**62.2**
高收入国家	**High Income**	**94.7**	**94.3**	**95.8**	**96.6**	**90.5**	**84.1**
中等收入国家	**Middle Income**						
低收入国家	**Low Income**	**22.5**	**28.6**	**50.5**	**56.1**	**10.4**	**14.1**
中国	China			89.7	97.9		
中国香港	Hong Kong SAR, China	99.4	100.0	99.4	100.0		
中国澳门	Macao SAR, China	100.0	100.0	100.0	100.0		
孟加拉国	Bangladesh	55.0	59.1	42.4	54.2	60.6	62.4
柬埔寨	Cambodia	22.0	29.1	51.1	57.5	14.6	19.6
印度	India					43.8	66.0
印度尼西亚	Indonesia	26.8	30.3	32.9	34.6	20.8	24.3
伊朗	Iran, Islamic Rep.	92.4	94.2	95.9	96.2	84.1	87.7
以色列	Israel	99.6	99.5	99.7	99.5	99.5	99.4
日本	Japan	98.1	98.7				
哈萨克斯坦	Kazakhstan	77.9					
韩国	Korea, Rep.	97.8	99.3				
老挝	Lao PDR	13.7	17.9	24.3	27.0	9.2	12.4
马来西亚	Malaysia	93.3	93.9				
蒙古	Mongolia	28.7	39.3	40.0	51.3	5.1	12.7
缅甸	Myanmar	43.2	57.4	67.9	72.4	33.1	50.4
巴基斯坦	Pakistan	38.5	50.6	49.8	56.8	32.4	46.9
菲律宾	Philippines	45.2	47.9	60.7	61.9	32.4	35.0
新加坡	Singapore	100.0	100.0	100.0	100.0		
斯里兰卡	Sri Lanka	46.3	47.1	88.1	83.0	37.0	38.7
越南	Vietnam	51.3	57.8	74.5	75.8	41.1	46.4
尼日利亚	Nigeria	21.2	29.0	30.7	35.7	13.9	21.2
南非	South Africa			87.0	80.5		
加拿大	Canada	98.5	99.0				
墨西哥	Mexico	41.3	43.0				
美国	United States	95.6	97.5	96.5	97.6		
巴西	Brazil	79.1	87.3	83.4	88.9	55.8	76.0
捷克	Czechia	97.4	97.9	97.7	98.0	96.4	97.7
法国	France	98.2	99.7	98.2	100.0	98.4	98.4
德国	Germany	99.9	99.9	99.9	100.0	99.8	99.6
意大利	Italy	95.4	92.7				
荷兰	Netherlands	100.0	100.0				
波兰	Poland	93.2	88.9				
俄罗斯	Russian Federation	75.3	76.2				
西班牙	Spain	99.6	99.6	99.9	99.8	98.6	98.6
乌克兰	Ukraine	84.6	87.6	90.8	88.3	71.1	86.1
英国	United Kingdom	99.9	99.8				
澳大利亚	Australia			99.3	99.5		
新西兰	New Zealand	89.3	100.0				

资料来源：世界银行数据库。
Source: World Bank Database.

13-9 每千人口医生数和医院床位数
Physicians and Hospital Beds per 1000 Persons

国家和地区	Country or Area	每千人口医生数(人) Physicians per 1000 Persons (person)			每千人口医院床位数(张) Hospital Beds per 1000 Persons (bed)		
		2000	2010	2021	2000	2010	2021
世界	**World**	**1.53**	**1.49**		**2.9**	**2.6**	
高收入国家	**High Income**	**2.52**	**2.93**		**6.1**	**5.4**	
中等收入国家	**Middle Income**	**1.31**	**1.32**		**2.0**	**2.0**	
低收入国家	**Low Income**		**0.34**				
中国	China	1.24	1.43		1.7	2.5	
孟加拉国	Bangladesh		0.36	0.67			
文莱	Brunei Darussalam	1.01	1.45	1.91	2.5	2.5	3.9
柬埔寨	Cambodia	0.17	0.23			0.8	
印度	India				0.7	0.5	1.6
印度尼西亚	Indonesia		0.14	0.70		0.6	1.4
伊朗	Iran, Islamic Rep.				1.6	1.7	
以色列	Israel	3.80	3.51	3.65	3.9	3.2	3.1
日本	Japan	1.92	2.21		14.7	13.5	
哈萨克斯坦	Kazakhstan	3.28	3.93		7.2	7.3	
韩国	Korea, Rep.	1.29	1.98		4.7	8.7	12.8
老挝	Lao PDR	0.29		0.33		0.7	1.3
马来西亚	Malaysia	0.67	1.17			1.8	2.0
蒙古	Mongolia		2.76			6.0	10.6
缅甸	Myanmar	0.30	0.52		0.7		
巴基斯坦	Pakistan	0.65	0.81		0.7	0.6	
菲律宾	Philippines	1.22	1.27	0.79		1.1	1.0
新加坡	Singapore	1.38	1.76				2.7
斯里兰卡	Sri Lanka	0.42	0.72	1.19	2.9	3.5	
泰国	Thailand		0.39		2.2	2.1	2.3
越南	Vietnam		0.71		2.3	2.9	
埃及	Egypt, Arab Rep.	2.12			2.1	1.7	
尼日利亚	Nigeria	0.27		0.40	1.2		
加拿大	Canada		2.04	2.46	3.8	2.8	
墨西哥	Mexico	1.63	2.00		1.1	1.1	1.0
美国	United States	2.59			3.5	3.1	
阿根廷	Argentina				4.1	4.5	3.3
巴西	Brazil			2.14	2.8	2.4	2.5
捷克	Czechia	3.36	3.57	5.47	7.8	7.3	
法国	France	3.35	3.37		8.0	6.4	
德国	Germany	3.28	3.76	4.52	9.1	8.3	
意大利	Italy	3.46	3.82	4.13	4.7	3.6	
荷兰	Netherlands	2.44	2.95		4.9	4.1	
波兰	Poland	2.21	2.17		4.9	6.6	
俄罗斯	Russian Federation	4.65	4.99		11.4	9.4	7.0
西班牙	Spain	3.12	3.73		3.7	3.1	2.9
土耳其	Türkiye	1.35	1.71		2.1	2.7	
乌克兰	Ukraine	3.03	3.48		8.8	9.4	
英国	United Kingdom	1.99	2.63	3.17	4.1	2.9	2.4
澳大利亚	Australia	2.49	3.34		4.0	3.8	
新西兰	New Zealand	2.23	2.61	3.52		2.8	2.7

资料来源：世界银行数据库。
Source: World Bank Database.

13-10 儿童健康情况
Statistics on Children Health

国家和地区	Country or Area	新生儿死亡率 (‰) Neonatal Mortality Rate (‰)			5岁以下儿童死亡率 (‰) Mortality Rate of Children Aged＜5 (‰)		
		2010	2020	2022	2010	2020	2022
世界	**World**	**22.4**	**17.9**	**17.3**	**51.4**	**38.7**	**37.1**
高收入国家	**High Income**	**3.3**	**2.8**	**2.6**	**6.1**	**5.0**	**4.8**
中等收入国家	**Middle Income**	**22.9**	**17.5**	**17.0**	**49.3**	**36.1**	**34.8**
低收入国家	**Low Income**	**32.9**	**27.3**	**26.2**	**94.8**	**69.2**	**64.5**
中国	China	8.4	3.4	3.0	15.8	7.4	6.6
孟加拉国	Bangladesh	29.4	17.0	17.4	49.2	28.8	28.8
文莱	Brunei Darussalam	4.8	6.2	5.0	9.7	11.5	9.7
柬埔寨	Cambodia	21.3	13.3	12.2	43.9	25.8	23.7
印度	India	31.8	20.2	18.1	58.1	32.4	29.1
印度尼西亚	Indonesia	17.4	11.7	10.7	33.9	22.9	21.3
伊朗	Iran, Islamic Rep.	12.6	8.3	7.6	19.3	13.0	12.0
以色列	Israel	2.4	1.8	1.8	4.6	3.4	3.4
日本	Japan	1.1	0.8	0.8	3.2	2.4	2.3
哈萨克斯坦	Kazakhstan	11.8	4.8	4.7	20.4	10.2	9.7
韩国	Korea, Rep.	1.8	1.4	1.3	4.1	3.0	2.8
老挝	Lao PDR	28.8	21.6	20.3	68.3	44.1	40.4
马来西亚	Malaysia	4.3	4.2	4.4	8.1	7.7	7.8
蒙古	Mongolia	11.5	7.9	7.5	26.3	15.4	13.4
缅甸	Myanmar	28.4	22.2	21.1	63.4	43.2	40.1
巴基斯坦	Pakistan	49.8	40.4	38.8	87.2	65.5	61.0
菲律宾	Philippines	14.9	12.7	14.2	31.8	26.5	27.5
新加坡	Singapore	1.1	0.8	0.9	2.8	2.2	2.2
斯里兰卡	Sri Lanka	6.3	4.0	3.7	11.2	7.0	6.5
泰国	Thailand	7.7	4.9	4.5	13.6	8.6	8.1
越南	Vietnam	11.7	10.7	10.4	23.0	20.9	20.3
埃及	Egypt, Arab Rep.	15.3	10.4	9.5	28.8	19.6	18.1
尼日利亚	Nigeria	38.1	35.5	34.3	135.7	113.8	107.2
南非	South Africa	12.2	11.1	11.0	51.6	33.7	34.5
加拿大	Canada	3.7	3.4	3.3	5.7	5.1	4.9
墨西哥	Mexico	9.0	8.4	7.8	19.2	13.7	12.8
美国	United States	4.1	3.4	3.2	7.3	6.3	6.3
阿根廷	Argentina	7.6	5.6	5.7	14.5	7.7	9.4
巴西	Brazil	11.1	8.7	8.6	18.6	14.7	14.0
委内瑞拉	Venezuela, RB	10.5	15.0	15.0	17.1	24.2	24.2
捷克	Czechia	1.7	1.5	1.3	3.4	2.9	2.6
法国	France	2.3	2.6	2.5	4.2	4.4	4.1
德国	Germany	2.3	2.2	2.2	4.2	3.6	3.6
意大利	Italy	2.4	1.6	1.6	4.0	2.8	2.6
荷兰	Netherlands	2.8	2.7	2.6	4.4	4.1	3.9
波兰	Poland	3.6	2.7	2.7	6.0	4.4	4.4
俄罗斯	Russian Federation	4.6	2.3	1.8	10.4	5.4	4.8
西班牙	Spain	2.1	1.8	1.7	3.8	3.1	3.0
土耳其	Türkiye	9.1	5.0	5.0	18.1	9.5	9.6
乌克兰	Ukraine	6.9	4.9	4.8	11.7	8.4	8.5
英国	United Kingdom	3.0	2.8	2.7	5.2	4.3	4.1
澳大利亚	Australia	2.8	2.4	2.3	4.8	3.7	3.8
新西兰	New Zealand	3.2	2.6	2.5	6.2	4.8	4.6

资料来源：世界银行数据库。
Source: World Bank Database.

13-11 生殖健康情况
Statistics on Reproductive Health

国家和地区	Country or Area	总和生育率 Total Fertility Rate			15-49岁女性避孕普及率 (%) Contraceptive Prevalence (% of women ages 15-49)			孕产妇死亡率① (1/10 0000) Maternal Mortality Ratio (1/10 0000)		
		2010	2020	2022	2000	2010	2020	2000	2010	2020
世界	**World**	**2.6**	**2.3**	**2.3**	**60.6**	**55.9**		**339**	**254**	**223**
高收入国家	**High Income**	**1.7**	**1.5**	**1.5**		**74.5**		**13**	**11**	**12**
中等收入国家	**Middle Income**	**2.5**	**2.2**	**2.2**	**61.8**			**308**	**222**	**191**
低收入国家	**Low Income**	**5.4**	**4.7**	**4.5**	**21.3**	**26.1**		**770**	**560**	**409**
中国	China	1.7	1.3	1.2				58	33	23
中国香港	Hong Kong SAR, China	1.1	0.9	0.7						
中国澳门	Macao SAR, China	1.0	1.1	1.1						
孟加拉国	Bangladesh	2.3	2.0	2.0	54.3			441	301	123
文莱	Brunei Darussalam	1.9	1.8	1.8				50	42	44
柬埔寨	Cambodia	2.8	2.4	2.3	23.8	50.5		606	276	218
印度	India	2.6	2.1	2.0	46.9		66.7	384	179	103
印度尼西亚	Indonesia	2.5	2.2	2.2	54.8	61.0		299	219	173
伊朗	Iran, Islamic Rep.	1.8	1.7	1.7	73.8			44	32	22
以色列	Israel	3.0	2.9	2.9				9	3	3
日本	Japan	1.4	1.3	1.3	55.9			9	6	4
哈萨克斯坦	Kazakhstan	2.6	3.1	3.1				56	20	13
韩国	Korea, Rep.	1.2	0.8	0.8	79.3			16	8	8
老挝	Lao PDR	3.1	2.5	2.4	32.2			579	284	126
马来西亚	Malaysia	2.1	1.8	1.8				40	25	21
蒙古	Mongolia	2.5	2.9	2.8	67.4	54.9		158	65	39
缅甸	Myanmar	2.3	2.2	2.1				371	293	179
巴基斯坦	Pakistan	4.3	3.6	3.4				387	230	154
菲律宾	Philippines	3.3	2.8	2.7	47.0			129	105	78
新加坡	Singapore	1.2	1.1	1.0				15	8	7
斯里兰卡	Sri Lanka	2.2	2.0	2.0	70.0			61	37	29
泰国	Thailand	1.6	1.3	1.3				48	35	29
越南	Vietnam	1.9	2.0	1.9	74.2	78.0		97	88	124
埃及	Egypt, Arab Rep.	3.2	3.0	2.9	56.1			79	38	17
尼日利亚	Nigeria	6.0	5.3	5.1				1148	1123	1047
南非	South Africa	2.4	2.4	2.3				173	219	127
加拿大	Canada	1.7	1.4	1.3				9	12	11
墨西哥	Mexico	2.3	1.9	1.8				57	51	59
美国	United States	1.9	1.6	1.7				12	14	21
阿根廷	Argentina	2.3	1.9	1.9			70.1	72	55	45
巴西	Brazil	1.8	1.6	1.6				68	64	72
委内瑞拉	Venezuela, RB	2.5	2.2	2.2		75.0		92	112	259
捷克	Czechia	1.5	1.7	1.6				8	4	3
法国	France	2.0	1.8	1.8				9	9	8
德国	Germany	1.4	1.5	1.5				7	6	4
意大利	Italy	1.5	1.2	1.2				10	7	5
荷兰	Netherlands	1.8	1.5	1.5				13	6	4
波兰	Poland	1.4	1.4	1.3				8	3	2
俄罗斯	Russian Federation	1.6	1.5	1.4				52	17	14
西班牙	Spain	1.4	1.2	1.2				5	4	3
土耳其	Türkiye	2.1	1.9	1.9				32	22	17
乌克兰	Ukraine	1.4	1.2	1.3	71.6			36	17	
英国	United Kingdom	1.9	1.6	1.6	87.7			11	10	
澳大利亚	Australia	1.9	1.6	1.6				7	5	
新西兰	New Zealand	2.2	1.6	1.7				11	10	

注：数据是通过回归模型得出的估计值，使用了生育、分娩护理、以及艾滋病流行率等方面的信息。
资料来源：世界银行数据库。
Note: The data are estimated with a regression model using information on the proportion of maternal deaths among non-AIDS deaths in women ages 15-49, fertility and birth attendants.
Source: World Bank Database.

13-12 经常性卫生费用与国内生产总值之比及构成
Current Health Expenditure as Percentage of GDP and Composition

单位：% (%)

国家和地区	Country or Area	经常性卫生费用与国内生产总值之比 Current Health Expenditure as Percentage of GDP			广义政府卫生支出占经常性卫生费用的比重 Domestic General Government Health Expenditure as Percentage of Current Health Expenditure			私人部门卫生支出占经常性卫生费用的比重 Domestic Private Health Expenditure as Percentage of Current Health Expenditure		
		2010	2020	2021	2010	2020	2021	2010	2020	2021
世界	**World**	**9.5**	**10.9**	**6.5**	**60.2**	**63.4**	**62.9**	**39.6**	**36.4**	**36.8**
高收入国家	**High Income**	**11.5**	**14.0**	**8.6**	**62.5**	**65.8**	**65.5**	**37.5**	**34.2**	**34.5**
中等收入国家	**Middle Income**	**5.0**	**5.6**	**2.8**	**49.6**	**54.2**	**52.1**	**49.3**	**45.1**	**46.9**
低收入国家	**Low Income**	**4.5**	**5.1**	**1.2**	**24.1**	**24.4**	**22.3**	**53.7**	**46.5**	**46.6**
中国	China	4.2	5.6	2.9	51.9	54.7	54.1	48.0	45.3	45.9
孟加拉国	Bangladesh	2.7	2.6	0.4	20.6	18.0	16.9	70.4	76.5	75.5
文莱	Brunei Darussalam	2.3	2.4	2.1	91.7	94.0	93.3	8.3	6.0	6.7
柬埔寨	Cambodia	6.9	7.5	2.0	19.7	27.7	26.6	66.4	65.6	59.0
印度	India	3.3	3.0	1.1	26.2	36.6	34.3	72.8	62.4	63.5
印度尼西亚	Indonesia	2.8	3.4	2.2	23.7	55.0	59.4	75.5	44.4	38.5
伊朗	Iran, Islamic Rep.	6.3	5.3	3.2	32.4	53.9	55.2	67.6	46.1	44.5
以色列	Israel	7.0	8.3	5.4	62.8	70.8	68.2	35.9	28.0	30.8
日本	Japan	9.1	10.9	9.2	81.9	84.2	84.7	18.1	15.8	15.3
哈萨克斯坦	Kazakhstan	2.7	3.8	2.6	67.4	66.2	65.3	31.5	33.8	34.6
韩国	Korea, Rep.	5.9	8.4	5.7	59.3	61.0	61.0	40.7	39.0	39.0
老挝	Lao PDR	2.9	2.7	0.7	20.7	42.9	26.2	62.6	41.8	35.8
马来西亚	Malaysia	3.2	4.1	2.5	53.1	52.8	56.2	46.9	47.2	43.8
蒙古	Mongolia	3.7	4.9	4.5	65.4	63.9	65.6	30.3	28.8	34.1
缅甸	Myanmar	2.0	4.6	1.1	9.8	15.9	18.8	80.7	78.2	70.3
巴基斯坦	Pakistan	2.4	3.0	0.8	21.8	35.2	29.0	72.7	58.5	60.7
菲律宾	Philippines	4.1	5.1	2.3	31.9	44.6	39.3	66.3	54.6	55.2
新加坡	Singapore	3.2	6.1	3.5	35.9	52.4	63.0	64.1	47.6	37.0
斯里兰卡	Sri Lanka	3.9	4.1	1.9	40.4	45.8	46.5	58.4	52.4	49.2
泰国	Thailand	3.4	4.4	3.6	73.8	70.4	70.4	26.1	29.6	29.5
越南	Vietnam	4.7	4.7	2.0	39.6	45.1	42.7	58.1	54.1	53.5
埃及	Egypt, Arab Rep.	4.2	4.4	1.7	32.9	31.9	37.7	66.4	67.0	61.7
尼日利亚	Nigeria	3.3	3.4	0.5	13.6	15.0	13.3	80.1	75.4	78.9
南非	South Africa	7.8	8.6	5.0	51.3	62.1	60.4	41.0	36.6	38.2
加拿大	Canada	10.7	12.9	9.0	69.9	75.0	72.9	30.1	25.0	27.1
墨西哥	Mexico	5.7	6.2	3.0	50.2	52.9	50.1	49.8	47.1	49.8
美国	United States	16.2	18.8	9.6	48.9	56.8	55.4	51.1	43.2	44.6
阿根廷	Argentina	9.4	10.0	6.1	59.0	66.3	63.2	40.7	33.4	35.5
巴西	Brazil	7.9	10.3	4.5	45.0	44.8	45.5	54.7	55.1	54.3
委内瑞拉	Venezuela, RB	6.8	3.8	1.4	37.9	43.9	33.5	62.1	56.0	66.0
捷克	Czechia	6.9	9.2	8.2	83.1	87.4	86.2	16.9	12.6	13.8
法国	France	11.2	12.2	9.3	70.4	76.7	75.6	29.6	23.3	24.4
德国	Germany	11.1	12.8	10.2	75.7	78.4	79.0	24.3	21.6	21.0
意大利	Italy	8.9	9.6	7.1	78.5	76.1	75.5	21.5	23.9	24.5
荷兰	Netherlands	10.2	11.1	7.9	68.4	68.8	69.7	31.6	31.2	30.3
波兰	Poland	6.4	6.5	4.6	71.4	71.9	72.1	28.6	28.0	27.8
俄罗斯	Russian Federation	5.0	7.6	5.3	61.4	70.5	71.2	38.6	29.5	28.8
西班牙	Spain	9.1	10.7	7.7	74.4	73.3	71.6	25.6	26.7	28.4
土耳其	Türkiye	5.0	4.6	3.6	78.0	78.8	78.8	22.0	21.2	21.2
乌克兰	Ukraine	6.8		4.1	54.1		51.0	45.1		49.0
英国	United Kingdom	10.0		10.3	80.9		83.7	19.1		16.3
澳大利亚	Australia	8.4		8.0	72.4		76.0	27.6		24.0
新西兰	New Zealand	9.6		7.7	78.3		77.0	21.7		23.0

资料来源：世界银行数据库。
Source: World Bank Database.

13-13 人均经常性卫生费用及人均广义政府卫生支出
Current Health Expenditure per Capita and Domestic General Government Health Expenditure per Capita

单位：美元 (USD)

国家和地区	Country or Area	人均经常性卫生费用 Current Health Expenditure per Capita			人均广义政府卫生支出 Domestic General Government Health Expenditure per Capita		
		2010	2020	2021	2010	2020	2021
世界	**World**	**904.9**	**1177.1**	**1265.6**	**544.9**	**747.0**	**796.6**
高收入国家	**High Income**	**4531.3**	**6176.5**	**5832.7**	**2832.1**	**4066.5**	**3827.4**
中等收入国家	**Middle Income**	**190.4**	**297.7**	**320.8**	**94.4**	**161.4**	**166.9**
低收入国家	**Low Income**	**36.1**	**34.0**	**36.5**	**8.6**	**8.3**	**8.1**
中国	China	189.3	583.4	670.5	98.3	319.3	362.5
孟加拉国	Bangladesh	21.2	50.7	57.9	4.4	9.1	9.8
文莱	Brunei Darussalam	788.5	650.5	693.4	723.4	611.7	646.6
柬埔寨	Cambodia	54.1	115.8	122.4	10.7	32.1	32.5
印度	India	44.9	56.6	74.0	11.8	20.8	25.0
印度尼西亚	Indonesia	86.4	133.0	160.6	20.5	73.2	95.4
伊朗	Iran, Islamic Rep.	436.1	573.4	392.5	141.1	309.0	216.8
以色列	Israel	2240.4	3867.4	4339.0	1407.0	2739.3	2958.0
日本	Japan	4074.3	4388.1	4347.0	3338.0	3696.7	3683.0
哈萨克斯坦	Kazakhstan	243.6	341.5	403.0	164.2	226.0	263.0
韩国	Korea, Rep.	1386.4	2642.4	3260.4	822.8	1612.2	1988.9
老挝	Lao PDR	34.6	68.3	68.9	7.2	29.3	18.1
马来西亚	Malaysia	285.0	418.7	487.0	151.2	220.9	273.8
蒙古	Mongolia	99.5	199.8	315.6	65.0	127.7	206.9
缅甸	Myanmar	20.1	72.1	65.0	2.0	11.5	12.0
巴基斯坦	Pakistan	24.2	38.2	43.1	5.3	13.4	12.5
菲律宾	Philippines	91.0	164.7	203.0	29.0	73.5	80.0
新加坡	Singapore	1487.4	3537.0	3969.9	533.7	1853.7	2500.8
斯里兰卡	Sri Lanka	106.1	151.1	166.0	42.9	69.2	77.0
泰国	Thailand	169.4	305.1	364.4	125.0	214.7	256.4
越南	Vietnam	79.1	166.2	172.6	31.4	75.0	73.7
埃及	Egypt, Arab Rep.	107.4	150.9	179.7	35.4	48.2	67.7
尼日利亚	Nigeria	75.6	69.8	83.8	10.3	10.4	11.1
南非	South Africa	628.1	489.6	583.7	322.4	304.1	352.4
加拿大	Canada	5096.1	5619.4	6470.1	3563.3	4212.8	4717.9
墨西哥	Mexico	539.3	538.6	610.6	270.8	284.8	305.9
美国	United States	7832.3	11702.4	12012.2	3827.5	6643.4	6655.2
阿根廷	Argentina	980.1	863.7	1044.8	577.8	572.4	660.4
巴西	Brazil	893.8	700.7	761.3	402.4	313.6	346.7
委内瑞拉	Venezuela, RB	936.9	142.5	160.1	354.8	62.6	53.7
捷克	Czechia	1373.9	2119.8	2498.5	1142.1	1853.1	2153.1
法国	France	4592.4	4768.7	5380.9	3235.0	3658.5	4068.9
德国	Germany	4611.4	5930.3	6626.0	3490.4	4651.8	5237.8
意大利	Italy	3217.7	3057.0	3350.0	2524.4	2325.7	2528.0
荷兰	Netherlands	5191.7	5846.2	6539.0	3552.1	4022.3	4560.0
波兰	Poland	809.2	1026.0	1159.0	577.4	737.6	836.0
俄罗斯	Russian Federation	567.0	773.9	936.0	348.0	546.0	666.0
西班牙	Spain	2789.6	2900.6	3234.3	2076.7	2125.1	2315.9
土耳其	Türkiye	532.9	395.2	441.0	415.7	311.6	348.0
乌克兰	Ukraine	202.8		368.0	109.8		188.0
英国	United Kingdom	3965.9		5738.5	3207.4		4802.5
澳大利亚	Australia	4975.5		7055.4	3600.1		5364.9
新西兰	New Zealand	3233.8		4906.1	2531.1		3779.6

资料来源：世界银行数据库。
Source: World Bank Database.

13-14 15岁及以上成人识字率
Adult Literacy Rate as Percentage of People Aged 15 and Above

单位：% (%)

国家和地区	Country or Area	总计 Total			男性 Male			女性 Female		
		2010	2020	2022	2010	2020	2022	2010	2020	2022
世界	**World**	**84.1**	**86.8**		**88.3**	**90.2**		**79.9**	**83.5**	
高收入国家	**High Income**									
中等收入国家	**Middle Income**	**83.4**	**86.7**		**88.0**	**90.3**		**78.7**	**83.1**	
低收入国家	**Low Income**	**54.2**	**60.9**		**64.0**	**68.7**		**44.7**	**53.3**	
中国	China	95.1	97.2		97.5	98.6		92.7	95.6	
孟加拉国	Bangladesh		74.9			77.8			72.0	
印度尼西亚	Indonesia		96.0			97.4			94.6	
哈萨克斯坦	Kazakhstan	99.8	99.8		99.8	99.9		99.7	99.8	
老挝	Lao PDR			87.5			91.6			83.4
马来西亚	Malaysia	93.1		96.0	95.4		97.0	90.7		95.0
蒙古	Mongolia	98.3	99.2		98.2	99.1		98.3	99.2	
缅甸	Myanmar									
巴基斯坦	Pakistan	55.4			68.9			41.0		
菲律宾	Philippines									97.0
新加坡	Singapore	95.9	97.1		98.0	98.5		93.8	95.8	
斯里兰卡	Sri Lanka	91.2	92.4	92.0	92.6	93.3	93.0	90.0	91.6	92.0
泰国	Thailand	96.4		91.1	96.4		90.7	96.4		91.5
越南	Vietnam			96.0			97.0			95.0
埃及	Egypt, Arab Rep.	72.0		74.5	80.3		80.0	63.5		68.9
南非	South Africa	92.9			94.1			91.7		
墨西哥	Mexico	93.1	95.2		94.4	96.1		91.9	94.5	
阿根廷	Argentina	99.0			99.0			98.9		
巴西	Brazil	90.4		94.7	90.1		94.4	90.7		94.9
俄罗斯	Russian Federation	99.7	99.7		99.7	99.7		99.6	99.7	
西班牙	Spain	97.7	98.6		98.5	99.0		97.0	98.2	
土耳其	Türkiye	92.7			97.3			88.1		

资料来源：世界银行数据库。
Source: World Bank Database.

13-15 生均政府教育支出占人均GDP比重
Government Expenditure per Student as Percentage of GDP per Capita by Level

单位：% (%)

国家和地区	Country or Area	初等教育 Primary Education			中等教育 Secondary Education		
		2000	2010	2018	2000	2010	2018
中国	China						
中国香港	Hong Kong SAR, China		14.7	14.8		17.1	22.0
中国澳门	Macao SAR, China	7.5			10.1		
孟加拉国	Bangladesh				9.3	12.6	
文莱	Brunei Darussalam		5.0			7.6	
柬埔寨	Cambodia	5.6	4.8				
印度	India	14.8	7.5		25.3	14.1	
印度尼西亚	Indonesia		10.0			8.3	
伊朗	Iran, Islamic Rep.		11.9			18.1	
以色列	Israel	20.2	21.5		17.8	15.3	
哈萨克斯坦	Kazakhstan			0.2			
老挝	Lao PDR		5.4			7.3	
马来西亚	Malaysia	12.4	12.4		21.7	18.1	22.8
蒙古	Mongolia		12.4			15.4	
缅甸	Myanmar			7.8			10.3
菲律宾	Philippines	12.1			10.3		
新加坡	Singapore		10.9			16.5	
斯里兰卡	Sri Lanka		5.1	7.9		7.3	7.7
泰国	Thailand	17.5	18.4			14.0	
越南	Vietnam		19.6				
埃及	Egypt, Arab Rep.						
南非	South Africa	14.0	17.2	17.9	17.8	19.4	21.4
加拿大	Canada						
墨西哥	Mexico	10.8	14.2			15.2	
美国	United States		22.1			24.3	
阿根廷	Argentina	12.3	13.7		15.7	19.3	
巴西	Brazil	10.5	20.5			21.0	
捷克	Czechia	10.6	14.9		19.4	23.3	
法国	France	17.5	18.2		28.4	28.4	
德国	Germany		17.7			23.9	
意大利	Italy	22.3	22.8		25.6	23.9	
波兰	Poland		26.8			24.1	
西班牙	Spain	17.2	21.1		22.8	26.1	
英国	United Kingdom	12.7	24.3		21.9	31.2	
澳大利亚	Australia	16.7	22.3				

资料来源：世界银行数据库。
Source: World Bank Database.

13-16 各级教育毛入学率
Gross Enrollment Ratio of School by Level

单位：% (%)

国家和地区	Country or Area	初等教育 Primary Education			中等教育 Secondary Education			高等教育 Tertiary Education		
		2010	2020	2022	2010	2020	2022	2010	2020	2022
世界	**World**	**102.7**	**101.9**	**101.7**	**71.1**	**76.8**	**77.6**	**29.4**	**40.3**	**42.4**
高收入国家	**High Income**	**102.1**	**100.3**	**99.7**	**101.7**	**105.8**	**103.6**	**71.6**	**79.6**	**79.3**
中等收入国家	**Middle Income**	**103.5**	**101.9**	**102.2**	**70.5**	**78.3**	**79.3**	**24.7**	**38.1**	**41.4**
低收入国家	**Low Income**	**98.6**	**102.7**	**100.9**	**37.4**	**39.5**	**40.8**	**8.3**	**9.3**	
中国	China	99.0	103.2	100.2	88.2			24.2	58.4	72.0
中国香港	Hong Kong SAR, China		107.8	101.1	88.0	108.4	102.0	59.6	84.4	97.3
中国澳门	Macao SAR, China	94.9	99.3	85.0	87.8	102.6	90.2	55.1	113.1	116.2
孟加拉国	Bangladesh	106.0	119.6	117.7	51.6	74.4	71.8		24.0	22.8
文莱	Brunei Darussalam	106.5	98.3	94.6	99.2	91.4	88.4	15.5	32.0	33.5
柬埔寨	Cambodia	123.8	105.4	110.0		54.8	58.7	14.0	12.9	15.0
印度	India	109.1	99.9	111.1	63.1	75.5	81.2	17.8	29.4	32.7
印度尼西亚	Indonesia	109.2	90.1	100.6	76.4		99.0	24.1		42.6
伊朗	Iran, Islamic Rep.	100.7	109.7		80.6	89.4		44.2	58.2	60.7
以色列	Israel	105.4	104.5	96.3	103.2	104.9	96.6	65.9	61.1	57.6
哈萨克斯坦	Kazakhstan	108.8	100.3	100.9	98.5	103.8	95.8	46.2	70.7	58.9
韩国	Korea, Rep.	101.7	99.2	99.0	96.4	96.0	97.9	102.8	102.5	103.3
老挝	Lao PDR	123.4	98.8	97.2	47.0	62.8	56.9	16.6	13.5	13.7
马来西亚	Malaysia	99.8	103.9	97.8	77.3	82.5	84.5	37.0	42.6	40.3
蒙古	Mongolia	125.7	102.9	95.6	91.5	98.0	97.6	52.3	66.6	64.3
缅甸	Myanmar	98.1			48.1					
巴基斯坦	Pakistan	84.6		82.7	33.2		42.4	5.1		10.6
菲律宾	Philippines		98.3	91.9		92.0	93.7	29.6	33.4	39.6
新加坡	Singapore	91.4	100.5	99.6		103.2	103.0		93.1	98.0
斯里兰卡	Sri Lanka	99.5	100.3	95.9	96.9		89.5	16.3	21.6	23.0
泰国	Thailand	96.9	99.2	105.1	82.4	104.2	101.9	50.4	42.6	44.0
越南	Vietnam	105.7	117.2	123.1			97.2	22.8		42.2
埃及	Egypt, Arab Rep.	102.3		91.6	68.9			31.4		37.8
尼日利亚	Nigeria	85.1			44.2			9.6		
南非	South Africa	104.7	97.4	96.1	93.7	102.1	108.3	18.4	24.2	27.2
加拿大	Canada	98.6	101.8	96.0	102.4	114.9	108.6	61.7	79.5	77.3
墨西哥	Mexico	110.6	103.7	102.0	87.1	101.8	98.4	27.6	44.8	46.4
美国	United States		100.3	97.0		100.5	97.5		87.6	79.4
阿根廷	Argentina	117.0	108.9	108.7	99.5	110.1	115.4	73.2	99.2	107.0
巴西	Brazil		105.5	104.0		104.1	106.0		54.6	60.4
委内瑞拉	Venezuela, RB	102.8			82.7					
捷克	Czechia	103.8	100.0	101.0	94.7	100.9	102.9	63.9	68.1	70.8
法国	France	102.8	102.8	102.7	106.4	104.6	104.3	54.9	69.3	71.4
德国	Germany	103.0	101.1	100.2	104.0	97.1	100.8		73.0	77.4
意大利	Italy	103.0	99.8	101.6	102.9	100.9	101.4	65.8	69.5	73.9
荷兰	Netherlands	108.3	106.3	104.2	122.1	115.2	138.8	63.7	92.0	
波兰	Poland	96.5	84.1	100.6	95.9	115.2	108.5	74.8	70.5	75.3
俄罗斯	Russian Federation			101.1			93.9			53.9
西班牙	Spain	104.0	103.4	102.4	119.1	124.8	119.0	75.9	96.0	94.5
土耳其	Türkiye	101.3	96.5	102.5	84.3	104.4	116.0	56.4	117.1	127.6
乌克兰	Ukraine	98.8		92.8	95.6			80.2		
英国	United Kingdom	104.6		102.4	102.9		113.2	58.9		80.2
澳大利亚	Australia	105.6		99.1			133.3			106.2
新西兰	New Zealand	101.1		96.6	119.1		114.8	143.9		77.0

资料来源：世界银行数据库。
Source: World Bank Database.

13-17 教育经费情况
Statistics on Education Expenditure

单位：% (%)

国家和地区	Country or Area	政府教育支出与国内生产总值之比 Government Expenditure on Education as Percentage of GDP			政府教育支出占政府总支出的比重 Government Expenditure on Education as Percentage of Total Government Expenditure		
		2010	2020	2022	2010	2020	2022
世界	**World**	**4.2**	**4.3**	**3.8**	**14.3**	**12.6**	**13.8**
高收入国家	**High Income**	**5.1**	**5.2**		**12.0**	**11.2**	
中等收入国家	**Middle Income**	**3.8**	**4.1**	**3.6**	**15.5**	**14.6**	**14.2**
低收入国家	**Low Income**	**3.3**	**3.0**	**3.8**	**16.5**	**13.3**	**14.5**
中国	China	3.8	3.6	4.0	15.0	10.5	10.5
中国香港	Hong Kong SAR, China	3.5	4.4	3.7	19.9	20.6	
中国澳门	Macao SAR, China	2.6	6.3	6.2	13.0	12.3	10.1
孟加拉国	Bangladesh		2.0	1.7	21.0	10.4	11.7
文莱	Brunei Darussalam	2.0			5.3		
柬埔寨	Cambodia	1.5	3.1	2.9	7.3	17.2	
印度	India	3.4	4.5	4.1	11.8	16.5	14.2
印度尼西亚	Indonesia	2.8	3.5	0.9	16.7	19.2	13.9
伊朗	Iran, Islamic Rep.	3.7	3.6	3.1	19.3	23.1	18.8
以色列	Israel	5.5	7.1	6.5	13.7	15.6	17.5
日本	Japan	3.6	3.4	3.2	8.4	7.3	7.5
哈萨克斯坦	Kazakhstan	3.5	4.4	4.5	16.9	18.6	
韩国	Korea, Rep.	2.8			14.8		
老挝	Lao PDR	1.7	2.3	1.5	7.2	10.9	9.8
马来西亚	Malaysia	5.0	3.9	3.5	18.4	15.4	20.1
蒙古	Mongolia	4.6	4.7	4.2	14.7	12.5	
缅甸	Myanmar	0.9			7.5		
巴基斯坦	Pakistan	2.3	2.4	2.0	11.9	10.8	9.4
菲律宾	Philippines	2.3	3.7	3.6	15.8	15.5	15.7
新加坡	Singapore	3.1	2.5	2.5	18.6	11.9	10.1
斯里兰卡	Sri Lanka	1.7		1.2	8.6		5.3
泰国	Thailand	3.5	3.1	2.6	16.2	15.4	11.2
越南	Vietnam	5.1	4.1	2.9	17.1	14.4	15.4
埃及	Egypt, Arab Rep.	3.5	2.5		11.3	12.3	
尼日利亚	Nigeria	0.5		0.3	6.2	5.1	4.3
南非	South Africa	5.1	6.2	6.2	18.0	19.5	18.6
加拿大	Canada	5.4	5.2	4.1	12.3	10.0	11.1
墨西哥	Mexico	5.2			18.6		
美国	United States	6.7	6.1		15.6	12.6	
阿根廷	Argentina	5.0	5.0	4.8	15.0	11.9	12.7
巴西	Brazil	5.6			14.2		
委内瑞拉	Venezuela, RB						
捷克	Czechia	4.0	5.1		9.2	10.8	
法国	France	5.7	5.5		9.9		
德国	Germany	4.9	4.7	4.5	10.3	9.2	9.2
意大利	Italy	4.3	4.3		8.7	7.5	
荷兰	Netherlands	5.5	5.3	5.1	11.7	11.0	11.6
波兰	Poland	5.1	5.2		11.0	10.7	
俄罗斯	Russian Federation	3.9	3.7	4.1	11.0	8.9	
西班牙	Spain	4.9	4.6	4.3	10.5	8.9	9.2
土耳其	Türkiye	3.8	3.4	2.6	10.6	9.4	8.8
乌克兰	Ukraine	7.4		5.9	15.2		8.5
英国	United Kingdom	5.7		5.0	12.8		10.6
澳大利亚	Australia	5.5		5.2	14.3		13.9
新西兰	New Zealand	7.0		5.2	15.7		13.1

资料来源：世界银行数据库。
Source: World Bank Database.

13-18 劳动力及劳动参与率(2023年)
Labor Force and Labor Force Participation Rate(2023)

国家和地区	Country or Area	劳动力总数 (万人) Total Labor Force (10 000 persons)	女性劳动力占劳动力总数的比重(%) Proportion of Female Labor Force in Total Labor Force(%)
世界	**World**	**362769**	**40.1**
高收入国家	**High Income**	**70758**	**45.3**
中等收入国家	**Middle Income**	**263526**	**38.4**
低收入国家	**Low Income**	**27330**	**43.2**
中国	China	77925	45.1
中国香港	Hong Kong SAR, China	383	49.8
中国澳门	Macao SAR, China	41	50.3
孟加拉国	Bangladesh	7491	32.4
文莱	Brunei Darussalam	23	41.7
柬埔寨	Cambodia	917	47.0
印度	India	59373	28.7
印度尼西亚	Indonesia	14093	39.4
伊朗	Iran, Islamic Rep.	2916	16.8
以色列	Israel	455	47.6
日本	Japan	6935	45.1
哈萨克斯坦	Kazakhstan	959	49.1
韩国	Korea, Rep.	2961	43.5
老挝	Lao PDR	317	46.8
马来西亚	Malaysia	1731	38.9
蒙古	Mongolia	140	45.0
巴基斯坦	Pakistan	8099	23.2
菲律宾	Philippines	4948	38.9
新加坡	Singapore	362	42.4
斯里兰卡	Sri Lanka	871	33.2
泰国	Thailand	4081	45.9
越南	Vietnam	5615	48.3
埃及	Egypt, Arab Rep.	3343	18.6
尼日利亚	Nigeria	7572	43.8
南非	South Africa	2516	47.0
加拿大	Canada	2211	47.4
墨西哥	Mexico	6004	39.5
美国	United States	17055	46.5
阿根廷	Argentina	2191	42.7
巴西	Brazil	10870	43.5
委内瑞拉	Venezuela, RB	1155	36.9
捷克	Czechia	550	44.1
法国	France	3183	49.0
德国	Germany	4478	46.7
意大利	Italy	2567	42.8
荷兰	Netherlands	1000	47.2
波兰	Poland	1839	45.6
西班牙	Spain	2411	46.9
土耳其	Türkiye	3507	33.3
英国	United Kingdom	3528	47.6
澳大利亚	Australia	1450	47.0
新西兰	New Zealand	307	47.6

资料来源：世界银行数据库。
Source: World Bank Database.

13-19 居民消费支出
Household Consumption Expenditure

国家和地区	Country or Area	居民最终消费支出（现价，亿美元）Household Final Consumption Expenditure (current 100 million USD)			消费价格指数(2010年=100) Consumer Price Index the year of 2010=100)
		2010	2020	2023	2023
世界	**World**	**380256.6**	**471711.9**		
高收入国家	**High Income**	**271966.4**	**312792.1**		
中等收入国家	**Middle Income**	**102147.5**	**154071.1**		
低收入国家	**Low Income**	**4545.6**	**3467.8**	**5392.4**	
中国	China	20895.1	56107.6		132.2
中国香港	Hong Kong SAR, China	1403.3	2288.5	2684.3	142.6
中国澳门	Macao SAR, China	66.9	118.7	136.4	
孟加拉国	Bangladesh	854.4	2503.3	2999.6	237.2
文莱	Brunei Darussalam	20.2	28.5	41.7	106.9
柬埔寨	Cambodia	91.4	179.8	132.7	148.3
印度	India	9169.8	16369.3	21420.6	216.9
印度尼西亚	Indonesia	4244.9	6241.4	7462.4	169.1
伊朗	Iran, Islamic Rep.	2089.5	1109.2	1895.7	2140.2
以色列	Israel	1312.0	2001.1	2456.3	118.8
日本	Japan	32751.0	27267.6		111.4
哈萨克斯坦	Kazakhstan	671.8	906.8		288.0
韩国	Korea, Rep.	5770.1	7628.1	8380.3	129.2
老挝	Lao PDR	53.2			239.1
马来西亚	Malaysia	1227.1	2053.0	2415.1	130.4
蒙古	Mongolia	39.7	80.5	95.1	277.2
缅甸	Myanmar		408.3		
巴基斯坦	Pakistan	1412.3	2448.9	2822.7	343.4
菲律宾	Philippines	1462.6	2715.6	3345.0	154.7
新加坡	Singapore	871.4	1121.6	1570.2	130.0
斯里兰卡	Sri Lanka		530.3	584.9	308.3
泰国	Thailand	1779.7	2654.8	2969.9	122.1
越南	Vietnam	860.2	1939.9		183.1
埃及	Egypt, Arab Rep.	1633.0	3210.5	3269.2	486.3
尼日利亚	Nigeria	2464.7	2762.2		524.9
南非	South Africa	2603.0	2111.0	2445.4	194.8
加拿大	Canada	9218.6	9423.1	11818.7	134.9
墨西哥	Mexico	6912.7	6877.5	12587.7	176.1
美国	United States	102602.6	141161.7		139.7
阿根廷	Argentina	2721.1	2459.4	4301.7	
巴西	Brazil	13302.2	9320.7	13765.5	213.9
委内瑞拉	Venezuela, RB	2197.7			
捷克	Czechia	1025.5	1115.1	1509.9	158.9
法国	France	14642.6	14067.9	16283.6	124.0
德国	Germany	18735.1	19571.7	22595.3	131.9
意大利	Italy	12971.5	11010.1	13428.0	128.6
荷兰	Netherlands	3851.3	3832.0	4864.3	137.7
波兰	Poland	2955.6	3388.6	4642.5	158.2
俄罗斯	Russian Federation	7851.5	7688.7	10067.2	
西班牙	Spain	8260.9	7165.0	8791.4	128.0
土耳其	Türkiye	4870.0	4088.9	6581.9	834.6
乌克兰	Ukraine	914.7	1147.8	1146.0	429.2
英国	United Kingdom	15924.2	16190.8	20649.4	142.7
澳大利亚	Australia	6360.7	6930.5	8558.2	139.9
新西兰	New Zealand	847.3	1209.2		136.9

资料来源：世界银行数据库。
Source: World Bank Database.

13-20 国际旅游人数
Number of Arrivals and Departures of International Tourism

单位：万人 (10 000 persons)

国家和地区	Country or Area	入境旅游人数 Number of Arrivals			出境旅游人数 Number of Departures		
		2000	2010	2020	2000	2010	2020
世界	**World**	**133238**	**175572**		**112242**	**145702**	
高收入国家	**High Income**	**92978**	**112427**		**64464**	**81113**	
中等收入国家	**Middle Income**	**36902**	**55736**		**30624**	**41923**	
低收入国家	**Low Income**		**1344**				
中国	China	8344	13376	3040	1047	5739	2033
中国香港	Hong Kong SAR, China	1306	3603	357	5890	8444	826
中国澳门	Macao SAR, China	916	2497	590		75	13
孟加拉国	Bangladesh	20	14		113	191	
文莱	Brunei Darussalam	98		107			
柬埔寨	Cambodia	47	251	131	4	51	33
印度	India	265	578		442	1299	
印度尼西亚	Indonesia	506	700	405	221	624	292
伊朗	Iran, Islamic Rep.	134	294	155			155
以色列	Israel	267	344		353	427	
日本	Japan	476	861	412	1782	1664	317
哈萨克斯坦	Kazakhstan	168	410	204		602	287
韩国	Korea, Rep.	532	880	252	551	1249	428
老挝	Lao PDR	74	251	89		169	71
马来西亚	Malaysia	1022	2458	433	3053		
蒙古	Mongolia	16	56	7			
缅甸	Myanmar	42	79	90			
巴基斯坦	Pakistan	56	91				
菲律宾	Philippines	199	352	148	167		148
新加坡	Singapore	769	1164	274	444	734	154
斯里兰卡	Sri Lanka	45	77	54	52	112	31
泰国	Thailand	958	1594		191	545	
越南	Vietnam	214	505	384			
埃及	Egypt, Arab Rep.	551	1473			462	
尼日利亚	Nigeria	149	611				
南非	South Africa	600	1130	389			
加拿大	Canada	4864	2562			5362	
墨西哥	Mexico	10567	8195	5113	12727	9166	3606
美国	United States	7834	16228	4504	8797	12157	6055
阿根廷	Argentina	291	680			608	
巴西	Brazil	531	516		323	646	
委内瑞拉	Venezuela, RB	60	54		95	148	
捷克	Czechia		2194			867	240
法国	France		18983	11711		2997	2129
德国	Germany	1898	2688	1245	8051	8587	
意大利	Italy	6270	7323	3842	4463	5530	2145
荷兰	Netherlands	1000	1088	727	1390	1837	
波兰	Poland	8452	5834		5668	4276	
俄罗斯	Russian Federation	2117	2228	636	1837	3932	1236
西班牙	Spain	7458	9374	3641		1425	624
土耳其	Türkiye	1043	3300	1597	528	656	224
乌克兰	Ukraine	1169	2411			1774	
英国	United Kingdom	2521	3040		5684	6465	
澳大利亚	Australia	493	579		350	710	
新西兰	New Zealand	179	253		128	203	

资料来源：世界银行数据库。
Source: World Bank Database.

附　　录
Appendix

附录　主要统计指标解释

人口家庭

人口数　指一定时点、一定地区范围内有生命的个人总和。

年度统计的年末人口数指每年 12 月 31 日 24 时的人口数。年度统计的全国人口总数内未包括香港、澳门特别行政区和台湾省以及海外华侨人数。

城镇人口和乡村人口　城镇人口是指居住在城镇范围内的全部常住人口；乡村人口是除上述人口以外的全部人口。

出生率　也称粗出生率。指在一定时期内(通常为一年)一定地区的出生人数与同期内平均人数(或期中人数)之比，用千分率表示。本资料中的出生率指年出生率，其计算公式为:

$$出生率=\frac{年出生人数}{年平均人数}\times 1000‰$$

式中：出生人数指活产婴儿，即胎儿脱离母体时(不管怀孕月数)，有过呼吸或其他生命现象。年平均人数指年初、年底人口数的平均数，也可用年中人口数代替。

死亡率　也称粗死亡率。指在一定时期内(通常为一年)一定地区的死亡人数与同期内平均人数(或期中人数)之比，用千分率表示。本资料中的死亡率指年死亡率，其计算公式为:

$$死亡率=\frac{年死亡人数}{年平均人数}\times 1000‰$$

人口自然增长率　指在一定时期内(通常为一年)人口自然增加数(出生人数减死亡人数)与该时期内平均人数(或期中人数)之比，用千分率表示。计算公式为:

$$人口自然增长率=\frac{本年出生人数-本年死亡人数}{年平均人数}\times 1000‰$$

$$=人口出生率-人口死亡率$$

总抚养比　也称总负担系数。指人口总体中非劳动年龄人口数与劳动年龄人口数之比。通常用百分比表示。说明每 100 名劳动年龄人口大致要负担多少名非劳动年龄人口。计算公式为:

$$GDR=\frac{P_{0\sim14}+P_{65^+}}{P_{15\sim64}}\times 100\%$$

其中：GDR 为总抚养比；

$P_{0\sim14}$为 0 ~ 14 岁少年儿童人口数；

P_{65+}为 65 岁及以上的老年人口数；

$P_{15\sim64}$为 15 ~ 64 岁劳动年龄人口数。

老年人口抚养比　也称老年人口抚养系数。指某一人口中老年人口数与劳动年龄人口数之比。通常用百分比表示。用以表明每 100 名劳动年龄人口要负担多少名老年人。计算公式为:

$$ODR=\frac{P_{65^+}}{P_{15\sim64}}\times 100\%$$

其中：ODR 为老年人口抚养比；

P_{65+}为 65 岁及以上的老年人口数；

$P_{15\sim64}$为 15 ~ 64 岁的劳动年龄人口数。

少年儿童抚养比 也称少年儿童抚养系数。指某一人口中少年儿童人口数与劳动年龄人口数之比。通常用百分比表示。以反映每 100 名劳动年龄人口要负担多少名少年儿童。计算公式为:

$$CDR=\frac{P_{0\sim14}}{P_{15\sim64}}\times100\%$$

其中: CDR 为少年儿童抚养比;

$P_{0\sim14}$为 0 ~ 14 岁少年儿童人口数;

$P_{15\sim64}$为 15 ~ 64 岁劳动年龄人口数。

结婚率 指某地区当年结婚对数占该地区年平均人口的比重。通常用千分比表示。计算公式为:

$$结婚率=\frac{结婚对数}{（当年期初人口数+当年期末人口数）/2}\times1000‰$$

离婚率 指某地区当年离婚对数占该地区年平均人口的比重。通常用千分比表示。计算公式为:

$$离婚率=\frac{离婚对数}{（当年期初人口数+当年期末人口数）/2}\times1000‰$$

初婚人数 指报告期内婚姻登记机关办理的结婚登记中，当事人属第一次结婚人数的总和。

再婚人数 指报告期内经婚姻登记机关办理的结婚登记中，当事人属第二次（或者二次以上）结婚人数的总和。再婚包含恢复结婚。

卫生健康

医疗卫生机构 指从卫生（卫生健康）行政部门取得《医疗机构执业许可证》《中医诊所备案证》《计划生育技术服务许可证》，或从民政、工商行政、机构编制管理部门取得法人单位登记证书，为社会提供医疗保健、公共卫生服务或从事医学科研和在职培训等工作的单位。医疗卫生机构包括医院、基层医疗卫生机构、专业公共卫生机构、其他医疗卫生机构。

医院 包括综合医院、中医医院、中西医结合医院、民族医医院、各类专科医院和护理院，不包括专科疾病防治院、妇幼保健院和疗养院，包括医学院附属医院。

中医医院 指中医（综合）医院和中医专科医院，不包括中西医结合医院和民族医院。

专科医院 包括口腔医院、眼科医院、耳鼻喉科医院、肿瘤医院、心血管病医院、胸科医院、血液病医院、妇产（科）医院、儿童医院、精神病医院、传染病医院、皮肤病医院、结核病医院、麻风病医院、职业病医院、骨科医院、康复医院、整形外科医院、美容医院等其他专科医院，不包括中医专科医院、各类专科疾病防治院和妇幼保健院。

基层医疗卫生机构 包括社区卫生服务中心（站）、街道卫生院、乡镇卫生院、村卫生室、门诊部、诊所(医务室)。

专业公共卫生机构 包括疾病预防控制中心、专科疾病防治机构、妇幼保健机构（含妇幼保健计划生育服务中心）、健康教育机构、急救中心(站)、采供血机构、卫生监督机构、取得《医疗机构执业许可证》或《计划生育技术服务许可证》的计划生育技术服务机构。

医院等级 由卫生健康（原卫生计生）行政部门评定，级别分为一级、二级、三级、未定级，等次分为甲、乙、丙、未定等。

联合办村卫生室 指由两个或多个乡村医生联合办、执业（助理）医师与乡村医生联合办的村卫生室。

卫生人员 指在医院、基层医疗卫生机构、专业公共卫生机构及其他医疗卫生机构工作的职工，包括卫生技术人员、乡村医生和卫生员、其他技术人员、管理人员和工勤人员。一律按支付年底工资的在岗职工统计，包括各类聘任人员(含合同工)及返聘本单位半年以上人员，不包括临时工、离退休人员、退职人员、离开本单位仍保留劳动关系人员、本单位返聘和临聘不足半年人员。

卫生技术人员　包括执业医师、执业助理医师、注册护士、药师(士)、检验技师(士)、影像技师、卫生监督员和见习医(药、护、技)师(士)等卫生专业人员，包括从事临床或监督工作并同时从事管理工作的人员(如院长、书记等)。

执业医师　指《医师执业证》“级别”为“执业医师”且实际从事医疗、预防保健工作的人员，不包括实际从事管理工作的执业医师。执业医师类别分为临床、中医、口腔和公共卫生四类。

执业助理医师　指《医师执业证》“级别”为“执业助理医师”且实际从事医疗、预防保健工作的人员，不包括实际从事管理工作的执业助理医师。执业助理医师类别分为临床、中医、口腔和公共卫生四类。

注册护士　指具有注册护士证书且实际从事护理工作的人员，不包括从事管理工作的护士。

乡村医生和卫生员　乡村医生指从当地卫生和计生行政部门获得“乡村医生”证书的人员；卫生员是指村卫生室中未获得“乡村医生”证书的人员。

全科医生数　注册为全科医学专业的人数和注册为乡村全科执业助理医师的人数之和。

每千人口卫生技术人员　每千人口卫生技术人员=卫生技术人员数/人口数×1000。

每千人口执业(助理)医师　每千人口执业(助理)医师=(执业医师数+执业助理医师数)/人口数×1000。

床位数　指年末医疗卫生机构实有床位，包括正规床、简易床、监护床、超过半年加床、正在消毒和修理床位、因扩建或大修而停用的床位，不包括产科新生儿床、接产室待产床、库存床、观察床、临时加床和病人家属陪待床。

每千人口医疗卫生机构床位　每千人口医疗卫生机构床位=医疗卫生机构床位数/人口数×1000。

公立医院　包括登记注册类型为国有和集体的医院。

民营医院　指除登记注册类型为国有和集体以外的医院，包括私营、联营、股份合作(有限)、台港澳合资合作、中外合资合作等医院。

诊疗人次数　指所有诊疗工作的总人次数，统计界定原则为：①按挂号数统计，包括门诊、急诊、出诊、预约诊疗、单项健康检查、健康咨询指导（不含健康讲座）人次。患者 1 次就诊多次挂号，按实际诊疗次数统计，不包括根据医嘱进行的各项检查、治疗、处置工作量以及免疫接种、健康管理服务人次数；②未挂号就诊、本单位职工就诊及外出诊（不含外出会诊）不收取挂号费的，按实际诊疗人次统计。

健康检查人次数　包括医疗卫生机构体检人次数、体检中心单项健康检查人次数。

出院人次数　指报告期内所有住院后出院的人次数。包括医嘱离院、医嘱转其他医疗机构、非医嘱离院、死亡及其他人数，不含家庭病床撤床人数。

住院病人手术人次数　指有正规手术单和麻醉单施行手术和操作的住院病人总数（包括产科手术病人次数）。同一病人本次在院就诊期间患有同一疾病或不同疾病施行多次手术的，按实际手术次数统计。1 次实施多个部位手术的按 1 次统计。

门诊病人次均医药费用　又称每诊疗人次医药费用、次均门诊费用。即医疗门诊收入/总诊疗人次数。

住院病人次均医药费用　又称出院者人均医药费用、人均住院费用。即医疗住院收入/出院人次数。

甲乙类法定报告传染病发病率　是指某年每 10 万人口中甲乙类法定报告传染病发病数。即甲乙类法定报告传染病报告发病率=甲乙类法定报告传染病发病数/人口数×100000。

甲乙类法定报告传染病报告死亡率　是指某年每 10 万人口中甲乙类法定报告传染病死亡数。即甲乙类法定报告传染病死亡率=甲乙类法定报告传染病死亡数/人口数×100000。

新生儿死亡率　指年内新生儿死亡数与活产数之比，一般以‰表示。新生儿死亡指出生至 28 天以内(即 0−27 天)死亡人数。

婴儿死亡率　指年内不满 1 周岁的婴儿死亡数与活产数之比，一般以‰表示。

5 岁以下儿童死亡率　指年内不满 5 周岁儿童死亡人数与活产数之比，一般以‰表示。

孕产妇死亡率　指年内每 10 万名孕产妇的死亡人数。孕产妇死亡指从妊娠期至产后 42 天内，由于任何妊娠或妊娠处理有关的原因导致的死亡，但不包括意外原因死亡者。按国际通用计算方法，“孕产妇总数”以“活产数”代替计算。

活产数　指年内妊娠满 28 周及以上（如孕周不清楚，可参考出生体重达 1000 克及以上），娩出后有心跳、呼吸、脐带搏动、随意肌收缩四项生命体征之一的新生儿数。

卫生总费用　指一个国家或地区在一定时期内，为开展卫生服务活动从全社会筹集的卫生资源的货币总额，按来源法核算。它反映一定经济条件下，政府、社会和居民个人对卫生保健的重视程度和费用负担水平，以及卫生筹资模式的主要特征和卫生筹资的公平性合理性。

政府卫生支出　指各级政府用于医疗卫生服务、医疗保障补助、卫生和医疗保障行政管理、人口与计划生育事务支出等各项事业的经费。

社会卫生支出　指政府支出外的社会各界对卫生事业的资金投入。包括社会医疗保障支出、商业健康保险费、社会办医支出、社会捐赠援助、行政事业性收费收入等。

个人卫生支出　指城乡居民在接受各类医疗卫生服务时的现金支付，包括享受各种医疗保险制度的居民就医时自付的费用。可分为城镇居民、农村居民个人卫生支出，反映城乡居民医疗卫生费用的负担程度。

人均卫生总费用　即某年卫生总费用与同期平均人口数之比。

卫生总费用与 GDP 之比　指某年卫生总费用与同期国内生产总值（GDP）之比。是用来反映一定时期国家对卫生事业的资金投入力度，以及政府和全社会对卫生事业、居民健康的重视程度。

教育培训

各级各类学校　指经县级以上人民政府及其教育行政部门按照国家规定批准设立，以及县级以上人民政府其他有关行政部门审批设立并报教育行政部门备案的各级各类学校。不包括军事院校、人力资源和社会保障部门管理的技工学校。

普通、职业高等学校　指国家依法审批的，实施高等学历教育的全日制大学、独立设置的学院、独立学院、本科层次职业学校、高等专科学校、高等职业学校及其他普通高教机构。

大学、独立设置的学院主要实施普通本科及本科层次以上的教育。独立学院主要实施普通本科层次的教育。本科层次职业学校主要实施本科层次职业教育。高等专科学校、高等职业学校实施专科层次的教育。其他普通高教机构是指承担国家普通招生计划任务不计校数的机构，包括普通高等学校分校、大专班等。

独立学院　指由普通本科高校按新机制、新模式举办的本科层次的二级学院。一些普通本科高校按公办机制和模式建立的二级学院、“分校”或其他类似的二级办学机构不属此范畴。

成人高等学校　指国家依法审批的，招收具有高中毕业或同等学力的人员为主要培养对象，利用函授、业余、脱产等多种形式，对其实施高等学历教育的学校。包括：职工高等学校、农民高等学校、管理干部学院、教育学院、独立函授学院、广播电视大学、其他成人高教机构。其他成人高教机构是指承担国家成人招生计划任务不计校数的机构。

中等职业教育　调整后的中等职业学校是指将普通中等专业学校（中等技术学校、中等师范学校）、成人中等专业学校、职业高中学校、其他机构等各种实施中等职业教育的办学类型，通过合并、共建、联办、划转等形式调整为统一的办学类型。

其他中职机构　指承担中等职业教育不计校数的教育机构（包括停办的学校和高等学校附设的中等职业教育机构）。

义务教育阶段学校数　包括普通小学、初级中学、职业初中、九年一贯制学校。

职业初中　指经县或县以上教育行政部门批准设立，招收小学毕业生实施初级中等职业技术教育的教学机构。

初等教育　指由县或县以上教育行政部门批准，招收学龄儿童实施初等教育的教学机构。

特殊教育　指独立设置的招收盲聋哑和智残儿童，以及其他特殊需要的儿童、青少年进行普通或职业初、中等教育的独立设置学校。

学前教育　包括幼儿园和学前班。学前班是指在部分不能满足学龄前幼儿三年入园的地区，组织学龄前儿童进行学前一年教育的一种组织形式。

完全中学　指普通初、高中合设的教育机构。

小学学龄儿童净入学率　指调查范围内已入小学学习的学龄儿童占校内外学龄儿童总数的比重。计算公式为:

$$小学学龄儿童净入学率=\frac{已入学的小学学龄儿童数}{校内外小学学龄儿童总数}\times 100\%$$

教职工（基础教育）　指编制在学校，并从事教学、管理和后勤保障工作的固定人员（不包括临时工和聘任教师）。

教职工按工作性质可分为教师、行政人员、教辅人员和工勤人员。

教职工（高等和中职教育）　指在学校（机构）工作并由学校（机构）支付工资的教职工人数，人员包括①在编人员，即根据原人事管理制度，人事关系和档案均在学校的人员；②聘任制人员，即人事制度改革后，高校（机构）招聘录用的长期、全时工作人员。聘任制人员的人事关系在学校但档案不在学校。

教职工数包括校本部教职工、科研机构人员、校办企业职工、其他附设机构人员。

专任教师　是指具有教师资格，专门从事教学工作的人员。

九年义务教育巩固率　是指初中毕业班学生数占该年级入小学一年级时学生数的百分比。

高中阶段毛入学率　是指高中阶段在校生（不考虑年龄）占 15 ~ 17 岁年龄组人口数的百分比。

进城务工人员随迁子女　是指户籍登记在外省（区、市）、本省外县（区）的乡村，随务工父母到输入地的城区、镇区（同住）并在校接受义务教育的适龄儿童少年。

国家财政性教育经费　包括一般公共预算安排的教育经费，政府性基金预算安排的教育经费，企业办学中的企业拨款，校办产业和社会服务收入用于教育的经费，其他属于国家财政性教育经费。其中，企业办学中的企业拨款是指中央和地方所属企业在企业营业外资金列支或企业自有资金列支，并实际拨付所属学校的办学经费；校办产业和社会服务收入用于教育的经费是指学校举办的校办产业和各种经营取得的收益及投资收益中用于补充教育经费的部分。

一般公共预算教育经费　指学校（单位）从同级财政部门取得的一般公共预算教育支出安排的财政拨款。包括教育事业费、基本建设经费、教育费附加和其他经费。

就业

劳动力　指年满 16 周岁，有劳动能力，参加或要求参加社会经济活动的人口。包括就业人员和失业人员。

就业人员　指年满 16 周岁，为取得报酬或经营利润，在调查周内从事了 1 小时（含 1 小时）以上劳动的人员；或由于在职学习、休假等原因在调查周内暂时未工作的人员；或由于停工、单位不景气等原因临时未工作的人员。

单位就业人员　指报告期末最后一日在本单位工作，并取得工资或其他形式劳动报酬的人员数。该指标为时点指标，不包括最后一日当天及以前已经与单位解除劳动合同关系的人员，是在岗职工、劳务派遣人员及其他就业人员之和。就业人员不包括:

(1)离开本单位仍保留劳动关系，并定期领取生活费的人员;

(2)在本单位实习的各类在校学生；

(3)本单位以劳务外包形式使用的人员，如：建筑业整建制使用的人员。

城镇私营就业人员 指在工商管理部门注册登记，其经营地址设在县城关镇(含县城关镇)以上的私营企业就业人员，包括私营企业投资者和雇工。

城镇个体就业人员 指在工商管理部门注册登记，并持有城镇户口或在城镇长期居住，经批准从事个体工商经营的就业人员，包括个体经营者和在个体工商户劳动的家庭帮工和雇工。

城镇登记失业人员 劳动年龄内（年满 16 周岁（含）至依法享受基本养老保险待遇），有劳动能力，有就业要求，处于无业状态，并在公共就业和人才服务机构进行失业登记的城镇常住人员。

城镇调查失业率 指城镇失业人口占城镇就业人口与失业人口之和的百分比，根据劳动力调查数据计算。

研究与试验发展（R&D） 指为增加知识存量（也包括有关人类、文化和社会的知识），以及设计已有知识的新应用而进行的创造性、系统性工作，包括基础研究、应用研究、试验发展三种类型。国际上通常采用 R&D 活动的规模和强度指标反映一国的科技实力和核心竞争力。

R&D 人员全时当量 指报告期 R&D 人员按实际从事 R&D 活动时间计算的工作量，以“人年”为计量单位。为国际上比较科技人力投入而制定的可比指标。

收入消费

居民可支配收入 指居民可用于最终消费支出和储蓄的总和，即居民可用于自由支配的收入。既包括现金收入，也包括实物收入。按照收入的来源，可支配收入包含四项，分别为：工资性收入、经营性净收入、财产性净收入和转移性净收入。

居民消费支出 是指居民用于满足家庭日常生活消费需要的全部支出，既包括现金消费支出，也包括实物消费支出。消费支出可划分为食品烟酒、衣着、居住、生活用品及服务、交通通信、教育文化娱乐、医疗保健以及其他用品及服务八大类。

工资总额 指根据《关于工资总额组成的规定》(1990 年 1 月 1 日国家统计局发布的一号令)进行修订，本单位在报告期内(季度或年度)直接支付给本单位全部就业人员的劳动报酬总额。包括计时工资、计件工资、奖金、津贴和补贴、加班加点工资、特殊情况下支付的工资，是在岗职工工资总额、劳务派遣人员工资总额和其他就业人员工资总额之和。

工资总额是税前工资，包括单位从个人工资中直接为其代扣或代缴的房费、水费、电费、住房公积金和社会保险基金个人缴纳部分等。

工资总额不论是计入成本的还是不计入成本的，不论是以货币形式支付的还是以实物形式支付的，均应列入工资总额的计算范围。

平均工资 指单位就业人员在一定时期内平均每人所得的工资额。它表明一定时期工资收入的高低程度，是反映就业人员工资水平的主要指标。计算公式为：

$$平均工资=\frac{报告期就业人员工资总额}{报告期就业人员平均人数}$$

平均名义工资指数 指报告期就业人员平均工资与基期就业人员平均工资的比率，是反映不同时期就业人员名义工资水平变动情况的相对数。计算公式为：

$$平均名义工资指数=\frac{报告期就业人员平均工资}{基期就业人员平均工资}\times 100\%$$

平均实际工资指数 就业人员平均实际工资指扣除物价变动因素后的就业人员平均工资。就业人员平均实际工资指数是反映实际工资变动情况的相对数，表明就业人员实际工资水平提高或降低的程度。计算公式为：

$$\text{平均实际工资指数}=\frac{\text{报告期就业人员平均工资指数}}{\text{报告期城镇居民消费价格指数}}\times 100\%$$

社会保障

城镇职工基本养老保险

参保职工人数　指报告期末参加城镇职工基本养老保险并在社保经办机构已建立缴费记录档案的职工人数，包括中断缴费但未终止养老保险关系的职工人数，不包括只登记未建立缴费记录档案的人数。

离退休（职）人员人数　指报告期末参加城镇职工基本养老保险并由养老保险基金支付的离休、退休和退职人员的人数。

基金收入　指根据国家有关规定，由纳入职工基本养老保险范围的缴费单位和个人按国家规定的缴费基数和缴费比例缴纳的养老保险费，以及通过其他方式取得的形成基金来源的收入。包括单位和职工个人缴纳的基本养老保险费、基本养老保险基金利息收入、委托投资收益、上级补助收入、下级上解收入、转移收入、财政补贴和其他收入。

基金支出　指按照国家政策规定的开支范围和开支标准从职工养老保险基金中支付给参加职工基本养老保险的个人养老待遇支出，以及由于保险关系转移、上下级之间补助、上解等原因而发生的支出。包括基本养老金、医疗补助金、丧葬补助金和抚恤金、病残津贴补助下级支出、上解上级支出、转移支出、其他支出等。

基金累计结余　指职工基本养老保险基金收支相抵后的期末累计余额。

城乡居民基本养老保险

参保人数　指报告期末，参加城乡居民养老保险（在经办机构参保登记并已建立缴费记录以及制度实施当年已经年满 60 周岁并在经办机构参保登记）的人数（不包括已经办理注销登记手续的人数）。

基金收入　指根据国家有关规定，由参加城乡居民基本养老保险的个人按规定缴费的城乡居民基本养老保险费，以及通过集体补助、财政补助等其他方式取得的形成基金来源的收入。包括个人缴费收入、集体补助收入、政府补贴收入、利息收入、委托投资受益转移收入、上级补助收入、下级上解收入和其他收入。

基金支出　指按照国家政策规定的开支范围和开支标准从城乡居民基本养老保险基金中支付给参加城乡居民基本养老保险的个人养老金待遇支出，以及由于参保人员跨统筹地区或跨制度流动而发生的支出等。包括养老金待遇支出、转移支出、补助下级支出、上解上级支出、其他支出。

基金累计结余　指城乡居民基本养老保险基金收支相抵后的期末累计余额。

基本医疗保险

基金收入（含生育保险）　基本医疗保险基金收入包括职工基本医疗保险基金收入（含生育保险）和城乡居民基本医疗保险基金收入。职工基本医疗保险基金收入（含生育保险）包括基本医疗保险费收入（含生育保险）、利息收入、财政补贴收入、其他收入、待转保险费收入、待转利息收入、转移收入。城乡居民基本医疗保险基金收入包括基本医疗保险费收入、利息收入、财政补贴收入、其他收入。

基金支出（含生育保险）　基本医疗保险基金支出包括职工基本医疗保险基金支出（含生育保险）和城乡居民基本医疗保险基金支出。职工基本医疗保险基金支出（含生育保险）包括基本医疗保险待遇支出、生育保险待遇支出、其他支出、转移支出。城乡居民基本医疗保险基金支出包括基本医疗保险待遇支出、购买大病保险支出、其他支出。

基金累计结余（含生育保险）　指截止报告期末基本医疗保险基金（含生育保险）累计结余金额。

失业保险

参保人数 指报告期末城镇企业、事业单位职工参加失业保险的人数及按地方规定参加失业保险的其他人员人数之和。

基金收入 指报告期内筹集的失业保险基金的总额，包括失业保险费收入、利息收入、财政补贴收入、其他收入、转移收入。

基金支出 指报告期内为保障失业人员基本生活、预防失业、促进再就业等支出的基金总额，包括失业保险金支出、基本医疗保险费支出、丧葬补助金和抚恤金支出、技能提升补贴支出、其他支出、转移支出。

基金累计结余 指截止报告期末失业保险基金收支相抵后的累计余额。

工伤保险

参保人数 指报告期末参加工伤保险的职工人数和有雇工的个体工商户的雇工数。

享受保险待遇人数 指报告期内因工伤或职业病而享受工伤保险待遇的人数。为享受伤残待遇人数以及享受因工死亡待遇人数之和。

基金收入 指根据国家有关规定，由参加工伤保险的单位按国家规定的缴费基数和缴费比例缴纳的工伤保险基金，以及通过其他形式取得的形成基金来源的款项。包括：工伤保险费收入、上级补助收入、下级上解收入、利息收入、其他收入。

基金支出 指按照国家政策规定的开支范围和开支标准从工伤保险基金中支付给参加工伤保险的人员及供养直系亲属工伤保险待遇支出及其他支出。包括工伤医疗待遇支出、伤残待遇支出、工亡待遇支出、劳动能力鉴定支出、补助下级支出、上解上级支出、工伤预防费用、其他支出。

基金累计结余 指截止报告期末工伤保险基金收支相抵后的累计结余金额。

生育保险

参保人数 指报告期末依据有关规定参加生育保险的人数。

城市（农村）最低生活保障 最低生活保障是指国家对家庭人均收入低于当地政府公告的最低生活标准的人口给予一定现金资助，以保证该家庭成员基本生活所需的社会保障制度。城市（农村）最低生活保障指在报告期末纳入城市（农村）最低生活保障的居民数。

特困人员救助供养 指满足特困人员认定条件，纳入特困人员救助供养范围、享受特困人员救助供养待遇的对象。

城市（农村）低保标准 指由地方人民政府确定的家庭人均收入线，低于该线的家庭纳入最低生活保障范围。

提供住宿的民政机构 指能为老年人、残疾人、智障与精神病人、儿童等人员提供住宿的社会服务机构数。包括社会福利院、农村特困人员救助供养机构、其他各类养老机构、社会福利医院、儿童福利院、未成年人救助保护中心、流浪乞讨人员救助管理站、安置农场以及其他提供住宿的机构。

每千人口社会服务床位数 指养老床位数、智障和精神疾病服务床位数、儿童收养救助床位数及其他社会服务床位数的总和除以当年期末人口数乘以1000。计算公式为:

$$\text{每千人口社会服务床位数}=\frac{\text{社会服务床位数}}{\text{年末人口数}}\times 1000$$

其中，养老床位数包括养老机构床位（包括社会福利院、农村特困人员救助供养机构、光荣院、养老公寓等其他养老机构床位数）和社区养老服务床位（包括未登记的农村特困人员救助供养机构床位、社区养老照料机构和设施床位、社区互助型养老设施床位）；智障和精神疾病床位数即社会福利医院床位数；儿童服务床位数包括儿童福利院和未成年人流浪乞讨救助保护中心床位数；其他社会服务床位数包括生活无着人员救助管理站、安置农场、其他提供住宿机构的相关床位数。

养老机构　包括社会福利院、特困人员救助供养机构以及其他各类养老机构。

孤儿数　指失去父母或查找不到生父母的未满18周岁、由地方县级以上民政部门依据有关规定和条件认定的，并已经领取了孤儿补助费的未成年人。

集中养育孤儿　社会福利机构抚养或寄养的孤儿。

社会散居孤儿　在社会上分散供养，由其法定监护人承担抚养义务、履行监护职责的孤儿。

被收养儿童　指通过收养登记被家庭收养儿童人数的总和，包括国内外收养中国儿童的人数。

儿童福利和救助保护机构　包括儿童福利机构和未成年人救助保护机构。

残疾居民参加基本养老保险人数　指在“符合参保条件的残疾居民”中实际缴费参加城乡居民社会养老保险并已建立缴费记录档案的残疾居民人数。包括城乡居民养老保险制度实施时，已年满60周岁、未享受城镇职工基本养老保险待遇，直接按月领取城镇居民社会养老保险基础养老金的残疾居民，不包括只登记未建立缴费记录档案的人数。

重度残疾人　指残疾等级为一、二级的残疾人。

托养服务机构　指为有托养服务需求的智力、精神、无生活自理能力、长期需要专人照料或护理的残疾人提供基本生活照料和护理、生活自理能力训练、心理及行为辅导、康复训练及医疗保健、社会适应辅导、休闲生活辅导、劳动技能训练和职业康复等方面服务的场所。包括各级各类寄宿制集中托养机构和日间照料机构。

居家托养服务　指以社区（村）为依托，以社会服务组织、志愿服务人员、家庭邻里等为载体，采取派人包户、定期上门、临时陪护、发放服务券等多种形式，为居住在家。

获得居家托养服务的残疾人　指居住在家并符合托养条件，获得政府和残联组织提供的多种形式的生活照料、康复护理、精神慰藉、安全保护的等上门服务的残疾人。

居住环境

供水管道长度　指从送水泵至用户水表之间所有管道的长度。不包括新安装尚未使用、水厂内以及用户建筑物内的管道。

全年供水总量　指报告期供水企业(单位)供出的全部水量。包括有效供水量和漏损水量。

生活用水　指城市范围内所有居民家庭的日常生活用水。包括城市居民、农民家庭、公共供水站用水。

用水普及率　指报告期末城区用水人口数与城市人口总数的比率。计算公式:

$$用水普及率=\frac{城区用水人口(含暂住人口)}{城区人口+城区暂住人口}\times 100\%$$

供气管道长度　指报告期末从气源厂压缩机的出口或门站出口至各类用户引入管之间的全部已经通气、投入使用的管道长度。不包括煤气生产厂、输配站、液化气储存站、灌瓶站、储配站、气化站、混气站、供应站等厂(站)内的管道。

燃气普及率　指报告期末城区使用燃气的城市人口数与城市人口总数的比率。其中燃气包括人工煤气、天然气、液化石油气三种。计算公式为:

$$燃气普及率=\frac{城区用气人口(含暂住人口)}{城区人口+城区暂住人口}\times 100\%$$

道路长度　指道路长度和与道路相通的桥梁、隧道的长度，按车行道中心线计算。

城市排水管道长度　指所有排水总管、干管、支管、检查井及连接井进出口等长度之和。

年末公共交通车辆运营数　指年末城市用于公共交通运营业务的全部车辆数。新购、新制和调入的运营车辆，自投入之日起开始计算；调出、报废和调作他用的运营车辆，自上级主管机关批准之日起不再计入。

城市绿地面积 指报告期末用作园林和绿化的各种绿地面积。包括公园绿地、生产绿地、防护绿地、附属绿地和其他绿地的面积。

公园绿地 城市中向公众开放的、以游憩为主要功能，有一定的游憩设施和服务设施，同时兼有健全生态、美化景观、防灾减灾等综合作用的绿化用地。包括综合公园、社区公园、专类公园、带状公园和街旁绿地。其中综合公园、专类公园和带状公园面积之和为公园面积。

清扫保洁面积 指报告期末对城市道路和公共场所（主要包括城市行车道、人行道、车行隧道、人行过街地下通道、道路附属绿地、地铁站、高架路、人行过街天桥、立交桥、广场、停车场及其他设施等）进行清扫保洁的面积。一天清扫保洁多次的，按清扫保洁面积最大的一次计算。

市容环卫专用车辆设备 指用于环境卫生作业、监察的专用车辆和设备，包括用于道路清扫、冲洗、洒水、除雪、垃圾粪便清运、市容监察以及与其配套使用的车辆和设备。

每万人拥有公共汽电车辆 指按城市人口计算的每万人平均拥有的公共汽电车辆标台数。计算公式:

$$\text{每万人拥有公共汽电车辆}=\frac{\text{公共汽电车辆标抬数}}{\text{城区人口+城区暂住人口}}\times 100\%$$

生活垃圾清运量 指报告期收集和运送到各生活垃圾处理厂(场)和生活垃圾最终消纳点的生活垃圾数量。生活垃圾指城市日常生活或为城市日常生活提供服务的活动中产生的固体废物以及法律行政规定的视为城市生活垃圾的固体废物。包括：居民生活垃圾、商业垃圾、集市贸易市场垃圾、街道清扫垃圾、公共场所垃圾和机关、学校、厂矿等单位的生活垃圾。

生活垃圾无害化处理率 指报告期生活垃圾无害化处理量与生活垃圾产生量的比率。在统计上，由于生活垃圾产生量不易取得，可用清运量代替。计算公式为:

$$\text{生活垃圾无害化处理率}=\frac{\text{生活垃圾无害化处理量}}{\text{生活垃圾产生量}}\times 100\%$$

互联网宽带接入端口 指用于接入互联网用户的各类实际安装运行的接入端口的数量，包括 xDSL 用户接入端口、LAN 接入端口、其他类型接入端口等，不包括窄带拨号接入端口。

文化休闲

使用“中国标准书号”部分合计 使用统一书号的主要有两类：1.各级技术标准文献；2.年画、年历画、台历、无书名页的单张美术印刷品或折页美术印刷品，不另加封面的出版物（如活页文选、活页歌篇、小件印品）等。

不使用“中国标准书号”部分合计 指图片、图标（GB）、部标（BB）等标准类文件印品、活页文选、活页歌篇、小件印品等。

少年儿童读物和课本出版种数 少年儿童读物指供初中及初中以下少年儿童阅读的书籍，课本指供大、中、小学生及业余教育使用的书籍。

国家综合档案馆 指由中央或地方各级档案行政管理部门直接管理的，按行政区划或历史时期设置的，收集和管理所辖范围内多种门类档案的档案馆。

公共广播节目套数 指经国家广电总局批准的、广播电视播出机构开办的不向听众收取收听费用，以为大众提供公共广播服务为主要目的，用固定频率播出，并编有整套自办节目时间表的广播节目套数。

广播节目制作时间 指广播电视节目制作机构全年自采、自编、自录的及合作制作、加工制作的各类广播节目的制作时间，包括直播广播节目。

公共广播节目播出时间 指广播电视播出机构自办节目频率内公共节目全年播出的时间（含节目重复播出时间）。

公共电视节目套数 指经国家广电总局批准的、广播电视播出机构开办的不向观众收取收看费用，以为大众提供公共电视服务为主要目的，用固定频率播出的自办电视节目套数。

电视节目制作时间 指广播电视节目制作机构全年自采、自编、自录的及合作制作、加工制作的各类电视节目的制作时间，包括直播电视节目。

公共电视节目播出时间 指广播电视播出机构自办节目频道内全年播出公共电视节目的时间（含重复播出时间）。

中、短波转播发射台 指经省以上广电行政部门批准的有固定人员编制，固定频率和播出时间的中、短波发射台和转播台。

调频转播发射台 指经省以上广电行政部门批准的有固定人员编制，固定频率和播出时间的调频发射台和转播台。

电视转播发射台 指经省以上广电部门批准的有固定人员编制，固定频率和播出时间的电视发射台和转播台。

有线广播电视实际用户数 指通过广播电视有线传输网收看电视节目的家庭用户数，包括接收模拟信号和接收数字信号的有线电视用户数。

数字电视用户数 指通过广播电视有线传输网收看数字信号电视节目的家庭用户数。

广播节目综合人口覆盖率 指根据国家广电总局制定的《广播电视人口覆盖率统计技术标准和方法》进行统计调查的，在对象区内能接收到由中央、省、地市或县通过无线、有线或卫星等各种技术方式转播的各级广播节目的人口数占全部总人口数的百分比。

电视节目综合人口覆盖率 根据国家广电总局制定的《广播电视人口覆盖率统计技术标准和方法》进行统计调查的，在对象区内能接收到由中央、省、地市、或县通过无线、有线或卫星等各种技术方式转播的中央电视节目的人口数占全部总人口数的百分比。

有线广播电视用户数占家庭总户数比重 计算公式为:（有线广播电视用户数/全国总户数）×100%

艺术表演团体 指由文化部门主办或实行行业管理（经文化市场行政部门审批或已申报登记并领取相关许可证），专门从事表演艺术等活动的各类专业艺术表演团体，含民间职业剧团。不包括群众业余文艺表演团体。

艺术表演场馆 指由文化部门主办或实行行业管理（经文化市场行政部门审批或已申报登记并领取相关许可证），有观众席、舞台、灯光设备，公开售票、专供文艺团体演出的文化活动场所。

博物馆 指为了研究、教育、欣赏的目的，收藏、保护、展示人类活动和自然环境的见证物，向公众开放，非营利性、永久性社会服务机构，包括以博物馆（院）、纪念馆（舍）、美术（艺术）馆、科技馆、陈列馆等专有名称开展活动的单位。

总藏量 指图书馆已编目的古籍、图书、期刊和报纸的合订本、小册子、手稿，以及缩微制品、录像带、录音带、光盘等视听文献资料数量之和。

文物藏品 指文博机构根据收藏品的文化属性、自然属性等情况，所划分的文物藏品、标本藏品、模型藏品（含具有收藏、展示价值的雕塑、绘画等艺术作品）和复制品藏品的总和。本指标所统计的藏品是指报告期末，该机构已经整理并登记入账的藏品数。

出境人数 亦称出境游客。指中国（大陆）居民因公或因私出境前往其他国家、中国香港特别行政区、澳门特别行政区和台湾省观光、度假、探亲访友、就医疗养、购物、参加会议或从事经济、文化、体育、宗教活动的人数（即出境游客）。统计时，出境游客按每出境一次统计 1 人次。

国内游客 指报告期内在中国（大陆）观光游览、度假、探亲访友、就医疗养、购物、参加会议或从事经济、文化、体育、宗教活动的中国（大陆）居民人数，其出游的目的不是通过所从事的活动谋取报酬。统计时，国内游客按每出游一次统计 1 人次。

国际旅游收入 指入境游客在中国（大陆）境内旅行、游览过程中用于交通、参观游览、住宿、餐饮、购物、娱乐等全部花费。

国内旅游收入 亦称旅游总花费。指国内游客在国内旅行、游览过程中用于交通、参观游览、住宿、餐饮、购物、娱乐等全部花费。

资源环境

年平均气温 气温指空气的温度，我国一般以摄氏度为单位表示。气象观测的温度表是放在离地面约 1.5 米处通风良好的百叶箱里测量的，因此，通常说的气温指的是离地面 1.5 米处百叶箱中的温度。计算方法：月平均气温是将全月各日的平均气温相加，除以该月的天数而得。年平均气温是将 12 个月的月平均气温累加后除以 12 而得。

年平均相对湿度 指空气中实际水气压与当时气温下的饱和水气压之比。其统计方法与气温相同。

全年降水量 指从天空降落到地面的液态或固态(经融化后)水，未经蒸发、渗透、流失而在地面上积聚的深度。计算方法：月降水量是将全月各日的降水量累加而得。年降水量是将 12 个月的月降水量累加而得。

全年日照时数 指太阳实际照射地面的时数，通常以小时为单位表示。其统计方法与降水量相同。

水资源总量 指当地降水形成的地表和地下产水总量，即地表径流量与降水入渗补给量之和。

地表水资源量 指河流、湖泊以及冰川等地表水体中可以逐年更新的动态水量，即天然河川径流量。

地下水资源量 指地下饱和含水层逐年更新的动态水量，即降水和地表水入渗对地下水的补给量。

地表水与地下水重复计算量 指地表水和地下水相互转化的部分，即天然河川径流量中的地下水排泄量和地下水补给量中来源于地表水的入渗补给量。

供水总量 指各种水源为用水户提供的包括输水损失在内的毛水量。

地表水源供水量 指地表水体工程的取水量，按蓄、引、提、调四种形式统计。从水库、塘坝中引水或提水，均属蓄水工程供水量；从河道或湖泊中自流引水的，无论有闸或无闸，均属引水工程供水量；利用扬水站从河道或湖泊中直接取水的，属提水工程供水量；跨流域调水指水资源一级区或独立流域之间的跨流域调配水量，不包括在蓄、引、提水量中。

地下水源供水量 指水井工程的开采量，按浅层淡水、深层承压水和微咸水分别统计。城市地下水源供水量包括自来水厂的开采量和工矿企业自备井的开采量。

用水总量 指各类用水户取用的包括输水损失在内的毛水量。

农业用水 包括农田灌溉用水、林果地灌溉用水、草地灌溉用水、鱼塘补水和畜禽用水。

工业用水 指工矿企业在生产过程中用于制造、加工、冷却、空调、净化、洗涤等方面的用水，按新水取用量计，不包括企业内部的重复利用水量。

生活用水 包括城镇生活用水和农村生活用水。城镇生活用水由居民用水和公共用水（含第三产业及建筑业等用水）组成；农村生活用水指居民生活用水。

生态用水 仅包括人为措施供给的城镇环境用水和部分河湖、湿地补水，而不包括降水、径流自然满足的水量。

城市污水日处理能力 指污水处理厂(或污水处理装置)每昼夜处理污水量的设计能力。

森林面积 包括郁闭度 0.2 以上的乔木林地面积和竹林面积，国家特别规定的灌木林地面积，农田林网以及村旁、路旁、水旁、宅旁林木的覆盖面积。

人工林面积 指由人工播种、植苗或扦插造林形成的生长稳定，(一般造林 3-5 年后或飞机播种 5-7 年后)每公顷保存株数大于或等于造林设计植树株数 80%或郁闭度 0.20 以上(含 0.20)的林分面积。

森林覆盖率 以行政区域为单位的森林面积占区域土地总面积的百分比。计算公式为：

$$森林覆盖率=\frac{森林面积}{土地总面积}\times 100\%$$

活立木总蓄积量　指一定范围土地上全部树木蓄积的总量，包括森林蓄积、疏林蓄积、散生木蓄积和四旁树蓄积。

森林蓄积量　指一定森林面积上存在着的林木树干部分的总材积。

湿地　指天然或人工、长久或暂时性的沼泽地、泥炭地或水域地带，包括静止或流动、淡水、半咸水、咸水体，低潮时水深不超过 6 米的水域以及海岸地带地区的珊瑚滩和海草床、滩涂、红树林、河口、河流、淡水沼泽、沼泽森林、湖泊、盐沼及盐湖。

自然保护区　指为了保护自然环境和自然资源，促进国民经济的持续发展，将一定面积的陆地和水体划分出来，并经各级人民政府批准而进行特殊保护和管理的区域个数。根据保护对象，自然保护区分为自然生态系统类、野生生物类、自然遗迹类。风景名胜区、文物保护区不计在内。

山体滑坡　指斜坡上不稳定的岩土体在重力作用下沿一定软弱面(或滑动带)整体向下滑动的物理地质现象。

泥石流　指山地突然爆发的饱含大量泥沙、石块的特殊洪流。

森林火灾次数　指发生在城市市区外的一切森林、林木和林地的火灾次数。按照受害森林面积和伤亡人数，森林火灾分为一般森林火灾、较大森林火灾、重大森林火灾和特别重大森林火灾：1.一般森林火灾：受害森林面积在 1 公顷以下或者其他林地起火的，或者死亡 1 人以上 3 人以下的，或者重伤 1 人以上 10 人以下的；2.较大森林火灾：受害森林面积在 1 公顷以上 100 公顷以下的，或者死亡 3 人以上 10 人以下的，或者重伤 10 人以上 50 人以下的；3.重大森林火灾：受害森林面积在 100 公顷以上 1000 公顷以下的，或者死亡 10 人以上 30 人以下的，或者重伤 50 人以上 100 人以下的；4.特别重大森林火灾：受害森林面积在 1000 公顷以上的，或者死亡 30 人以上的，或者重伤 100 人以上的。本条所称“以上”包括本数，“以下”不包括本数。

地震灾害次数　指发生形成灾害(包括人员伤亡或经济损失)的所有震级的地震次数。

突发环境事件　指突然发生，造成或可能造成重大人员伤亡、重大财产损失和对全国或者某一地区的经济社会稳定、政治安定构成重大威胁和损害，有重大社会影响的涉及公共安全的环境事件。

公共安全

人民检察院直接立案侦查案件　指按照管辖的规定，由人民检察院直接立案侦查的贪污贿赂犯罪、渎职侵权犯罪、国家机关工作人员利用职权实施的侵犯公民人身权利和民主权利的犯罪以及经省级人民检察院决定立案侦查的国家机关工作人员利用职权实施的其他重大犯罪案件。

受案　指本年新受理的案件。

立案　指人民检察院对受理的案件进行初步调查后，认为存在职务犯罪事实，应追究刑事责任，并决定作为刑事案件进行侦查的诉讼活动，是追究犯罪的开始。该指标主要反映人民检察院依法将职务犯罪线索作为刑事案件进行侦查的诉讼活动。

结案　指侦查程序的结束。

要案　指县、处级以上的干部犯罪案件。该指标主要反映职务犯罪案件中县、处级以上干部被人民检察院依法立案侦查的情况。

批准逮捕　指人民检察院对公安机关、国家安全机关、监狱管理机关提出逮捕的犯罪嫌疑人进行审查，根据事实，依法做出逮捕决定。该指标主要反映人民检察院对提请逮捕犯罪嫌疑人进行审查后依法做出批准逮捕决定的情况。

决定逮捕　指人民检察院对直接立案侦查的案件，认为需要逮捕犯罪嫌疑人时，依据法律作出的逮捕决定。该指标主要反映人民检察院对直接受理的案件行使决定逮捕权的情况。

刑事案件　指按照管辖的规定由公安机关、国家安全机关、监狱管理机关侦查的案件。

一审　指公诉案件的第一审程序。

再审 指人民法院按照审判监督程序重新审判的案件。

提出抗诉 指人民检察院对人民法院的判决、裁定认为确有错误，向人民法院提出对案件重新进行审理的诉讼活动。包括按照第二审程序提出的抗诉和按照审判监督程序（再审程序）提出的抗诉。

立案 指决定立案审查的案件。

立案监督 指人民检察院对侦查机关刑事立案活动的监督。包括对应当立案而不立案的监督和不应立案而立案的监督。

监督立案 包括侦查机关接到要求说明不立案理由后主动立案和执行通知立案两个内容。

监督撤案 指人民检察院对侦查机关不应当立案而立案的监督。

监管活动 指人民检察院对监狱等监管改造场所的管理活动进行的监督。

受理 指人民检察院接受申诉的情况。包括来信和来访。

立案复查 指人民检察院接受申诉后，经审查决定立案进行复查。

结案 指立案复查有结果的案件。

首次举报 指单位或个人以来信、来访形式检举国家工作人员涉嫌贪污、贿赂犯罪，国家机关工作人员涉嫌渎职、侵权犯罪。不包括重复举报数。

首次控告 指单位或个人以来信、来访形式检举国家工作人员违法或涉嫌刑事犯罪。不包括重复控告数。

首次申诉 不服人民检察院处理决定的或不服人民法院判决或裁定的以来信、来访形式的申诉。不包括重复申诉。

处理 指人民检察院对受理的举报、控告、申诉案件，经审查，分不同情况，或由控告申诉部门直接办理、或转本院有关业务部门、或转其他人民检察院。

行政案件 指公民、法人和其他组织认为行政机关和行政机关工作人员的行政行为侵犯其合法权益，向人民法院提起行政诉讼，人民法院依法审理的案件。

行政赔偿案件 指公民、法人或者其他组织认为其合法权益受到行政机关及其工作人员违法行使职权的侵害，向人民法院单独或与行政诉讼一并提起赔偿诉讼，人民法院依法审理的案件。

青少年罪犯 指人民法院在报告期内判决发生法律效力的有罪判决中 14 周岁以上不满 25 周岁的罪犯。其中 14 周岁以上不满 18 周岁的罪犯为未成年罪犯。

公证（出证） 指公证处根据当事人申请，依照事实和法律，按照法定程序制作的，具有法律效力的司法证明文书。

调解人员 指在人民调解委员会担负调解民间纠纷工作的人员，包括调解委员会的委员和调解小组的调解员。

调解民间纠纷 指调解委员会按照法律规定，根据自愿原则，用说服教育的方法调解民间发生的有关民事权利和义务争执的件数，包括调解成功数和调解未成功数。

受理劳动人事争议案件数 指劳动人事争议仲裁委员会根据国家法律、法规及有关规章、政策规定，对劳动人事争议当事人提出的仲裁申请进行审查后，符合受理条件而正式立案的劳动人事争议案件数。

社会参与

社区养老服务机构和设施 指主要以社区老年人为服务对象的社区服务机构和设施。包括（1）未登记的特困人员救助供养机构，（2）全托服务社区养老服务机构和设施，（3）日间照料社区养老服务机构和设施，（4）互助型社区养老服务设施，（5）其他社区养老服务设施。

社会团体 指中国公民自愿组成，为实现会员共同意愿，按照其章程开展活动的非营利性社会组织。是在中华人民共和国境内组织的各种协会、学会、联合会、研究会、基金会、联谊全、促进会、商会等合法机构的总称。各种社团，均不得从事以盈利为目的的经营性活动，并具备以下四项法人条件：①依法成立；②必要的财产或者经费；③有自己的名称、组织机构和场所；④能够独立承担民事责任。否则，不能统计为社团机构数。报告期末合法社团总数，即为年末实有社团机构数。

民办非企业单位 即社会服务机构，是指企业事业单位、社会团体和其他社会力量以及公民个人利用非国有资产举办的，从事非营利性社会服务活动的社会组织。目前，民办非企业单位主要分布在教育、卫生、文化、科技、体育、劳动、民政、社会中介、服务业等行(事)业中。

基金会 指利用自然人、法人或者其他组织捐赠的财产，以从事公益事业为目的，按照《基金会管理条例》规定成立的非营利性法人。基金会分为具有公开募捐资格的基金会和不具有公开募捐资格的基金会。

国际资料

人类发展指数 是由联合国开发计划署(UNDP)在《1990 年人文发展报告》中提出的，用以衡量联合国各成员国经济社会发展水平的指标，以“预期寿命、教育获得和生活质量”人类发展三项基础变量，按照一定的计算方法，得出的综合指标。首先设置最小值和最小值充当“自然零”和“理想目标”，以便将不同单位标准化表示的指标转换为 0 到 1 之间的指数，计算方式如下:

1.预期寿命指数(LEI)=(LE-20)/(85-20)

2.教育指数(EI)=(MYSI+EYSI)/2

2.1 平均学校教育年数指数(MYSI)=(MYS-0)/(15-0)

2.2 预期学校教育年数指数(EYSI)=(EYS-0)/(18-0)

3.收入指数(II)=(ln(GNIpc)-ln(100))/(ln(75 000)-ln(100))

而 HDI 值为三个基本指数的几何平均数。

其中，LE：预期寿命（年，最小值为 20，最大值为 85)

MYS：平均受教育年限（年，最小值为 0，最大值为 15)

EYS：预期受教育年限（年，最小值为 0，最大值为 18)

GNIpc：人均国民收入(2011 不变美元价，最小值为 100，最大值为 75 000)

卫生设施 经改善的卫生设施具有最基本的处理排泄物设施，这些设施能够有效防止人畜及蚊蝇与排泄物接触。经改善的卫生设施包括简单但有防护的厕坑和连通污水管道的直冲式厕所。为了保证有效，卫生设施的修建方式必须正确并得到适当维护。

清洁饮用水源 指改善的能够饮用的水源包括诸如接入家庭的输水管线、公共水管、蓄水池、受到保护的井、泉以及雨水收集。未经改善的水源包括售水机、水罐车、未加保护的井和泉。合理地获得水源意味着每人每天从距离居所 1 公里范围内的水源可获取至少 20 升水。

经常性卫生费用 为筹资机构法的核算结果（分为广义政府卫生支出、私人部门卫生支出和其他卫生支出），包括卫生保健商品和服务的消费性支出，不包括资本性卫生费用（如建筑、机器、信息技术和应急疫苗库存等）。其他卫生支出主要是指外援支出，一般来自国际组织。

广义政府卫生支出 反映所有中央和地方政府机构以及各级政府的社会保障基金作为筹资主体所发挥的作用，包括狭义政府卫生支出和社会医疗保障支出。

私人部门卫生支出 是指非公共性质的筹资主体所发生的卫生支出，包括私人社会保险、商业健康保险、居民现金卫生支出、为家庭提供服务的非营利机构支出及企业卫生支出。